ŒUVRES COMPLÈTES

DE

H. DE BALZAC

DIX-NEUVIÈME VOLUME

PARIS. — IMPRIMERIE DE E. MARTINET, RUE MIGNON, 2

THÉATRE

DE

H. DE BALZAC

VAUTRIN — LES RESSOURCES DE QUINOLA — PAMÉLA GIRAUD
LA MARATRE — LE FAISEUR

PARIS
Vᵉ Aᵈʳᵉ HOUSSIAUX, ÉDITEUR
HÉBERT ET Cⁱᵉ, SUCCESSEURS
7, RUE PERRONET, 7

1874

VAUTRIN

DRAME EN CINQ ACTES

Représenté pour la première fois sur le théâtre de la Porte-Saint-Martin,
le 14 mars 1840.

DÉDICACE

A MONSIEUR LAURENT JAN,

Son ami,

DE BALZAC

26 mars 1846.

PRÉFACE

Il est difficile à l'auteur d'une pièce de théâtre de se replacer à cinquante jours de distance, dans la situation où il était le lendemain de la première représentation de son ouvrage ; mais il est maintenant d'autant plus difficile d'écrire la préface de *Vautrin*, que tout le monde a fait la sienne ; celle de l'auteur serait infailliblement inférieure à tant de pensées divergentes. Un coup de canon ne vaudra jamais un feu d'artifice.

L'auteur expliquerait-il son œuvre? Mais elle ne pouvait avoir que M. Frédérick-Lemaître pour commentateur.

Se plaindrait-il de la défense qui arrête la représentation de son drame? Mais il ne connaîtrait donc ni son temps ni son pays. L'arbitraire est le péché mignon des gouvernements constitutionnels ; c'est leur infidélité à eux ; et d'ailleurs, ne sait-il pas qu'il n'y a rien de plus cruel que les faibles? A ce gouvernement-ci, comme aux enfants, il est permis de tout faire, excepté le bien et une majorité.

Irait-il prouver que *Vautrin* est un drame innocent autant qu'une pièce de Berquin? Mais traiter la question de la moralité ou de l'immoralité du théâtre, ne serait-ce pas se mettre au-dessous des Prudhomme qui en font une question?

S'en prendrait-il au journalisme? Mais il ne peut que le féliciter d'avoir justifié par sa conduite, en cette circonstance, tout ce qu'il en a dit ailleurs.

Cependant, au milieu de ce désastre que l'énergie du gouvernement a causé, mais que, dit-on, le fer d'un coiffeur aurait pu réparer, l'auteur a trouvé quelques compensations dans les preuves d'intérêt qui lui ont été données. Entre tous, M. Victor Hugo s'est montré aussi serviable qu'il est grand poëte ; et l'auteur est d'autant plus heureux de publier combien il fut obligeant, que les ennemis de M. Hugo ne se font pas faute de calomnier son caractère.

Enfin, *Vautrin* a presque deux mois, et dans la serre parisienne, une nouveauté de deux mois prend deux siècles. La véritable et meilleure préface de *Vautrin* sera donc le drame de *Richard-cœur-d'Eponge* (1), que l'administration permet de représenter, afin de ne pas laisser les rats occuper exclusivement les planches si fécondes du théâtre de la Porte-Saint-Martin.

Paris, 1ᵉʳ mai 1840.

---

(1) Cette pièce n'a été ni représentée ni imprimée.

PERSONNAGES.

JACQUES COLLIN, dit VAUTRIN.
LE DUC DE MONTSOREL.
LE MARQUIS ALBERT, son fils.
RAOUL DE FRESCAS.
CHARLES BLONDET, dit LE CHEVALIER DE SAINT-CHARLES.
FRANÇOIS CADET, dit PHILOSOPHE, cocher.
FIL-DE-SOIE, cuisinier.
BUTEUX, portier.
PHILIPPE BOULARD, dit LAFOURAILLE.
LE COMMISSAIRE.

JOSEPH BONNET, valet de chambre de la duchesse de Montsorel.
LA DUCHESSE DE MONTSOREL (LOUISE DE VAUDREY).
MADEMOISELLE DE VAUDREY, sa tante.
LA DUCHESSE DE CHRISTOVAL.
INÈS DE CHRISTOVAL, princesse d'Arjos.
FÉLICITÉ, femme de chambre de la duchesse de Montsorel.
DOMESTIQUES, GENDARMES, AGENTS, etc.

La scène se passe à Paris, en 1816, après le second retour des Bourbons.

JOSEPH.   VAUTRIN.

Je t'ai demandé les empreintes de toutes les serrures.....

(VAUTRIN.)

VAUTRIN

ACTE PREMIER

Un salon à l'hôtel de Montsorel.

SCÈNE PREMIÈRE.

LA DUCHESSE DE MONTSOREL, MADEMOISELLE DE VAUDREY.

LA DUCHESSE.
Ah! vous m'avez attendue, combien vous êtes bonne!
MADEMOISELLE DE VAUDREY.
Qu'avez-vous, Louise? Depuis douze ans que nous pleurons ensemble, voici le premier moment où je vous vois joyeuse; et pour qui vous connaît, il y a de quoi trembler.
LA DUCHESSE.
Il faut que cette joie s'épanche, et vous, qui avez épousé mes angoisses, pouvez seule comprendre le délire que me cause une lueur d'espérance.
MADEMOISELLE DE VAUDREY.
Seriez-vous sur les traces de votre fils?
LA DUCHESSE.
Retrouvé!
MADEMOISELLE DE VAUDREY.
Impossible! Et s'il n'existe plus, à quelle horrible torture vous êtes-vous condamnée?

LA DUCHESSE.

Un enfant mort a une tombe dans le cœur de sa mère ; mais l'enfant qu'on nous a dérobé, il y existe, ma tante.

MADEMOISELLE DE VAUDREY.

Si l'on vous entendait?

LA DUCHESSE.

Eh! que m'importe! Je commence une nouvelle vie, et me sens pleine de force pour résister à la tyrannie de M. de Montsorel.

MADEMOISELLE DE VAUDREY.

Après vingt-deux années de larmes, sur quel événement peut se fonder cette espérance?

LA DUCHESSE.

C'est plus qu'une espérance! Après la réception du roi, je suis allée chez l'ambassadeur d'Espagne, qui devait nous présenter l'une à l'autre, madame de Christoval et moi : j'ai vu là un jeune homme qui me ressemble, qui a ma voix! Comprenez-vous? Si je suis rentrée si tard, c'est que j'étais clouée dans ce salon, je n'en ai pu sortir que quand *il* est parti.

MADEMOISELLE DE VAUDREY.

Et sur ce faible indice, vous vous exaltez ainsi!

LA DUCHESSE.

Pour une mère, une révélation n'est-elle pas le plus grand des témoignages? A son aspect, il m'a passé comme une flamme devant les yeux, ses regards ont ranimé ma vie, et je me suis sentie heureuse. Enfin, s'il n'était pas mon fils, ce serait une passion insensée!

MADEMOISELLE DE VAUDREY.

Vous vous serez perdue!

LA DUCHESSE.

Oui, peut-être! On a dû nous observer : une force irrésistible m'entraînait ; je ne voyais que lui, je voulais qu'il me parlât, et il m'a parlé, et j'ai su son âge : il a vingt-trois ans, l'âge de Fernand!

MADEMOISELLE DE VAUDREY.

Mais le duc était là?

LA DUCHESSE.

Ai-je pu songer à mon mari? J'écoutais ce jeune homme, qui parlait à Inès. Je crois qu'ils s'aiment.

MADEMOISELLE DE VAUDREY.

Inès, la prétendue de votre fils le marquis? Et pensez-vous que le duc n'ait pas été frappé de cet accueil fait à un rival de son fils?

LA DUCHESSE.

Vous avez raison, et j'aperçois maintenant à quels dangers Fernand est exposé. Mais je ne veux pas vous retenir davantage, je vous parlerais de lui jusqu'au jour. Vous le verrez. Je lui ai dit de venir à l'heure où M. de Montsorel va chez le roi, et nous le questionnerons sur son enfance.

MADEMOISELLE DE VAUDREY.

Vous ne pourrez dormir, calmez-vous, de grâce. Et d'abord renvoyons Félicité, qui n'est pas accoutumée à veiller. (Elle sonne.)

FÉLICITÉ, entrant.

M. le duc rentre avec M. le marquis.

LA DUCHESSE.

Je vous ai déjà dit, Félicité, de ne jamais m'instruire de ce qui se passe chez Monsieur. Allez. (Félicité sort.)

MADEMOISELLE DE VAUDREY.

Je n'ose vous enlever une illusion qui vous donne tant de bonheur ; mais quand je mesure la hauteur à laquelle vous vous élevez, je crains une chute horrible : en tombant de trop haut, l'âme se brise aussi bien que le corps, et laissez-moi vous le dire, je tremble pour vous.

LA DUCHESSE.

Vous craignez mon désespoir, et moi, je crains ma joie.

MADEMOISELLE DE VAUDREY, regardant la duchesse sortir.

Si elle se trompe, elle peut devenir folle.

LA DUCHESSE, revenant.

Ma tante, Fernand se nomme Raoul de Frescas.

SCÈNE II.

MADEMOISELLE DE VAUDREY, seule.

Elle ne voit pas qu'il faudrait un miracle pour qu'elle retrouvât son fils. Les mères croient toutes à des miracles. Veillons sur elle ! Un regard, un mot la perdraient ; car si elle avait raison, si Dieu lui rendait son fils, elle marcherait vers une catastrophe plus affreuse encore que la déception qu'elle s'est préparée. Pensera-t-elle à se contenir devant ses femmes ?...

SCÈNE III.

MADEMOISELLE DE VAUDREY, FÉLICITÉ.

MADEMOISELLE DE VAUDREY.

Déjà?

FÉLICITÉ.

Madame la duchesse avait bien hâte de me renvoyer.

MADEMOISELLE DE VAUDREY.

Ma nièce ne vous a pas donné d'ordres pour ce matin?

FÉLICITÉ.

Non, Mademoiselle.

MADEMOISELLE DE VAUDREY.

Il viendra pour moi, vers midi, un jeune homme nommé M. Raoul de Frescas : il demandera peut-être la duchesse; prévenez-en Joseph, il le conduira chez moi. (Elle sort.)

SCÈNE IV.

FÉLICITÉ, seule.

Un jeune homme pour elle? Non, non. Je me disais bien que la retraite de Madame devait avoir un motif : elle est riche, elle est belle, le duc ne l'aime pas ; voici la première fois qu'elle va dans le monde, un jeune homme vient le lendemain demander Madame, et Mademoiselle veut le recevoir ! On se cache de moi : ni confidences, ni profits. Si c'est là l'avenir des femmes de chambre sous ce gouvernement-ci, ma foi, je ne vois pas ce que nous pourrons faire. (Une porte latérale s'ouvre, on voit deux hommes, la porte se referme aussitôt.) **Au reste, nous verrons le jeune homme.** (Elle sort.)

SCÈNE V.

JOSEPH, VAUTRIN.

Vautrin paraît avec un surtout couleur de tan, garni de fourrures, dessous ♦♦♦ il a la tenue d'un ministre diplomatique étranger en soirée.

JOSEPH.

Maudite fille! nous étions perdus.

VAUTRIN.

Tu étais perdu. Ah çà! mais tu tiens donc beaucoup à ne pas e reperdre, toi? Tu jouis donc de la paix du cœur ici?

JOSEPH.

Ma foi, je trouve mon compte à être honnête.

VAUTRIN.

Et entends-tu bien l'honnêteté?

JOSEPH.

Mais, ça et mes gages, je suis content.

VAUTRIN.

Je te vois venir, mon gaillard. Tu prends peu et souvent, tu amasses, et tu auras encore l'honnêteté de prêter à la petite semaine. Eh bien! tu ne saurais croire quel plaisir j'éprouve à voir une de mes vieilles connaissances arriver à une position honorable. Tu le peux, tu n'as que des défauts, et c'est la moitié de la vertu. Moi, j'ai eu des vices, et je les regrette... comme ça passe! Et maintenant plus rien! il ne me reste que les dangers et la lutte. Après tout, c'est la vie d'un Indien entouré d'ennemis, et je défends mes cheveux.

JOSEPH.

Et les miens?

VAUTRIN.

Les tiens?... Ah! c'est vrai. Quoi qu'il arrive ici, tu as la parole de Jacques Collin de n'être jamais compromis; mais tu m'obéiras en tout!

JOSEPH.

En tout?... cependant...

VAUTRIN.

On connaît son Code. S'il y a quelque méchante besogne, j'aurai mes fidèles, mes vieux. Es-tu depuis longtemps ici?

JOSEPH.

Madame la duchesse m'a pris pour valet de chambre en allant à Gand, et j'ai la confiance de ces dames.

VAUTRIN.

Ça me va! J'ai besoin de quelques notes sur les Montsorel. Que sais-tu?

JOSEPH.

Rien.

VAUTRIN.

La confiance des grands ne va jamais plus loin. Qu'as-tu découvert?

JOSEPH.

Rien.

VAUTRIN, à part.

Il devient aussi par trop honnête homme. Peut-être croit-il ne rien savoir? Quand on cause pendant cinq minutes avec un homme, on en tire toujours quelque chose. (Haut.) Où sommes-nous ici?

JOSEPH.

Chez madame la duchesse, et voici ses appartements; ceux de M. le duc sont ici au-dessous; la chambre de leur fils unique le marquis est au-dessus, et donne sur la cour.

VAUTRIN.

Je t'ai demandé les empreintes de toutes les serrures du cabinet de M. le duc, où sont-elles?

JOSEPH, avec hésitation.

Les voici.

VAUTRIN.

Toutes les fois que je voudrai venir ici, tu trouveras une croix faite à la craie sur la porte du jardin; tu iras l'examiner tous les soirs. On est vertueux ici, les gonds de cette porte sont bien rouillés; mais Louis XVIII ne peut pas être Louis XV! Adieu, mon garçon; je viendrai la nuit prochaine. (A part.) Il faut aller rejoindre mes gens à l'hôtel de Christoval.

JOSEPH, à part.

Depuis que ce diable d'homme m'a retrouvé, je suis dans des transes...

VAUTRIN, revenant.

Le duc ne vit donc pas avec sa femme?

JOSEPH.

Brouillés depuis vingt ans.

VAUTRIN.

Et pourquoi?

JOSEPH.

Leur fils lui-même ne le sait pas.

VAUTRIN.

Et ton prédécesseur, pourquoi fut-il renvoyé?

JOSEPH.

Je ne sais, je ne l'ai pas connu. Ils n'ont monté leur maison que depuis le second retour du roi.

VAUTRIN.

Voici les avantages de la société nouvelle : il n'y a plus de liens entre les maîtres et les domestiques ; plus d'attachement, par conséquent, plus de trahisons possibles. (A Joseph.) Se dit-on des mots piquants à table ?

JOSEPH.

Jamais rien devant les gens.

VAUTRIN.

Que pensez-vous d'eux, à l'office, entre vous ?

JOSEPH.

La duchesse est une sainte.

VAUTRIN.

Pauvre femme ! et le duc ?

JOSEPH.

Un égoïste.

VAUTRIN.

Oui, un homme d'État. (A part.) Il doit avoir des secrets, nous verrons dans son jeu. Tout grand seigneur a de petites passions par lesquelles on le mène ; et si je le tiens une fois, il faudra bien que son fils.... (A Joseph.) Que dit-on du mariage du marquis de Monsorel avec Inès de Christoval ?

JOSEPH.

Pas un mot. La duchesse semble s'y intéresser fort peu.

VAUTRIN.

Elle n'a qu'un fils ! Ceci n'est pas naturel.

JOSEPH.

Entre nous, je crois qu'elle n'aime pas son fils.

VAUTRIN.

Il a fallu t'arracher cette parole du gosier comme on tire le bouchon d'une bouteille de vin de Bordeaux ! Il y a donc un secret dans cette maison ? Une mère, une duchesse de Montsorel qui n'aime pas son fils, un fils unique ! Quel est son confesseur.

JOSEPH.

Elle fait toutes ses dévotions en secret.

VAUTRIN.

Bien ! je saurai tout : les secrets sont comme les jeunes filles, plus on les garde, mieux on les trouve. Je mettrai deux de mes drôles de planton à Saint-Thomas d'Aquin : ils ne feront pas leur salut, mais... ils feront autre chose. Adieu.

SCÈNE VI.

JOSEPH, seul.

Voilà un vieil ami, c'est bien ce qu'il y a de pis au monde... il me fera perdre ma place. Ah! si je n'avais pas peur d'être empoisonné comme un chien par Jacques Collin, qui le ferait, je dirais tout au duc; mais, dans ce bas monde, chacun son écot! je ne veux payer pour personne. Que le duc s'arrange avec Jacques, je vais me coucher. Du bruit? la duchesse se lève. Que veut-elle?.. Tâchons d'écouter.

SCÈNE VII.

LA DUCHESSE DE MONTSOREL, seule.

Où cacher l'acte de naissance de mon fils?... (Elle lit.) « Valence... juillet 1793... » Ville de malheur pour moi! Fernand est bien né sept mois après mon mariage, par une de ces fatalités qui justifient d'infâmes accusations! Je vais prier ma tante de garder cet acte sur elle jusqu'à ce que je le dépose en lieu de sûreté. Chez moi, le duc ferait tout fouiller en mon absence, il dispose de la police à son gré. On n'a rien à refuser à un homme en faveur. Si Joseph me voyait à cette heure, allant chez mademoiselle de Vaudrey, tout l'hôtel en causerait. Ah! seule au monde, seule contre tous, toujours prisonnière chez moi!

SCÈNE VIII.

LA DUCHESSE DE MONTSOREL, MADEMOISELLE DE VAUDREY.

LA DUCHESSE.
Il ne vous est donc pas plus possible qu'à moi de dormir?
MADEMOISELLE DE VAUDREY.
Louise! mon enfant, si je reviens, c'est pour dissiper un rêve dont le réveil sera funeste. Je regarde comme un devoir de vous arracher à des pensées folles. Plus j'ai réfléchi à ce que vous m'avez

dit, plus vous avez excité ma compassion. Je dois vous dire une cruelle vérité : le duc a certainement jeté Fernand dans une situation si précaire, qu'il lui est impossible de se retrouver dans le monde où vous êtes. Le jeune homme que vous avez vu n'est point votre fils.

LA DUCHESSE.

Ah! vous ne connaissez pas Fernand! Moi, je le connais : en quelque lieu qu'il soit, sa vie agite ma vie. Je l'ai vu mille fois...

MADEMOISELLE DE VAUDREY.

En rêve!

LA DUCHESSE.

Fernand a dans les veines le sang des Monsorel et des Vaudrey. La place qu'il aurait tenue de sa naissance, il a su la conquérir; partout où il se trouve, on lui cède. S'il a commencé par être soldat, il est aujourd'hui colonel. Mon fils est fier, il est beau, on l'aime! Je suis sûre, moi, qu'il est aimé. Ne me dites pas non, ma tante, Fernand existe; autrement, le duc aurait manqué à sa foi de gentilhomme, et il met à un trop haut prix les vertus de sa race pour les démentir.

MADEMOISELLE DE VAUDREY.

L'honneur et la vengeance du mari ne lui étaient-ils pas plus chers que la loyauté du gentilhomme?

LA DUCHESSE.

Ah! vous me glacez.

MADEMOISELLE DE VAUDREY.

Louise, vous le savez, l'orgueil de leur race est héréditaire chez les Montsorel, comme l'esprit chez les Mortemart.

LA DUCHESSE.

Je ne le sais que trop! Le doute sur la légitimité de son enfant l'a rendu fou.

MADEMOISELLE DE VAUDREY.

Non. Le duc a le cœur ardent et la tête froide : en ce qui touche les sentiments par lesquels ils vivent, les hommes de cette trempe vont vite dans l'exécution de ce qu'ils ont conçu.

LA DUCHESSE.

Mais, ma tante, vous savez pourtant à quel prix il m'a vendu la vie de Fernand? Ne l'ai-je pas assez chèrement payée pour n'avoir aucune crainte sur ses jours? Persister à soutenir que je n'étais pas coupable, c'était le vouer à une mort certaine : j'ai livré mon honneur pour sauver mon fils. Toutes les mères en eussent fait autant! Vous gardiez ici mes biens, j'étais seule en pays étranger en proie à la faiblesse, à la fièvre, sans conseils, j'ai perdu la tête ; car, depuis, je me suis dit qu'il n'aurait pas exécuté ses menaces. En faisant un pareil sacrifice, je savais que Fernand serait pauvre et abandonné, sans nom, dans un pays inconnu ; mais je savais aussi qu'il vivrait, et qu'un jour je le retrouverais, dussé-je pour cela remuer le monde entier ! J'étais si joyeuse en rentrant, que j'ai oublié de vous donner l'acte de naissance de Fernand, que l'ambassadrice d'Espagne m'a enfin obtenu : portez-le sur vous jusqu'à ce qu'il soit entre les mains de notre directeur.

MADEMOISELLE DE VAUDREY.

Le duc doit savoir déjà les démarches que vous avez faites, et malheur à votre fils ! Depuis son retour il s'est mis à travailler, il travaille encore.

LA DUCHESSE.

Si je secoue l'opprobre dont il a essayé de me couvrir, si je renonce à pleurer dans le silence, ne croyez pas que rien puisse me faire plier. Je ne suis plus en Espagne ni en Angleterre, livrée à un diplomate rusé comme un tigre, qui, pendant toute l'émigration, a guetté mes regards, mes gestes, mes paroles et mon silence, qui lisait ma pensée jusque dans les derniers replis de mon cœur ; qui m'entourait de son invisible espionnage comme d'un réseau de fer ; qui avait fait de chacun de mes domestiques un geôlier incorruptible, et qui me tenait prisonnière dans la plus horrible de toutes les prisons, une maison ouverte ! Je suis en France, je vous ai retrouvée, j'ai ma charge à la cour, j'y puis parler : je saurai ce qu'est devenu le vicomte de Langeac, je prouverai que, depuis le 10 août, il ne nous a pas été possible de nous voir, je dirai au roi le crime commis par un père sur l'héritier de deux grandes maisons. Je suis femme, je suis duchesse de Montsorel, je suis mère ! nous sommes riches, nous avons un vertueux prêtre pour conseil et le bon droit pour nous, et si j'ai demandé l'acte de naissance de mon fils...

SCÈNE IX.

LES MÊMES, LE DUC.

Il est entré pendant que la duchesse prononçait les dernières paroles.

LE DUC.

C'est pour me le remettre, Madame.

LA DUCHESSE.

Depuis quand, Monsieur, entrez-vous chez moi sans vous faire annoncer et sans ma permission ?

LE DUC.

Depuis que vous manquez à nos conventions, Madame ; vous aviez juré de ne faire aucune démarche pour retrouver ce..... votre fils.... A cette condition seulement j'ai promis de le laisser vivre.

LA DUCHESSE.

Et n'y a-t-il pas plus d'honneur à trahir un pareil serment qu'à tenir tous les autres ?

LE DUC.

Nous sommes dès lors déliés tous deux de nos engagements.

LA DUCHESSE.

Avez-vous respecté les vôtres jusqu'à ce jour ?

LE DUC.

Oui, Madame.

LA DUCHESSE.

Vous l'entendez, ma tante, et vous témoignerez de ceci.

MADEMOISELLE DE VAUDREY.

Mais, Monsieur, n'avez-vous jamais pensé que Louise est innocente ?

LE DUC.

Mademoiselle de Vaudrey, vous devez le croire, vous ! Et que ne donnerai-je pas pour avoir cette opinion ? Madame a eu vingt ans pour me prouver son innocence.

LA DUCHESSE.

Depuis vingt ans, vous frappez sur mon cœur, sans pitié, sans relâche. Vous n'étiez pas un juge, vous êtes un bourreau.

LE DUC.

Madame, si vous ne me remettez cet acte, votre Fernand aura tout à craindre. A peine rentrée en France, vous vous êtes procuré cette pièce, vous voulez vous en faire une arme contre moi. Vous voulez donner à votre fils un nom et une fortune qui ne lui appartiennent pas ; vous voulez le faire entrer dans une famille où la race a été conservée pure jusqu'à moi par des femmes sans tache, une famille qui ne compte pas une mésalliance...

LA DUCHESSE.

Et que votre fils Albert continuera dignement.

LE DUC.

Imprudente ! vous excitez de terribles souvenirs. Et ce dernier mot me dit assez que vous ne reculerez pas devant un scandale qui nous couvrira tous de honte. Irons-nous dérouler devant les tribunaux un passé qui ne me laisse pas sans reproche, mais où vous êtes infâme? *(Il se tourne vers mademoiselle de Vaudrey.)* Elle ne vous a sans doute pas tout dit, ma tante? Elle aimait le vicomte de Langeac, je le savais, je respectais cet amour, j'étais si jeune! Le vicomte vint à moi : sans espoir de fortune, le dernier des enfants de sa maison, il prétendit renoncer à Louise de Vaudrey pour elle-même. Confiant dans leur mutuelle noblesse, je l'accepte pure de ses mains. Ah! j'aurais donné ma vie pour lui, je l'ai prouvé. Le misérable fait, au 10 août, des prodiges de valeur qui le signalent à la rage du peuple; je le confie à l'un de mes gens; il est découvert, mis à l'Abbaye. Quand je le sais là, tout l'or destiné à notre fuite, je le donne à ce Boulard, que je décide à se mêler aux septembriseurs pour arracher le vicomte à la mort, je le sauve! *(A madame de Montsorel.)* Et il a bien payé sa dette, n'est-ce pas madame? Jeune, ivre d'amour, violent, je n'ai pas écrasé cet enfant! Vous me récompensez aujourd'hui de ma pitié comme votre amant m'a récompensé de ma confiance. Eh bien! voici les choses au point où elles en étaient, il y a vingt ans — moins la pitié. Et je vous dirai comme autrefois : Oubliez votre fils, il vivra.

MADEMOISELLE DE VAUDREY.

Et ses souffrances pendant vingt ans, ne les comptez-vous pour rien?

LE DUC.

La grandeur du repentir accuse la grandeur de la faute.

LA DUCHESSE.

Ah! si vous prenez mes douleurs pour des remords, je vous crierai pour la seconde fois : je suis innocente! Non, Monsieur, Langeac n'a pas trahi votre confiance; il n'allait pas mourir seulement pour son roi, et depuis le jour fatal où il me fit ses adieux en renonçant à moi, je ne l'ai jamais revu.

LE DUC.

Vous avez acheté la vie de votre fils en me disant le contraire.

LA DUCHESSE.

Un marché conseillé par la terreur peut-il compter pour un aveu?

LE DUC.

Me donnez-vous cet acte de naissance?

LA DUCHESSE.

Je ne l'ai plus.

ACTE I.

LE DUC.

Je ne réponds plus de votre fils, Madame.

LA DUCHESSE.

Avez-vous bien pesé cette menace?

LE DUC.

Vous devez me connaître.

LA DUCHESSE.

Mais vous ne me connaissez pas, vous! Vous ne répondez plus de mon fils? eh bien! prenez garde au vôtre. Albert me répond des jours de Fernand. Si vous surveillez mes démarches, je ferai surveiller les vôtres; si vous avez la police du royaume, moi, j'aurai mon adresse et le secours de Dieu! Si vous portez un coup à Fernand, craignez pour Albert. Blessure pour blessure! Allez!

LE DUC.

Vous êtes chez vous, Madame, je me suis oublié. Daignez m'excuser, j'ai tort.

LA DUCHESSE.

Vous êtes plus gentilhomme que votre fils; quand il s'emporte, il ne s'excuse pas, lui!

LE DUC, à part.

Sa résignation jusqu'à ce jour était-elle de la ruse? Attendait-on le moment actuel? Oh! les femmes conseillées par les bigots font des chemins sous terre comme le feu des volcans; on ne s'en aperçoit que quand il éclate. Elle a mon secret, je ne tiens plus son enfant, je puis être vaincu. (Il sort.)

SCÈNE X.

LES MÊMES, excepté LE DUC.

MADEMOISELLE DE VAUDREY.

Louise, vous aimez l'enfant que vous n'avez jamais vu, vous haïssez celui qui est sous vos yeux. Ah! vous me direz vos raisons de haine contre Albert, à moins que vous ne teniez plus à mon estime ni à ma tendresse.

LA DUCHESSE.

Pas un mot de plus à ce sujet.

MADEMOISELLE DE VAUDREY.

Le calme de votre mari, quand vous manifestez votre aversion pour votre fils, est étrange.

LA DUCHESSE.

Il y est habitué.

MADEMOISELLE DE VAUDREY.

Vous ne pouvez être mauvaise mère?

LA DUCHESSE.

Mauvaise mère? Non. (Elle réfléchit.) Je ne puis me résoudre à perdre votre affection. (Elle l'attire à elle.) Albert n'est pas mon fils.

MADEMOISELLE DE VAUDREY.

Un étranger a usurpé la place, le nom, le titre, les biens du véritable enfant?

LA DUCHESSE.

Étranger, non. C'est son fils. Après la fatale nuit où Fernand me fut enlevé, il y eut entre le duc et moi une séparation éternelle. La femme était aussi cruellement outragée que la mère. Mais il me vendit encore ma tranquillité.

MADEMOISELLE DE VAUDREY.

Je n'ose comprendre.

LA DUCHESSE.

Je me suis prêtée à donner comme de moi cet Albert, l'enfant d'une courtisane espagnole. Le duc voulait un héritier. A travers les secousses que la révolution française causait à l'Espagne, cette supercherie n'a jamais été soupçonnée. Et vous ne voulez pas que tout mon sang bouillonne à la vue du fils de l'étrangère qui occupe la place de l'enfant légitime!

MADEMOISELLE DE VAUDREY.

Voilà que j'embrasse vos espérances. Ah! je voudrais que vous eussiez raison, et que ce jeune homme fût votre fils. Eh bien! qu'avez vous?

LA DUCHESSE.

Mais il est perdu, je l'ai signalé à son père, qui va le... Oh! mais, que faisons-nous donc là? Je veux savoir où il demeure aller lui dire de ne pas venir demain matin ici.

MADEMOISELLE DE VAUDREY.

Sortir à cette heure, Louise, êtes-vous folle?

LA DUCHESSE.

Venez! car il faut le sauver à tout prix.

MADEMOISELLE DE VAUDREY.

Qu'allez-vous faire?

LA DUCHESSE.

ucune de nous deux ne pourra sortir demain sans être observée. Allons devancer le duc en achetant avant lui ma femme de chambre.

MADEMOISELLE DE VAUDREY.

Ah! Louise! allez-vous employer de tels moyens?

LA DUCHESSE.

Si Raoul est l'enfant désavoué par son père, l'enfant que je pleure depuis vingt-deux ans, on verra ce que peut une femme, une mère injustement accusée.

ACTE DEUXIÈME

Même décoration que dans l'acte précédent.

SCÈNE PREMIÈRE.

JOSEPH, LE DUC.

Joseph achève de faire le salon.

JOSEPH, à part.

Couché si tard, levé si matin, et déjà chez Madame : il y a quelque chose. Ce diable de Jacques aurait-il raison?

LE DUC.

Joseph, je ne suis visible que pour une seule personne; si elle se présente, vous l'introduirez ici. C'est un M. de Saint-Charles. Sachez si Madame peut me recevoir. (Joseph sort.) Ce réveil d'une maternité que je croyais éteinte m'a surpris sans défense. Il faut que cette lutte encore secrète soit promptement étouffée. La résignation de Louise rendait notre vie supportable ; mais elle est odieuse avec de pareils débats. En pays étranger, je pouvais dominer ma femme, ici ma seule force est dans l'adresse et dans le concours du pouvoir. J'irai tout dire au roi, je soumettrai ma conduite à son jugement, et madame de Montsorel sera forcée de lui obéir. J'attendrai cependant encore. L'agent qu'on va m'envoyer pourra, s'il est habile, découvrir en peu de temps les raisons de cette révolte : je saurai si madame de Montsorel est seulement la dupe d'une ressemblance, ou si elle a revu son fils après me l'avoir soustrait et s'être jouée de moi depuis douze ans. Je me suis emporté cette nuit. Si je reste tranquille, elle sera sans défiance et livrera ses secrets.

JOSEPH, rentrant.

Madame la duchesse n'a pas encore sonné.

LE DUC.

C'est bien.

SCÈNE II.

JOSEPH, LE DUC, FÉLICITÉ.

Le duc examine par contenance ce qu'il y a sur la table et trouve une lettre dans un livre.

LE DUC.

« A mademoiselle Inès de Christoval. » (Il se lève.) Pourquoi ma femme a-t-elle caché une lettre si peu importante? Elle est sans doute écrite depuis notre querelle. Y serait-il question de ce Raoul? Cette lettre ne doit pas aller à l'hôtel de Christoval.

FÉLICITÉ, cherchant la lettre dans le livre.

Où donc est la lettre de Madame? l'aurait-elle oubliée?

LE DUC.

Ne cherchez-vous pas une lettre?

FÉLICITÉ.

Ah! — Oui, monsieur le duc.

LE DUC.

N'est-ce pas celle-ci?

FÉLICITÉ.

Précisément.

LE DUC.

Il est étonnant que vous sortiez au moment où Madame doit avoir besoin de vous; elle va se lever.

FÉLICITÉ.

Madame la duchesse a Thérèse; et, d'ailleurs, je sors par son ordre.

LE DUC.

Oh! c'est bien, vous n'avez pas de comptes à me rendre.

SCÈNE III.

LE DUC, JOSEPH, SAINT-CHARLES, FÉLICITÉ.

Joseph et Saint-Charles arrivent par la porte du fond en s'étudiant attentivement.

JOSEPH, à part.

Le regard de cet homme est bien malsain pour moi. (Au duc.) M. le chevalier de Saint-Charles.

(Le duc fait signe que Saint-Charles peut approcher et l'examine.)
SAINT-CHARLES, lui remet une lettre. A part.

A-t-il eu connaissance de mes antécédents, ou veut-il seulement se servir de Saint-Charles ?

LE DUC.

Mon cher...

SAINT-CHARLES, à part.

Je ne suis que Saint-Charles.

LE DUC.

On vous recommande à moi comme un homme dont l'habileté, sur un théâtre plus élevé, devrait s'appeler du génie.

SAINT-CHARLES.

Que monsieur le duc daigne m'offrir une occasion, et je ne démentirai pas ce qu'une telle parole a de flatteur pour moi.

LE DUC.

A l'instant même.

SAINT CHARLES.

Que m'ordonnez-vous ?

LE DUC.

Vous voyez cette fille, elle va sortir, je ne veux pas l'en empêcher ; elle ne doit pourtant pas franchir la porte de mon hôtel jusqu'à nouvel ordre. (Appelant.) Félicité !

FÉLICITÉ.

Monsieur le duc. (Le duc lui remet la lettre, elle sort.)

SAINT-CHARLES, à Joseph.

Je te connais, je sais tout : que cette fille reste à l'hôtel avec la lettre, je ne te connaîtrai plus, je ne saurai rien, et te laisse dans cette maison si tu t'y comportes bien.

JOSEPH, à part.

L'un d'un côté, Jacques Collin de l'autre, tâchons de les servir tous deux honnêtement. (Joseph sort, courant après Félicité.)

SCÈNE IV.

LE DUC, SAINT-CHARLES.

SAINT-CHARLES.

C'est fait, monsieur le duc. Désirez-vous savoir ce que contient la lettre ?

LE DUC.

Mais, mon cher, vous exercez une puissance terrible et miraculeuse.

SAINT-CHARLES.

Vous nous remettez un pouvoir absolu, nous en usons avec adresse.

LE DUC.

Et si vous en abusez ?

SAINT-CHARLES.

Impossible : on nous briserait.

LE DUC.

Comment des hommes doués de facultés si précieuses les exercent-ils dans une pareille sphère ?

SAINT-CHARLES.

Tout s'oppose à ce que nous en sortions : nous protégeons nos protecteurs, on nous avoue trop de secrets honorables, et l'on nous en cache trop de honteux pour qu'on nous aime ; nous rendons de tels services, qu'on ne peut s'acquitter qu'en nous méprisant. On veut d'abord que pour nous les choses ne soient que des mots : ainsi la délicatesse est une niaiserie, l'honneur une convention, la traîtrise diplomatie ! Nous sommes des gens de confiance ; et cependant l'on nous donne beaucoup à deviner. Penser et agir, déchiffrer le passé dans le présent, ordonner l'avenir dans les plus petites choses, comme je viens de le faire, voilà notre programme, il épouvanterait un homme de talent. Le but une fois atteint, les mots redeviennent des choses, monsieur le duc, et l'on commence à soupçonner que nous pourrions bien être infâmes.

LE DUC.

Tout ceci, mon cher, peut ne pas manquer de justesse ; mais vous n'espérez pas, je crois, faire changer l'opinion du monde, ni la mienne ?

SAINT-CHARLES.

Je serais un grand sot, monsieur le duc. Ce n'est pas l'opinion d'autrui, c'est ma position que je voudrais faire changer.

LE DUC.

Et, selon vous, la chose serait très-facile?

SAINT-CHARLES.

Pourquoi pas, Monseigneur? Au lieu de surprendre des secrets de famille, qu'on me fasse espionner des cabinets; au lieu de surveiller des gens flétris, qu'on me livre les plus rusés diplomates; au lieu de servir de mesquines passions, laissez-moi servir le gouvernement : je serais heureux alors de cette part obscure dans une œuvre éclatante... Et quel serviteur dévoué vous auriez, monsieur le duc!

LE DUC.

Je suis vraiment désespéré, mon cher, d'employer de si grands talents dans un cercle si étroit, mais je saurai vous y juger, et plus tard nous verrons.

SAINT-CHARLES, à part.

Ah! nous verrons? — C'est tout vu.

LE DUC.

Je veux marier mon fils...

SAINT-CHARLES.

A mademoiselle Inès de Christoval, princesse d'Arjos, beau mariage! Le père a fait la faute de servir Joseph Buonaparté, il est banni par le roi Ferdinand, serait-il pour quelque chose dans la révolution du Mexique?

LE DUC.

Madame de Christoval et sa fille reçoivent un aventurier qui a nom...

SAINT-CHARLES.

Raoul de Frescas.

LE DUC.

Je n'ai donc rien à vous apprendre?

SAINT-CHARLES.

Si monsieur le duc le désire, je ne saurai rien.

LE DUC.

Parlez, au contraire, afin que je sache quels sont les secrets que vous nous permettez d'avoir.

SAINT-CHARLES.

Convenons d'une chose, monsieur le duc : quand ma franchise

vous déplaira, appelez-moi chevalier, je rentrerai dans l'humble rôle d'observateur payé.

LE DUC.

Continuez, mon cher. (A part.) Ces gens-là sont bien amusants!

SAINT-CHARLES.

M. de Frescas ne sera un aventurier que le jour où il ne pourra plus mener le train d'un homme qui a cent mille livres de rente.

LE DUC.

Quel qu'il soit, il faut que vous perciez le mystère dont il s'enveloppe.

SAINT-CHARLES.

Ce que demande monsieur le duc est chose difficile. Nous sommes obligés à beaucoup de circonspection avec les étrangers, ils sont les maîtres; ils nous ont bouleversé notre Paris.

LE DUC.

Ah! quelle plaie!

SAINT-CHARLES.

Monsieur le duc serait de l'opposition?

LE DUC.

J'aurais voulu ramener le roi sans son cortége, voilà tout.

SAINT-CHARLES.

Le roi n'est parti, monsieur le duc, que parce qu'on a désorganisé la magnifique police asiatique créée par Buonaparté! On veut la faire aujourd'hui avec des gens comme il faut, c'est à donner sa démission. Entravés par la police militaire de l'invasion, nous n'osons arrêter personne, dans la crainte de mettre la main sur quelque prince en bonne fortune ou sur quelque margrave qui a trop dîné. Mais pour vous, monsieur le duc, on fera l'impossible. Ce jeune homme a-t-il des vices? Joue-t-il?

LE DUC.

Oui, dans le monde.

SAINT-CHARLES.

Loyalement?

LE DUC.

Monsieur le chevalier...

SAINT-CHARLES.

Ce jeune homme doit être bien riche.

LE DUC.

Prenez vous-même vos informations.

SAINT-CHARLES.

Pardon, monsieur le duc; mais, sans les passions, nous ne pourrions pas savoir grand'chose. Monsieur le duc serait-il assez bon pour me dire si ce jeune homme aime sincèrement mademoiselle de Christoval?

LE DUC.

Une princesse! une héritière! Vous m'inquiétez, mon cher.

SAINT-CHARLES.

Monsieur le duc ne m'a-t-il pas dit que c'était un jeune homm D'ailleurs, l'amour feint est plus parfait que l'amour véritable voilà pourquoi tant de femmes s'y trompent! Il a dû rompre alors avec quelques maîtresses, et délier le cœur, c'est déchaîner la langue.

LE DUC.

Prenez garde! votre mission n'est pas ordinaire, n'y mêlez poir.l de femmes : une indiscrétion vous aliénerait ma bienveillance, car tout ce qui regarde M. de Frescas doit mourir entre vous et moi. Le secret que je vous demande est absolu, il comprend ceux que vous employez et ceux qui vous emploient. Enfin, vous seriez perdu, si madame de Montsorel pouvait soupçonner une seule de vos démarches.

SAINT-CHARLES.

Madame de Montsorel s'intéresse donc à ce jeune homme? Dois-je la surveiller, car cette fille est sa femme de chambre.

LE DUC.

Monsieur le chevalier de Saint-Charles, l'ordonner est indigne de moi, le demander est bien peu digne de vous.

SAINT-CHARLES.

Monsieur le duc, nous nous comprenons parfaitement. Quel est maintenant l'objet principal de mes recherches?

LE DUC.

Sachez si Raoul de Frescas est le vrai nom de ce jeune homme; sachez le lieu de sa naissance, fouillez toute sa vie, et tenez tout ceci pour un secret d'État.

SAINT-CHARLES.

Je ne vous demande que jusqu'à demain, Monseigneur.

LE DUC.

C'est peu de temps.

SAINT-CHARLES.

Non, monsieur le duc, c'est beaucoup d'argent.

LE DUC.

Ne croyez pas que je désire savoir des choses mauvaises ; votre habitude, à vous autres, est de servir les passions au lieu de les éclairer, vous aimez mieux inventer que de n'avoir rien à dire. Je serais enchanté d'apprendre que ce jeune homme a une famille...

(Le marquis entre, voit son père occupé et fait une démonstration pour sortir ; le duc l'invite à rester.)

SCÈNE V.

LES MÊMES, LE MARQUIS.

LE DUC, continuant.

Si M. de Frescas est gentilhomme, si la princesse d'Arjos le préfère décidément à mon fils, le marquis se retirera.

LE MARQUIS.

Mais j'aime Inès, mon père.

LE DUC, à Saint-Charles.

Adieu, mon cher.

SAINT-CHARLES, à part.

Il ne s'intéreresse pas au mariage de son fils, il ne peut plus être jaloux de sa femme ; il y a quelque chose de bien grave : ou je suis perdu, ou ma fortune est refaite.   (Il sort.)

SCÈNE VI.

LE DUC, LE MARQUIS.

LE DUC.

Epouser une femme qui ne nous aime pas est une faute, Albert, que, moi vivant, vous ne commettrez jamais.

LE MARQUIS.

Mais rien ne dit encore, mon père, qu'Inès repousse mes vœux ; et d'ailleurs, une fois qu'elle sera ma femme, m'en faire aimer est mon affaire, et, sans trop de vanité, je puis croire que je réussirai.

LE DUC.

Laissez-moi vous dire, mon fils, que ces opinions de mousquetaire sont ici tout à fait déplacées.

LE MARQUIS.

En toute autre chose, mon père, vos paroles seraient des arrêts pour moi, mais chaque époque a son art d'aimer... Je vous en conjure, hâtez mon mariage. Inès est volontaire comme une fille unique, et la complaisance avec laquelle elle accueille l'amour d'un aventurier doit vous inquiéter. En vérité, vous êtes ce matin d'une froideur inconcevable. Mettez à part mon amour pour Inès, puis-je rencontrer mieux? Je serai, comme vous l'êtes, grand d'Espagne, et de plus je serai prince. En seriez-vous donc fâché, mon père?

LE DUC, à part.

Le sang de sa mère reparaîtra donc toujours! Oh! Louise a bien su deviner où je suis blessé! (Haut.) Songez, Monsieur, qu'il n'y a rien au-dessus du glorieux titre de duc de Montsorel.

LE MARQUIS.

Vous aurais-je offensé?

LE DUC.

Assez! Vous oubliez que j'ai ménagé ce mariage dès mon séjour en Espagne. D'ailleurs, madame de Christoval ne peut pas marier Inès sans le consentement du père. Le Mexique vient de proclamer son indépendance, et cette révolution explique assez le retard de la réponse.

LE MARQUIS.

Eh bien! mon père, vos projets seront déjoués. Vous n'avez donc pas vu hier ce qui s'est passé chez l'ambassadeur d'Espagne? Ma mère y a protégé visiblement ce Raoul de Frescas, Inès lui en a su gré. Savez-vous la pensée longtemps contenue en moi et qui s'est fait jour alors? c'est que ma mère me hait! Et, je ne puis le dire qu'à vous, mon père, à vous que j'aime, j'ai peur qu'il n'y ait rien là pour elle.

LE DUC, à part.

Je recueille donc ce que j'ai semé : on se devine pour la haine aussi bien que pour l'amour! (Au marquis.) Mon fils, vous ne devez pas juger votre mère, vous ne pouvez pas la comprendre. Elle a vu chez moi pour vous une tendresse aveugle, elle tâche d'y remédier par sa sévérité. Que je n'entende pas une seconde fois semblables paroles, et brisons là! Vous êtes aujourd'hui de service au château, allez-y promptement : j'obtiendrai une permission pour ce soir, et vous serez libre d'aller au bal retrouver la princesse d'Arjos.

LE MARQUIS.

Avant de partir, ne puis-je voir ma mère, pour la supplier de prendre mes intérêts auprès d'Inès qui doit la venir voir ce matin?

LE DUC.

Demandez si elle est visible, je l'attends moi-même. (Le marquis sort.) Tout m'accable à la fois; hier l'ambassadeur me demande où est mort mon premier fils; cette nuit, sa mère croit l'avoir retrouvé; ce matin, le fils de Juana Mendès me blesse encore! Ah! d'instinct la princesse le devine. Les lois ne peuvent jamais être impunément violées, la nature n'est pas moins impitoyable que le monde. Serai-je assez fort, même avec l'appui du roi, pour conduire les événements?

SCÈNE VII.

LE MARQUIS, LA DUCHESSE DE MONTSOREL, LE DUC.

LA DUCHESSE.

Des excuses! Mais, Albert, je suis trop heureuse. Quelle surprise! vous venez embrasser votre mère avant d'aller au château, uniquement par tendresse. Ah! si jamais une mère pouvait douter de son fils, cet élan, auquel vous ne m'avez pas habituée, dissiperait toute crainte, et je vous en remercie, Albert. Enfin nous nous comprenons.

LE MARQUIS.

Ma mère, je suis heureux de ce mot-là; si je paraissais manquer à un devoir, ce n'était pas oubli, mais la crainte de vous déplaire.

LA DUCHESSE, apercevant le duc.

Eh quoi! vous aussi, monsieur le duc, comme votre fils, vous vous vous êtes empressé... Mais c'est une fête aujourd'hui que mon lever.

LE DUC.

Et que vous aurez tous les jours.

LA DUCHESSE, au duc.

Ah! je comprends... (Au marquis.) Adieu! le roi devient sévère pour sa maison rouge, je serais désespérée d'être la cause d'une réprimande.

LE DUC.

Pourquoi le renvoyer? Inès va venir.

LA DUCHESSE.

Je ne le pense pas, je viens de lui écrire.

SCÈNE VIII.

LES MÊMES, JOSEPH.

JOSEPH, annonçant.

Madame la duchesse de Christoval et la princesse d'Arjos.

LA DUCHESSE, à part.

Quelle affreuse contrariété....

LE DUC, à son fils.

Reste, je prends tout sur moi. Nous sommes joués.

SCÈNE IX.

LES MÊMES, LA DUCHESSE DE CHRISTOVAL, LA PRINCESSE D'ARJOS.

LA DUCHESSE DE MONTSOREL.

Ah! Madame, c'est bien gracieux à vous de m'avoir devancée.

LA DUCHESSE DE CHRISTOVAL.

Je suis venue ainsi pour qu'il ne soit jamais question d'étiquette entre nous.

LA DUCHESSE DE MONTSOREL, à Inès.

Vous n'avez pas lu cette lettre?

INÈS.

Une de vos femmes me la remet à l'instant.

LA DUCHESSE DE MONTSOREL, à part.

Ainsi, Raoul peut venir.

LE DUC, à la duchesse de Christoval, la conduisant au canapé.

Nous est-il permis de voir dans cette visite sans cérémonie un commencement à notre intimité de famille?

LA DUCHESSE DE CHRISTOVAL.

Ne donnons pas tant d'importance à ce que je regarde comme plaisir.

LE MARQUIS.

Vous craignez donc bien, madame, d'encourager mes espé-

rances? N'ai-je donc pas été assez malheureux hier? Mademoiselle
ne m'a rien accordé, pas même un regard.

INÈS.

Je ne pensais pas, Monsieur, avoir le plaisir de vous rencontrer sitôt, je vous croyais de service; je suis toute heureuse de me justifier; je ne vous ai aperçu qu'en sortant du bal, et mon excuse (elle montre la duchesse de Montsorel), la voici.

LE MARQUIS.

Vous avez deux excuses, Mademoiselle, et je vous sais un gré infini de ne parler que de ma mère.

LE DUC.

Mademoiselle, ne voyez dans ce reproche qu'une excessive modestie. Albert a des craintes comme si M. de Frescas devait lui en inspirer! A son âge, la passion est une fée qui grandit des riens. Mais ni votre mère, ni vous, Mademoiselle, vous ne pouvez prendre au sérieux un jeune homme dont le nom est problématique et qui se tait si soigneusement sur sa famille.

LA DUCHESSE DE MONTSOREL, à la duchesse de Christoval.

Ignorez-vous également le lieu de sa naissance?

LA DUCHESSE DE CHRISTOVAL.

Nous n'en sommes pas encore à lui demander de semblables renseignements.

LE DUC.

Nous sommes cependant trois ici qui ne serions pas fâchés de les avoir. Vous seules, Mesdames, seriez discrètes : la discrétion est une vertu qui ne profite qu'à ceux qui la recommandent.

LA DUCHESSE DE MONTSOREL.

Et moi, Monsieur, je ne crois pas à l'innocence de certaines curiosités.

LE MARQUIS.

Ma mère, la mienne est-elle donc hors de propos? Et ne puis-je m'enquérir auprès de Madame si les Frescas d'Aragon ne sont pas éteints?

LA DUCHESSE DE CHRISTOVAL, au duc.

Nous avons connu tous deux le vieux commandeur à Madrid, le dernier de cette maison.

LE DUC.

Il est mort nécessairement sans enfant.

INÈS.

Mais il existe une branche à Naples.

LE MARQUIS.

Oh! Mademoiselle, comment ignorez-vous que les Médina-Cœli, vos cousins, en ont hérité?

LA DUCHESSE DE CHRISTOVAL.

Mais vous avez raison, il n'y a plus de Frescas.

LA DUCHESSE DE MONTSOREL.

Eh bien! si ce jeune homme est sans nom, sans famille, sans pays, ce n'est pas un rival dangereux pour Albert, et je ne vois pas pourquoi vous vous en occupez.

LE DUC.

Mais il occupe beaucoup les femmes.

INÈS.

Je commence à ouvrir les yeux...

LE MARQUIS.

Ah!...

INÈS.

... Oui, ce jeune homme n'est peut-être point tout ce qu'il veut paraître : il est spirituel, il est même instruit, n'exprime que de nobles sentiments, il est avec nous d'un respect chevaleresque, il ne dit de mal de personne; évidemment, il joue le gentilhomme, et il exagère son rôle.

LE DUC.

Il exagère aussi, je crois, sa fortune; mais c'est un mensonge difficile à soutenir longtemps à Paris.

LA DUCHESSE DE MONTSOREL, à la duchesse de Christoval.

Vous allez, m'a-t-on dit, donner des fêtes superbes?

LE MARQUIS.

M. de Frescas, Mesdames, parle-t-il espagnol?

INÈS.

Absolument comme nous.

LE DUC.

Taisez-vous, Albert : ne voyez-vous donc pas que M. de Frescas est un jeune homme accompli?

LA DUCHESSE DE CHRISTOVAL.

Il est vraiment très-aimable, et si vos doutes étaient fondés, je vous avoue, mon cher duc, que je serais presque chagrine de ne plus le recevoir.

LA DUCHESSE DE MONTSOREL, à la duchesse de Christoval.

Vous êtes aussi belle ce matin qu'hier; vraiment j'admire que vous résistiez ainsi aux fatigues du monde.

LA DUCHESSE DE CHRISTOVAL, à Inès

Ma fille, ne parlez plus de M. de Frescas, ce sujet de conversation déplaît à madame de Montsorel.

INÈS.

Il lui plaisait hier.

SCÈNE X.

LES MÊMES, JOSEPH, RAOUL.

JOSEPH, à la duchesse de Montsorel.

Mademoiselle de Vaudrey n'y est pas, M. de Frescas se présente; madame la duchesse veut-elle le recevoir?

LA DUCHESSE DE CHRISTOVAL.

Raoul, ici !

LE DUC.

Déjà chez elle !

LE MARQUIS, à son père.

Ma mère nous trompe.

LA DUCHESSE DE MONTSOREL.

Je n'y suis pas.

LE DUC.

Si vous avez déjà prié M. de Frescas de venir, pourquoi commencer par une impolitesse avec un si grand personnage ? (La duchesse de Montsorel fait un geste. A Joseph.) Faites entrer ! (Au marquis.) Soyez prudent et calme.

LA DUCHESSE DE MONTSOREL, à part.

En voulant le sauver, c'est moi qui l'aurai perdu.

JOSEPH.

M. Raoul de Frescas.

RAOUL.

Mon empressement à me rendre à vos ordres vous prouve, madame la duchesse, combien je suis fier de cette faveur et désireux de la mériter.

LA DUCHESSE DE MONTSOREL.

Je vous sais gré, Monsieur, de votre exactitude. (A part, bas.) Mais elle peut vous être funeste.

RAOUL, saluant la duchesse de Christoval et sa fille, à part.

Comment ! Inès chez eux?

(Raoul salue le duc, qui lui rend son salut; mais le marquis a pris les journaux sur la table, et feint de ne pas voir Raoul.)

LE DUC.

Je ne m'attendais pas, je vous l'avoue, Monsieur de Frescas, vous rencontrer chez madame de Montsorel; mais je suis heureux de l'intérêt qu'elle vous témoigne, puisqu'il me procure le plaisir de voir un jeune homme dont le début obtient tant de succès et jette tant d'éclat. Vous êtes un de ces rivaux de qui l'on est fier si l'on est vainqueur, et par lesquels on peut être vaincu sans trop de déplaisir.

RAOUL.

Partout ailleurs que chez vous, monsieur le duc, l'exagération de ces éloges, auxquels je me refuse, serait de l'ironie : mais il m'est impossible de ne pas y voir un courtois désir de me mettre à l'aise (en regardant le marquis qui lui tourne le dos), là où je pouvais me croire importun.

LE DUC.

Vous arrivez, au contraire, très à propos, nous parlions de votre famille et de ce vieux commandeur de Frescas que Madame et moi avons beaucoup vu jadis.

RAOUL.

Vous aviez la bonté de vous occuper de moi; mais c'est un honneur qui se paye ordinairement par un peu de médisance.

LE DUC.

On ne peut dire du mal que des gens qu'on connaît bien.

LA DUCHESSE DE CHRISTOVAL.

Et nous voudrions bien avoir le droit de médire de vous.

RAOUL.

Il est de mon intérêt de conserver vos bonnes grâces.

LA DUCHESSE DE MONTSOREL.

Je connais un moyen sûr.

RAOUL.

Et lequel?

LA DUCHESSE DE MONTSOREL.

Restez le personnage mystérieux que vous êtes.

LE MARQUIS, revenant avec un journal.

Voici, Mesdames, quelque chose d'étrange : chez le feld-maréchal, où vous étiez sans doute, on a surpris un de ces soi-disant seigneurs étrangers qui volait au jeu.

INÈS.

Et c'est là cette grande nouvelle qui vous absorbait?

RAOUL.

En ce moment, qui est-ce qui n'est pas étranger ?

LE MARQUIS.

Mademoiselle, ce n'est pas précisément la nouvelle qui me préoccupe, mais l'inconcevable facilité avec laquelle on accueille des gens sans savoir ce qu'ils sont ni d'où ils viennent.

LA DUCHESSE DE MONTSOREL, à part.

Veulent-ils l'insulter chez moi ?

RAOUL.

S'il faut se défier des gens qu'on connaît peu, n'en est-il pas qu'on connaît beaucoup trop en un instant ?

LE DUC.

Albert, en quoi ceci peut-il nous intéresser ? Admettons-nous jamais quelqu'un sans bien connaître sa famille ?

RAOUL.

Monsieur le duc connaît la mienne.

LE DUC.

Vous êtes chez madame de Montsorel, et cela me suffit. Nous savons trop ce que nous vous devons, pour qu'il vous soit possible d'oublier ce que vous nous devez. Le nom de Frescas oblige, et vous le portez dignement.

LA DUCHESSE DE CHRISTOVAL, à Raoul.

Ne voulez-vous pas dire en ce moment qui vous êtes, sinon pour vous, du moins pour vos amis ?

RAOUL.

Je serais au désespoir, Messieurs, si ma présence ici devenait la cause de la plus légère discussion ; mais comme certains ménagements peuvent blesser autant que les demandes les plus directes, nous finirons ce jeu, qui n'est digne ni de vous ni de moi. Madame la duchesse ne m'a pas, je crois, invité pour me faire subir des interrogatoires. Je ne reconnais à personne le droit de me demander compte d'un silence que je veux garder.

LE MARQUIS.

Et nous laissez-vous le droit de l'interpréter ?

RAOUL.

Si je réclame la liberté de ma conduite, ce n'est pas pour enchaîner la vôtre.

LA DUCHESSE DE MONTSOREL.

Il y va, Monsieur, de votre dignité de ne rien répondre.

LE DUC, à Raoul.

Vous êtes un noble jeune homme, vous avez des distinctions naturelles qui signalent en vous le gentilhomme, ne vous offensez pas de la curiosité du monde : elle est notre sauvegarde à tous. Votre épée ne fermera pas la bouche à tous les indiscrets, et le monde, si généreux pour des modesties bien placées, est impitoyable pour des prétentions injustifiables...

RAOUL.

Monsieur !

LA DUCHESSE DE MONTSOREL, vivement et bas à Raoul.

Pas un mot sur votre enfance; quittez Paris, et que je sache seule où vous serez... caché ! Il y va de tout votre avenir.

LE DUC.

Je veux être votre ami, moi, quoique vous soyez le rival de mon fils. Accordez votre confiance à un homme qui a celle de son roi. Comment appartenez-vous à la maison de Frescas, que nous croyions éteinte ?

RAOUL, au duc.

Monsieur le duc, vous êtes trop puissant pour manquer de protégés, et je ne suis pas assez faible pour avoir besoin de protecteurs.

LA DUCHESSE DE CHRISTOVAL.

Monsieur, n'en veuillez pas à une mère d'avoir attendu cette discussion pour s'apercevoir qu'il y avait de l'imprudence à vous admettre souvent à l'hôtel de Christoval.

INÈS.

Une parole nous sauvait, et vous avez gardé le silence : il y a donc quelque chose que vous aimez mieux que moi ?

RAOUL.

Inès, je pouvais tout supporter, hors ce reproche ! (A part.) O ! Vautrin, pourquoi m'avoir ordonné ce silence absolu ? (Il salue les femmes. A la duchesse de Montsorel.) Vous me devez compte de tout mon bonheur.

LA DUCHESSE DE MONTSOREL.

Obéissez-moi, je réponds de tout.

RAOUL, au marquis.

Je suis à vos ordres, Monsieur.

LE MARQUIS.

Au revoir, monsieur Raoul.

RAOUL.

De Frescas, s'il vous plaît.

LE MARQUIS.

De Frescas, soit ! (Raoul sort.)

SCÈNE XI.

LES MÊMES, excepté RAOUL.

LA DUCHESSE DE MONTSOREL, à la duchesse de Christoval.
Vous avez été bien sévère.

LA DUCHESSE DE CHRISTOVAL.
Vous ignorez, Madame, que ce jeune homme s'est pendant trois mois trouvé partout où allait ma fille, et que sa présentation s'est faite un peu trop légèrement peut-être.

LE DUC, à la duchesse de Christoval.
On pouvait facilement le prendre pour un prince déguisé.

LE MARQUIS.
N'est-ce pas plutôt un homme de rien qui voudrait se déguiser en prince ?

LA DUCHESSE DE MONTSOREL.
Votre père vous dira, Monsieur, que ces déguisements-là sont bien difficiles.

INÈS, au marquis.
Un homme de rien, Monsieur ? On peut nous élever, mais nous ne savons pas descendre.

LA DUCHESSE DE CHRISTOVAL.
Que dites-vous, Inès ?

INÈS.
Mais il n'est pas là, ma mère ! Ou ce jeune homme est insensé, ou ces messieurs ont voulu manquer de générosité.

MADAME DE CHRISTOVAL, à la duchesse de Montsorel.
Je comprends, Madame, que toute explication est impossible, surtout devant M. de Montsorel ; mais il s'agit de notre honneur, et je vous attends.

LA DUCHESSE DE MONTSOREL.
A demain donc.

(M. de Montsorel reconduit la duchesse de Christoval et sa fille.)

SCÈNE XII.

LE MARQUIS, LE DUC.

LE MARQUIS.
Mon père, l'apparition de cet aventurier vous cause, ainsi qu'à

ma mère, des émotions bien violentes : on dirait qu'au lieu d un mariage compromis, vos existences elles-mêmes sont menacées. La duchesse et sa fille s'en vont frappées...

LE DUC.

Ah! pourquoi sont-elles venues au milieu de ce débat?

LE MARQUIS.

Ce Raoul vous intéresse donc aussi?

LE DUC.

Et toi donc? Ta fortune, ton nom, ton avenir et ton mariage, tout ce qui est plus que la vie, voilà ce qui s'est joué devant toi!

LE MARQUIS.

Si toutes ces choses dépendent de ce jeune homme, j'en aurai promptement raison.

LE DUC.

Un duel, malheureux! Si tu avais le triste bonheur de le tuer, c'est alors que la partie serait perdue.

LE MARQUIS.

Que dois-je donc faire?

LE DUC.

Ce que font les politiques : attendre!

LE MARQUIS.

Si vous êtes en péril, mon père, croyez-vous que je puisse rester impassible?

LE DUC.

Laissez-moi ce fardeau, mon fils, il vous écraserait.

LE MARQUIS.

Ah! vous parlerez, mon père, vous me direz...

LE DUC.

Rien! nous aurions trop à rougir tous deux.

SCÈNE XIII.

LES MÊMES, VAUTRIN.

Vautrin est habillé tout en noir; il affecte un air de componction et d'humilité pendant une partie de la scène.

VAUTRIN.

Monsieur le duc, daignez m'excuser d'avoir forcé votre porte, mais (bas et à lui seul) nous venons d'être l'un et l'autre victimes d'un abus de confiance... Permettez-moi de vous dire deux mots à vous seul.

LE DUC, faisant un signe à son fils, qui se retire.

Parlez, Monsieur.

VAUTRIN.

Monsieur le duc, en ce moment, c'est à qui s'agitera pour obtenir des emplois, et cette ambition a gagné toutes les classes. Chacun en France veut être colonel, et je ne sais ni où, ni comment on y trouve des soldats. Vraiment, la société tend à une dissolution prochaine, qui sera causée par cette aptitude générale pour les hauts grades et par ce dégoût pour l'infériorité... Voilà le fruit de l'égalité révolutionnaire. La religion est le seul remède à opposer à cette corruption.

LE DUC.

Où voulez-vous en venir ?

VAUTRIN.

Pardon, il m'a été impossible de ne pas expliquer à l'homme d'État avec lequel je vais travailler la cause d'une méprise qui me chagrine. Avez-vous, monsieur le duc, confié quelques secrets à celui de mes gens qui est venu ce matin à ma place dans la folle pensée de me supplanter et dans l'espoir de se faire connaître de vous en vous rendant service ?

LE DUC.

Comment... vous êtes le chevalier de Saint-Charles ?

VAUTRIN.

Monsieur le duc, nous sommes tout ce que nous voulons être. Ni lui, ni moi n'avons la simplicité d'être nous mêmes... nous y perdrions trop.

LE DUC.

Songez, Monsieur, qu'il me faut des preuves.

VAUTRIN.

Monsieur le duc, si vous lui avez confié quelque secret important, je dois le faire immédiatement surveiller.

LE DUC, à part.

Celui-ci a l'air, en effet, bien plus honnête homme et plus posé que l'autre.

VAUTRIN.

Nous appelons cela de la contre-police.

LE DUC.

Vous auriez dû, Monsieur, ne pas venir ici sans pouvoir justifier vos assertions.

VAUTRIN.

Monsieur le duc, j'ai rempli mon devoir. Je souhaite que l'ambition de cet homme, capable de se vendre au plus offrant, vous soit utile.

LE DUC, à part.

Comment peut-il savoir si promptement le secret de mon entrevue de ce matin?

VAUTRIN, à part.

Il hésite : Joseph a raison, il s'agit d'un secret important.

LE DUC.

Monsieur...

VAUTRIN.

Monsieur le duc...

LE DUC.

Il nous importe à l'un comme à l'autre de confondre cet homme.

VAUTRIN.

Ce sera dangereux, s'il a votre secret ; car il est rusé.

LE DUC.

Oui, le drôle a de l'esprit.

VAUTRIN.

A-t-il une mission ?

LE DUC.

Rien de grave : je veux savoir ce qu'est au fond un M. de Frescas.

VAUTRIN, à part.

Rien que cela ! (Haut.) Je puis vous le dire, monsieur le duc, Raoul de Frescas est un jeune seigneur dont la famille est compromise dans une affaire de haute trahison, et qui ne veut pas porter le nom de son père.

LE DUC.

Il a un père?

VAUTRIN.

Il a un père.

LE DUC.

Et d'où vient-il? quelle est sa fortune ?

VAUTRIN.

Nous changeons de rôle, monsieur le duc, et vous me permettrez de ne pas répondre jusqu'à ce que je sache quelle espèce d'intérêt votre Seigneurie porte à M. de Frescas.

LE DUC.

Vous vous oubliez, Monsieur...

VAUTRIN, quittant son air humble.

Oui, monsieur le duc, j'oublie qu'il y a une distance énorme entre ceux qui font espionner et ceux qui espionnent.

LE DUC.

Joseph !

VAUTRIN.

Ce duc a mis des espions après nous, il faut se dépêcher.

(Vautrin disparaît dans la porte de côté, par laquelle il est entré au premier acte.)

LE DUC, revenant.

Vous ne sortirez pas d'ici. Eh bien ! où est-il ? (Il sonne et Joseph paraît.) Faites fermer toutes les portes de mon hôtel, il s'est introduit un homme ici. Allons, cherchez-le tous, et qu'il soit arrêté.

(Il entre chez la duchesse.)

JOSEPH, regardant par la petite porte.

Il est déjà loin.

FIN DU DEUXIÈME ACTE.

ACTE TROISIÈME

Un salon chez Raoul de Frescas.

SCÈNE PREMIÈRE.

LAFOURAILLE, seul.

Feu mon digne père, qui me recommandait de ne voir que la bonne compagnie, aurait-il été content hier? toute la nuit avec des valets de ministres, des chasseurs d'ambassade, des cochers de prince, de ducs et pairs, rien que cela! tous gens bien posés, à l'abri du malheur : ils ne volent que leurs maîtres. Le nôtre a dansé avec un beau brin de fille dont les cheveux étaient saupoudrés d'un million de diamants, et il ne faisait attention qu'au bouquet qu'elle avait à sa main; simple jeune homme, va! nous aurons de l'esprit pour toi. Notre vieux Jacques Collin... Bon! me voilà encore pris, je ne peux pas me faire à ce nom de bourgeois, M. Vautrin y mettra bon ordre. Avant peu les diamants et la dot prendront l'air, et ils en ont besoin : toujours dans les mêmes coffres, c'est contre les lois de la circulation. Quel gaillard! il vous pose un jeune homme qui a des moyens. — Il est gentil, il gazouille très-bien, l'héritière s'y prend, le tour est fait, et nous partagerons. Ah! ce sera de l'argent bien gagné. Voilà six mois que nous y sommes. Avons-nous pris des figures d'imbéciles! enfin tout le monde dans le quartier nous croit de bonnes gens tout simples. Enfin, pour Vautrin que ne ferait-on pas? Il nous a dit : « Soyez vertueux, » on l'est. J'en ai peur comme de la gendarmerie, et cependant je l'aime encore plus que l'argent.

VAUTRIN, appelant dans la coulisse.

Lafouraille?

LAFOURAILLE.

Le voici! Sa figure ne me revient pas ce matin, le temps est à l'orage, j'aime mieux que ça tombe sur un autre, donnons-nous de l'air. (Il va pour sortir.)

SCÈNE II.

VAUTRIN, LAFOURAILLE.

Vautrin paraît en pantalon à pieds de molleton blanc, avec un gilet rond de pareille étoffe, pantoufles de maroquin rouge, enfin, la tenue d'un homme d'affaires, le matin.

VAUTRIN.

Lafouraille?

LAFOURAILLE.

Monsieur.

VAUTRIN.

Où vas-tu?

LAFOURAILLE.

Chercher vos lettres.

VAUTRIN.

Je les ai. As-tu encore quelque chose à faire?

LAFOURAILLE.

Oui, votre chambre...

VAUTRIN.

Eh bien! dis donc tout de suite que tu désires me quitter. J'ai toujours vu que des jambes inquiètes ne portaient pas de conscience tranquille. Tu vas rester là, nous avons à causer.

LAFOURAILLE.

Je suis à vos ordres.

VAUTRIN.

Je l'espère bien. Viens ici. Tu nous rabâchais, sous le beau ciel de la Provence, certaine histoire peu flatteuse pour toi. Un intendant t'avait joué par-dessous jambe : te rappelles-tu bien?

LAFOURAILLE.

L'intendant? ce Charles Blondet, le seul homme qui m'ait volé! Est-ce que cela s'oublie?

VAUTRIN.

Ne lui avais-tu pas vendu ton maître une fois? C'est assez commun.

LAFOURAILLE.

Une fois? Je l'ai vendu trois fois, mon maître.

VAUTRIN.

C'est mieux. Et quel commerce faisait donc l'intendant?

LAFOURAILLE.

Vous allez voir. J'étais piqueur à dix-huit ans dans la maison de Langeac...

VAUTRIN.

Je croyais que c'était chez le duc de Montsorel.

LAFOURAILLE.

Non; heureusement le duc ne m'a vu que deux fois, et j'espère qu'il m'a oublié.

VAUTRIN.

L'as-tu volé?

LAFOURAILLE.

Mais, un peu.

VAUTRIN.

Eh bien! comment veux-tu qu'il t'oublie?

LAFOURAILLE.

Je l'ai vu hier à l'ambassade, et je puis être tranquille.

VAUTRIN.

Ah! c'est donc le même?

LAFOURAILLE.

Nous avons chacun vingt-cinq ans de plus, voilà toute la différence.

VAUTRIN.

Eh bien! parle donc? Je savais bien que tu m'avais dit ce nom-là. Voyons.

LAFOURAILLE.

Le vicomte de Langeac, un de mes maîtres, et ce duc de Montsorel étaient les deux doigts de la main. Quand il fallut opter entre la cause du peuple et celle des grands, mon choix ne fut pas douteux : de simple piqueur, je passai citoyen, et le citoyen Philippe Boulard fut un chaud travailleur. J'avais de l'enthousiasme, j'eus de l'autorité dans le faubourg.

VAUTRIN.

Toi! tu as été un homme politique?

LAFOURAILLE.

Pas longtemps. J'ai fait une belle action, ça m'a perdu.

VAUTRIN.

Ah! mon garçon, il faut se défier des belles actions autant

que des belles femmes : on s'en trouve souvent mal. Etait-elle belle, au moins, cette action ?

LAFOURAILLE.

Vous allez voir. Dans la bagarre du 10 août, le duc me confie le vicomte de Langeac ; je le déguise, je le cache, je le nourris, au risque de perdre ma popularité et ma tête. Le duc m'avait bien encouragé par des bagatelles, un millier de louis, et ce Blondet a l'infamie de venir me proposer davantage pour livrer notre jeune maître.

VAUTRIN.

Tu le livres ?

LAFOURAILLE.

A l'instant. On le coffre à l'Abbaye, et je me trouve à la tête de soixante bonnes mille livres en or, en vrai or.

VAUTRIN.

En quoi cela regarde-t-il le duc de Montsorel ?

LAFOURAILLE.

Attendez donc. Quand je vois venir les journées de septembre, ma conduite me semble un peu répréhensible ; et, pour mettre ma conscience en repos, je vais proposer au duc, qui partait, de resauver son ami.

VAUTRIN.

As-tu du moins bien placé tes remords ?

LAFOURAILLE.

Je le crois bien, ils étaient rares à cette époque-là ! Le duc me promet vingt mille francs si j'arrache le vicomte aux mains de mes camarades, et j'y parviens.

VAUTRIN.

Un vicomte, vingt mille francs ! c'était donné.

LAFOURAILLE.

D'autant plus que c'était alors le dernier. Je l'ai su trop tard. L'intendant avait fait disparaître tous les autres Langeac, même une pauvre grand'mère qu'il avait envoyée aux Carmes.

VAUTRIN.

Il allait bien, celui-là !

LAFOURAILLE.

Il allait toujours ! Il apprend mon dévouement, se met à ma piste, me traque et me découvre aux environs de Mortagne, où mon maître attendait, chez un de mes oncles, une occasion de gagner la mer. Ce gueux-là m'offre autant d'argent qu'il m'en avait déjà donné. Je me vois une existence honnête pour le reste de mes jours, je suis faible. Mon Blondet fait fusiller le vicomte comme espion, et nous fait mettre en prison, mon oncle et moi, comme complices. Nous n'en sommes sortis qu'en regorgeant tout mon or.

VAUTRIN.

Voilà comment on apprend à connaître le cœur humain. Tu avais affaire à plus fort que toi.

LAFOURAILLE.

Peuh! il m'a laissé en vie, un vrai finassier.

VAUTRIN.

En voilà bien assez! Il n'y a rien pour moi dans ton histoire.

LAFOURAILLE.

Je peux m'en aller?

VAUTRIN.

Ah çà! tu éprouves bien vivement le besoin d'être là où je ne suis pas. Tu as été dans le monde, hier; t'y es-tu bien tenu?

LAFOURAILLE.

Il se disait des choses si drôles sur les maîtres, que je n'ai pas quitté l'antichambre.

VAUTRIN.

Je t'ai cependant vu rôdant près du buffet, qu'as-tu pris?

LAFOURAILLE.

Rien... Ah! si, un petit verre de vin de Madère.

VAUTRIN.

Où as-tu mis les douze couverts de vermeil que tu as consommés avec le petit verre?

LAFOURAILLE.

Du vermeil! J'ai beau chercher, je ne trouve rien de semblable dans ma mémoire.

VAUTRIN.

Eh bien! tu les trouveras dans ta paillasse. Et Philosophe a-t-il aussi ses petites distractions?.

LAFOURAILLE.

Oh! ce pauvre Philosophe, depuis ce matin, se moque-t-on assez de lui en bas? Figurez-vous, il avise un cocher très-jeune, et il lui découd ses galons. En dessous, c'est tout faux! Les maîtres, aujourd'hui, volent la moitié de leur considération. On n'est plus sûr de rien, ça fait pitié.

VAUTRIN, il sifle.

Ça n'est pas drôle de prendre comme ça! Vous allez me perdre la maison, il est temps d'en finir. Ici, père Buteux! holà, Philosophe! à moi, Fil-de-soie! Mes bons amis, expliquons-nous à l'amiable. Vous êtes tous des misérables.

SCÈNE III.

LES MÊMES, BUTEUX PHILOSOPHE et FIL-DE-SOIE.

BUTEUX.

Présent! est-ce le feu?

FIL-DE-SOIE.

Est-ce un curieux?

BUTEUX.

J'aime mieux le feu, ça s'éteint!

PHILOSOPHE.

L'autre, ça s'étouffe.

LAFOURAILLE.

Bah! il s'est fâché pour des niaiseries.

BUTEUX.

Encore de la morale, merci!

FIL-DE-SOIE.

Ce n'est pas pour moi, je ne sors point.

VAUTRIN, à Fil-de-Soie.

Toi! le soir que je t'ai fait quitter ton bonnet de coton, empoisonneur...

FIL-DE-SOIE.

Passons les titres.

VAUTRIN.

Et que tu m'as accompagné en chasseur chez le feld-maréchal, tu as, tout en me passant ma pelisse, enlevé sa montre à l'hetman des Cosaques.

FIL-DE-SOIE.

Tiens! les ennemis de la France.

VAUTRIN.

Toi, Buteux, vieux malfaiteur, tu as volé la lorgnette de la princesse d'Arjos, le soir où elle avait mis votre jeune maître à notre porte.

BUTEUX.

Elle était tombée sur le marchepied.

VAUTRIN.

Tu devais la rendre avec respect ; mais l'or et les perles réveillé tes griffes de chat-tigre.

LAFOURAILLE.

Ah çà, l'on ne peut donc pas s'amuser un peu ? Que diable ! Jacques, tu veux...

VAUTRIN.

Hein ?

LAFOURAILLE.

Vous voulez, monsieur Vautrin, pour trente mille francs, que ce jeune homme mène un train de prince ? Nous y réussissons à la manière des gouvernements étrangers, par l'emprunt et par le crédit. Tous ceux qui viennent demander de l'argent nous en laissent, et vous n'êtes pas content.

FIL-DE-SOIE.

Moi, si je ne peux plus rapporter de l'argent du marché quand je vais aux provisions sans le sou, je donne ma démission.

PHILOSOPHE.

Et moi donc, j'ai vendu cinq mille francs notre pratique à plusieurs carrossiers, et le favorisé va tout perdre. Un soir, M. de Frescas part brouetté par deux rosses, et nous le ramenons, Lafouraille et moi, avec deux chevaux de dix mille francs qui n'ont coûté que vingt petits verres de schnick.

LAFOURAILLE.

Non, c'était du kirsch !

PHILOSOPHE.

Enfin, si c'est pour ça que vous vous emportez...

FIL-DE-SOIE.

Comment entendez-vous tenir votre maison ?

VAUTRIN.

Et vous comptez marcher longtemps de ce train-là ? Ce que j'ai permis pour fonder notre établissement, je le défends aujourd'hui. Vous voulez donc tomber du vol dans l'escamotage ? Si je ne suis pas compris, je chercherai de meilleurs valets.

BUTEUX.

Et où les trouvera-t-il ?

LAFOURAILLE.

Qu'il en cherche !

VAUTRIN.

Vous oubliez donc que je vous ai répondu de vos têtes à vous-mêmes! Ah çà, vous ai-je triés comme des graines sur un volet, dans trois résidences différentes, pour vous laisser tourner autour du gibet comme des mouches autour d'une chandelle? Sachez-le bien, chez nous une imprudence est toujours un crime. Vous devez avoir un air si complétement innocent, que c'était à toi, Philosophe, à te laisser découdre tes galons. N'oubliez donc jamais votre rôle : vous êtes des honnêtes gens, des domestiques fidèles, et qui adorez M. Raoul de Frescas, votre maître.

BUTEUX.

Vous faites de ce jeune homme un dieu? vous nous avez attelés à sa brouette; mais nous ne le connaissons pas plus qu'il ne nous connaît.

PHILOSOPHE.

Enfin, est-il des nôtres?

FIL-DE-SOIE.

Où ça nous mène-t-il?

LAFOURAILLE.

Nous vous obéissons à la condition de reconstituer la *Société des Dix Mille*, de ne jamais nous attribuer moins de dix mille francs d'un coup, et nous n'avons pas encore le moindre fonds social.

FIL-DE-SOIE.

Quand serons-nous capitalistes?

BUTEUX.

Si les camarades savaient que je me déguise en vieux portier depuis six mois, gratis, je serais déshonoré. Si je veux bien risquer mon cou, c'est afin de donner du pain à mon Adèle, que vous m'avez défendu de voir, et qui depuis six mois sera devenue sèche comme une allumette.

LAFOURAILLE, aux deux autres.

Elle est en prison. Pauvre homme! ménageons sa sensibilité.

VAUTRIN.

Avez-vous fini? Ah çà, vous faites la noce ici depuis six mois, vous mangez comme des diplomates, vous buvez comme des Polonais, rien ne vous manque.

BUTEUX.

On se rouille!

VAUTRIN.

Grâce à moi, la police vous a oubliés! c'est à moi seul que vous devez cette existence heureuse! j'ai effacé sur vos fronts cette marque rouge qui vous signalait. Je suis la tête qui conçoit, vous n'êtes que les bras.

PHILOSOPHE.

Suffit !

VAUTRIN.

Obéissez-moi tous aveuglément !

LAFOURAILLE.

Aveuglément.

VAUTRIN.

Sans murmurer.

FIL-DE-SOIE.

Sans murmurer.

VAUTRIN.

Ou rompons notre pacte et laissez-moi ! Si je dois trouver de l'ingratitude chez vous autres, à qui désormais peut-on rendre service ?

PHILOSOPHE.

Jamais, mon empereur !

LAFOURAILLE.

Plus souvent, notre grand homme !

BUTEUX.

Je t'aime plus que je n'aime Adèle.

FIL-DE-SOIE.

On t'adore.

VAUTRIN.

Je veux vous assommer de coups !

PHILOSOPHE.

Frappe sans écouter.

VAUTRIN.

Vous cracher au visage, et jouer votre vie comme des sous au bouchon.

BUTEUX.

Ah ! mais ici, je joue des couteaux !

VAUTRIN.

Eh bien ! tue-moi donc tout de suite.

BUTEUX.

On ne peut pas se fâcher avec cet homme-là. Voulez-vous que je rende la lorgnette ? c'était pour Adèle !

TOUS, l'entourant.

Nous abandonnerais-tu, Vautrin ?

LAFOURAILLE.

Vautrin! notre ami.

PHILOSOPHE.

Grand Vautrin!

FIL-DE-SOIE.

Notre vieux compagnon, fais de nous tout ce que tu voudras.

VAUTRIN.

Oui, je puis faire de vous tout ce que je veux. Quand je pense à ce que vous dérangez pour prendre des breloques, j'éprouve l'envie de vous renvoyer d'où je vous ai tirés. Vous êtes ou en dessus ou en dessous de la société, la lie ou l'écume; moi, je voudrais vous y faire rentrer. On vous huait quand vous passiez, je veux qu'on vous salue; vous étiez des scélérats, je veux que vous soyez plus que d'honnêtes gens.

PHILOSOPHE.

Il y a donc mieux?

BUTEUX.

Il y a ceux qui ne sont rien du tout.

VAUTRIN.

Il y a ceux qui décident de l'honnêteté des autres. Vous ne serez jamais d'honnêtes bourgeois, vous ne pouvez être que des malheureux ou des riches; il vous faut donc enjamber la moitié du monde! Prenez un bain d'or, et vous en sortirez vertueux.

FIL-DE-SOIE.

Oh! moi, quand je n'aurai besoin de rien, je serai bon prince.

VAUTRIN.

Eh bien! toi, Lafouraille, tu peux être, comme l'un de nous, comte de Sainte-Hélène; et toi, Buteux, que veux-tu?

BUTEUX.

Je veux être philanthrope, on devient millionnaire.

PHILOSOPHE.

Et moi banquier.

FIL-DE-SOIE.

Il veut être patenté.

VAUTRIN.

Soyez donc, à propos, aveugles et clairvoyants, adroits et gauches, niais et spirituels (comme tous ceux qui veulent faire fortune). Ne me jugez jamais, et n'entendez que ce que je veux dire. Vous me demandez ce qu'est Raoul de Frescas? Je vais vous l'expliquer : il va bientôt avoir douze cent mille livres de rente, il sera prince, et je l'ai pris mendiant sur la grande route, prêt à se faire tambour, à douze ans, il n'avait pas de nom, pas de famille, il venait de Sardaigne, où il devait avoir fait quelque mauvais coup, il était à fuite.

BUTEUX.

Oh! dès que nous connaissons ses antécédents et sa position sociale...

VAUTRIN.

A ta loge!

BUTEUX.

La petite Nini, la fille à Giroflée, y est.

VAUTRIN.

Elle peut laisser passer une mouche.

LAFOURAILLE.

Elle! c'est une petite fouine à laquelle il ne faudra pas indiquer les pigeons.

VAUTRIN.

Par ce que je suis en train de faire de Raoul, voyez ce que je puis. Ne devait-il pas avoir la préférence? Raoul de Frescas est un jeune homme resté pur comme un ange au milieu de notre bourbier, il est notre conscience; enfin, c'est ma création; je suis à la fois son père, sa mère, et je veux être sa providence. J'aime à faire des heureux, moi qui ne peux plus l'être. Je respire par sa bouche, je vis de sa vie; ses passions sont les miennes, je ne puis avoir d'émotions nobles et pures que dans le cœur de cet être qui n'est souillé d'aucun crime. Vous avez vos fantaisies, voilà la mienne! En échange de la flétrissure que la société m'a imprimée, je lui rends un homme d'honneur, j'entre en lutte avec le destin; voulez-vous être de la partie? obéissez!

TOUS.

A la vie, à la mort!

VAUTRIN, à part.

Voilà mes bêtes féroces encore une fois domptées! (Haut.) Philosophe, tâche de prendre l'air, la figure et le costume d'un employé aux recouvrements, tu iras reporter les couverts empruntés par Lafouraille à l'ambassade. (A Fil-de-Soie.) Toi, Fil-de-Soie, M. de Frescas aura quelques amis, prépare un somptueux déjeuner, nous ne dînerons pas. Après, tu t'habilleras en homme respectable, aie l'air d'un avoué. Tu iras rue Oblin, numéro 6, au quatrième étage, tu sonneras sept coups, un à un. Tu demanderas le père Giroflée. On te répondra : D'où venez-vous ? Tu diras : D'un port de mer en Bohême. Tu seras introduit. Il me faut des lettres et divers papiers de M. le duc Christoval : voilà le texte et le modèles, je veux une imitation absolue dans le plus bref délai. Lafouraille, tu verras à faire mettre quelques lignes aux journaux sur l'arrivée... (Il lui parle à l'oreille.) Cela fait partie de mon plan. Laissez-moi.

LAFOURAILLE.

Eh bien ! êtes-vous content ?

VAUTRIN.

Oui.

PHILOSOPHE.

Vous ne nous en voulez plus ?

VAUTRIN.

Non.

FIL-DE-SOIE.

Enfin, plus d'émeute, on sera sage.

BUTEUX.

Soyez tranquille, on ne se bornera pas à être poli, on sera honnête.

VAUTRIN.

Allons, enfants, un peu de probité, beaucoup de tenue, et vous serez considérés.

SCÈNE IV.

VAUTRIN, seul.

Il suffit, pour les mener, de leur faire croire qu'ils ont de l'honneur et un avenir. Ils n'ont pas d'avenir ! que deviendront-ils ? Bah ! si les généraux prenaient leurs soldats au sérieux, on ne tirerait pas un coup de canon !

Après douze ans de travaux souterrains, dans quelques jours j'aurai conquis à Raoul une position souveraine : il faudra la lui assurer. Lafouraille et Philosophe me seront nécessaires dans le pays où je vais lui donner une famille. Ah ! cet amour a détruit la vie que je lui arrangeais. Je le voulais glorieux par lui-même, domptant, pour mon compte et par mes conseils, ce monde où il m'est interdit de rentrer. Raoul n'est pas seulement le fils de mon esprit et de mon fiel, il est ma vengeance. Mes drôles ne peuvent pas comprendre ces sentiments ; ils sont heureux ; il ne sont pas tombés, eux ! ils sont nés de plain-pied avec le crime ; mais moi, j'avais tenté de m'élever, et si l'homme peut se relever aux yeux de Dieu, jamais il ne se relève aux yeux du monde. On nous demande de nous repentir, et l'on nous refuse le pardon. Les hommes ont entre eux l'instinct des bêtes sauvages : une fois blessés, ils ne reviennent plus, et ils ont raison. D'ailleurs, réclamer la protection du monde quand on en a foulé toutes les lois aux pieds, c'est vouloir revenir sous un toit qu'on a ébranlé et qui vous écraserait.

Avais-je assez poli, caressé le magnifique instrument de ma domination ! Raoul était courageux, il se serait fait tuer comme un sot ; il a fallu le rendre froid, positif, lui enlever une à une ses belles illusions et lui passer le suaire de l'expérience ! le rendre défiant et rusé comme... un vieil escompteur, tout en l'empêchant de savoir qui j'étais. Et l'amour brise aujourd'hui cet immense échafaudage. Il devait être grand, il ne sera plus qu'heureux. J'irai donc vivre dans un coin, au soleil de sa prospérité : son bonheur sera mon ouvrage. Voilà deux jours que je me demande s'il ne vaudrait pas mieux que la princesse d'Arjos mourût d'une petite fièvre... cérébrale. C'est inconcevable, tout ce que les femmes détruisent.

SCÈNE V.

VAUTRIN, LAFOURAILLE.

VAUTRIN.

Que me veut-on ? ne puis-je être un moment seul ? ai-je appelé !

LAFOURAILLE.

La griffe de la justice va nous chatouiller les épaules.

VAUTRIN.

Quelle nouvelle sottise avez-vous faite ?

LAFOURAILLE.

Eh bien ! la petite Nini a laissé entrer un monsieur bien vêt qui demande à vous parler. Buteux siffle l'air : *Où peut-on être mieux qu'au sein de sa famille ?* Ainsi c'est un limier.

VAUTRIN.

Ce n'est que ça, je sais ce que c'est, fais-le attendre. Tout le monde sous les armes! Allons, plus de Vautrin, je vais me dessiner en baron de Vieux-Chêne. Ainzi barle l'y ton hallemant, travaille-le, enfin le grand jeu! (Il sort.)

SCÈNE VI.

LAFOURAILLE, SAINT-CHARLES.

LAFOURAILLE.

Meinherr ti Vraissegasse n'y être basse, menne sire, hai zou haindandante, le paron de Fieil-Chêne, il être oguipai afecque ein hargidecde ki toite pattir eine crante odelle à nodre maídre.

SAINT-CHARLES.

Pardon, mon cher, vous dites?...

LAFOURAILLE.

Ché tis paron de Fié-Chêne.

SAINT-CHARLES.

Baron!

LAFOURAILLE.

Fi! fi!

SAINT-CHARLES.

Il est baron?

LAFOURAILLE.

Te Ficille-Chêne.

SAINT-CHARLES.

Vous êtes Allemand?

LAFOURAILLE.

Ti doute! ti doute! chez sis Halzazien, et il èdre ein crante tifferance. Lé Hâllemands d'Allemâgne tisent ein follére, les Halzaziens tisent haine follèrre.

SAINT-CHARLES, à part.

Décidément, cet homme a l'accent trop allemand pour ne pas être un Parisien.

LAFOURAILLE, à part.

Je connais cet homme-là. — Oh!

SAINT-CHARLES.

Si M. le baron de Vieux-Chêne est occupé, j'attendrai.

LAFOURAILLE, à part.

Ah! Blondet, mon mignon, tu déguises ta figure et tu ne déguises pas ta voix! si tu te tires de nos pattes, tu auras de la chance. (Haut.) Ké toiche tire à mennesire pire l'encacher à guider zes okipazions ? (Il fait un mouvement pour sortir.)

SAINT-CHARLES.

Attendez, mon cher, vous parlez allemand, je parle français, nous pourrions nous tromper. (Il lui met une bourse dans la main.) Avec ça il n'y aura plus d'équivoque.

LAFOURAILLE.

Ya, menner.

SAINT-CHARLES.

Ce n'est qu'un à-compte.

LAFOURAILLE, à part.

Sur mes quatre-vingt mille francs. (Haut.) Et fous foulez que chespionne mon maidre ?

SAINT-CHARLES.

Non, mon cher, j'ai seulement besoin de quelques renseignements qui ne vous compromettront pas.

LAFOURAILLE.

Chapelle za haisbionner an pon allemaute.

SAINT-CHARLES.

Mais non, c'est...

LAFOURAILLE.

Haisbionner. Et qué toische tire té fous à mennesir le paron ?

SAINT-CHARLES.

Annoncez M. le chevalier de Saint-Charles.

LAFOURAILLE.

Ninis andantons. Ché fais fous l'amenaire ; mais nai lui tonnez boind te l'archant à stil indandante : il èdre plis honnède ké nous teusses. (Il lui donne un petit coup de coude.)

SAINT-CHARLES.

C'est-à-dire qu'il coûte davantage.

LAFOURAILLE.

Ia, meinherr. (Il sort.)

SCÈNE VII.

SAINT-CHARLES, seul.

Mal débuté ! dix louis dans l'eau. Espionner ?... appeler les choses tout de suite par leur nom, c'est trop bête pour ne pas être très-spirituel. Si le prétendu intendant, car il n'y a plus d'intendant, si le baron est de la force de son valet, ce n'est guère que sur ce qu'ils voudront me cacher que je pourrai baser mes inductions. Ce salon est très-bien. Ni portrait du roi; ni souvenir impérial, allons! ils n'encadrent pas leurs opinions. Les meubles disent-ils quelque chose? non. C'est même encore trop neuf pour être déjà payé. Sans l'air que le portier a sifflé, et qui doit être un signal, je commencerais à croire aux Frescas.

SCÈNE VIII.

SAINT-CHARLES, VAUTRIN, LAFOURAILLE.

LAFOURAILLE.

Foilà, mennesir, le paron te Fieille-Chêne!
(Vautrin paraît vêtu d'un habit marron très-clair, d'une coupe très-antique, à gros boutons de métal; il a une culotte de soie noire, des bas de soie noire, des souliers à boucles d'or, un gilet carré à fleurs, deux chaînes de montre, cravate du temps de la Révolution, une perruque de cheveux blancs, une figure de vieillard, fin, usé, débauché, le parler doux et la voix cassée.)

VAUTRIN, à Lafouraille.

C'est bien, laissez-nous. (Lafouraille sort. A part.) A nous deux, monsieur Blondet. (Haut.) Monsieur, je suis bien votre serviteur.

SAINT-CHARLES, à part.

Un renard usé, c'est encore dangereux. (Haut.) Excusez-moi, monsieur le baron, si je vous dérange sans avoir l'honneur d'être connu de vous.

VAUTRIN.

Je devine, Monsieur, ce dont il s'agit.

SAINT-CHARLES, à part.

Bah!

VAUTRIN.

Vous êtes architecte, et vous venez traiter avec moi; mais j'ai déjà des offres superbes.

SAINT-CHARLES.

Pardon, votre Allemand vous aura mal dit mon nom. Je suis le chevalier de Saint-Charles.

VAUTRIN, levant ses lunettes.

Oh! mais attendez donc... nous sommes de vieilles connaissances. Vous étiez au congrès de Vienne, et l'on vous nommait alors le comte de Gorcum... joli nom !

SAINT-CHARLES, à part.

Enfonce-toi, mon vieux ! (Haut.) Vous y êtes donc allé aussi ?

VAUTRIN.

Parbleu ! Et je suis charmé de vous retrouver, car vous êtes un rusé compère. Les avez-vous roulés !... ah ! vous les avez roulés

SAINT-CHARLES, à part.

Va pour Vienne ! (Haut.) Moi, monsieur le baron, je vous rends parfaitement à cette heure, et vous y avez bien habilement mené votre barque...

VAUTRIN.

Que voulez-vous ? nous avions les femmes pour nous ! Ah çà mais avez-vous encore votre belle Italienne ?

SAINT-CHARLES.

Vous la connaissez aussi ? c'est une femme d'une adresse...

VAUTRIN.

Eh ! mon cher, à qui le dites-vous ? Elle a voulu savoir qui j'étais

SAINT-CHARLES.

Alors, elle le sait.

VAUTRIN.

Eh bien, mon cher !... — Vous ne m'en voudrez pas ? — Elle n'a rien su.

SAINT-CHARLES.

Eh bien ! baron, puisque nous sommes dans un moment de franchise, je vous avouerai de mon côté que votre admirable Polonaise...

VAUTRIN.

Aussi ! vous ?

SAINT-CHARLES.

Ma foi, oui !

VAUTRIN, riant.

Ah ! ah ! ah ! ah !

SAINT-CHARLES, riant.

Oh ! oh ! oh ! oh !

VAUTRIN.

Nous pouvons en rire à notre aise, car je suppose que vous l'avez laissée là ?

SAINT-CHARLES.

Comme vous, tout de suite. Je vois que nous sommes revenus

tous deux manger notre argent à Paris, et nous avons bien fait ; mais il me semble, baron, que vous avez pris une position bien secondaire, et qui cependant attire l'attention.

VAUTRIN.

Ah ! je vous remercie, chevalier. J'espère que nous voici maintenant amis pour longtemps ?

SAINT-CHARLES.

Pour toujours.

VAUTRIN.

Vous pouvez m'être extrêmement utile, je puis vous servir énormément, entendons-nous ! Que je sache l'intérêt qui vous amène, et je vous dirai le mien.

SAINT-CHARLES, à part.

Ah çà, est-ce lui qu'on lâche sur moi, ou moi sur lui ?

VAUTRIN, à part.

Ça peut aller longtemps comme ça.

SAINT-CHARLES.

Je vais commencer.

VAUTRIN.

Allons donc !

SAINT-CHARLES.

Baron, de vous à moi, je vous admire.

VAUTRIN.

Quel éloge dans votre bouche ?

SAINT-CHARLES.

Non, d'honneur ! créer un de Frescas à la face de tout Paris, est une invention qui passe de mille piques celle de nos comtesses au congrès. Vous pêchez à la dot avec une rare audace.

VAUTRIN.

Je pêche à la dot ?

SAINT-CHARLES.

Mais, mon cher, vous seriez découvert, si ce n'était pas moi, votre ami, qu'on eût chargé de vous observer, car je vous suis détaché de très-haut. Comment aussi, permettez-moi de vous le reprocher, osez-vous disputer une héritière à la famille de Montsorel ?

VAUTRIN.

Et moi, qui croyais bonnement que vous veniez me proposer de faire des affaires ensemble, et que nous aurions spéculé tous deux avec l'argent de M. de Frescas, dont je dispose entièrement !... et vous me dites des choses d'un autre monde ! Frescas, mon cher, est un des noms légitimes de ce jeune seigneur qui en a sept. De hautes raisons l'empêchent encore pour vingt-quatre heures de déclarer sa famille, que je connais : leurs biens sont immenses, je les ai vus, j'en reviens. Que vous m'ayez pris pour un fripon, passe encore, il s'agit de sommes qui ne sont pas déshonorantes ; mais pour un imbécile capable de se mettre à la suite d'un gentilhomme d'occasion, assez niais pour rompre en visière aux Montsorel avec un semblant de grand seigneur... Décidément, mon cher, il paraîtrait que vous n'avez pas été à Vienne ! Nous ne nous comprenons plus du tout.

SAINT-CHARLES.

Ne vous emportez pas, respectable intendant ! cessons de nous entortiller de mensonges plus ou moins agréables, vous n'avez pas la prétention de m'en faire avaler davantage. Notre caisse se porte mieux que la vôtre, venez donc à nous ! Votre jeune homme est Frescas comme je suis chevalier et comme vous êtes baron. Vous l'avez rencontré sur les côtes d'Italie ; c'était alors un vagabond, aujourd'hui c'est un aventurier, voilà tout !

VAUTRIN.

Vous avez raison, cessons de nous entortiller de mensonges plus ou moins agréables, disons-nous la vérité.

SAINT-CHARLES.

Je vous la paye.

VAUTRIN.

Je vous la donne. Vous êtes une infâme canaille, mon cher. Vous vous nommez Charles Blondet ; vous avez été l'intendant de la maison de Langeac ; vous avez acheté deux fois le vicomte, et vous ne l'avez pas payé... c'est honteux ! vous devez quatre-vingt mille francs à un de mes valets ; vous avez fait fusiller le vicomte a Mortagne pour garder les biens que la famille vous avait confiés. Si le duc de Montsorel, qui vous envoie, savait qui vous êtes... hé ! hé ! il vous ferait rendre des comptes étranges ! Ote tes moustaches, tes favoris, ta perruque, tes fausses décorations et tes broches d'ordres étrangers..... (Il lui arrache sa perruque, ses favoris, ses décorations.) Bonjour, drôle ! Comment as-tu fait pour dévorer cette fortune si spirituellement acquise ? Elle était colossale ; où l'as-tu perdue ?

SAINT-CHARLES.

Dans les malheurs.

ACTE III.

VAUTRIN.

Je comprends... Que veux-tu maintenant?

SAINT-CHARLES.

Qui que tu sois, tape là, je te rends les armes, je n'ai pas de chance aujourd'hui : tu es le diable ou Jacques Collin.

VAUTRIN.

Je suis et ne veux être pour toi que le baron de Vieux-Chêne. Écoute bien mon ultimatum; je puis te faire enterrer dans une de mes caves à l'instant, à la minute; on ne te réclamera pas.

SAINT-CHARLES.

C'est vrai.

VAUTRIN.

Ce serait prudent! Veux-tu faire pour moi chez les Montsorel ce que les Montsorel t'envoient faire ici?

SAINT-CHARLES.

Accepté! Quels avantages?

VAUTRIN.

Tout ce que tu prendras.

SAINT-CHARLES.

Des deux côtés?

VAUTRIN.

Soit! Tu remettras à celui de mes gens qui t'accompagnera tous les actes qui concernent la famille de Langeac; tu dois les avoir encore. Si M. de Frescas épouse mademoiselle de Christoval, tu ne seras pas son intendant, mais tu recevras cent mille francs. Tu as affaire à des gens difficiles, ainsi marche droit, on ne te trahira pas.

SAINT-CHARLES.

Marché conclu.

VAUTRIN.

Je ne le ratifierai qu'avec les pièces en main : jusque-là, prends garde ! (Il sonne: tous les gens paraissent.) Reconduisez monsieur le chevalier avec tous les égards dus à son rang. (A Saint-Charles, lui montrant Philosophe.) Voici l'homme qui vous accompagnera. (A Philosophe.) Ne le quitte pas.

SAINT-CHARLES, à part.

Si je me tire sain et sauf de leurs griffes, je ferai main-basse sur ce nid de voleurs.

VAUTRIN.

Monsieur le chevalier, je vous suis tout acquis.

SCÈNE IX.

VAUTRIN, LAFOURAILLE.

LAFOURAILLE.

Monsieur Vautrin!

VAUTRIN.

Eh bien!

LAFOURAILLE.

Vous le laissez aller?

VAUTRIN.

S'il ne se croyait pas libre, que pourrions-nous savoir? Mes instructions sont données : on va lui apprendre à ne pas mettre de cordes chez les gens à pendre. Quand Philosophe me rapportera les pièces que cet homme doit lui remettre, on me les donnera partout où je serai.

LAFOURAILLE.

Mais après, le laisserez-vous en vie?

VAUTRIN.

Vous êtes toujours un peu trop vifs, mes mignons : ne savez-vous donc pas combien les morts inquiètent les vivants? Chut! j'entends Raoul... laisse-nous.

SCÈNE X.

VAUTRIN, RAOUL DE FRESCAS.

Vautrin rentre vers la fin du monologue; Raoul, qui est sur le devant de la scène, ne le voit pas.

RAOUL.

Avoir entrevu le ciel et rester sur la terre, voilà mon histoire! je suis perdu : Vautrin, ce génie à la fois infernal et bienfaisant, cet homme, qui sait tout et qui semble tout pouvoir, cet homme, si dur pour les autres et si bon pour moi, cet homme qui ne s'explique que par la féerie, cette providence, je puis dire maternelle, n'est pas, après tout, la providence. (Vautrin paraît avec une perruque noire, simple, un habit bleu, pantalon de couleur grisâtre, gilet ordinaire, noir, la tenue d'un agent de change.) Oh! je connaissais l'amour; mais je ne savais pas encore ce que c'était que la vengeance, et je ne voudrais pas mourir sans m'être vengé de ces deux Montsorel!

VAUTRIN.

Il souffre. Raoul, qu'as-tu, mon enfant?

RAOUL.

Eh! je n'ai rien, laissez-moi.

VAUTRIN.

Tu me rebutes encore? tu abuses du droit que tu as de maltraiter ton ami... A quoi pensais-tu là?.

RAOUL.

A rien.

VAUTRIN.

A rien! Ah çà, Monsieur, croyez-vous que celui qui vous a enseigné ce flegme anglais, sous lequel un homme de quelque valeur doit couvrir ses émotions, ne connaisse pas le défaut de cette cuirasse d'orgueil? Dissimulez avec les autres; mais avec moi, c'est plus qu'une faute; en amitié, les fautes sont des crimes.

RAOUL.

Ne plus jouer, ne plus rentrer ivre, quitter la ménagerie de l'Opéra, devenir un homme sérieux, étudier, vouloir une position... tu appelles cela dissimuler.

VAUTRIN.

Tu n'es encore qu'un pauvre diplomate, tu seras grand quand tu m'auras trompé. Raoul, tu as commis la faute contre laquelle je t'avais mis le plus en garde. Mon enfant, qui devait prendre les femmes pour ce qu'elles sont, des êtres sans conséquence, enfin s'en servir et non les servir, est devenu un berger de M. de Florian; mon Lovelace se heurte contre une Clarisse. Ah! les jeunes gens doivent frapper longtemps sur ces idoles, avant d'en reconnaître le creux.

RAOUL.

Un sermon?

VAUTRIN.

Comment! moi qui t'ai formé la main au pistolet, qui t'ai montré à tirer l'épée, qui t'ai appris à ne pas redouter l'ouvrier le plus fort du faubourg, moi qui ai fait pour ta cervelle comme pour le corps, moi qui t'ai voulu mettre au-dessus de tous les hommes, enfin moi qui t'ai sacré roi, tu me prends pour une ganache? Allons, un peu plus de franchise.

RAOUL.

Voulez-vous savoir ce que je pensais ?... Mais non, ce serait accuser mon bienfaiteur.

VAUTRIN.

Ton bienfaiteur ! tu m'insultes. T'ai-je offert mon sang, ma vie ? suis-je prêt à tuer, à assassiner ton ennemi, pour recevoir de toi cet intérêt exorbitant appelé reconnaissance ? Pour t'exploiter, suis-je un usurier ? Il y a des hommes qui vous attachent un bienfait au cœur, comme on attache un boulet au pied des... suffit ! ces hommes-là, je les écraserais comme des chenilles sans croire commettre un homicide ! Je t'ai prié de m'adopter pour ton père, mon cœur doit être pour toi ce que le ciel est pour les anges, un espace où tout est bonheur et confiance ; tu peux me dire toutes tes pensées, même les mauvaises. Parle, je comprends tout, même une lâcheté.

RAOUL.

Dieu et Satan se sont entendus pour fondre ce bronze-là !

VAUTRIN.

C'est possible.

RAOUL.

Je vais tout te dire.

VAUTRIN.

Eh bien ! mon enfant, asseyons-nous.

RAOUL.

Tu as été cause de mon opprobre et de mon désespoir.

VAUTRIN.

Où ? quand ? Sang d'un homme ! qui t'a blessé ? qui t'a manqué ? Dis le lieu, nomme les gens... la colère de Vautrin passera par là!

RAOUL.

Tu ne peux rien.

VAUTRIN.

Enfant, il y a deux espèces d'hommes qui peuvent tout.

RAOUL.

Et qui sont?

VAUTRIN.

Les rois, qui sont ou doivent être au-dessus des lois vas te fâcher... les criminels, qui sont au-dessous.

RAOUL.

Et comme tu n'es pas roi...

VAUTRIN.

Eh bien ! je règne en dessous.

RAOUL.

Quelle affreuse plaisanterie me fais-tu là, Vautrin?

VAUTRIN.

N'as-tu pas dit que le diable et Dieu s'étaient cotisés pour ondre?

RAOUL.

Ah! Monsieur, vous me glacez.

VAUTRIN.

Rassieds-toi! Du calme, mon enfant. Tu ne dois t'étonner de rien, sous peine d'être un homme ordinaire.

RAOUL.

Suis-je entre les mains d'un démon ou d'un ange? Tu m'instruis sans déflorer les nobles instincts que je sens en moi; tu m'éclaires sans m'éblouir; tu me donnes l'expérience des vieillards, et tu ne m'ôtes aucune des grâces de la jeunesse; mais tu n'as pas impunément aiguisé mon esprit, étendu ma vue, éveillé ma perspicacité. Dis-moi d'où vient ta fortune? a-t-elle des sources honorables? pourquoi me défends-tu d'avouer les malheurs de mon enfance? pourquoi m'avoir imposé le nom du village où tu m'as trouvé? pourquoi m'empêcher de chercher mon père ou ma mère? Enfin. pourquoi me courber sous des mensonges? On s'intéresse à l'orphelin, mais on repousse l'imposteur! Je mène un train qui me fait l'égal d'un fils de duc et pair, tu me donnes une grande éducation et pas d'état, tu me lances dans l'empyrée du monde, et l'on m'y crache au visage qu'il n'y a plus de Frescas. On m'y demande une famille, et tu me défends toute réponse. Je suis à la fois un grand seigneur et un paria, je dois dévorer des affronts qui me poussent à déchirer vivants des marquis et des ducs : j'ai la rage dans l'âme, je veux avoir vingt duels, et je périrai! Veux-tu qu'on m'insulte encore? Plus de secrets pour moi : Prométhée infernal, achève ton œuvre, ou brise-la.

VAUTRIN.

Eh! qui resterait froid devant la générosité de cette belle jeunesse? Comme son courage s'allume! Allez, tous les sentiments, au grand galop! Oh! tu es l'enfant d'une noble race. Eh bien! Raoul, voilà ce que j'appelle des raisons.

RAOUL.

Ah!

VAUTRIN.

Tu me demandes des comptes de tutelle? les voici.

RAOUL.

Mais en ai-je le droit? sans toi vivrais-je?

VAUTRIN.

Tais-toi. Tu n'avais rien, je t'ai fait riche. Tu ne savais rien, je t'ai donné une belle éducation. Oh! je ne suis pas encore quitte envers toi. Un père... tous les pères donnent la vie à leurs enfants, moi, je te dois le bonheur... Mais est-ce bien là le motif de ta mélancolie? n'y a-t-il pas là... dans ce coffret... (Il montre un coffret) certain portrait et certaines lettres cachées, et que nous lisons avec des... Ah!...

RAOUL.

Vous avez...

VAUTRIN.

Oui, j'ai... Tu es donc touché à fond?

RAOUL.

A fond.

VAUTRIN.

Imbécile! L'amour vit de tromperie, et l'amitié de confiance. — Enfin, sois heureux à ta manière.

RAOUL.

Eh! le puis-je? Je me ferai soldat, et... partout où grondera le canon, je saurai conquérir un nom glorieux, ou mourir.

VAUTRIN.

Hein!... de quoi? qu'est-ce que cet enfantillage?

RAOUL.

Tu t'es fait trop vieux pour pouvoir comprendre, et ce n'est pas la peine de te le dire.

VAUTRIN.

Je te le dirai donc. Tu aimes Inès de Christoval, de son chef princesse d'Arjos, fille d'un duc banni par le roi Ferdinand, une Andalouse qui t'aime et qui me plaît, non comme femme, mais comme un adorable coffre-fort qui a les plus beaux yeux du monde, une dot bien tournée, la plus délicieuse caisse, svelte, élégante comme une corvette noire à voiles blanches, apportant les galions d'Amérique si impatiemment attendus et versant toutes les joies de la vie, absolument comme la Fortune peinte au-dessus des bureaux de loterie : je t'approuve, tu as tort de l'aimer, l'amour te fera faire mille sottises... mais je suis là.

RAOUL.

Ne me la flétris pas de tes horribles sarcasmes.

VAUTRIN.

Allons, on mettra une sourdine à son esprit, et un crêpe à son chapeau.

RAOUL.

Oui. Car il est impossible à l'enfant jeté dans le ménage d'un pêcheur d'Alghero de devenir prince d'Arjos, et perdre Inès, c'est mourir de douleur.

VAUTRIN.

Douze cent mille livres de rente, le titre de prince, des grandesses et des économies, mon vieux, il ne faut pas voir cela trop en noir.

RAOUL.

Si tu m'aimes, pourquoi des plaisanteries quand je suis au désespoir?

VAUTRIN.

Et d'où vient donc ton désespoir?

RAOUL.

Le duc et le marquis m'ont tout à l'heure insulté chez eux, devant elle, et j'ai vu s'éteindre toutes mes espérances... On m'a fermé la porte de l'hôtel de Christoval. J'ignore encore pourquoi la duchesse de Montsorel m'a fait venir. Depuis deux jours elle me témoigne un intérêt que je ne puis m'expliquer.

VAUTRIN.

Et qu'allais-tu donc faire chez ton rival?

RAOUL.

Mais tu sais donc tout?

VAUTRIN.

Et bien d'autres choses! Enfin, tu veux Inès de Christoval? tu peux te passer cette fantaisie.

RAOUL.

Si tu te jouais de moi?

VAUTRIN.

Raoul, on t'a fermé la porte de l'hôtel de Christoval... tu seras demain le prétendu de la princesse d'Arjos, et les Montsorel seront renvoyés, tout Montsorel qu'ils sont.

RAOUL.

Ma douleur vous rend fou.

VAUTRIN.

Qui t'a jamais autorisé à douter de ma parole? qui t'a donné un cheval arabe, pour faire enrager tous les dandys exotiques ou indigènes du bois de Boulogne? qui paye tes dettes de jeu? qui veille à tes plaisirs? qui t'a donné des bottes, à toi qui n'avais pas de souliers?

RAOUL.

Toi, mon ami, mon père, ma famille!

VAUTRIN.

Bien, bien, merci! Oh! tu me récompenses de tous mes sacrifices. Mais, hélas! une fois riche, une fois grand d'Espagne, une fois que tu feras partie de ce monde, tu m'oublieras : en changeant d'air, on change d'idées; tu me mépriseras, et... tu auras raison.

RAOUL.

Est-ce un génie sorti des *Mille et une Nuits?* Je me demande si j'existe. Mais, mon ami, mon protecteur, il me faut une famille.

VAUTRIN.

Eh! on te la fabrique en ce moment, ta famille! Le Louvre ne contiendrait pas les portraits de tes aïeux, ils encombrent les quais.

RAOUL.

Tu rallumes toutes mes espérances.

VAUTRIN.

Tu veux Inès?

RAOUL.

Par tous les moyens possibles.

VAUTRIN.

Tu ne recules devant rien? la magie et l'enfer ne t'effrayent pas

RAOUL.

Va pour l'enfer, s'il me donne le paradis.

VAUTRIN.

L'enfer! c'est le monde des bagnes et des forçats décorés par la justice et par la gendarmerie de marques et de menottes, conduits où ils vont par la misère, et qui ne peuvent jamais en sortir. Le paradis, c'est un bel hôtel, de riches voitures, des femmes délicieuses, des honneurs. Dans ce monde, il y a deux mondes; je te jette dans le plus beau, je reste dans le plus laid; et si tu ne m'oublies pas, je te tiens quitte.

RAOUL.

Vous me donnez le frisson, et vous venez de faire passer devant moi le délire.

VAUTRIN, lui frappant sur l'épaule.

Tu es un enfant! (A part.) Ne lui en ai-je pas trop dit? (Il sonne)

ACTE III.

RAOUL, à part.

Par moments ma nature se révolte contre tous ses bienfaits! Quand il met la main sur mon épaule, j'ai la sensation d'un fer chaud; et cependant il ne m'a jamais fait que du bien! il me cache ses moyens, et les résultats sont tous pour moi.

VAUTRIN.

Que dis-tu là?

RAOUL.

Je dis que je n'accepte rien, si mon honneur...

VAUTRIN.

On en aura soin, de ton honneur! N'est-ce pas moi qui l'ai développé? A-t-il jamais été compromis?

RAOUL.

Tu m'expliqueras.

VAUTRIN.

Rien.

RAOUL.

Rien?

VAUTRIN.

N'as-tu pas dit, par tous les moyens possibles?... Inès une fois à toi, qu'importe ce que j'aurai fait ou ce que je suis? Tu emmèneras Inès, tu voyageras. La famille de Christoval protégera le prince d'Arjos. (A Lafouraille.) Frappez des bouteilles de vin de Champagne, votre maître se marie, il va dire adieu à la vie de garçon, ses amis sont invités, allez chercher ses maîtresses, s'il lui en reste! Il y a noce pour tout le monde. Branle-bas général, et la grande tenue.

RAOUL.

Son intrépidité m'épouvante; mais il a toujours raison.

VAUTRIN.

A table!

TOUS.

A table!

VAUTRIN.

N'aie pas le bonheur triste, viens rire une dernière fois dans toute ta liberté; je ne te ferai servir que des vins d'Espagne, c'est gentil.

FIN DU TROISIÈME ACTE.

ACTE QUATRIÈME

La scène est à l'hôtel de Christoval.

SCÈNE PREMIÈRE.

LA DUCHESSE DE CHRISTOVAL, INÈS.

INÈS.

Si la naissance de M. de Frescas est obscure, je saurai, ma mère, renoncer à lui ; mais, de votre côté, soyez assez bonne pour ne plus insister sur mon mariage avec le marquis de Montsorel.

LA DUCHESSE DE CHRISTOVAL.

Si je repousse cette alliance insensée, je ne souffrirai pas non plus que vous soyez sacrifiée à l'ambition d'une famille.

INÈS.

Insensée? qui le sait? Vous le croyez un aventurier, je le crois gentilhomme, et nous n'avons aucune preuve à nous opposer.

LA DUCHESSE DE CHRISTOVAL.

Les preuves ne se feront pas attendre. Les Montsorel sont trop intéressés à dévoiler sa honte.

INÈS.

Et lui ! m'aime trop pour tarder à vous prouver qu'il est digne de nous. Sa conduite, hier, n'a-t-elle pas été d'une noblesse parfaite ?

LA DUCHESSE DE CHRISTOVAL.

Mais, chère folle, ton bonheur n'est-il pas le mien ? Que Raoul satisfasse le monde, et je suis prête à lutter pour vous contre les Montsorel à la cour d'Espagne.

INÈS.

Ah ! ma mère, vous l'aimez donc aussi ?

LA DUCHESSE DE CHRISTOVAL.
Ne l'as-tu pas choisi ?

SCÈNE II.

LES MÊMES, UN VALET, puis VAUTRIN.

Le valet apporte à la duchesse une carte enveloppée et cachetée.

LA DUCHESSE DE CHRISTOVAL, à Inès.
Le général Crustamente, envoyé secret de Sa Majesté don Augustin Ier, empereur du Mexique. Qu'est-ce que cela veut dire ?

INÈS.
Du Mexique ! il nous apporte sans doute des nouvelles de mon père !

LA DUCHESSE DE CHRISTOVAL, au valet.
Faites entrer.

(Vautrin paraît habillé en général mexicain, sa taille a quatre pouces de plus, son chapeau est fourni de plumes blanches, son habit est bleu de ciel avec les riches broderies des généraux mexicains : pantalon blanc, écharpe aurore, les cheveux traînants et frisés comme ceux de Murat ; il a un grand sabre, il a le teint cuivré, il grasseye comme les Espagnols du Mexique, son parler ressemble au provençal, plus l'accent guttural des Maures.)

VAUTRIN.
Est-ce bien à madame la duchesse de Christoval que j'ai l'honneur de parler ?

LA DUCHESSE DE CHRISTOVAL.
Oui, Monsieur.

VAUTRIN.
Et Mademoiselle ?

LA DUCHESSE DE CHRISTOVAL.
Ma fille, Monsieur.

VAUTRIN.
Mademoiselle est la señora Inès, de son chef princesse d'Arjos. En vous voyant, l'idolâtrie de M. de Christoval pour sa fille se comprend parfaitement. Mesdames, avant tout, je demande une discrétion absolue : ma mission est déjà difficile, et si l'on soupçonnait qu'il pût exister des relations entre vous et moi, nous serions tous compromis.

LA DUCHESSE DE CHRISTOVAL.
Je vous promets le secret et sur votre nom et sur votre visite.

INÈS.
Général, il s'agit de mon père, vous me permettez de rester.

VAUTRIN.

Vous êtes nobles et Espagnoles, je compte sur votre parole.

LA DUCHESSE DE CHRISTOVAL.

Je vais recommander à mes gens de se taire.

VAUTRIN.

Pas un mot; réclamer leur silence, c'est souvent provoquer leur indiscrétion. Je réponds des miens. J'avais pris l'engagement de vous donner à mon arrivée des nouvelles de M. de Christoval, et voici ma première visite.

LA DUCHESSE DE CHRISTOVAL.

Parlez-nous promptement de mon mari, général? Où se trouve-t-il?

VAUTRIN.

Le Mexique, Madame, est devenu ce qu'il devait être tôt ou tard, un État indépendant de l'Espagne. Au moment où je parle, il n'y a plus un seul Espagnol, il ne s'y trouve plus que des Mexicains.

LA DUCHESSE DE CHRISTOVAL.

En ce moment?

VAUTRIN.

Tout se fait en un moment pour qui ne voit pas les causes. Que voulez-vous? Le Mexique éprouvait le besoin de son indépendance, il s'est donné un empereur! Cela peut surprendre encore, rien cependant de plus naturel : partout les principes peuvent attendre, partout les hommes sont pressés.

LA DUCHESSE DE CHRISTOVAL.

Qu'est-il donc arrivé à M. de Christoval?

VAUTRIN.

Rassurez-vous, Madame, il n'est pas empereur. Monsieur le duc a failli, par une résistance désespérée, maintenir le royaume sous l'obéissance de Ferdinand VII.

LA DUCHESSE DE CHRISTOVAL.

Mais, Monsieur, mon mari n'est pas militaire.

VAUTRIN.

Non, sans doute; mais c'est un habile courtisan, et c'était bien joué. En cas de succès, il rentrait en grâce, Ferdinand ne pouvait se dispenser de le nommer vice-roi.

LA DUCHESSE DE CHRISTOVAL.

Dans quel siècle étrange vivons-nous?

VAUTRIN.

Les révolutions se succèdent et ne se ressemblent pas. Partout on imite la France. Mais, je vous en supplie, ne parlons pas politique, c'est un terrain brûlant.

INÈS.

Mon père, général, avait-il reçu nos lettres?

VAUTRIN.

Dans une pareille bagarre, les lettres peuvent bien se perdre, quand les couronnes ne se retrouvent pas.

LA DUCHESSE DE CHRISTOVAL.

Et qu'est devenu M. de Christoval?

VAUTRIN.

Le viel Amoagos, qui là-bas exerce une énorme influence, a s.... votre mari, au moment où j'allais le faire fusiller...

LA DUCHESSE DE CHRISTOVAL et SA FILLE.

Ah!

VAUTRIN.

C'est ainsi que nous nous sommes connus.

LA DUCHESSE DE CHRISTOVAL.

Vous, général?

INÈS.

Mon père, Monsieur!

VAUTRIN.

Eh! Mesdames, j'étais ou pendu par lui comme un rebelle, ou l'un des héros d'une nation délivrée, et me voici! En arrivant à l'improviste à la tête des ouvriers de ses mines, Amoagos décidait la question. Le salut de son ami le duc de Christoval a été le prix de son concours. Entre nous, l'empereur Iturbide, mon maître, n'est qu'un nom : l'avenir du Mexique est tout entier dans le parti du vieil Amoagos.

LA DUCHESSE DE CHRISTOVAL.

Quel est donc, Monsieur, cet Amoagos qui, selon vous, est l'arbitre des destinées du Mexique?

VAUTRIN.

Vous ne le connaissez pas ici? Vraiment non? Je ne sais pas ce qui pourra souder l'ancien monde au nouveau? Oh! ce sera la vapeur. Exploitez donc des mines d'or! soyez don Inigo, Jan Varaco Cardaval de los Amoagos, las Frescas y Peral..... mais dans la kirielle de nos noms espagnols, vous le savez, nous n'en disons jamais qu'un. Je m'appelle simplement Crustamente. Enfin, soyez le futur président de la république mexicaine, et la France vous ignore. Mesdames, le vieil Amoagos a reçu là-bas M. de Christoval, comme un vieux gentilhomme d'Aragon qu'il est, devait accueillir un grand d'Espagne banni pour avoir été séduit par le beau nom de Napoléon.

INÈS.

N'avez-vous pas dit Frescas dans les noms?

VAUTRIN.

Oui, Frescas est le nom de la seconde mine exploitée par don Cardaval ; mais vous allez connaître toutes les obligations de M. le duc envers son hôte par les lettres que je vous apporte. Elles sont dans mon portefeuille. J'ai besoin de mon portefeuille. (A part.) Elles ont assez bien mordu à mon vieil Amoagos. (Haut.) Permettez-moi de demander un de mes gens? (La duchesse fait signe à Inès de sonner. A la duchesse.) Accordez-moi, Madame, un moment d'entretien. (A un valet.) Dites à mon nègre ; mais non, il ne comprend que son affreux patois, faites-lui signe de venir.

LA DUCHESSE DE CHRISTOVAL.

Mon enfant, vous me laisserez seule un moment. (Lafouraille paraît.)

VAUTRIN, à Lafouraille.

Jiji roro flouri.

LAFOURAILLE.

Joro.

INÈS, à Vautrin.

La confiance de mon père suffirait à vous mériter un bon accueil ; mais, général, votre empressement à dissiper nos inquiétudes vous vaut ma reconnaissance.

VAUTRIN.

De la re..... connais..... sance ! Ah ! señora, si nous comptions, je me croirais le débiteur de votre illustre père, après avoir eu le bonheur de vous voir.

LAFOURAILLE.

Io.

VAUTRIN.

Caracas, y mouli joro, fistas, ip souri.

LAFOURAILLE.

Souri joro.

VAUTRIN, aux dames.

Mesdames, voici vos lettres. (A part à Lafouraille.) Circule de l'antichambre à la cour, bouche close, l'oreille ouverte, les mains au repos, l'œil au guet, et du nez.

ACTE IV.

LAFOURAILLE.

Ia, mein herr.

VAUTRIN, en colère.

Souri joro, fistas.

LAFOURAILLE.

Joro. (Bas.) Voici les papiers de Langeac.

VAUTRIN.

Je ne suis pas pour l'émancipation des nègres : quand il n'y en aura plus, nous serons forcés d'en faire avec les blancs.

INÈS, à sa mère.

Permettez-moi, ma mère, d'aller lire la lettre de mon père. (A Vautrin.) Général... (Elle salue.)

VAUTRIN.

Elle est charmante, puisse-t-elle être heureuse !
(Inès sort, sa mère la conduit en faisant quelques pas avec elle.)

SCÈNE III.

LA DUCHESSE DE CHRISTOVAL, VAUTRIN.

VAUTRIN, à part.

Si le Mexique se voyait représenter comme ça, il serait capable de me condamner aux ambassades à perpétuité. (Haut.) Oh ! excusez-moi, Madame, j'ai tant de sujets de réflexions !

LA DUCHESSE.

Si les préoccupations sont permises, n'est-ce pas à vous autres diplomates?

VAUTRIN.

Aux diplomates par état, oui; mais je compte rester militaire et franc. Je veux réussir par la franchise. Nous voilà seuls, causons, car j'ai plus d'une mission délicate.

LA DUCHESSE.

Auriez-vous des nouvelles que ma fille ne devrait pas entendre?

VAUTRIN.

Peut-être. Allons droit au fait : la señora est jeune et belle, elle est riche et noble; elle peut avoir quatre fois plus de prétendants que toute autre. On se dispute sa main. Eh bien ! son père me charge de savoir si elle a plus particulièrement remarqué quelqu'un.

LA DUCHESSE.

Avec un homme franc, général, je serai franche. L'étrangeté de votre demande ne me permet pas d'y répondre.

VAUTRIN.

Ah! prenez garde! Pour ne jamais nous tromper, nous autres diplomates, nous interprétons toujours le silence en mauvaise part.

LA DUCHESSE.

Monsieur, vous oubliez qu'il s'agit d'Inès de Christoval.

VAUTRIN.

Elle n'aime personne. Eh bien! elle pourra donc obéir aux vœux de son père.

LA DUCHESSE.

Comment, M. de Christoval aurait disposé de sa fille?

VAUTRIN.

Vous le voyez? votre inquiétude vous trahit. Elle a donc fait un choix! Eh bien! maintenant je tremble autant de vous interroger que vous de répondre. Ah! si le jeune homme aimé par votre fille était un étranger, riche, en apparence sans famille, et qui cachât son pays...

LA DUCHESSE.

Ce nom de Frescas, dit par vous, est celui que prend un jeune homme qui recherche Inès.

VAUTRIN.

Se nommerait-il aussi Raoul?

LA DUCHESSE.

Oui, Raoul de Frescas.

VAUTRIN.

Un jeune homme fin, spirituel, élégant, vingt-trois ans.

LA DUCHESSE.

Doué de ces manières qui ne s'acquièrent pas.

VAUTRIN.

Romanesque au point d'avoir eu l'ambition d'être aimé pour lui-même, en dépit d'une immense fortune; il a voulu la passion dans le mariage, une folie! Le jeune Amoagos, car c'est lui, Madame...

LA DUCHESSE.

Mais ce nom de Raoul n'est pas...

VAUTRIN.

Mexicain, vous avez raison. Il lui a été donné par sa mère, une Française, une émigrée, une demoiselle de Granville, venue de Saint-Domingue. L'imprudent est-il aimé?

LA DUCHESSE.

Préféré à tous!

VAUTRIN.

Mais ouvrez cette lettre, lisez-la, Madame; et vous verrez que j'ai pleins pouvoir des seigneurs Amoagos et Christoval pour conclure ce mariage.

LA DUCHESSE.

Oh! laissez-moi, Monsieur, rappeler Inès. (Elle sort.)

SCÈNE IV.

VAUTRIN, seul.

Le majordome est à moi, les véritables lettres, s'il en vient, me seront remises. Raoul est trop fier pour revenir ici; d'ailleurs, il m'a promis d'attendre. Me voilà maître du terrain; Raoul, une fois prince, ne manquera pas d'aïeux : le Mexique et moi nous sommes là.

SCÈNE V.

VAUTRIN, LA DUCHESSE DE CHRISTOVAL, INÈS.

LA DUCHESSE, à sa fille.

Mon enfant, vous avez des remercîments à faire au général.
(Elle lit sa lettre pendant une partie de la scène.)

INÈS.

Des remercîments, Monsieur? Et mon père me dit que dans le nombre de vos missions vous avez celle de me marier avec un seigneur Amoagos, sans tenir compte de mes inclinations.

VAUTRIN.

Rassurez-vous, il se nomme ici Raoul de Frescas.

INÈS.

Raoul de Frescas, lui! Mais, alors, pourquoi son silence obstiné?

VAUTRIN.

Faut-il que le vieux soldat vous explique le cœur du jeune homme? Il voulait de l'amour, et non de l'obéissance; il voulait...

INÈS.

Ah! général, je le punirai de sa modestie et de sa défiance.

Hier, il aimait mieux dévorer une offense que de révéler le nom de son père.

VAUTRIN.

Mais, Mademoiselle, il ignore encore si le nom de son père est celui d'un coupable de haute trahison ou celui d'un libérateur de l'Amérique.

INÈS.

Ah! ma mère, entendez-vous?

VAUTRIN, à part.

Comme elle l'aime! Pauvre fille, ça ne demande qu'à être abusé.

LA DUCHESSE.

La lettre de mon mari vous donne, en effet, général, de pleins pouvoirs.

VAUTRIN.

J'ai les actes authentiques et les papiers de famille...

UN VALET, entrant.

Madame la duchesse veut-elle recevoir M. de Frescas?

VAUTRIN, à part.

Raoul ici!

LA DUCHESSE, au valet.

Faites entrer.

VAUTRIN.

Bon! le malade vient tuer le médecin.

LA DUCHESSE.

Inès, vous pouvez recevoir seule M. de Frescas, il est agréé par votre père. (Inès baise la main de sa mère.)

SCÈNE VI.

LES MÊMES, RAOUL.

Raoul salue les deux dames, Vautrin vs à lui.

VAUTRIN, à Raoul.

Don Raoul de Cardaval.

RAOUL.

Vautrin!

VAUTRIN.

Non, le général Crustamente.

RAOUL.

Crustamente!

VAUTRIN.

Bien. Envoyé du Mexique. Retiens bien le nom de ton père Amoagos, un seigneur d'Aragon, un ami du duc de Christoval. Ta mère est morte ; j'apporte les titres, les papiers de famille authentiques, reconnus. Inès est à toi.

RAOUL.

Et vous voulez que je consente à de pareilles infamies ? jamais !

VAUTRIN, aux deux femmes.

Il est stupéfait de ce que je lui apprends, il ne s'attendait pas à un si prompt dénoûment.

RAOUL.

Si la vérité me tue, tes mensonges me déshonorent, j'aime mieux mourir.

VAUTRIN.

Tu voulais Inès par tous les moyens possibles, et tu recules devant un innocent stratagème ?

RAOUL, exaspéré.

Mesdames !...

VAUTRIN.

La joie le transporte. (A Raoul.) Parler, c'est perdre Inès et me livrer à la justice : tu le peux, ma vie est à toi.

RAOUL.

O Vautrin ! dans quel abîme m'as-tu plongé ?

VAUTRIN.

Je t'ai fait prince, n'oublie pas que tu es au comble du bonheur. (A part.) Il ira.

SCÈNE VII.

INÈS, près de la porte où elle a quitté sa mère, RAOUL, de l'autre côté du théâtre.

RAOUL, à part.

L'honneur veut que je parle, la reconnaissance veut que je me taise ; eh bien ! j'accepte mon rôle d'homme heureux, jusqu'à ce qu'il ne soit plus en péril ; mais j'écrirai ce soir et Inès saura qui je suis. Vautrin, un pareil sacrifice m'acquitte bien envers toi : nos liens sont rompus. J'irai chercher je ne sais où la mort du soldat.

INÈS, s'approchant après avoir examiné.

Mon père et le vôtre sont amis; ils consentent à notre mariage, nous nous aimons comme s'ils s'y opposaient, et vous voilà rêveur presque triste !

RAOUL.

Vous avez votre raison, et moi, je n'ai plus la mienne. A moment où vous ne voyez plus d'obstacle, il peut en surgir d'i surmontables.

INÈS.

Raoul, quelles inquiétudes jetez-vous dans notre bonheur !

RAOUL.

Notre bonheur ! (A part.) Il m'est impossible de feindre. (Haut Au nom de notre amour, je vous demande de croire en ma loyauté

INÈS.

Ma confiance en vous n'était-elle pas infinie ? Et le général a tout justifié, jusqu'à votre silence chez les Montsorel. Aussi vous pardonné-je les petits chagrins que vous étiez obligé de me causer

RAOUL, à part.

Ah ! Vautrin ! je me livre à toi ! (Haut.) Inès, vous ne savez pas quelle est la puissance de vos paroles : elles m'ont donné la force de supporter le ravissement que vous me causez... Eh bien ! oui, soyons heureux !

SCENE VIII.

LES MÊMES LE MARQUIS DE MONTSOREL.

LE VALET, annonçant.

M. le marquis de Montsorel.

RAOUL, à part.

Ah ! ce nom me rappelle à moi-même. (A Inès.) Quoi qu'il arrive, Inès, attendez pour juger ma conduite l'heure où je vous la soumettrai moi-même, et pensez que j'obéis en ce moment à une invincible fatalité.

INÈS.

Raoul, je ne vous comprends plus ; mais je me fie toujours à vous

LE MARQUIS, à part.

Encore ce petit monsieur ! (Il salue Inès.) Je vous croyais avec votre mère, Mademoiselle, et j'étais loin de penser que ma visite pût être importune Faites-moi la grâce de m'excuser...

INÈS.

Restez, je vous prie : il n'y a plus d'étranger ici, monsieur Raoul est agréé par ma famille.

LE MARQUIS.

Monsieur Raoul de Frescas veut-il alors agréer mes compliments?

RAOUL.

Vos compliments? je les accepte (Il lui tend la main et le marquis la lui serre) d'aussi bon cœur que vous me les offrez.

LE MARQUIS.

Nous nous entendons.

INÈS, à Raoul.

Faites en sorte qu'il parte, et restez. (Au marquis.) Ma mère a besoin de moi pour quelques instants, j'espère vous la ramener.

SCÈNE IX.

LE MARQUIS, RAOUL, puis VAUTRIN.

LE MARQUIS.

Acceptez-vous une rencontre à mort et sans témoins?

RAOUL.

Sans témoins, Monsieur?

LE MARQUIS.

Ne savez-vous pas qu'un de nous est de trop en ce monde?

RAOUL.

Votre famille est puissante : en cas de succès, votre proposition m'expose à sa vengeance, permettez-moi de ne pas échanger l'hôtel de Christoval contre une prison. (Vautrin paraît.) A mort, soit! mais avec des témoins.

LE MARQUIS.

Les vôtres n'arrêteront point le combat?

RAOUL.

Nous avons chacun une garantie dans notre haine.

VAUTRIN, à part.

Ah çà, mais nous trébucherons donc toujours dans le succès! mort? cet enfant joue sa vie comme si elle lui appartenait.

LE MARQUIS.

Eh bien! Monsieur, demain à huit heures, sur la terrasse de Saint-Germain, nous irons dans la forêt.

VAUTRIN.

Vous n'irez pas. (A Raoul.) Un duel? la partie est-elle égale? Monsieur est-il comme vous le fils unique d'une grande maison? Votre père, don Inigo, Juan, Varago des los Amoagos de Cardaval, las Frescas, y Péral vous le permettrait-il, don Raoul?

LE MARQUIS.

Je consentais à me battre avec un inconnu, mais la grande maison de Monsieur ne gâte rien à l'affaire.

RAOUL, au marquis.

Il me semble que maintenant, Monsieur, nous pouvons nous traiter avec courtoisie et en gens qui s'estiment assez l'un l'autre pour se haïr et se tuer.

LE MARQUIS, regardant Vautrin.

Peut-on savoir le nom de votre mentor?

VAUTRIN.

A qui aurais-je l'honneur de répondre?

LE MARQUIS.

Au marquis de Montsorel, monsieur.

VAUTRIN, le toisant.

J'ai le droit de me taire; mais je vous dirai mon nom, une seule fois, bientôt, et vous ne le répéterez pas. Je serai le témoin de M. de Frescas. (A part.) Et Buteux sera l'autre.

SCÈNE X.

RAOUL, VAUTRIN, LE MARQUIS, LA DUCHESSE DE MONTSOREL; puis LA DUCHESSE DE CHRISTOVAL, INÈS.

UN VALET, annonçant.

Madame la duchesse de Montsorel.

VAUTRIN, à Raoul.

Pas d'enfantillage : de l'aplomb et au pas! je suis devant l'ennemi.

LE MARQUIS.

Ah! ma mère, venez-vous assister à ma défaite? Tout est conclu. La famille de Christoval se jouait de nous. Monsieur (il montre Vautrin) apporte les pouvoirs des deux pères.

LA DUCHESSE DE MONTSOREL.

Raoul a une famille? (Madame de Christoval et sa fille entrent et saluent la duchesse. (A madame de Christoval.) Madame, mon fils vient de m'apprendre l'événement inattendu qui renverse toutes nos espérances.

LA DUCHESSE DE CHRISTOVAL.

L'intérêt que vous paraissez témoigner à M. de Frescas s'est donc affaibli depuis hier?

LA DUCHESSE DE MONTSOREL, examinant Vautrin.

Et c'est grâce à monsieur que tous les doutes ont été levés? Qui est-il?

LA DUCHESSE DE CHRISTOVAL.

Le représentant du père de M. de Frescas, don Amoagos, et de M. de Christoval. Il nous a donné les nouvelles que nous attendions, et nous a remis enfin les lettres de mon mari.

VAUTRIN, à part.

Ah çà, vais-je poser longtemps comme ça?

LA DUCHESSE DE MONTSOREL, à Vautrin.

Monsieur connaît sans doute depuis longtemps la famille de M. de Frescas?

VAUTRIN.

Elle est très-restreinte : un père, un oncle... (A Raoul.) Vous n'avez même pas la douloureuse consolation de vous rappeler votre mère. (A la duchesse.) Elle est morte au Mexique peu de temps après son mariage.

LA DUCHESSE DE MONTSOREL.

Monsieur est né au Mexique?

VAUTRIN.

En plein Mexique.

LA DUCHESSE DE MONTSOREL, à la duchesse de Christoval.

Ma chère, on nous trompe. (A Raoul.) Monsieur, vous n'êtes pas venu du Mexique, votre mère n'est pas morte, et vous avez été dès votre enfance abandonné, n'est-ce pas?

RAOUL.

Ma mère vivrait!

VAUTRIN.

Pardon, Madame, j'arrive moi, et si vous souhaitez apprendre des secrets, je me fais fort de vous en révéler qui vous dispenseront d'interroger monsieur. (A Raoul.) Pas un mot.

LA DUCHESSE DE MONTSOREL.

C'est lui! Et cet homme en fait l'enjeu de quelque sinistre partie... (Elle va au marquis.) Mon fils...

LE MARQUIS.

Vous les avez troublés, ma mère, et nous avons sur cet homme (Il montre Vautrin) la même pensée ; mais une femme a seule le droit de dire tout ce qui pourra faire découvrir cette horrible imposture.

LA DUCHESSE DE MONTSOREL.

Horrible ! oui. Mais laissez-nous.

LE MARQUIS.

Mesdames, malgré tout ce qui s'élève contre moi, ne m'en veuillez pas si j'espère encore. (A Vautrin.) Entre la coupe et les lèvres il y a souvent...

VAUTRIN.

La mort ! (Le marquis et Raoul se saluent, et le marquis sort.)

LA DUCHESSE DE MONTSOREL, à madame de Christoval.

Chère duchesse, je vous en supplie, renvoyez Inès, nous ne saurions nous expliquer en sa présence.

LA DUCHESSE DE CHRISTOVAL, à sa fille, en lui faisant signe de sortir.

Je vous rejoins dans un moment.

RAOUL, à Inès, en lui baisant la main.

C'est peut-être un éternel adieu ! (Inès sort.)

SCÈNE XI.

LA DUCHESSE DE CHRISTOVAL, LA DUCHESSE DE MONTSOREL, RAOUL, VAUTRIN.

VAUTRIN, à la duchesse de Christoval.

Ne soupçonnez-vous donc pas quel intérêt amène ici madame ?

LA DUCHESSE DE CHRISTOVAL.

Depuis hier je n'ose me l'avouer.

VAUTRIN.

Moi, j'ai deviné cet amour à l'instant.

RAOUL, à Vautrin.

J'étouffe dans cette atmosphère de mensonge.

VAUTRIN, à Raoul.

Un seul moment encore.

LA DUCHESSE DE MONTSOREL.

Madame, je sais tout ce que ma conduite a d'étrange en cet instant, et je n'essayerai pas de la justifier. Il est des devoirs sacrés devant lesquels s'abaissent toutes les convenances et même les lois du monde. Quel est le caractère ? quels sont donc les pouvoirs de monsieur ?

LA DUCHESSE DE CHRISTOVAL, à qui Vautrin a fait un signe.

Il m'est interdit de vous répondre.

LA DUCHESSE DE MONTSOREL.

Eh bien ! je vous le dirai : monsieur est ou le complice ou la dupe d'une imposture dont nous sommes les victimes. En dépit des lettres, en dépit des actes qu'il vous apporte, tout ce qui donne à Raoul un nom et une famille est faux.

RAOUL.

Madame, en vérité, je ne sais de quel droit vous vous jetez ainsi dans ma vie ?

LA DUCHESSE DE CHRISTOVAL.

Madame, vous avez sagement agi en renvoyant ma fille et le marquis.

VAUTRIN, à Raoul.

De quel droit ? (A madame de Montsorel.) Mais vous ne devez pas l'avouer, et nous le devinons. Je conçois trop bien, Madame, la douleur que vous cause ce mariage pour m'offenser de vos soupçons sur mon caractère et de vous voir contredire des actes authentiques, que madame de Christoval et moi nous sommes tenus de produire. (A part.) Je vais l'asphyxier. (Il la prend à part.) Avant d'être Mexicain, j'étais Espagnol, je sais la cause de votre haine contre Albert ; et quant à l'intérêt qui vous amène ici, nous en causerons bientôt chez votre directeur.

LA DUCHESSE DE MONTSOREL.

Vous sauriez ?

VAUTRIN.

Tout. (A part.) Il y a quelque chose. (Haut.) Allez voir les actes.

LA DUCHESSE DE CHRISTOVAL.

Eh bien ! ma chère ?

LA DUCHESSE DE MONTSOREL.

Allons retrouver Inès. Et, je vous en conjure, examinons bien les pièces, c'est la prière d'une mère au désespoir.

LA DUCHESSE DE CHRISTOVAL.

Une mère au désespoir !

LA DUCHESSE DE MONTSOREL, regardant Raoul et Vautrin.

Comment cet homme a-t-il mon secret et tient-il mon fils ?

LA DUCHESSE DE CHRISTOVAL.

Venez, Madame !

SCÈNE XII.

RAOUL, VAUTRIN, LAFOURAILLE.

VAUTRIN.

J'ai cru que notre étoile pâlissait, mais elle brille.

RAOUL.

Suis-je assez humilié ? Je n'avais au monde que mon honneur, je te l'ai livré. Ta puissance est infernale, je le vois. Mais à compter de cette heure, je m'y soustrais, tu n'es plus en danger, adieu.

LAFOURAILLE, qui est entré pendant que Raoul parlait.

Personne ! bon, il était temps ! Ah ! Monsieur, Philosophe est en bas, tout est perdu ! l'hôtel est envahi par la police.

VAUTRIN.

Un autre se lasserait ! Voyons ? Personne n'est pris ?

LAFOURAILLE.

Oh ! nous avons de l'usage.

VAUTRIN.

Philosophe est en bas, mais en quoi ?

LAFOURAILLE.

En chasseur.

VAUTRIN.

Bien, il montera derrière la voiture. Je vous donnerai mes ordres pour coffrer le prince d'Arjos, qui croit se battre demain.

RAOUL.

Vous êtes menacé, je le vois, je ne vous quitte plus et veux savoir...

VAUTRIN.

Rien. Ne te mêle pas de ton salut. Je réponds de toi, malgré toi.

RAOUL.

Oh ! je connais mon lendemain.

VAUTRIN.

Et moi aussi.

LAFOURAILLE.

Ça chauffe.

VAUTRIN.

Ça brûle.

LAFOURAILLE.

Pas d'attendrissement, il ne faut pas flâner, ils sont à notre piste, et vont à cheval.

VAUTRIN.

Et nous donc ! (Il prend Lafouraille à part.) Si le gouvernement nous fait l'honneur de loger ses gendarmes chez nous, notre devoir est de ne pas les troubler. On est libre de se disperser ; mais qu'on soit à minuit chez la mère Giroflée au grand complet. Soyez à jeun, car je ne veux pas avoir de Waterloo, et voilà les Prussiens. Roulons!

FIN DU QUATRIÈME ACTE.

ACTE CINQUIÈME

La scène se passe à l'hôtel de Montsorel, dans un salon du rez-de-chaussée.

SCÈNE PREMIÈRE.

JOSEPH, seul.

Il a fait ce soir la maudite marque blanche à la petite porte du jardin. Ça ne peut pas aller longtemps comme ça, le diable sait seul ce qu'il veut faire. J'aime mieux le voir ici que dans les appartements, du moins le jardin est là; et, en cas d'alerte, on peut se promener.

SCÈNE II.

JOSEPH, LAFOURAILLE, BUTEUX; puis VAUTRIN.

On entend pendant un instant faire prrrrrr.

JOSEPH.

Allons, bon! v'là notre air national, ça me fait toujours trembler. (Lafouraille entre.) Qui êtes-vous? (Lafouraille fait un signe.) Un nouveau?

LAFOURAILLE.

Un vieux.

JOSEPH.

Il est là.

LAFOURAILLE

Est-ce qu'il attendrait? Il va venir. (Buteux se montre.)

JOSEPH.

Comment, vous serez trois !

LAFOURAILLE, montrant Joseph.

Nous serons quatre.

JOSEPH.

Que venez-vous donc faire à cette heure ? Voulez-vous tout prendre ici ?

LAFOURAILLE.

Il nous croit des voleurs !

BUTEUX.

Ça se prouve quelquefois, quand on est malheureux ; mais ça ne se dit pas...

LAFOURAILLE.

On fait comme les autres, on s'enrichit, voilà tout !

JOSEPH.

Mais monsieur le duc va...

LAFOURAILLE.

Ton duc ne peut pas rentrer avant deux heures, et ce temps nous suffit ; ainsi ne viens pas entrelarder d'inquiétudes le plat de notre métier que nous avons à servir...

BUTEUX.

Et chaud.

VAUTRIN, vêtu d'une redingote brune, pantalon bleu, gilet noir, les cheveux courts, un faux air de Napoléon en bourgeois. Il entre, éteint brusquement la chandelle et tire sa lanterne sourde.

De la lumière ici ! vous vous croyez donc encore dans la vie bourgeoise ! Que ce niais ait oublié les premiers éléments, cela se conçoit ; mais vous autres ? (A Buteux, en lui montrant Joseph.) Mets-lui du coton dans les oreilles, allez causer là-bas. (A Lafouraille.) Et le petit ?

LAFOURAILLE.

Gardé à vue !

VAUTRIN.

Dans quel endroit ?

LAFOURAILLE.

Dans l'autre pigeonnier de la femme à Giroflée, ici près, derrière Invalides.

VAUTRIN.

Et qu'il ne s'en échappe pas comme cette anguille de Saint-

Charles, cet enragé, qui vient de démolir notre établissement.....
car je... je ne fais pas de menaces...

LAFOURAILLE.

Pour le petit, je vous engage ma tête! Philosophe lui a mis des cothurnes aux mains et des manchettes aux pieds, il ne le rendra qu'à moi. Quant à l'autre, que voulez-vous? la pauvre Giroflée est bien faible contre les liqueurs fortes, et Blondet l'a deviné.

VAUTRIN.

Qu'a dit Raoul?

LAFOURAILLE.

Des horreurs! il se croit déshonoré. Heureusement, Philosophe n'adore pas les métaphores.

VAUTRIN.

Conçois-tu que cet enfant veuille se battre à mort? Un jeune homme a peur, il a le courage de ne pas le laisser voir et la sottise de se laisser tuer. J'espère qu'on l'a empêché d'écrire?

LAFOURAILLE, à part.

Aïe! aïe! (Haut.) Il ne faut rien vous cacher : avant d'être serré le prince avait envoyé la petite Nini porter une lettre à l'hôtel de Christoval.

VAUTRIN.

A Inès?

LAFOURAILLE.

A Inès.

VAUTRIN.

Ah! puff! des phrases!

LAFOURAILLE.

Ah! puff!... des bêtises!

VAUTRIN, à Joseph.

Eh! là-bas! l'honnête homme!

BUTEUX, amenant Joseph à Vautrin.

Donnez-donc à monsieur des raisons, il en veut.

JOSEPH.

Il me semble que ce n'est pas trop exiger que de demander ce que je risque et ce qui me reviendra.

VAUTRIN.

Le temps est court, la parole est longue, employons l'un et dispensons-nous de l'autre. Il y a deux existences en péril, celle d'un homme qui m'intéresse et celle d'un mousquetaire que je juge inutile : nous venons le supprimer.

ACTE V.

JOSEPH.

Comment ! monsieur le marquis ? — Je n'en suis plus.

LAFOURAILLE.

Ton consentement n'est pas à toi.

BUTEUX.

Nous l'avons pris. Vois-tu, mon ami, quand le vin est tiré..

JOSEPH.

S'il est mauvais, il ne faut pas le boire.

VAUTRIN.

Ah ! tu refuses de trinquer avec moi ? Qui réfléchit calcule, et qui calcule trahit.

JOSEPH.

Vos calculs sont à faire perdre la tête.

VAUTRIN.

Assez, tu m'ennuies ! Ton maître doit se battre demain. Dans ce duel, l'un des deux adversaires doit rester sur le terrain ; figure-toi que le duel a eu lieu, et que ton maître n'a pas eu de chance.

BUTEUX.

Comme c'est juste !

LAFOURAILLE.

Et profond ! Monsieur remplace le Destin.

JOSEPH.

Joli état.

BUTEUX.

Et pas de patente à payer.

VAUTRIN, à Joseph, lui désignant Lafouraille et Buteux.

Tu vas les cacher.

JOSEPH.

Où ?

VAUTRIN.

Je te dis de les cacher. Quand tout dormira dans l'hôtel, excepté nous, fais-les monter chez le mousquetaire. (A Buteux et à Lafouraille.) Tâchez d'y aller sans lui ; vous serez deux et adroits ; la fenêtre de sa chambre donne sur la cour. (Il lui parle à l'oreille.) Précipitez-le, comme tous les gens au désespoir. (Il se tourne vers Joseph.) Le suicide est une raison, personne ne sera compromis.

SCÈNE III.

VAUTRIN, seul.

Tout est sauvé, il n'y avait de suspect chez nous que le personnel, je le changerai. Le Blondet en est pour ses frais de trahison, et comme les mauvais comptes font les bons amis, je le signalerai au duc comme l'assassin du vicomte de Langeac. Je vais donc enfin connaître les secrets des Montsorel et la raison de la singulière conduite de la duchesse. Si ce que je vais apprendre pouvait justifier le suicide du marquis, quel coup de professeur!

SCÈNE IV.

VAUTRIN, JOSEPH.

JOSEPH.

Vos hommes sont casés dans la serre, mais vous ne comptez sans doute pas rester là?

VAUTRIN.

Non, je vais étudier dans le cabinet de M. de Montsorel.

JOSEPH.

Et s'il arrive, vous ne craignez pas...

VAUTRIN.

Si je craignais quelque chose, serais-je votre maître à tous?

JOSEPH.

Mais où irez-vous?

VAUTRIN.

Tu es bien curieux!

SCÈNE V.

JOSEPH, seul.

Le voilà chambré pour l'instant, ses deux hommes aussi; je les tiens, et comme je ne veux pas tremper là-dedans, je vais...

SCÈNE VI.

JOSEPH, UN VALET; puis SAINT-CHARLES.

LE VALET.

Monsieur Joseph, quelqu'un vous demande.

JOSEPH.

A cette heure?

SAINT-CHARLES.

C'est moi.

JOSEPH.

Laisse-nous, mon garçon.

SAINT-CHARLES.

Monsieur le duc ne peut revenir qu'après le coucher du roi. La duchesse va rentrer, je veux lui parler en secret, et je l'attends ici.

JOSEPH.

Ici?

SAINT-CHARLES.

Ici.

JOSEPH, à part.

O mon Dieu! et Jacques...

SAINT-CHARLES.

Si ça te dérange...

JOSEPH.

Au contraire.

SAINT-CHARLES.

Dis-le moi, tu pourrais attendre quelqu'un.

JOSEPH.

J'attends madame.

SAINT-CHARLES.

Et si c'était Jacques Collin?

JOSEPH.

Oh! ne me parlez-donc pas de cet homme-là, vous me donnez le frisson.

SAINT-CHARLES.

Collin est mêlé à des affaires qui peuvent l'amener ici. Tu dois l'avoir revu? entre vous autres, ça se fait, et je le comprends. Je n'ai pas le temps de te sonder, je n'ai pas besoin de te corrompre, choisis entre nous deux, et promptement.

JOSEPH.

Que voulez-vous donc de moi ?

SAINT-CHARLES.

Savoir les moindres petites choses qui se passent ici.

JOSEPH.

Eh bien ! en fait de nouveauté, nous avons le duel du marquis : il se bat demain avec M. de Frescas.

SAINT-CHARLES.

Après ?

JOSEPH.

Voici madame la duchesse qui rentre.

SCÈNE VII.

SAINT-CHARLES, seul.

Oh ! le trembleur ! Ce duel est un excellent prétexte pour parler à la duchesse. Le duc ne m'a pas compris, il n'a vu en moi qu'un instrument qu'on prend et qu'on laisse à volonté. M'ordonner le silence envers sa femme, n'était-ce pas m'indiquer une arme contre lui ? Exploiter les fautes du prochain, voilà le patrimoine des hommes forts. J'ai déjà mangé bien des patrimoines, et j'ai toujours bon appétit.

SCÈNE VIII.

SAINT-CHARLES, LA DUCHESSE DE MONTSOREL, MADEMOISELLE DE VAUDREY.

Saint-Charles s'efface pour laisser passer les deux femmes, il reste en haut de la scène pendant qu'elles la descendent.

MADEMOISELLE DE VAUDREY.

Vous êtes bien abattue.

LA DUCHESSE DE MONTSOREL, se laissant aller dans un fauteuil.

Morte ! plus d'espoir ! vous aviez raison.

SAINT-CHARLES, s'avançant.

Madame la duchesse.

ACTE V.

LA DUCHESSE DE MONTSOREL.

Ah! j'avais oublié! Monsieur, il m'est impossible de vous accorder le moment d'audience que vous m'aviez demandé. Demain... plus tard.

MADEMOISELLE DE VAUDREY, à Saint-Charles.

Ma nièce, Monsieur, est hors d'état de vous entendre.

SAINT-CHARLES.

Demain, Mesdames, il ne serait plus temps! la vie de votre fils, le marquis de Montsorel, qui se bat demain avec M. de Frescas, est menacée.

LA DUCHESSE DE MONTSOREL.

Mais ce duel est une horrible chose!

MADEMOISELLE DE VAUDREY, bas à la duchesse.

Vous oubliez déjà que Raoul vous est étranger.

LA DUCHESSE DE MONTSOREL, à Saint-Charles.

Monsieur, mon fils saura faire son devoir.

SAINT-CHARLES.

Viendrais-je, Mesdames, vous instruire de ce qui se cache toujours à une mère, s'il ne s'agissait que d'un duel? Votre fils sera tué sans combat. Son adversaire a pour valets des spadassins, des misérables auxquels il sert d'enseigne.

LA DUCHESSE DE MONTSOREL.

Et quelle preuve en avez-vous?

SAINT-CHARLES.

Un soi-disant intendant de M. Frescas m'a offert des sommes énormes pour tremper dans la conspiration ourdie contre la famille de Christoval. Pour me tirer de ce repaire, j'ai feint d'accepter : mais au moment où j'allais prévenir l'autorité, dans la rue, deux hommes m'ont jeté par terre en courant, et si rudement que j'ai perdu connaissance; ils m'ont fait prendre à mon insu un violent narcotique, m'ont mis en voiture, et à mon réveil j'étais dans la plus mauvaise compagnie. En présence de ce nouveau péril, j'ai retrouvé mon sang-froid, je me suis tiré de ma prison, et me suis mis à la piste de ces hardis coquins.

MADEMOISELLE DE VAUDREY.

Vous venez ici pour M. de Montsorel, à ce que nous a dit Joseph?

SAINT-CHARLES.

Oui, Madame.

LA DUCHESSE DE MONTSOREL.

Et qui donc êtes-vous, Monsieur?

SAINT-CHARLES.

Un homme de confiance dont monsieur le duc se défie, et je reçois des appointements pour éclaircir les choses mystérieuses.

MADEMOISELLE DE VAUDREY, à la duchesse.

Ah! Louise!

LA DUCHESSE DE MONTSOREL, regardant fixement Saint-Charles.

Et qui vous a donné l'audace de me parler, Monsieur?

SAINT-CHARLES.

Votre danger, Madame. On me paye pour être votre ennemi. Ayez autant de discrétion que moi, daignez me prouver que votre protection sera plus efficace que les promesses un peu creuses de monsieur le duc, et je puis vous donner la victoire. Mais le temps presse, le duc va venir, et s'il nous trouvait ensemble, le succès serait étrangement compromis.

LA DUCHESSE DE MONTSOREL, à Mademoiselle de Vaudrey.

Ah! quelle nouvelle espérance! (A Saint-Charles.) Et qu'alliez-vous donc faire chez M. de Frescas?

SAINT-CHARLES.

Ce que je fais en ce moment auprès de vous, Madame.

LA DUCHESSE DE MONTSOREL.

Ainsi, vous vous taisez.

SAINT-CHARLES.

Madame la duchesse ne me répond pas : le duc a ma parole et il est tout-puissant.

LA DUCHESSE DE MONTSOREL.

Et moi, Monsieur, je suis immensément riche ; mais n'espérez pas m'abuser. (Elle se lève.) Je ne serai point la dupe de M. de Montsorel, je reconnais toute sa finesse dans cet entretien secret que vous me demandez ; je vais compléter, Monsieur, vos documents. (Avec finesse.) M. de Frescas n'est pas un misérable, ses domestiques ne sont pas des assassins, il appartient à une famille aussi riche que noble, et il épouse la princesse d'Arjos.

SAINT-CHARLES.

Oui, Madame, un envoyé du Mexique a produit des lettres de M. de Christoval, des actes extraordinairement authentiques. Vous avez mandé un secrétaire de la légation d'Espagne qui les a reconnus; les cachets, les timbres, les légalisations... ah! tout est parfait.

LA DUCHESSE DE MONTSOREL.

Oui, Monsieur, ces actes sont irrécusables.

SAINT-CHARLES.

Vous aviez donc un bien grand intérêt, Madame, à ce qu'ils fussent faux ?

LA DUCHESSE DE MONTSOREL, à mademoiselle de Vaudrey.

Oh! jamais pareille torture n'a brisé le cœur d'aucune mère.

SAINT-CHARLES, à part.

De quel côté passer? à la femme ou au mari.

LA DUCHESSE DE MONTSOREL.

Monsieur, la somme que vous me demanderez est à vous si vous pouvez me prouver que M. Raoul de Frescas...

SAINT-CHARLES.

Est un misérable?

LA DUCHESSE DE MONTSOREL.

Non, mais un enfant...

SAINT-CHARLES.

Le vôtre, n'est-ce pas?

LA DUCHESSE DE MONTSOREL, s'oubliant.

Eh bien, oui! Soyez mon sauveur, et je vous protégerai toujours, moi. (A mademoiselle de Vaudrey.) Eh! qu'ai-je donc dit? (A Saint-Charles.) Où est Raoul?

SAINT-CHARLES.

Disparu! Et cet intendant qui a fait faire ces actes, rue Oblin, et qui sans doute a joué le personnage de l'envoyé du Mexique, est un de nos plus rusés scélérats. (La duchesse fait un mouvement.) Oh! rassurez-vous, il est trop habile pour verser du sang; mais il est aussi redoutable que ceux qui le prodiguent! et cet homme est son gardien.

LA DUCHESSE DE MONTSOREL.

Ah! votre fortune contre sa vie.

SAINT-CHARLES.

Je suis à vous, Madame. (A part.) Je saurai tout et je pourrai choisir.

SCÈNE IX.

LES MÊMES, LE DUC, UN VALET.

LE DUC.

Eh bien! vous triomphez, Madame : il n'est bruit que de la fortune et du mariage de M. de Frescas ; mais il a sa famille... (Bas à madame de Montsorel et pour elle seule.) Il a une mère. (Il aperçoit Saint-Charles.) Vous ici, près de madame, Monsieur le chevalier?

SAINT-CHARLES, au duc, en le prenant à part.

Monsieur le duc m'approuvera. (Haut.) Vous étiez au château, ne devais-je pas avertir madame des dangers que court votre fils unique, monsieur le marquis? il sera peut-être assassiné.

LE DUC.

Assassiné?

SAINT-CHARLES.

Mais si monsieur le duc daigne écouter mes avis...

LE DUC.

Venez dans mon cabinet, mon cher, et prenons sur-le-champ des mesures efficaces.

SAINT-CHARLES, en faisant un signe d'intelligence à la duchesse.

J'ai d'étranges choses à vous dire, monsieur le duc. (A part.) Décidément, je suis pour le duc.

SCÈNE X.

LA DUCHESSE, MADEMOISELLE DE VAUDREY, VAUTRIN.

MADEMOISELLE DE VAUDREY.

Si Raoul est votre fils, dans quelle infâme compagnie se trouve-t-il?

LA DUCHESSE DE MONTSOREL.

Un seul ange purifierait l'enfer.

VAUTRIN a entr'ouvert avec précaution une des portes-fenêtres du jardin. (A part.)

Je sais tout. Deux frères ne peuvent se battre. Ah! voilà ma duchesse. (Haut.) Mesdames...

MADEMOISELLE DE VAUDREY.

Un homme! au secours!

LA DUCHESSE DE MONTSOREL.

C'est lui!

VAUTRIN, à la duchesse.

Silence! les femmes ne savent que crier. (A mademoiselle de Vaudrey.) Mademoiselle de Vaudrey, courez chez le marquis, il s'y trouve deux infâmes assassins! allez donc! empêchez qu'on ne l'égorge! Mais faites saisir les deux misérables sans esclandre. (A la duchesse.) Restez, Madame.

LA DUCHESSE DE MONTSOREL.

Allez, ma tante, et ne craignez rien pour moi.

VAUTRIN.

Mes drôles vont être bien surpris! Que croiront-ils? Je vais les juger. (On entend du bruit.)

SCÈNE XI.

LA DUCHESSE, VAUTRIN.

LA DUCHESSE DE MONTSOREL.

Toute la maison est sur pied! Que dira-t-on en me sachant ici?

VAUTRIN.

Espérons que ce bâtard sera sauvé.

LA DUCHESSE DE MONTSOREL.

Mais on sait qui vous êtes, et M. de Montsorel est avec...

VAUTRIN.

Le chevalier de Saint-Charles. Je suis tranquille, vous me défendrez.

LA DUCHESSE DE MONTSOREL.

Moi!

VAUTRIN.

Vous. Ou vous ne reverrez jamais votre fils, Fernand de Montsorel.

LA DUCHESSE DE MONTSOREL.

Raoul est donc bien mon fils?

VAUTRIN.

Hélas! oui... Je tiens entre mes mains, Madame, les preuves complètes de votre innocence, et... votre fils.

LA DUCHESSE DE MONTSOREL.

Vous! mais alors vous ne me quitterez pas que...

SCÈNE XII.

LES MÊMES, MADEMOISELLE DE VAUDREY, d'un côté; SAINT-CHARLES, de l'autre; DOMESTIQUES.

MADEMOISELLE DE VAUDREY.

Le voici ! sauvez-la.

LA DUCHESSE DE MONTSOREL, à mademoiselle de Vaudrey.

Vous perdez tout.

SAINT-CHARLES, aux gens.

Voici leur chef et leur complice, quoi qu'il dise, emparez-vous de lui.

LA DUCHESSE DE MONTSOREL, à tous les gens.

Je vous ordonne de me laisser seule avec cet homme.

VAUTRIN, à Saint-Charles.

Eh bien ! chevalier ?

SAINT-CHARLES.

Je ne te comprends plus, baron.

VAUTRIN, bas à la duchesse.

Vous voyez dans cet homme l'assassin du vicomte que vous aimiez tant.

LA DUCHESSE DE MONTSOREL.

Lui !

VAUTRIN, à la duchesse.

Faites-le garder bien étroitement, car il vous coule dans les mains comme de l'argent.

LA DUCHESSE DE MONTSOREL.

Joseph !

VAUTRIN, à Joseph.

Qu'est-il arrivé là-haut ?

JOSEPH.

M. le marquis examinait ses armes ; attaqué par derrière, il s'est défendu, et n'a reçu que deux blessures peu dangereuses. M. le duc est auprès de lui.

LA DUCHESSE, à sa tante.

Retournez auprès d'Albert, je vous en prie. (A Joseph, lui montrant Saint-Charles.) Vous me répondez de cet homme.

VAUTRIN, à Joseph.

Tu m'en réponds aussi.

SAINT-CHARLES, à Vautrin.

Je comprends, tu m'as prévenu.

VAUTRIN.

Sans rancune, bonhomme !

SAINT-CHARLES, à Joseph.

Mène-moi près du duc. (Ils sortent.)

SCÈNE XIII.

VAUTRIN, LA DUCHESSE DE MONTSOREL.

VAUTRIN, à part.

Il a un père, une famille, une mère. Quel désastre ! A qui puis-je maintenant m'intéresser, qui pourrais-je aimer ? Douze ans de paternité, ça ne se refait pas.

LA DUCHESSE, venant à Vautrin.

Eh bien ?

VAUTRIN.

Eh bien ! non, je ne vous rendrai pas votre fils, Madame, je ne me sens pas assez fort pour survivre à sa perte ni à son dédain. Un Raoul ne se retrouve pas ! je ne vis que par lui, moi !

LA DUCHESSE.

Mais peut-il vous aimer, vous, un criminel que nous pouvons livrer...

VAUTRIN.

A la justice, n'est-ce pas ? Je vous croyais meilleure. Mais vous ne voyez donc pas que je vous entraîne, vous, votre fils et le duc dans un abîme, et que nous y roulerons ensemble ?

LA DUCHESSE.

Oh ! qu'avez-vous fait de mon pauvre enfant ?

VAUTRIN.

Un homme d'honneur.

LA DUCHESSE.

Et il vous aime?

VAUTRIN.

Encore.

LA DUCHESSE.

Mais a-t-il dit vrai, ce misérable, en découvrant qui vous êtes et d'où vous sortez?

VAUTRIN.

Oui, Madame.

LA DUCHESSE.

Et vous avez eu soin de mon fils?

VAUTRIN.

Votre fils? notre fils. Ne l'avez-vous pas vu, il est pur comme un ange.

LA DUCHESSE.

Ah! quoi que tu aies fait, sois béni! que le monde te pardonne! Mon Dieu!... (elle plie le genou sur un fauteuil) la voix d'une mère doit aller jusqu'à vous, pardonnez! pardonnez tout à cet homme. (Elle le regarde.) Mes pleurs laveront ses mains! Oh! il se repentira! (Se tournant vers Vautrin.) Vous m'appartenez, je vous changerai! Mais les hommes se sont trompés, vous n'êtes pas criminel, et d'ailleurs toutes les mères vous absoudront!

VAUTRIN.

Allons, rendons-lui son fils.

LA DUCHESSE.

Vous aviez encore l'horrible pensée de ne pas le rendre à sa mère? Mais je l'attends depuis vingt-deux ans.

VAUTRIN.

Et moi, depuis dix ans, ne suis-je pas son père? Raoul, mais c'est mon âme! Que je souffre, que l'on me couvre de honte; s'il est heureux et glorieux, je le regarde, et ma vie est belle.

LA DUCHESSE.

Ah! je suis perdue! Il l'aime comme une mère.

VAUTRIN.

Je ne me rattachais au monde et à la vie que par ce brillant anneau, pur comme de l'or.

LA DUCHESSE.

Et... sans souillure?...

ACTE V.

VAUTRIN.

Ah! nous nous connaissons en vertu, nous autres!... et — nous sommes difficiles. A moi l'infamie, à lui l'honneur! Et songez que je l'ai trouvé sur la grande route de Toulon à Marseille, à douze ans, sans pain, en haillons.

LA DUCHESSE.

Nu-pieds, peut-être?

VAUTRIN.

Oui. Mais joli! les cheveux bouclés...

LA DUCHESSE.

Vous l'avez vu ainsi?

VAUTRIN.

Pauvre ange! il pleurait. Je l'ai pris avec moi.

LA DUCHESSE.

Et vous l'avez nourri?

VAUTRIN.

Moi! j'ai volé pour le nourrir!

LA DUCHESSE.

Oh! je l'aurais fait peut-être aussi, moi!

VAUTRIN.

J'ai fait mieux!

LA DUCHESSE.

Oh! il a donc bien souffert?

VAUTRIN.

Jamais! Je lui ai caché les moyens par lesquels je lui rendais la vie heureuse et facile. Ah! je ne lui voulais pas un soupçon... ça l'aurait flétri. Vous le rendez noble avec des parchemins, moi je l'ai fait noble de cœur.

LA DUCHESSE.

Mais c'était mon fils!...

VAUTRIN.

Oui, plein de grandeur, de charmes, de beaux instincts : il n'y avait qu'à lui montrer le chemin.

LA DUCHESSE, serrant la main de Vautrin.

Oh! que vous devez être grand pour avoir accompli la tâche d'une mère!

VAUTRIN.

Et mieux que vous autres ! Vous aimez quelquefois bien mal vos enfants. — Vous me le gâterez ! — Il était d'un courage imprudent, il voulait se faire soldat, et l'empereur l'aurait accepté. Je lui ai montré le monde et les hommes sous leur vrai jour. Aussi t-il me renier.

LA DUCHESSE.

Mon fils ingrat?

VAUTRIN.

Non, le mien.

LA DUCHESSE.

Mais rendez-le-moi donc sur-le-champ !

VAUTRIN.

Et ces deux hommes là-haut, et moi, ne sommes-nous pas compromis? M. le duc ne doit-il pas nous assurer le secret et la liberté?

LA DUCHESSE.

Ces deux hommes sont à vous, vous veniez donc...

VAUTRIN.

Dans quelques heures, du bâtard et du fils légitime, il ne devait vous rester qu'un enfant. Et ils pouvaient se tuer tous les deux.

LA DUCHESSE.

Ah! vous êtes une horrible providence.

VAUTRIN.

Et qu'auriez-vous donc fait?

SCÈNE XIV.

LES MÊMES, LE DUC, LAFOURAILLE, BUTEUX, SAINT-CHARLES,
TOUS LES DOMESTIQUES.

LE DUC, désignant Vautrin.

Emparez-vous de lui! (Il montre Saint-Charles) et n'obéissez qu'à Monsieur.

LA DUCHESSE.

Mais vous lui devez la vie de votre Albert! Il a donné l'alarme.

LE DUC.

Lui!

BUTEUX, à Vautrin.

Ah! tu nous as trahis! pourquoi donc nous amenais-tu?

SAINT-CHARLES, au duc.

Vous les entendez, monsieur le duc?

LA FOURAILLE, à Buteux.

Tais-toi donc. Devons-nous le juger?

BUTEUX.

Quand il nous condamne.

VAUTRIN, au duc.

Monsieur le duc, ces deux hommes sont à moi, je les réclame.

SAINT-CHARLES.

Voilà les gens de M. Frescas.

VAUTRIN, à Saint-Charles.

Intendant de la maison de Langeac, tais-toi, tais-toi! (Il montre Lafouraille.) Voici Philippe Boulard. (Lafouraille salue.) Monsieur le duc, faites éloigner tout le monde.

LE DUC.

Quoi! chez moi, vous osez commander?

LA DUCHESSE.

Ah! Monsieur, il est maître ici.

LE DUC.

Comment? ce misérable!

VAUTRIN.

Monsieur le duc veut de la compagnie, parlons donc du fils de dona Mendès...

LE DUC.

Silence!

VAUTRIN.

Que vous faites passer pour celui de...

LE DUC.

Encore une fois, silence!

VAUTRIN.

Vous voyez bien, monsieur le duc, qu'il y avait trop de monde.

LE DUC.

Sortez tous !

VAUTRIN, au duc.

Faites garder toutes les issues de votre hôtel, et que personne n'en sorte, excepté ces deux hommes. (A Saint-Charles.) Restez là.

Il tire un poignard, et va couper les liens de Lafouraille et de Buteux.) Sauvez-vous par la petite porte dont voici la clef, et allez chez la mère Giroflée. A Lafouraille.) Tu m'enverras Raoul.

LAFOURAILLE, sortant.

Oh ! notre véritable empereur.

VAUTRIN.

Vous recevrez de l'argent et des passe-ports.

BUTEUX, sortant.

J'aurai donc de quoi pour Adèle !

LE DUC.

Maintenant, comment savez-vous ces choses ?

VAUTRIN, rendant des papiers au duc.

Voici ce que j'ai pris dans votre cabinet.

LE DUC.

Ma correspondance et les lettres de madame au vicomte de Langeac !

VAUTRIN.

Fusillé par les soins de Charles Blondet, à Mortagne, en octobre 1792.

SAINT-CHARLES.

Mais vous savez bien, monsieur le duc.

VAUTRIN.

Lui-même m'a donné les papiers que voici, parmi lesquels vous remarquerez l'acte mortuaire du vicomte, qui prouve que madame et lui ne se sont pas vus depuis la veille du 10 août, car il a passé de l'Abbaye en Vendée accompagné de Boulard.

LE DUC.

Ainsi Fernand ?

VAUTRIN.

L'enfant déporté en Sardaigne est bien votre fils.

LE DUC.

Et madame?...

VAUTRIN.

Innocente.

LE DUC.

Ah! (Tombant dans un fauteuil.) Qu'ai-je fait?

LA DUCHESSE.

Quelle horrible preuve!... mort. Et l'assassin est là.

VAUTRIN.

Monsieur le duc, j'ai été le père de Fernand, et je viens de sauver vos deux fils l'un de l'autre, vous seul êtes l'auteur de tout, ici.

LA DUCHESSE.

Arrêtez! je le connais, il souffre en cet instant tout ce que j'ai souffert en vingt ans. De grâce, mon fils?

LE DUC.

Comment, Raoul de Frescas?...

VAUTRIN.

Fernand de Montsorel va venir. (A Saint-Charles.) Qu'en dis-tu?

SAINT-CHARLES.

Tu es un héros, laisse-moi être ton valet de chambre.

VAUTRIN.

Tu as de l'ambition. Et tu me suivras?

SAINT-CHARLES.

Partout.

VAUTRIN.

Je le verrai bien.

SAINT-CHARLES.

Ah! quel artiste tu trouves et quelle perte le gouvernement va faire.

VAUTRIN.

Allons, va m'attendre au bureau des passe-ports.

SCÈNE XV.

LES MÊMES, LA DUCHESSE DE CHRISTOVAL, INÈS, MADEMOISELLE DE VAUDREY.

MADEMOISELLE DE VAUDREY.

Les voici!

LA DUCHESSE DE CHRISTOVAL.

Ma fille a reçu, Madame, une lettre de M. Raoul, où ce noble jeune homme aime mieux renoncer à Inès que de nous tromper : il nous a dit toute sa vie. Il doit se battre demain avec votre fils, et comme Inès est la cause involontaire de ce duel, nous venons l'empêcher; car il est maintenant sans motif.

LA DUCHESSE DE MONTSOREL.

Ce duel est fini, Madame.

INÈS.

Il vivra donc!

LA DUCHESSE DE MONTSOREL.

Et vous épouserez le marquis de Montsorel, mon enfant.

SCÈNE XVI.

LES MÊMES, RAOUL et LAFOURAILLE, qui sort aussitôt.

RAOUL, à Vautrin.

M'enfermer pour m'empêcher de me battre!

LE DUC.

Avec ton frère?

RAOUL.

Mon frère?

LE DUC.

Oui.

LA DUCHESSE DE MONTSOREL.

Tu étais donc bien mon enfant! Mesdames, (elle saisit Raoul) voici ernand de Montsorel, mon fils, le...

LE DUC, prenant Raoul par la main et interrompant sa femme.

L'aîné, l'enfant qui nous avait été enlevé, Albert n'est plus que le comte de Monsorel.

RAOUL.

Depuis trois jours je crois rêver! vous, ma mère! vous Monsieur...

LE DUC.

Eh bien! oui.

RAOUL.

Oh! là, où on me demandait une famille...

VAUTRIN.

Elle s'y trouve.

RAOUL.

Et... y êtes-vous encore pour quelque chose?

VAUTRIN, à la duchesse de Montsorel.

Que vous disais-je? (A Raoul.) Souvenez-vous, monsieur le marquis, que je vous ai d'avance absous de toute ingratitude. (A la duchesse.) L'enfant m'oubliera, et la mère?

LA DUCHESSE DE MONTSOREL.

Jamais.

LE DUC.

Mais quels sont donc les malheurs qui vous ont plongé dans l'abîme?

VAUTRIN.

Est-ce qu'on explique le malheur?

LA DUCHESSE DE MONTSOREL.

Mon ami, n'est-il pas en votre pouvoir d'obtenir sa grâce?

LE DUC.

Des arrêts comme ceux qui l'ont frappé sont irrévocables.

VAUTRIN.

Ce mot me raccommode avec vous, il est d'un homme d'Etat. Eh! monsieur le duc, tâchez donc de faire comprendre que la déportation est votre dernière ressource contre nous.

RAOUL.

Monsieur...

VAUTRIN.

Vous vous trompez, je ne suis pas même monsieur.

INÈS.

Je crois comprendre que vous êtes un banni, que mon ami vous doit beaucoup et ne peut s'acquitter. Au delà des mers, j'ai de grands biens, qui, pour être régis, veulent un homme plein d'énergie : allez-y exercer vos talents, et devenez...

VAUTRIN.

Riche, sous un nom nouveau? Enfant, ne venez-vous donc pas d'apprendre qu'il est en ce monde des choses impitoyables. Oui, je puis acquérir une fortune, mais qui me donnera le pouvoir?... (Au duc de Montsorel.) Le roi, monsieur le duc, peut me faire grâce; mais qui me serrera la main?

RAOUL.

Moi!

VAUTRIN.

Ah! voilà ce que j'attendais pour partir. Vous avez une mère, adieu!

SCÈNE XVII.

LES MÊMES, UN COMMISSAIRE.

Les portes-fenêtres s'ouvrent : on voit un commissaire, un officier : dans le fond, des gendarmes.

UN COMMISSAIRE, au duc.

Au nom du roi, de la loi, j'arrête Jacques Collin, convaincu d'avoir rompu...

Tous les personnages se jettent entre la force armée et Jacques, pour le faire sauver.

LE DUC.

Messieurs, je prends sur moi de...

VAUTRIN.

Chez vous, monsieur le duc, laissez passer la justice du roi. C'est une affaire entre ces messieurs et moi. (Au commissaire.) Je vous suis. (A la duchesse.) C'est Joseph qui les amène, il est des nôtres, renvoyez-le.

RAOUL.

Sommes-nous séparés à jamais?

VAUTRIN.

Tu te maries bientôt. Dans dix mois, le jour du baptême, à la porte de l'église, regarde bien parmi les pauvres, il y aura quelqu'un qui veut être certain de ton bonheur. Adieu. (Aux agents.) Marchons!

LES

RESSOURCES DE QUINOLA

COMÉDIE EN CINQ ACTES, EN PROSE, ET PRÉCÉDÉE D'UN PROLOGUE.

Représentée sur le second Théâtre-Français (ODÉON),
le samedi 19 mars 1842.

PRÉFACE

Quand l'auteur de cette pièce ne l'aurait faite que pour obtenir les éloges universels accordés par les journaux à ses livres, et qui peut-être ont dépassé ce qui lui était dû, *les Ressources de Quinola* seraient une excellente spéculation littéraire ; mais, en se voyant l'objet de tant de louanges et de tant d'injures, il a compris que ses débuts au théâtre seraient encore plus difficiles que ne l'ont été ses débuts en littérature, et il s'est armé de courage pour le présent comme pour l'avenir.

Un jour viendra que cette pièce servira de bélier pour battre en brèche une pièce nouvelle, comme on a pris tous ses livres, et même sa pièce intitulée *Vautrin*, pour en accabler *les Ressources de Quinola*.

Quelque calme que doive être sa résignation, l'auteur ne peut s'empêcher de faire ici deux remarques.

Parmi cinquante faiseurs de feuilletons, il n'en est pas un seul qui n'ait traité comme une fable, inventée par l'auteur, le fait historique sur lequel repose cette pièce des *Ressources de Quinola*.

Longtemps avant que M. Arago ne mentionnât ce fait dans un histoire de la vapeur, publiée dans l'Annuaire du Bureau des longitudes, l'auteur, à qui le fait était connu, avait pressenti la grande comédie qui devait avoir précédé l'acte de désespoir auquel fut poussé l'inventeur inconnu qui, en plein seizième siècle, fit marcher par la vapeur un navire dans le port de Barcelone, et le coula lui-même en présence de deux cent mille spectateurs.

Cette observation répond aux dérisions qu'a soulevées la prétendue supposition de l'invention de la vapeur avant le marquis de Worcester, Salomon de Caus et Papin.

La deuxième observation porte sur l'étrange calomnie sous laquelle presque tous les faiseurs de feuilletons ont accablé Lavradi, l'un des personnages de cette comédie, et dont ils ont voulu faire une création hideuse. En lisant la pièce, dont l'analyse n'a été faite exactement par aucun critique, on verra que Lavradi, condamné pour dix ans aux présides, vient demander sa grâce au roi. Tout le monde sait combien les peines les plus sévères étaient prodiguées dans le seizième siècle pour les moindres délits, et avec quelle indulgence sont accueillis dans le vieux théâtre les valets dans la position où se trouve Quinola.

On ferait plusieurs volumes avec les lamentations des critiques qui, depuis bientôt vingt ans, demandaient des comédies dans la forme italienne, espagnole ou anglaise : on en essaye une; et tous aiment mieux oublier ce qu'ils ont dit depuis vingt ans plutôt que de manquer à étouffer un homme assez hardi pour s'aventurer dans une voie si féconde, et que son ancienneté rend aujourd'hui presque nouvelle.

N'oublions pas de rappeler, à la honte de notre époque, le hourra d'improbations par lequel fut accueilli le titre de duc de *Neptunado*, cherché par Philippe II pour l'inventeur, hourra auquel les lecteurs instruits refuseront de croire, mais qui fut tel, que les acteurs, en gens intelligents, retranchèrent ce titre dans le reste de la pièce. Ce hourra fut poussé par des spectateurs qui, tous les matins, lisent dans les journaux le titre de duc de la Victoire, donné à Espartero, et qui ne pouvaient pas ignorer le titre de prince de la Paix, donné au dernier favori de l'avant-dernier roi d'Espagne. Comment prévoir une pareille ignorance? Qui ne sait que la plupart des titres espagnols, surtout au temps de Charles-Quint et de Philippe II, rappellent la circonstance à laquelle ils furent dus.

Orendayes prit le titre de *la Pes*, pour avoir signé le traité de 1725.

Un amiral prit celui de *Transport-Real*, pour avoir conduit l'Infant en Italie.

Navarro prit celui de *la Vittoria* après le combat naval de Toulon, quoique la victoire eût été indécise.

Ces exemples, et tant d'autres, sont surpassés par le fameux ministre des finances, négociant parvenu, qui prit le titre de marquis de Rien-en-Soi (*l'Ensenada*).

En produisant une œuvre faite avec toutes les libertés des vieux théâtres français et espagnol, l'auteur s'est permis une tentative appelée par les vœux de plus d'un *organe de l'opinion publique* et de tous ceux qui assistent aux premières représentations : il a voulu convoquer un vrai public, et faire représenter la pièce devant une salle pleine de spectateurs payants. L'insuccès de cette épreuve a été si bien constaté par tous les journaux, que la nécessité des claqueurs en reste à jamais démontrée.

L'auteur était entre ce dilemme, que lui posaient les personnes expertes en cette matière : introduire douze cents spectateurs non payants, le succès ainsi obtenu sera nié; faire payer leur place à douze cents spectateurs, c'est rendre le succès presque impossible. L'auteur a préféré le péril. Telle est la raison de cette première représentation, où tant de personnes ont été mécontentes d'avoir été élevées à la dignité de juges indépendants.

L'auteur rentrera donc dans l'ornière honteuse et ignoble que tant d'abus ont creusée aux succès dramatiques; mais il n'est pas inutile de dire ici que la première représentation des *Ressources de Quinola* fut ainsi donnée au bénéfice des claqueurs, qui sont les seuls triomphateurs de cette soirée, d'où ils avaient été bannis.

Pour caractériser les critiques faites sur cette comédie, il suffira de dire que sur cinquante journaux qui tous, depuis vingt ans, prodiguent au dernier vaudevilliste tombé cette phrase banale : *La pièce est d'un homme d'esprit qui saura prendre sa revanche*, aucun ne s'en est servi pour *les Ressources de Quinola*, que tous tenaient à enterrer. Cette remarque suffit à l'ambition de l'auteur.

Sans que l'auteur eût rien fait pour obtenir de telles promesses, quelques personnes avaient d'avance accordé leurs encouragements à sa tentative, et celles-là se sont montrées plus injurieuses que critiques ; mais l'auteur regarde de tels mécomptes comme les plus grands bonheurs qui puissent lui arriver, car on gagne de l'expérience en perdant de faux amis. Aussi, est-ce autant un plaisir qu'un devoir pour lui que de remercier publiquement les personnes qui lui sont restées fidèles comme monsieur Léon Gozlan, envers lequel il a contracté une dette de reconnaissance ; comme monsieur Victor Hugo, qui a, pour ainsi dire, protesté contre le public de la première représentation, en revenant voir la pièce à la seconde ; comme monsieur de Lamartine et madame de Girardin, qui ont maintenu leur premier jugement malgré l'irritation générale. De telles approbations consoleraient d'une chute.

Lagny, 2 avril 1842.

PERSONNAGES DU PROLOGUE.

PHILIPPE II.
LE CARDINAL CIENFUGOS, grand inquisiteur.
LE CAPITAINE DES GARDES.
LE DUC D'OLMÉDO.
LE DUC DE LERME.
ALFONSO FONTANARÈS.

QUINOLA.
UN HALLEBARDIER.
UN ALCADE DU PALAIS.
UN FAMILIER DE L'INQUISITION (personnage muet.)
LA REINE D'ESPAGNE.
LA MARQUISE DE MONTDÉJAR.

PERSONNAGES DE LA PIÈCE.

DON FREGOSE, vice-roi de Catalogne.
LE GRAND INQUISITEUR.
LE COMTE SARPI, secrétaire de la vice-royauté.
DON RAMON, savant.
AVALOROS, banquier.
MATHIEU MAGIS, Lombard.
LOTHUNDIAZ, bourgeois.
ALFONSO FONTANARÈS.
LAVRADI, QUINOLA, ou valet.
MONIPODIO, ancien miquelet.

COPPOLUS, marchand de métaux.
CARPANO, serrurier (personnage muet.)
ESTEBAN, ouvrier.
GIRONE, autre ouvrier.
L'HOTE du Soleil d'or.
UN HUISSIER.
UN ALCADE.
MADAME FAUSTINA BRANCADORI.
MARIE LOTHUNDIAZ.
PAQUITA, camériste de madame Faustina.

L'action se passe en 1588.

LES
RESSOURCES DE QUINOLA

PROLOGUE

La scène est à Valladolid, dans le palais du roi d'Espagne. Le théâtre représente la galerie qui conduit à la chapelle. L'entrée de la chapelle est à gauche du spectateur, celle des appartements royaux est à droite. L'entrée principale est au fond. De chaque côté de la principale porte, il y a deux hallebardiers.
Au lever du rideau, le capitaine des gardes et trois seigneurs sont en scène. Un alcade du palais est debout au fond de la galerie. Quelques courtisans se promènent dans le salon qui précède la galerie.

SCÈNE PREMIÈRE.

LE CAPITAINE DES GARDES, QUINOLA, enveloppé dans son manteau
UN HALLEBARDIER.

LE HALLEBARDIER. Il barre la porte à Quinola.
On n'andre bointe sans en affoir le troide. Ki ê dû?
QUINOLA, levant la hallebarde.
Ambassadeur. (On le regarde.)
LE HALLEBARDIER.
T'où?
QUINOLA. Il passe.
D'où! Du pays de misère.
LE CAPITAINE DES GARDES.
Allez chercher le majordome du palais pour rendre à cet ambassadeur-là les honneurs qui lui sont dus. (Au hallebardier.) Trois jours de prison.

QUINOLA, au capitaine.

Voilà donc comment vous respectez le droit des gens ! Ecoutez, Monseigneur, vous êtes bien haut, je suis bien bas, avec deux mots, nous allons nous trouver de plain-pied.

LE CAPITAINE.

Tu es un drôle très-drôle.

QUINOLA le prend à part.

N'êtes-vous pas le cousin de la marquise de Mondéjar?

LE CAPITAINE.

Après?

QUINOLA.

Quoiqu'en très-grande faveur, elle est sur le point de rouler dans un abîme... sans sa tête.

LE CAPITAINE.

Tous ces gens-là font des romans !... Ecoute ; tu es le vingt-deuxième, et nous sommes au dix du mois, qui tente de s'introduire ainsi près de la favorite, pour lui soutirer quelques pistoles. Détale... ou sinon...

QUINOLA.

Monseigneur, il vaut mieux parler à tort vingt-deux fois à vingt-deux pauvres diables, que de manquer à entendre celui qui vous est envoyé par votre bon ange; et vous voyez, qu'à peu de chose près (Il ouvre son manteau), j'en ai le costume.

LE CAPITAINE.

Finissons, quelle preuve donnes-tu de ta mission?

QUINOLA lui tend une lettre.

Ce petit mot, remettez-le vous-même pour que ce secret demeure entre nous, et faites-moi pendre si vous ne voyez la marquise tomber en pamoison à cette lecture. Croyez que je professe, avec l'immense majorité des Espagnols, une aversion radicale pour... la potence.

LE CAPITAINE.

Et si quelque femme ambitieuse t'avait payé ta vie pour avoir celle d'une autre?

QUINOLA.

Serais-je en guenilles? Ma vie vaut celle de César. Tenez, Monseigneur (Il décachète la lettre, la sent, la replie, et la lui rend), êtes-vous content?

LE CAPITAINE, à part.

J'ai le temps encore. (A Quinola.) Reste là, j'y vais.

QUINOLA.   LE CAPITAINE.

Croyez que je professe, avec l'immense majorité des Espagnols,
une aversion radicale pour... la potence.

(RESSOURCES DE QUINOLA.)

SCÈNE II.

QUINOLA, seul, sur le devant de la scène, en regardant le capitaine.

Marche donc! O mon cher maître, si la torture ne t'a pas brisé les os, tu vas donc sortir des cachots de la s... la très-sainte inquisition, délivré par votre pauvre caniche de Quinola! Pauvre!... qui est-ce qui a parlé de pauvre? Une fois mon maître libre, nous finirons bien par monnoyer nos espérances. Quand on a su vivre à Valladolid, depuis six mois sans argent, et sans être pincé par les alguazils, on a de petits talents qui, s'ils s'appliquaient à... autre chose, mèneraient un homme où...?... ailleurs enfin! Si nous savions où nous allons, personne n'oserait marcher... Je vais donc parler au roi, moi, Quinola. Dieu des gueux! donne-moi l'éloquence... de... d'une jolie femme, de la marquise de Mondéjar...

SCÈNE III.

QUINOLA, LE CAPITAINE.

LE CAPITAINE, à Quinola.

Voici cinquante doublons que t'envoie la marquise pour te mettre en état de paraître ici convenablement.

QUINOLA. Il verse l'or d'une main dans l'autre.

Ah! ce rayon de soleil s'est bien fait attendre! Je reviens, Monseigneur, pimpant comme le valet de cœur, dont j'ai pris le nom; Quinola pour vous servir, Quinola, bientôt seigneur d'immenses domaines où je rendrai la justice, dès que... (a part) je ne la craindrai plus pour moi.

SCÈNE IV.

LES COURTISANS, LE CAPITAINE.

LE CAPITAINE, seul sur le devant de la scène.

Quel secret ce misérable a-t-il donc surpris? ma cousine a failli perdre connaissance. Il s'agit de tous ses amis, a-t-elle dit. Le roi doit être pour quelque chose dans tout ceci. (A un seigneur.) Duc de Lerme, y a-t-il quelque chose de nouveau dans Valladolid?

LE DUC DE LERME, bas.

Le duc d'Olmédo aurait été, dit-on, assassiné ce matin, à trois heures, au petit jour, à quelques pas du jardin de l'hôtel Mondéjar.

LE CAPITAINE.

Il est bien capable de s'être fait un peu assassiner pour perdre ainsi ma cousine dans l'esprit du roi, qui, semblable aux grands politiques, tient pour vrai tout ce qui est probable.

LE DUC DE LERME.

On dit que l'inimitié du duc et de la marquise n'est qu'une feinte, et que l'assassin ne peut pas être poursuivi.

LE CAPITAINE.

Duc, ceci ne doit pas se répéter sans une certitude, et ne s'écrirait alors qu'avec une épée teinte de mon sang.

LE DUC DE LERME.

Vous m'avez demandé des nouvelles... (Le duc se retire.)

SCÈNE V.

LES MÊMES, LA MARQUISE DE MONDÉJAR.

LE CAPITAINE.

Ah! mais voici ma cousine! (A la marquise.) Chère marquise, vous êtes encore bien agitée. Au nom de notre salut, contenez-vous, on va vous observer.

LA MARQUISE.

Cet homme est-il revenu?

LE CAPITAINE.

Mais comment un homme placé si bas peut-il vous causer de telles alarmes?

LA MARQUISE.

Il tient ma vie dans ses mains; plus que ma vie, car il tient aussi celle d'un autre qui, malgré les plus habiles précautions, excite la jalousie...

LE CAPITAINE.

Du roi... Aurait-il donc fait assassiner le duc d'Olmédo, comme on le dit.

LA MARQUISE.

Hélas... je ne sais plus qu'en penser... Me voilà seule, sans secours... et peut-être bientôt abandonnée.

LE CAPITAINE.

Comptez sur moi... Je vais être au milieu de tous nos ennemis, comme le chasseur à l'affût.

SCÈNE VI.

LES PRÉCÉDENTS, QUINOLA.

QUINOLA.

Je n'ai plus que trente doublons, mais je fais de l'effet pour soixante... Hein ! quel parfum ? La marquise pourra me parler sans crainte...

LA MARQUISE, montrant Quinola.

Est-ce là notre homme ?

LE CAPITAINE.

Oui.

LA MARQUISE.

Mon cousin, veillez à ce que je puisse causer sans être écoutée... (A Quinola.) Qui êtes-vous, mon ami?

QUINOLA, à part.

Son ami ! Tant qu'on a le secret d'une femme, on est toujours son ami. (Haut.) Madame, je suis un homme au-dessus de toutes les considérations et de toutes les circonstances.

LA MARQUISE.

On va bien haut ainsi !

QUINOLA.

Est-ce une menace ou un avis ?

LA MARQUISE.

Mon cher, vous êtes un impertinent !

QUINOLA.

Ne prenez pas la perspicacité pour de l'impertinence. Vous voulez m'étudier avant d'en venir au fait, je vais vous dire mon caractère : mon vrai nom est Lavradi. En ce moment, Lavradi devrait être en Afrique pour dix ans, aux présides, une erreur des alcades de Barcelone. Quinola est la conscience, blanche comme vos belles mains, de Lavradi. Quinola ne connaît pas Lavradi. L'âme connaît-elle le corps ? Vous pourriez faire rejoindre l'âme — Quinola, au corps — Lavradi, d'autant plus facilement que ce matin, Quinola se trouvait à la petite porte de votre jardin, avec les amis de l'aurore qui ont arrêté le duc d'Olmédo...

LA MARQUISE.

Que lui est-il arrivé ?

QUINOLA.

Lavradi profiterait de ce moment plein d'ingénuité, pour demander sa grâce ; mais Quinola est gentilhomme.

LA MARQUISE.

Vous vous occupez beaucoup trop de vous...

QUINOLA.

Et pas assez de lui... c'est juste. Le duc nous a pris pour de vils assassins, nous lui demandions seulement, d'un peu trop bonne heure, un emprunt hypothéqué sur nos rapières. Le fameux Majoral qui nous commandait, vivement pressé par le duc, a été forcé de le mettre hors de combat par une petite botte dont il a le secret.

LA MARQUISE.

Ah ! mon Dieu !...

QUINOLA.

Le bonheur vaut bien cela, Madame.

LA MARQUISE, à part.

Du calme, cet homme a mon secret.

QUINOLA.

Quand nous avons vu que le duc n'avait pas un maravédis, — quelle imprudence ! — on l'a laissé là. Comme j'étais de tous ces braves gens le moins compromis, on m'a chargé de le reconduire ; en remettant ses poches à l'endroit, j'ai trouvé le billet que vous lui avez écrit ; et, en m'informant de votre position à la cour, j'ai compris...

LA MARQUISE.

Que ta fortune était faite ?

QUINOLA.

Du tout... que ma vie était en danger.

LA MARQUISE.

Eh bien ?

QUINOLA.

Vous ne devinez pas ? Votre billet est entre les mains d'un homme sûr, qui, s'il m'arrivait le moindre mal, le remettrait au roi. Est-ce clair et net ?

LA MARQUISE.

Que veux-tu ?

QUINOLA.

A qui parlez-vous ? à Quinola ou à Lavradi ?

LA MARQUISE.

Lavradi aura sa grâce. Que veut Quinola? entrer à mon service?

QUINOLA.

Les enfants trouvés sont gentilshommes : Quinola vous rendra votre billet sans vous demander un maravédis, sans vous obliger à rien d'indigne de vous, et il compte que vous vous dispenserez d'en vouloir à la tête d'un pauvre diable qui porte sous sa besace le cœur du Cid.

LA MARQUISE.

Comme tu vas me coûter cher, drôle?

QUINOLA.

Vous me disiez tout à l'heure : mon ami.

LA MARQUISE.

N'étais-tu pas mon ennemi?

QUINOLA.

Sur cette parole, je me fie à vous, Madame, et vais vous dire tout... Mais là... ne riez pas... vous le promettez... Je veux...

LA MARQUISE.

Tu veux?

QUINOLA.

Je veux... parler au roi... là, quand il passera pour aller à la chapelle; rendez-le favorable à ma requête.

LA MARQUISE.

Mais que lui demanderas-tu?

QUINOLA.

La chose la plus simple du monde, une audience pour mon maître.

LA MARQUISE.

Explique-toi, le temps presse.

QUINOLA.

Madame, je suis le valet d'un savant; et, si la marque du génie est la pauvreté, nous avons beaucoup trop de génie, Madame.

LA MARQUISE.

Au fait.

QUINOLA.

Le seigneur Alfonso Fontanarès est venu de Catalogne ici pour offrir au roi notre maître le sceptre de la mer. A Barcelone, on l'a pris pour un fou, ici pour un sorcier. Quand on a su ce qu'il promet, on l'a berné dans les antichambres. Celui-ci voulait le protéger pour le perdre, celui-là mettait en doute notre secret pour le lui arracher : c'était un savant; d'autres lui proposaient d'en faire une affaire : des capitalistes qui voulaient l'entortiller. De la façon dont allaient les choses, nous ne savions que devenir. Personne assurément ne peut nier la puissance de la mécanique et de la géométrie, mais les plus beaux théorèmes sont peu nourrissants, et le plus petit civet est meilleur pour l'estomac : vraiment, c'est un défaut de la science. Cet hiver, mon maître et moi, nous nous chauffions de nos projets et nous remâchions nos illusions... Eh bien ! Madame, il est en prison, car on l'accuse d'être au mieux avec le diable ; et malheureusement, cette fois, le saint-office raison, nous l'avons vu constamment au fond de notre bourse. Eh bien ! Madame, je vous en supplie, inspirez au roi la curiosité de voir un homme qui lui apporte une domination aussi étendue que celle que Colomb a donnée à l'Espagne.

LA MARQUISE.

Mais depuis que Colomb a donné le nouveau monde à l'Espagne, on nous en offre un tous les quinze jours !

QUINOLA.

Ah ! Madame, chaque homme de génie a le sien. Sangodémi, il est si rare de faire honnêtement sa fortune et celle de l'État, sans rien prendre aux particuliers, que le phénomène mérite d'être favorisé.

LA MARQUISE.

Enfin, de quoi s'agit-il ?

QUINOLA.

Encore une fois ! ne riez pas Madame ! Il s'agit de faire aller les vaisseaux sans voiles, ni rames, malgré le vent, au moyen d'une marmite pleine d'eau qui bout.

LA MARQUISE.

Ah ! ça, d'où viens-tu ? Que dis-tu ? Rêves-tu ?

QUINOLA.

Et voilà ce qu'ils nous chantent tous ! Ah ! vulgaire, tu es ainsi fait que l'homme de génie qui a raison dix ans avant tout le monde, passe pour un fou pendant vingt-cinq ans. Il n'y a que moi qui croie en cet homme, et c'est à cause de cela que je l'aime : comprendre, c'est égaler.

LA MARQUISE.

Que, moi, je dise de telles sornettes au roi ?

QUINOLA.

Madame, il n'y a que vous dans toute l'Espagne à qui le roi ne dira pas : taisez-vous !

LA MARQUISE.

Tu ne connais pas le roi, et je le connais, moi ! (A part.) Il faut ravoir ma lettre. (Haut.) Il se présente une circonstance heureuse pour ton maître : on apprend en ce moment au roi la perte de l'Armada : tiens-toi sur son passage et tu lui parleras.

SCÈNE VII.

LE CAPITAINE DES GARDES, LES COURTISANS, QUINOLA.

QUINOLA, sur le devant.

Il ne suffit donc pas d'avoir du génie et d'en user, car il y en a qui le dissimulent avec bien du bonheur, il faut encore des circonstances : une lettre trouvée qui mette une favorite en péril, pour obtenir une langue qui parle, et la perte de la plus grande des flottes, pour ouvrir les oreilles à un prince. Le hasard est un fameux misérable ! Allons ! dans le duel de Fontanarès avec son siècle, voici pour son pauvre second le moment de se montrer !... (On entend les cloches, on porte les armes.) Est-ce un présage du succès ? (Au capitaine des gardes.) Comment parle-t-on au roi ?

LE CAPITAINE.

Tu t'avanceras, tu plieras le genou, tu diras : Sire !... Et prie Dieu de conduire ta langue. (Le cortége défile.)

QUINOLA.

Je n'aurai pas la peine de me mettre à genoux, ils plient déjà, car il ne s'agit pas seulement d'un homme, mais d'un monde.

UN PAGE.

La reine !

UN PAGE.

Le roi ! (Tableau.)

SCÈNE VIII.

PRÉCÉDENTS, LA REINE, LE ROI, LA MARQUISE DE MONTDÉJAR, LE GRAND INQUISITEUR, TOUTE LA COUR.

PHILIPPE II.

Messieurs, nous allons prier Dieu qui vient de frapper l'Espagne. L'Angleterre nous échappe, l'Armada s'est perdue et nous ne vous en voulons point : amiral (il se tourne vers l'amiral), vous n'aviez pas mission de combattre les tempêtes.

QUINOLA.

Sire ! (Il plie un genou.)

PHILIPPE II.

Qui es-tu ?

QUINOLA.

Le plus petit et le plus dévoué de vos sujets, le valet d'un homme qui gémit dans les prisons du saint-office, accusé de magie pour vouloir donner à Votre Majesté les moyens d'éviter de pareils désastres...

PHILIPPE II.

Si tu n'es qu'un valet, lève-toi. Les grands doivent seuls ici fléchir devant le roi.

QUINOLA.

Mon maître restera donc à vos genoux.

PHILIPPE II.

Explique-toi promptement : le roi n'a pas dans sa vie autant d'instants qu'il a de sujets.

QUINOLA.

Vous devez alors une heure à un empire. Mon maître, le seigneur Alfonso Fontanarès, est dans les prisons du saint-office...

PHILIPPE II, au grand inquisiteur.

Mon père, (le grand inquisiteur s'approche) que pouvez-vous nous dir d'un certain Alfonso Fontanarès ?

LE GRAND INQUISITEUR.

C'est un élève de Galilée, il professe sa doctrine condamnée, e se vante de pouvoir faire des prodiges en refusant d'en dire le moyens. Il est accusé d'être plus Maure qu'Espagnol.

QUINOLA, à part.

Cette face blême va tout gâter... (Au roi.) Sire, mon maître pou toute sorcellerie, est amoureux fou, d'abord de la gloire de Votre Majesté, puis d'une fille de Barcelone, héritière de Lothundiaz, le plus riche bourgeois de la ville. Comme il avait ramassé plus de science que de richesse en étudiant les sciences naturelles en Italie, le pauvre garçon ne pouvait réussir à épouser cette fille que couvert de gloire et d'or... Et voyez, Sire, comme on calomnie les grands hommes : il fit, dans son désespoir, un pèlerinage à Notre-Dame-del-Pilar, pour la prier de l'assister, parce que celle qu'il aime se nomme Marie. Au sortir de l'église, il s'assit fatigué, sous un arbre, s'endormit, la madone lui apparut et lui conseilla cette invention de faire marcher les vaisseaux sans voiles, sans rames, contre vent et marée. Il est venu vers vous, Sire : on s'est mis entre le soleil et lui, et après une lutte acharnée avec les nuages, il expie sa croyance en Notre-Dame-del-Pilar et en son roi. Il ne lui reste que son valet assez courageux pour venir mettre à vos pieds l'avis qu'il existe un moyen de réaliser la domination **universelle**.

PHILIPPE II.

Je verrai ton maître au sortir de la chapelle.

LE GRAND INQUISITEUR.

Le roi ne court-il pas des dangers ?

PHILIPPE II.

Mon devoir est de l'interroger.

LE GRAND INQUISITEUR.

Le mien est de faire respecter les priviléges du saint-office.

PHILIPPE II.

Je les connais. Obéis et tais-toi. Je te dois un otage, je le sais... (Il regarde.) Où donc est le duc d'Olmédo ?

QUINOLA, à part.

Aïe ! aïe !

LA MARQUISE, à part.

Nous sommes perdus.

LE CAPITAINE DES GARDES.

Sire, le duc n'est pas encore... arrivé...

PHILIPPE II.

Qui lui a donné la hardiesse de manquer aux devoirs de sa charge ? (A part.) Il me semble que l'on me trompe. (Au capitaine des gardes.) Tu lui diras, s'il arrive, que le roi l'a commis à la garde d'un prisonnier du saint-office. (Au grand inquisiteur.) Donnez un ordre.

LE GRAND INQUISITEUR.

Sire, j'irai moi-même.

LA REINE.

Et si le duc ne vient pas?...

PHILIPPE II.

Il serait donc mort. (Au capitaine.) Tu le remplaceras dans l'exécution de mes ordres. (Il passe.)

LA MARQUISE, à Quinola.

Cours chez le duc, qu'il vienne et se comporte comme s'il n'était pas mourant. La médisance doit être une calomnie...

QUINOLA.

Comptez sur moi, mais protégez-nous. (Seul.) Sangodémi ! le roi m'a paru charmé de mon invention de Notre-Dame-del-Pilar, je lui fais vœu... de quoi?... Nous verrons après le succès.

Le théâtre change et représente un cachot de l'Inquisition.

SCÈNE IX.

FONTANARÈS, seul.

Je comprends maintenant pourquoi Colomb a voulu que ses chaînes fussent mises près de lui dans son cercueil. Quelle leçon pour les inventeurs ! Une grande découverte est une *vérité*. La vérité ruine tant d'*abus* et d'*erreurs*, que tous ceux qui en vivent se dressent et veulent tuer la vérité : ils commencent par s'attaquer à l'homme. Aux novateurs, la patience ! j'en aurai. Malheureusement, ma patience me vient de mon amour. Pour avoir Marie, je rêve la gloire et je cherchais... Je vois voler au-dessus d'une chaudière un brin de paille. Tous les hommes ont vu cela depuis qu'il y a des chaudières et de la paille; moi j'y vois une force; pour l'évaluer, je couvre la chaudière, le couvercle saute et il ne me tue pas. Archimède et moi, nous ne faisons qu'un ! il voulait un levier pour soulever le monde : ce levier, je le tiens, et j'ai la sottise de le dire : tous les malheurs fondent sur moi. Si je meurs homme de génie à venir qui retrouveras ce secret, agis et tais-toi. La lumière que nous découvrons, on nous la prend pour allumer notre bûcher. Galilée, mon maître, est en prison pour avoir dit que la terre tourne, et j'y suis pour la vouloir organiser. Non ! j'y suis comme rebelle à la cupidité de ceux qui veulent mon secret; si je n'aimais pas Marie, je sortirais ce soir, je leur abandonnerais le profit, la gloire me resterait... Oh ! rage... La rage est bonne pour les enfants : soyons calme, je suis puissant. Si du moins j'avais des nouvelles du seul homme qui ait foi en moi ? Est-il libre, lui qui mendiait pour me nourrir... La foi n'est que chez le pauvre, il en a tant besoin !

SCÈNE X.

LE GRAND INQUISITEUR, UN FAMILIER, FONTANARÈS.

LE GRAND INQUISITEUR.

Eh ! bien mon fils ? vous parliez de foi, peut-être avez-vous fait de sages réflexions. Allons, évitez au saint-office l'emploi de ses rigueurs.

FONTANARÈS.

Mon Père, que souhaitez-vous que je dise ?

LE GRAND INQUISITEUR.

Avant de vous mettre en liberté, le saint-office doit être sûr que vos moyens sont naturels...

FONTANARÈS.

Mon père, si j'avais fait un pacte avec le mauvais esprit, me laisserait-il ici ?

LE GRAND INQUISITEUR.

Vous dites une parole impie : le démon a un maître, nos auto-da-fé le prouvent.

FONTANARÈS.

Avez-vous jamais vu un vaisseau en mer ! (Le grand inquisiteur fait un signe affirmatif.) Par quel moyen allait-il ?

LE GRAND INQUISITEUR.

Le vent enflait ses voiles.

FONTANARÈS.

Est-ce le démon qui a dit ce moyen au premier navigateur ?

LE GRAND INQUISITEUR.

Savez-vous ce qu'il est devenu ?

FONTANARÈS.

Peut-être est-il devenu quelque puissance maritime oubliée. Enfin mon moyen est aussi naturel que le sien : j'ai vu comme lui dans la nature une force, et que l'homme peut s'appropr car le vent est à Dieu, l'homme n'en est pas le maître, le vent porte ses vaisseaux, et ma force à moi est dans le vaisseau.

LE GRAND INQUISITEUR, à part.

Cet homme sera bien dangereux. (Haut.) Et vous refusez de nous la dire!...

FONTANARÈS.

Je la dirai au roi, devant toute la cour; personne alors ne me avira ma gloire ni ma fortune.

LE GRAND INQUISITEUR.

Vous vous dites inventeur, et vous ne pensez qu'à la fortune Vous êtes plus ambitieux qu'homme de génie.

FONTANARÈS.

Mon père, je suis si profondément irrité de la jalousie du vulgaire, de l'avarice des grands, de la conduite des faux savants, que..... si je n'aimais pas Marie, je rendrais au hasard ce que le hasard m'a donné.

LE GRAND INQUISITEUR.

Le hasard!

FONTANARÈS.

J'ai tort. Je rendrais à Dieu la pensée que Dieu m'envoya.

LE GRAND INQUISITEUR.

Dieu ne vous l'a pas envoyée pour la cacher, nous avons le droit de vous faire parler... (A son familier.) Qu'on prépare la question.

FONTANARÈS.

Je l'attendais.

SCÈNE XI.

LE GRAND INQUISITEUR, FONTANARÈS, QUINOLA,
LE DUC D'OLMÉDO.

QUINOLA.

Ça n'est pas sain, la torture.

FONTANARÈS.

Quinola! et dans quelle livrée!

QUINOLA.

Celle du succès, vous serez libre.

FONTANARÈS.

Libre? Passer de l'enfer au ciel, en un moment?

LE DUC D'OLMÉDO.

Comme les martyrs.

LE GRAND INQUISITEUR.

Monsieur, vous osez dire ces paroles ici!

PROLOGUE. 133

LE DUC D'OLMÉDO.

Je suis chargé, par le roi, de vous retirer cet homme des mains, et je vous en réponds...

LE GRAND INQUISITEUR.

Quelle faute !

QUINOLA.

Ah ! vous vouliez le faire bouillir dans vos chaudières pleines d'huile, merci ! Les siennes vont nous faire faire le tour du monde... comme ça ! (Il fait tourner son chapeau.)

FONTANARÈS.

Embrasse-moi donc, et dis-moi comment...

LE DUC D'OLMÉDO.

Pas un mot ici...

QUINOLA.

Oui, (il montre les talons de l'inquisiteur) car les murs ont ici beauccup trop d'intelligence. Venez. Et vous, monsieur le duc, courage ! Ah ! vous êtes bien pâle, il faut vous rendre des couleurs ; mais ça me regarde.

La scène change et représente la galerie du palais.

SCÈNE XII.

LE DUC D'OLMÉDO, LE DUC DE LERME, FONTANARÈS, QUINOLA.

LE DUC D'OLMÉDO.

Nous arrivons à temps !

LE DUC DE LERME.

Vous n'êtes donc pas blessé ?

LE DUC D'OLMÉDO.

Qui a dit cela ? La favorite veut-elle me perdre ? Serais-je ici comme vous me voyez ? (A Quinola.) Tiens-toi là pour me soutenir...

QUINOLA, à Fontanarès.

Voilà un homme digne d'être aimé...

FONTANARÈS.

Qui ne l'envierait ? On n'a pas toujours l'occasion de montrer combien l'on aime.

QUINOLA.

Monsieur, gardez-vous bien de toutes ces fariboles d'amour devant le roi... car le roi, voyez-vous...

UN PAGE.

Le roi !

FONTANARÈS.

Allons, pensons à Marie !

QUINOLA, voyant faiblir le duc d'Olmédo.

Eh bien ? (Il lui fait respirer un flacon.)

SCÈNE XIII.

LES PRÉCÉDENTS, LE ROI, LA REINE, LA MARQUISE DE MONTDÉJAR, LE CAPITAINE DES GARDES, LE GRAND INQUISITEUR, LE PRÉSIDENT DU CONSEIL DE CASTILLE, TOUTE LA COUR.

PHILIPPE II, au capitaine des gardes.

Notre homme est-il venu ?

LE CAPITAINE.

Le duc d'Olmédo, que j'ai rencontré sur les degrés du palais, s'est empressé d'obéir au roi.

LE DUC D'OLMÉDO, un genou en terre.

Le roi daigne-t-il pardonner un retard... impardonnable.

PHILIPPE II le relève par le bras blessé.

On te disait mourant... (Il regarde la marquise.) d'une blessure reçue dans une rencontre de nuit.

LE DUC D'OLMÉDO.

Vous me voyez, Sire.

LA MARQUISE, à part.

Il a mis du rouge !

PHILIPPE II, au duc.

Où est ton prisonnier ?

LE DUC D'OLMÉDO, montrant Fontanarès.

Le voici...

FONTANARÈS, un genou en terre.

Prêt à réaliser, à la très-grande gloire de Dieu, des merveilles ur la splendeur du règne du roi mon maître...

PHILIPPE II.

Lève-toi, parle ; quelle est cette force miraculeuse qui doit donner l'empire du monde à l'Espagne ?

FONTANARÈS.

Une puissance invincible, la vapeur... Sire, étendue en vapeur, 'eau veut un espace bien plus considérable que sous sa forme naturelle, et pour le prendre elle soulèverait des montagnes. Mon invention enferme cette force : la machine est armée de roues qui fouettent la mer, qui rendent un navire rapide comme le vent, et capable de résister aux tempêtes. Les traversées deviennent sûres, d'une célérité qui n'a de bornes que dans le jeu des roues. La vie humaine s'augmente de tout le temps économisé. Sire, Christophe Colomb vous a donné un monde à trois mille lieues d'ici; je vous le mets à la porte de Cadix, et vous aurez, Dieu aidant, l'empire de la mer.

LA REINE.

Vous n'êtes pas étonné, Sire?

PHILIPPE II.

L'étonnement est une louange involontaire qui ne doit pas échapper à un roi. (A Fontanarès.) Que me demandes-tu?

FONTANARÈS.

Ce que demanda Colomb, un navire et mon roi pour spectateur de l'expérience.

PHILIPPE II.

Tu auras le roi, l'Espagne et le monde. On te dit amoureux d'une fille de Barcelone. Je dois aller au delà des Pyrénées, visiter mes possessions, le Roussillon, Perpignan. Tu prendras ton vaisseau à Barcelone.

FONTANARÈS.

En me donnant le vaisseau, Sire, vous m'avez fait justice; en me le donnant à Barcelone, vous me faites une grâce qui change votre sujet en esclave.

PHILIPPE II.

Perdre un vaisseau de l'État, c'est risquer ta tête. La loi le veut ainsi...

FONTANARÈS.

Je le sais, et j'accepte.

PHILIPPE II.

Eh bien! hardi jeune homme, réussis à faire aller contre le vent, sans voiles ni rames, ce vaisseau comme il irait par un bon vent. Et toi, — ton nom?

FONTANARÈS.

Alfonso Fontanarès.

PHILIPPE II.

Tu seras don Alfonso Fontanarès, duc de... Neptunado, grand d'Espagne...

LE DUC DE LERME.

Sire... les statuts de la Grandesse.....

PHILIPPE II.

Tais-toi, duc de Lerme. Le devoir d'un roi est d'élever l'homme de génie au-dessus de tous, pour honorer le rayon de lumière que Dieu met en lui.

LE GRAND INQUISITEUR.

Sire...

PHILIPPE II.

Que veux-tu?

LE GRAND INQUISITEUR.

Nous ne retenions pas cet homme parce qu'il avait un commerce avec le démon, ni parce qu'il était impie, ni parce qu'il était d'une famille soupçonnée d'hérésie ; mais pour la sûreté des monarchies. En permettant aux esprits de se communiquer leurs pensées, l'imprimerie a déjà produit Luther, dont la parole a eu des ailes. Mais cet homme va faire, de tous les peuples, un seul peuple; et, devant cette masse, le saint-office a tremblé pour la royauté.

PHILIPPE II.

Tout progrès vient du ciel.

LE GRAND INQUISITEUR.

Le ciel n'ordonne pas tout ce qu'il laisse faire.

PHILIPPE II.

Notre devoir consiste à rendre bonnes les choses qui paraissent mauvaises, à faire de tout un point du cercle dont le trône est le centre. Ne vois-tu pas qu'il s'agit de réaliser la domination universelle que voulait mon glorieux père... (A Fontanarès.) Donc, grand d'Espagne de première classe, et je mettrai sur ta poitrine la Toison-d'Or : tu seras enfin grand-maître des constructions navales de l'Espagne et des Indes... (A un ministre.) Président, tu expédieras aujourd'hui même, sous peine de me déplaire, l'ordre de mettre à la disposition de cet homme, dans notre port de Barcelone, un vaisseau à son choix, et... qu'on ne fasse aucun obstacle à son entreprise.

QUINOLA.

Sire...

PHILIPPE II.

Que veux-tu?

QUINOLA.

Pendant que vous y êtes, accordez, Sire, la grâce d'un misérable nommé Lavradi, condamné par un alcade qui était sourd.

PHILIPPE II.

Est-ce une raison pour que le roi soit aveugle?

QUINOLA.

Indulgent, Sire, c'est presque la même chose.

FONTANARÈS.

Grâce pour le seul homme qui m'ait soutenu dans ma lutte.

PHILIPPE II, au ministre.

Cet homme m'a parlé, je lui ai tendu la main; tu expédieras des tres de grâce entière...

LA REINE, au roi.

Si cet homme (elle montre Fontanarès) est un de ces grands inventeurs que Dieu suscite, Don Philippe, vous aurez fait une belle journée.

PHILIPPE II, à la reine.

Il est bien difficile de distinguer entre un homme de génie et un fou; mais si c'est un fou, mes promesses valent les siennes.

QUINOLA, à la marquise.

Voici votre lettre, mais, entre nous, n'écrivez plus.

LA MARQUISE.

Nous sommes sauvés.

La cour suit le roi qui rentre.

SCÈNE XIV.

FONTANARÈS, QUINOLA.

FONTANARÈS.

Je rêve... Duc! grand d'Espagne! la Toison-d'Or!

QUINOLA.

Et les constructions navales? Nous allons avoir des fournisseurs à protéger. La cour est un drôle de pays, j'y réussirais: que faut-il? de l'audace! j'en puis vendre; de la ruse? et le roi qui croit que c'est Notre-Dame-del-Pilar... (Il rit.) qui... Eh bien! à quoi donc pense mon maître?

FONTANARÈS.

Allons!

QUINOLA.

Où?

FONTANARÈS.

A Barcelone.

QUINOLA.

Non... au cabaret... Si l'air de la cour donne bon appétit aux courtisans, il me donne soif, à moi... Et après, mon glorieux maître, vous verrez à l'œuvre votre Quinola ; car ne nous abusons pas : entre la parole du prince et le succès, nous rencontrerons autant de jaloux, de chicaniers, d'ergoteurs, de malveillants, d'animaux crochus, rapaces, voraces, écumeurs de grâces, vos charen*** enfin ! que nous en avons trouvés entre vous et le roi.

FONTANARÈS.

Et pour obtenir Marie, il faut réussir.

QUINOLA

Et pour nous donc ?

FIN DU PROLOGUE.

ACTE PREMIER

LA SCÈNE SE PASSE A BARCELONE.

Le théâtre représente une place publique. A gauche du spectateur, des maisons parmi lesquelles est celle de Lothundiaz qui fait encoignure de rue. A droite, se trouve le palais où loge madame Brancadori, dont le balcon fait face au spectateur et tourne. On entre par l'angle du palais à droite et par l'angle de la maison de Lothundiaz.
Au lever du rideau il fait encore nuit; mais le jour va poindre.

SCÈNE PREMIÈRE.

MONIPODIO, enveloppé dans un manteau, assis sous le balcon du palais Brancadori.
QUINOLA se glisse avec des précautions de voleur, et frôle Monipodio.

MONIPODIO.
Qui marche ainsi dans mes souliers?
QUINOLA, déguenillé comme à son entrée au prologue.
Un gentilhomme qui n'en a plus.
MONIPODIO.
On dirait la voix de Lavradi.
QUINOLA.
Monipodio!... je te croyais... pendu.
MONIPODIO.
Je te croyais roué de coups en Afrique.
QUINOLA.
Hélas! on en reçoit partout.
MONIPODIO.
Tu as l'audace de te promener ici?
QUINOLA.
Tu y restes bien. Moi, j'ai dans ma résille mes lettres de grâce. En attendant un marquisat et une famille, je me nomme Quinola.
MONIPODIO.
A qui donc as-tu volé ta grâce?

QUINOLA.

Au roi.

MONIPODIO.

Tu as vu le roi? (Il le flaire.) et tu sens la misère...

QUINOLA.

Comme un grenier de poëte. Et que fais-tu ?

MONIPODIO.

Rien.

QUINOLA.

C'est bientôt fait; si ça te donne des rentes, je me sens du goût pour ta profession.

MONIPODIO.

J'étais bien incompris, mon ami ! Traqué par nos ennemis politiques...

QUINOLA.

Les corrégidors, alcades et alguazils.

MONIPODIO.

Il a fallu prendre un parti.

QUINOLA.

Je te devine : de gibier, tu t'es fait chasseur!

MONIPODIO.

Fi donc! je suis toujours moi-même. Seulement, je m'entends avec le vice-roi. Quand un de mes hommes a comblé la mesure, je lui dis : Va-t'en ! et s'il ne s'en va pas, ah ! dame ! la justice... Tu comprends... Ce n'est pas trahir ?

QUINOLA.

C'est prévoir...

MONIPODIO.

Oh ! tu reviens de la cour. Et que veux-tu prendre ici ?

QUINOLA.

Écoute? (A part.) Voilà mon homme, un œil dans Barcelone. (Haut.) D'après ce que tu viens de me dire, nous sommes amis comme...

MONIPODIO.

Celui qui a mon secret doit être mon ami...

QUINOLA.

Qu'attends-tu là comme un jaloux? Viens mettre une outre à sec et notre langue au frais dans un cabaret : voici le jour...

MONIPODIO.

Ne vois-tu pas ce palais éclairé par une fête ? Don Frégose, mon vice-roi, soupe et joue chez madame Faustina Brancadori.

ACTE I.

QUINOLA.

En vénitien, Brancador. Le beau nom ! Elle doit être veuve d'un tricien.

MONIPODIO.

Vingt-deux ans, fine comme le musc, gouvernant le gouverneur, et (ceci entre nous) l'ayant déjà diminué de tout ce qu'il a ramassé sous Charles-Quint dans les guerres d'Italie. Ce qui vient de la flûte...

QUINOLA.

A pris l'air. L'âge de notre vice-roi ?

MONIPODIO.

Il accepte soixante ans.

QUINOLA.

Et l'on parle du premier amour ! Je ne connais rien de terrible comme le dernier, il est strangulatoire. Suis-je heureux de m'être élevé jusqu'à l'indifférence ? Je pourrais être un homme d'État...

MONIPODIO.

Ce vieux général est encore assez jeune pour m'employer à surveiller la Brancador; elle, me paye pour être libre; et... comprends-tu comment je mène joyeuse vie en ne faisant pas de mal ?

QUINOLA.

Et tu tâches de tout savoir, curieux, pour mettre le poing sous la gorge à l'occasion. (Monipodio fait un signe affirmatif.) Lothundiaz existe-t-il toujours ?

MONIPODIO.

Voilà sa maison, et ce palais est à lui : toujours de plus en plus propriétaire.

QUINOLA.

J'espérais trouver l'héritière maîtresse d'elle-même. Mon maître est perdu !

MONIPODIO.

Tu rapportes un maître ?

QUINOLA.

Qui me rapportera plusieurs mines d'or.

MONIPODIO.

Ne pourrais-je entrer à son service ?

QUINOLA.

Je compte bien sur ta collaboration ici... Écoute, Monipodio ? nous revenons changer la face du monde. Mon maître a promis au roi de faire marcher un des plus beaux vaisseaux, sans voiles, ni rames, contre le vent, plus vite que le vent.

MONIPODIO, après avoir tourné autour de Quinola.

On m'a changé mon ami.

QUINOLA.

Monipodio, souviens-toi que des hommes comme nous ne doivent s'étonner de rien. C'est petites gens. Le roi nous a donné le vaisseau, mais sans un doublon pour l'aller chercher; nous arrivons donc ici avec les deux fidèles compagnons du talent : la faim et la soif. Un homme pauvre, qui trouve une bonne idée, m'a toujours fait l'effet d'un morceau de pain dans un vivier : chaque poisson vient lui donner un coup de dent. Nous pourrons arriver à la gloire, nus et mourants.

MONIPODIO.

Tu es dans le vrai.

QUINOLA.

A Valladolid, un matin, mon maître, las du combat, a failli partager avec un savant qui ne savait rien... je vous l'ai mis à la porte avec une proposition en bois vert que je lui ai démontrée, et vivement.

MONIPODIO.

Mais, comment pourrons-nous gagner honnêtement une fortune?

QUINOLA.

Mon maître est amoureux. L'amour fait faire autant de sottises que de grandes choses; Fontanarès a fait les grandes choses, il pourrait bien faire les sottises. Il s'agit, à nous deux, de protéger notre protecteur. D'abord, mon maître est un savant qui ne sait pas compter...

MONIPODIO.

Oh! prenant un maître, tu l'as dû choisir...

QUINOLA.

Le dévouement, l'adresse valent mieux pour lui que l'argent et la faveur; car pour lui la faveur et l'argent seront des trébuchets. Je le connais; il nous donnera ou nous laissera prendre de quoi finir nos jours en honnêtes gens.

MONIPODIO.

Eh! voilà mon rêve.

QUINOLA.

Déployons donc, pour une grande entreprise, nos talents jusqu'ici fourvoyés... Nous aurions bien du malheur si le diable s'en fâchait.

MONIPODIO.

Ça vaudra presque un voyage à Compostelle. J'ai la foi du contrebandier : je tope.

QUINOLA.

Tu ne dois pas avoir rompu avec l'atelier des faux monnayeurs, et nos ouvriers en serrurerie.

MONIPODIO.

Dame! dans l'intérêt de l'Etat...

QUINOLA.

Mon maître va faire construire sa machine, j'aurai les modèles de chaque pièce, nous en fabriquerons une seconde...

MONIPODIO.

Quinola?

QUINOLA.

Eh bien? (Paquita se montre au balcon.)

MONIPODIO.

Tu es le grand homme!

QUINOLA.

Je le sais bien. Invente, et tu mourras persécuté comme un criminel; copie, et tu vivras heureux comme un sot! Et d'ailleurs, si Fontanarès périssait, pourquoi ne sauverais-je pas son invention pour le bonheur de l'humanité?

MONIPODIO.

D'autant plus que, selon un vieil auteur, nous sommes l'humanité... Il faut que je t'embrasse...

SCÈNE II.

LES MÊMES, PAQUITA.

QUINOLA, à part.

Après une dupe honnête je ne sais rien de meilleur qu'un fripon qui s'abuse.

PAQUITA.

Deux amis qui s'embrassent, ce ne sont pas donc des espions...

QUINOLA.

Tu es déjà dans les chausses du vice-roi, dans la poche de la Brancador. Ça va bien! Fais un miracle! habille-nous d'abord; puis, si nous ne trouvons pas à nous deux, en consultant un flacon de liqueur, quelque moyen de faire revoir à mon maître sa

Marie Lothundiaz, je ne réponds de rien... Il ne me parle que d'elle depuis deux jours, et j'ai peur qu'il n'extravague tout à fait...

MONIPODIO.

L'infante est gardée comme un homme à pendre. Voici pourquoi. Lothundiaz a eu deux femmes : la première était pauvre et lui a donné un fils. La fortune est à la seconde, qui en mourant a laissé tout à sa fille, de manière à ce qu'elle n'en puisse être dépouillée. Le bonhomme est d'une avarice dont le but est l'avenir de son fils. Sarpi, le secrétaire du vice-roi, pour épouser la riche héritière, a promis à Lothundiaz de le faire anoblir, et s'intéresse énormément à ce fils...

QUINOLA.

Bon! déjà un ennemi...

MONIPODIO.

Aussi faut-il beaucoup de prudence. Ecoute, je vais te donner un mot pour Mathieu Magis, le plus fameux Lombard de la ville et à ma discrétion. Vous y trouverez tout, depuis des diamants jusqu'à des souliers. Quand vous reviendrez ici, vous y verrez notre infante.

SCÈNE III.

PAQUITA, FAUSTINE.

PAQUITA.

Madame a raison, deux hommes sont en vedette sous son balcon, et ils s'en vont en voyant venir le jour.

FAUSTINE.

Ce vieux vice-roi finira par m'ennuyer ! il me suspecte encore chez moi pendant qu'il me parle et me voit.

SCÈNE IV.

FAUSTINE, DON FRÉGOSE.

DON FRÉGOSE.

Madame, vous risquez de prendre un rhume : il fait ici trop frais...

FAUSTINE.

Venez ici, Monseigneur. Vous avez foi, dites-vous, en moi ; mais vous mettez Monipodio sous mes fenêtres. Cette excessive prudence n'est pas d'un jeune homme et doit irriter une honnête femme. Il y a deux sortes de jalousies : celle qui fait qu'on se défie de sa maîtresse, et celle qui fait qu'on se défie de soi-même; tenez-vous-en à la seconde.

DON FRÉGOSE.

Ne couronnez pas, Madame, une si belle fête par une querelle que je ne mérite point.

FAUSTINE.

Monipodio, par qui vous voyez tout dans Barcelone, était-il sous mes fenêtres, oui ou non? répondez sur votre honneur de gentilhomme.

DON FRÉGOSE.

Il peut se trouver aux environs, afin d'empêcher qu'on ne fasse un méchant parti dans les rues à nos joueurs.

FAUSTINE.

Stratagème de vieux général! Je saurai la vérité. Si vous m'avez trompée, je ne vous revois de ma vie! (Elle le laisse.)

SCÈNE V.

DON FRÉGOSE, seul.

Ah! pourquoi ne puis-je me passer d'entendre et de voir cette femme. Tout d'elle me plaît, même sa colère, et j'aime à me faire gronder pour l'écouter.

SCÈNE VI.

PAQUITA, MONIPODIO, en frère quêteur, DONA LOPEZ.

PAQUITA.

Madame me dit de savoir pour le compte de qui Monipodio se trouve là, mais... je ne vois plus personne.

MONIPODIO.

L'aumône, ma chère enfant, est un revenu qu'on se fait dans e ciel.

PAQUITA.

Je n'ai rien.

MONIPODIO.
Eh bien! promettez-moi quelque chose.
PAQUITA.
Ce frère est bien jovial.
MONIPODIO.
Elle ne me reconnaît pas, je puis me risquer.

(Il va frapper à la porte de Lothundiaz.)

PAQUITA.
Ah! si vous comptez sur les restes de notre propriétaire, vous seriez plus riche avec ma promesse. (A la Brancador, qui paraît sur le balcon.) Madame, les hommes sont partis.

SCÈNE VII.

MONIPODIO, DONA LOPEZ.

DONA LOPEZ, à Monipodio.
Que voulez-vous?
MONIPODIO.
Les frères de notre Ordre ont eu des nouvelles de votre cher Lopez...
DONA LOPEZ.
Il vivrait?
MONIPODIO.
En conduisant la senorita Marie au couvent des Dominicains, faites le tour de la place, vous y verrez un homme échappé d'Alger qui vous parlera de Lopez.
DONA LOPEZ.
Bonté du ciel, pourrai-je le racheter?
MONIPODIO.
Sachez d'abord à quoi vous en tenir sur son compte : s'il était... musulman?
DONA LOPEZ.
Mon cher Lopez! je vais faire dépêcher la senorita. (Elle rentre.)

SCÈNE VIII.

MONIPODIO, QUINOLA, FONTANARÈS.

FONTANARÈS.
Enfin, Quinola, nous voilà sous ses fenêtres.

ACTE I.

QUINOLA.

Eh bien! où donc est Monipodille, se serait-il laissé berner par la duègne? (Il regarde le frère.) Seigneur pauvre?

MONIPODIO.

Tout va bien.

QUINOLA.

Sangodémi, quelle perfection de gueuserie? Titien te peindrait. (Fontanarès.) Elle va venir. (A Monipodio.) Comment le trouves-tu?

MONIPODIO.

Bien.

QUINOLA.

Il sera grand d'Espagne.

MONIPODIO.

Oh!... il est encore bien mieux...

QUINOLA.

Surtout, Monsieur, de la prudence, n'allez pas vous livrer à de hélas! qui pourraient faire ouvrir les yeux à la duègne.

SCÈNE IX.

LES PRÉCÉDENTS, DONA LOPEZ, MARIE.

MONIPODIO, à la duègne, en lui montrant Quinola.

Voilà le chrétien qui sort de captivité.

QUINOLA, à la duègne.

Ah! Madame, je vous reconnais au portrait que le seigneur Lopez me faisait de vos charmes... (Il l'emmène.)

SCÈNE X.

MONIPODIO, MARIE, FONTANARÈS.

MARIE.

Est-ce bien lui?

FONTANARÈS.

Oui, Marie, et j'ai réussi, nous serons heureux.

MARIE.

Ah! si vous saviez combien j'ai prié pour votre succès!

FONTANARÈS.

J'ai des millions de choses à vous dire; mais il en est une que je devrais vous dire un million de fois pour tout le temps de mon absence.

MARIE.

Si vous me parlez ainsi, je croirai que vous ne savez pas quel est mon attachement : il se nourrit bien moins de flatteries que de tout ce qui vous intéresse.

FONTANARÈS.

Ce qui m'intéresse, Marie, est d'apprendre, avant de m'engager dans une affaire capitale, si vous aurez le courage de résister à votre père, qui, dit-on, veut vous marier.

MARIE.

Ai-je donc changé ?

FONTANARÈS.

Aimer, pour nous autres hommes, c'est craindre ! vous êtes si riche, je suis si pauvre. On ne vous tourmentait point en me croyant perdu, mais nous allons avoir le monde entre nous. Vous êtes mon étoile ! brillante et loin de moi. Si je ne savais pas vous trouver à moi au bout de ma lutte, oh ! malgré le triomphe, je mourrais de douleur.

MARIE.

Vous ne me connaissez donc pas ? Seule, presque recluse en votre absence, le sentiment si pur qui m'unit à vous depuis l'enfance a grandi comme... ta destinée ! Quand ces yeux qui te revoient avec tant de bonheur seront à jamais fermés ; quand ce cœur qui ne bat que pour Dieu, pour mon père et pour toi, sera desséché, je crois qu'il restera toujours de moi sur terre une âme qui t'aimera encore ! Doutes-tu maintenant de ma constance ?

FONTANARÈS.

Après avoir entendu de telles paroles, quel martyre n'endurerait-on pas !

SCÈNE XI.

LES PRÉCÉDENTS, LOTHUNDIAZ.

LOTHUNDIAZ.

Cette duègne laisse ma porte ouverte...

MONIPODIO, à part.

Oh ! ces pauvres enfants sont perdus !..... (A Lothundiaz) L'aumône est un trésor qu'on s'amasse dans le ciel.

ACTE I. 149

LOTHUNDIAZ.

Travaille, et tu t'amasseras des trésors ici-bas. (Il regarde.) Je ne is point ma fille et sa duègne dans leur chemin.

(Jeu de scène entre Monipodio et Lothundiaz.)

MONIPODIO.

L'Espagnol est généreux.

LOTHUNDIAZ.

Eh! laisse-moi, je suis Catalan et suis soupçonneux. (Il aperçoit sa fille et Fontanarès.) Que vois-je?... ma fille avec un jeune seigneur. (Il court à eux.) On a beau payer des duègnes pour avoir le cœur et les yeux d'une mère, elles vous voleront toujours. (A sa fille.) Comment, Marie, vous, héritière de dix mille sequins de rente, vous parlez à... Ai-je la berlue?... c'est ce damné mécanicien qui n'a pas un maravédis. (Monipodio fait des signes à Quinola.)

MARIE.

Alfonso Fontanarès, mon père, n'est plus sans fortune, il a vu le roi.

LOTHUNDIAZ.

Je plains le roi.

FONTANARÈS.

Seigneur Lothundiaz, je puis aspirer à la main de votre belle Marie.

LOTHUNDIAZ.

Ah!...

FONTANARÈS.

Accepterez-vous pour gendre le duc de Neptunado, grand d'Espagne et favori du roi? (Lothundiaz cherche autour de lui le duc de Neptunado.)

MARIE.

Mais c'est lui, mon père.

LOTHUNDIAZ.

Toi! que j'ai vu grand comme ça, dont le père vendait du drap, me prends-tu pour un nigaud?

SCÈNE XII.

LES MÊMES, QUINOLA, DONA LOPEZ.

QUINOLA.

Qui a dit nigaud?

FONTANARÈS.

Pour cadeau de noces, je vous ferai anoblir, et ma femme et

moi, nous vous laisserons constituer, sur sa fortune, un majorat pour votre fils...

MARIE.

Eh bien! mon père?

QUINOLA.

Eh bien! Monsieur?

LOTHUNDIAZ.

Oh! c'est ce brigand de Lavradi.

QUINOLA.

Mon maître a fait reconnaître mon innocence par le roi.

LOTHUNDIAZ.

M'anoblir est alors chose bien moins difficile...

QUINOLA.

Ah! vous croyez qu'un bourgeois devient grand seigneur avec les patentes du roi? Voyons. Figurez-vous que je suis marquis de Lavradi. Mon cher, prête-moi cent ducats?

LOTHUNDIAZ.

Cent coups de bâton! Cent ducats?... le revenu d'une terre de deux mille écus d'or.

QUINOLA.

Là! voyez-vous?... Et ça veut être noble! Autre chose. Comte Lothundiaz, avancez deux mille écus d'or à votre gendre, pour qu'il puisse accomplir ses promesses au roi d'Espagne.

LOTHUNDIAZ, à Fontanarès.

Et qu'as-tu donc promis?

FONTANARÈS.

Le roi d'Espagne, instruit de mon amour pour votre fille, vient à Barcelone voir marcher un vaisseau sans rames ni voiles, par une machine de mon invention, et nous mariera lui-même.

LOTHUNDIAZ, à part.

Ils veulent me berner. (Haut.) Tu feras marcher les vaisseaux tout seuls, je le veux bien, j'irai voir ça. Ça m'amusera. Mais je ne veux pas pour gendre d'homme à grandes visées. Les filles élevées dans nos familles n'ont pas besoin de prodiges, mais d'un homme qui se résigne à s'occuper de son ménage, et non des affaires du soleil et de la lune. Être bon père de famille est le seul prodige que je veuille en ceci.

FONTANARÈS.

A l'âge de douze ans, votre fille, Seigneur, m'a souri comme Béatrix à Dante. Enfant, elle a vu d'abord un frère en moi; puis, quand nous nous sommes sentis séparés par la fortune, elle m'a vu concevant l'entreprise hardie de combler cette distance à force de gloire. Je suis allé pour elle en Italie, étudier avec Galilée. Elle a, la première, applaudi à mon œuvre, elle l'a comprise ! elle a épousé ma pensée avant de m'épouser moi-même ; elle est ainsi devenue pour moi le monde entier : comprenez-vous maintenant combien je l'idolâtre ?

LOTHUNDIAZ.

Et c'est justement pour cela que je ne te la donne pas ! Dans dix ans, elle serait abandonnée pour quelque autre découverte à faire...

MARIE.

Quitte-t-on, mon père, un amour qui a fait faire de tels prodiges ?

LOTHUNDIAZ.

Oui, quand il n'en fait plus.

MARIE.

S'il devient duc, grand d'Espagne et riche ?...

LOTHUNDIAZ.

Si ! si ! si !... Me prends-tu pour un imbécile ? Les *si* sont les chevaux qui mènent à l'hôpital tous ces prétendus découvreurs de mondes.

FONTANARÈS.

Mais voici les lettres par lesquelles le roi me donne un vaisseau.

QUINOLA.

Ouvrez donc les yeux ! Mon maître est à la fois homme de génie et joli garçon ; le génie vous offusque et ne vaut rien en ménage, d'accord ; mais il reste le joli garçon : que faut-il de plus à une fille pour être heureuse ?

LOTHUNDIAZ.

Le bonheur n'est pas dans ces extrêmes. Joli garçon et homme de génie, voilà deux raisons pour dépenser les trésors du Mexique. Ma fille sera madame Sarpi.

SCÈNE XIII.

LES MÊMES, SARPI sur le balcon.

SARPI, à part.

On a prononcé mon nom. Que vois-je ? l'héritière et son père, à cette heure, sur la place !

LOTHUNDIAZ.

Sarpi n'est pas allé chercher un vaisseau dans le port de Valladolid, il a fait avancer mon fils d'un grade.

FONTANARÈS.

Par l'avenir de ton fils, Lothundiaz, ne t'avise pas de disposer de ta fille sans son consentement; elle m'aime, et je l'aime. Je serai dans peu (Sarpi paraît) l'un des hommes les plus considérables de l'Espagne, et en état de me venger...

MARIE.

Oh! contre mon père?

FONTANARÈS.

Eh bien! dites-lui donc, Marie, tout ce que je fais pour vous mériter.

SARPI.

Un rival?

QUINOLA, à Lothundiaz.

Monsieur, vous serez damné.

LOTHUNDIAZ.

D'où sais-tu cela?

QUINOLA.

Ce n'est pas assez : vous serez volé, je vous le jure.

LOTHUNDIAZ.

Pour n'être ni volé, ni damné, je garde ma fille à un homme qui n'aura pas de génie, c'est vrai, mais du bon sens...

FONTANARÈS.

Attendez, du moins.

SARPI.

Et pourquoi donc attendre?

QUINOLA, a Monipodio.

Qui est-ce?

MONIPODIO.

Sarpi.

QUINOLA.

Quel oiseau de proie!

MONIPODIO.

Et difficile à tuer, c'est le vrai gouverneur de Catalogne.

LOTHUNDIAZ.

Salut, monsieur le secrétaire! (A Fontanarès.) Adieu, mon cher, votre arrivée est une raison pour moi de presser le mariage. (A Marie.) Allons, rentrez, ma fille. (A la duègne.) Et vous, sorcière, vous allez avoir votre compte.

SARPI, à Lothundiaz.

Cet hidalgo a donc des prétentions?

FONTANARÈS, à Sarpi.

Des droits!

(Marie, la duègne, Lothundiaz sortent.)

SCÈNE XIV.

MONIPODIO, SARPI, FONTANARÈS, QUINOLA.

SARPI.

Des droits?... Ne savez-vous pas que le neveu de Fra-Paolo Sarpi, parent des Brancador, créé comte au royaume de Naples, secrétaire de la vice-royauté de Catalogne, prétend à la main de Marie Lothundiaz? En se disant y avoir des droits, un homme fait une insulte à elle et à moi.

FONTANARÈS.

Savez-vous que, depuis cinq ans, moi, Alfonso Fontanarès, à qui le roi, notre maître, a promis le titre de duc de Neptunado, la grandesse et la Toison-d'Or, j'aime Marie Lothundiaz, et que vos prétentions à l'encontre de la foi qu'elle m'a jurée, seront, si vous n'y renoncez, une insulte et pour elle et pour moi?

SARPI.

Je ne savais pas, Monseigneur, avoir un si grand personnage pour rival. Eh bien! futur duc de Neptunado, futur grand, futur chevalier de la Toison-d'Or, nous aimons la même femme; et si vous avez la promesse de Marie, j'ai celle du père; vous attendez des honneurs, j'en ai.

FONTANARÈS.

Tenez, restons-en là. Ne prononcez pas un mot de plus, ne vous permettez pas un regard qui puisse m'offenser... vous seriez un lâche. Eussé-je cent querelles, je ne veux me battre avec personne qu'après avoir terminé mon entreprise, et répondu par le succès à l'attente de mon roi. Je me bats en ce moment seul contre tous. Quand j'en aurai fini avec mon siècle, vous me retrouverez... près du roi.

SARPI.

Oh! nous ne nous quitterons pas.

SCÈNE XV.

LES MÊMES, FAUSTINE, DON FRÉGOSE, PAQUITA.

FAUSTINE, au balcon.

Que se passe-t-il donc, Monseigneur, entre ce jeune homme et votre secrétaire ? descendons.

QUINOLA, à Monipodio.

Ne trouves-tu pas que mon homme a surtout le talent d'attirer la foudre sur sa tête ?

MONIPODIO.

Il la porte si haut !

SARPI, à don Frégose.

Monseigneur, il arrive en Catalogne un homme comblé, dans l'avenir, des faveurs du roi, notre maître, et que Votre Excellence, selon mon humble avis, doit accueillir comme il le mérite.

DON FRÉGOSE, à Fontanarès.

De quelle maison êtes-vous ?

FONTANARÈS, à part.

Combien de sourires semblables n'ai-je pas déjà dévorés. (Haut.) Excellence, le roi ne me l'a pas demandé. Voici d'ailleurs sa lettre et celle de ses ministres... (Il remet un paquet.)

FAUSTINE, à Paquita.

Cet homme a l'air d'un roi.

PAQUITA.

D'un roi qui fera des conquêtes.

FAUSTINE, reconnaissant Monipodio.

Monipodio ! sais-tu quel est cet homme ?

MONIPODIO.

Un homme qui va, dit-on, bouleverser le monde.

FAUSTINE.

Ah ! voilà donc ce fameux inventeur dont on m'a tant parlé.

MONIPODIO.

Et voici son valet.

DON FRÉGOSE.

Tenez, Sarpi, voici la lettre du ministre, je garde celle du roi. (A Fontanarès.) Eh bien ! mon garçon, la lettre du roi me semble positive. Vous entreprenez de réaliser l'impossible ! Quelque grand que vous vous fassiez, peut-être devriez-vous, dans cette affaire, prendre les conseils de don Ramon, un savant de Catalogne, qui, dans cette partie, a écrit des traités fort estimés...

FONTANARÈS.

En ceci, Excellence, les plus belles dissertations du monde ne valent pas l'œuvre.

DON FRÉGOSE.

Quelle présomption! (A Sarpi.) Sarpi, vous mettrez à la disposition du cavalier que voici le navire qu'il choisira dans le port.

SARPI, au vice-roi.

Êtes-vous bien sûr que le roi le veuille?

DON FRÉGOSE.

Nous verrons. En Espagne, il faut dire un *Pater* entre chaque pas qu'on fait.

SARPI.

On nous a d'ailleurs écrit de Valladolid.

FAUSTINE, au vice-roi.

De quoi s'agit-il?

DON FRÉGOSE.

Oh! d'une chimère.

FAUSTINE.

Eh! mais, vous ne savez donc pas que je les aime?

DON FRÉGOSE.

D'une chimère de savant que le roi a prise au sérieux, à cause du désastre de l'Armada. Si ce cavalier réussit, nous aurons la cour à Barcelone.

FAUSTINE.

Mais nous lui devrons beaucoup.

DON FRÉGOSE, à Faustine.

Vous ne me parlez pas si gracieusement, à moi! (Haut.) Il s'est engagé sur sa tête à faire aller comme le vent, contre le vent, un vaisseau sans rames ni voiles...

FAUSTINE.

Sur sa tête? Oh! mais, c'est un enfant!

SARPI.

Et le seigneur Alfonso Fontanarès compte sur ce prodige pour épouser Marie Lothundiaz.

FAUSTINE.

Ah! il aime...

QUINOLA, tout bas, à Faustine.

Non, Madame, il idolâtre.

FAUSTINE.

La fille de Lothundiaz !

DON FRÉGOSE.

Vous vous intéressez à lui bien subitement.

FAUSTINE.

Quand ce ne serait que pour voir la cour ici, je souhaite que ce cavalier réussisse.

DON FRÉGOSE.

Madame, ne voulez-vous pas venir prendre une collation à la villa d'Avaloros ? Une tartane vous attend au port.

FAUSTINE.

Non, Monseigneur, cette fête m'a fatiguée, et notre promenade en tartane serait de trop. Je n'ai pas comme vous l'obligation de me montrer infatigable ; la jeunesse aime le sommeil, trouvez bon que j'aille me reposer.

DON FRÉGOSE.

Vous ne me dites rien sans y mettre de la raillerie.

FAUSTINE.

Tremblez que je ne vous traite sérieusement !

(Faustine, le gouverneur et Paquita sortent.)

SCÈNE XVI.

AVALOROS, QUINOLA, MONIPODIO, FONTANARÈS, SARPI.

SARPI, à Avaloros.

Il n y a plus de promenade en mer.

AVALOROS.

Peu m'importe, j'ai gagné cent écus d'or. (Sarpi et Avaloros se parlent.)

FONTANARÈS, à Monipodio.

Quel est ce personnage ?

MONIPODIO.

Avaloros, le plus riche banquier de la Catalogne ; il a confisqué la Méditerranée à son profit.

QUINOLA.

Je me sens plein de tendresse pour lui.

MONIPODIO.

C'est notre maître à tous !

AVALOROS, à Fontanarès.

Jeune homme, je suis banquier ; et si votre affaire est bonne, après la protection de Dieu et celle du roi, rien ne vaut celle d'un millionnaire.

SARPI, au banquier.

Ne vous engagez à rien... à nous deux, nous saurons bien nous en rendre maîtres.

AVALOROS, à Fontanarès.

Eh bien ! mon cher, vous viendrez me voir.

(Monipodio lui prend sa bourse.)

SCÈNE XVII.

MONIPODIO, FONTANARÈS, QUINOLA.

QUINOLA.

Vous vous faites dès l'abord de belles affaires ?

MONIPODIO.

Don Frégose est jaloux de vous.

QUINOLA.

Sarpi va vous faire échouer !

MONIPODIO.

Vous vous posez en géant devant des nains qui ont le pouvoir ! Attendez donc le succès pour être fier ! On se fait tout petit, on s'insinue, on se glisse.

QUINOLA.

La gloire ?... mais. Monsieur, il faut la voler.

FONTANARÈS.

Vous voulez que je m'abaisse ?

MONIPODIO.

Tiens ! pour parvenir.

FONTANARÈS.

Bon pour un Sarpi ! Je dois tout emporter de haute lutte. Mais que voyez-vous entre le succès et moi ? Ne vais-je pas dans le port choisir une magnifique galère ?

QUINOLA.

Ah ! je suis superstitieux en cet endroit. Monsieur, ne prenez pas de galère !

FONTANARÈS.

Je ne vois aucun obstacle.

QUINOLA.

Vous n'en avez jamais vu ! Vous avez bien autre chose à découvrir. Eh ! Monsieur, nous sommes sans argent, sans une auberge où nous ayons crédit, et si je n'avais rencontré ce vieil ami qui m'aime, car on a des amis qui vous détestent, nous serions sans habits...

FONTANARÈS.

Mais elle m'aime! (Marie agite son mouchoir à la fenêtre.) Tiens, vois, mon étoile brille.

QUINOLA.

Eh Monsieur, c'est un mouchoir! Êtes-vous assez dans votre bon sens pour écouter un conseil?... Au lieu de cette espèce de madone, il vous faudrait une marquise de Mondéjar! une de ces femmes à corsage frêle, mais doublé d'acier, capables par amour de toutes les ruses que nous inspire la détresse, à nous... Or, la Brancador...

FONTANARÈS.

Si tu veux me voir laisser tout là, tu n'as qu'à me parler ainsi! Sache-le bien : l'amour est toute ma force, il est le rayon céleste qui m'éclaire.

QUINOLA.

Là, là, calmez-vous.

MONIPODIO.

Cet homme m'inquiète! il me paraît mieux posséder la mécanique de l'amour que l'amour de la mécanique.

SCÈNE XVIII.

LES MÊMES, PAQUITA.

PAQUITA, à Fontanarès.

Ma maîtresse vous fait dire, Seigneur, que vous preniez garde à vous. Vous vous êtes attiré des haines implacables.

MONIPODIO.

Ceci me regarde. Allez sans crainte par les rues de Barcelone; quand on voudra vous tuer, je le saurai le premier.

FONTANARÈS.

Déjà?

PAQUITA.

Vous ne me dites rien pour elle.

QUINOLA.

Ma mie, on ne pense pas à deux machines à la fois!... Dis à ta céleste maîtresse que mon maître lui baise les pieds. Je suis garçon, mon ange, et veux faire une heureuse fin. (Il l'embrasse.)

PAQUITA lui donne un soufflet.

Fat!

QUINOLA.

Charmante! (Elle sort.)

SCÈNE XIX.

LES MÊMES, moins PAQUITA.

MONIPODIO.

Venez au Soleil-d'Or, je connais l'hôte, vous aurez crédit.

QUINOLA.

La bataille commence encore plus promptement que je ne le croyais.

FONTANARÈS.

Où trouver de l'argent?

QUINOLA.

On ne nous en prêtera pas, mais nous en achèterons. Eh! que vous faut-il?

FONTANARÈS.

Deux mille écus d'or.

QUINOLA.

J'ai beau évaluer le trésor auquel je songe, il ne saurait être si dodu.

MONIPODIO.

Ohé! je trouve une bourse.

QUINOLA.

Tiens, tu n'as rien oublié. Eh! Monsieur, vous voulez du fer, du cuivre, de l'acier, du bois... toutes ces choses-là sont chez les marchands. Oh! une idée! Je vais fonder la maison Quinola et compagnie, si elle ne fait pas de bonnes affaires, vous ferez toujours la vôtre.

FONTANARÈS.

Ah! sans vous, que serais-je devenu?

MONIPODIO.

La proie d'Avaloros.

FONTANARÈS.

A l'ouvrage donc! l'inventeur va sauver l'amoureux. (Ils sortent.)

FIN DU PREMIER ACTE.

ACTE DEUXIÈME

Un salon du palais de madame Brancador.

SCÈNE PREMIÈRE.

AVALOROS, SARPI, PAQUITA.

AVALOROS.
Notre souveraine serait-elle donc vraiment malade ?
PAQUITA.
Elle est en mélancolie.
AVALOROS.
La pensée est-elle donc une maladie ?
PAQUITA.
Oui, mais vous êtes sûr de toujours bien vous porter.
SARPI.
Va dire à ma chère cousine que le seigneur Avaloros et moi nous attendons son bon plaisir.
AVALOROS.
Tiens, voici deux écus pour dire que je pense...
PAQUITA.
Je dirai que vous dépensez. Je vais décider Madame à s'habiller. (Elle sort.)

SCÈNE II.

AVALOROS, SARPI.

SARPI.
Pauvre vice-roi ! il est le jeune homme, et je suis le vieillard.
AVALOROS.
Pendant que votre petite cousine en fait un sot, vous déployez

l'activité d'un politique, vous préparez au roi la conquête de Navarre française. Si j'avais une fille, je vous la donnerais. bonhomme Lothundiaz n'est pas un sot.

SARPI.

Ah! fonder une grande maison, inscrire un nom dans l'histoire de son pays : être le cardinal Granvelle ou le duc d'Albe.

AVALOROS.

Oui ! c'est bien beau. Je pense à me donner un nom. L'empereur a créé les Fugger princes de Babenhausen, ce titre leur coûte un million d'écus d'or. Moi, je veux être un grand homme, à bon marché.

SARPI.

Vous ! comment ?

AVALOROS.

Ce Fontanarès tient dans sa main l'avenir du commerce.

SARPI.

Vous, qui ne vous attachez qu'au positif, vous y croyez donc ?

AVALOROS.

Depuis la poudre, l'imprimerie et la découverte du nouveau monde, je suis crédule. On me dirait qu'un homme a trouvé le moyen d'avoir en dix minutes ici des nouvelles de Paris, ou que l'eau contient du feu, ou qu'il y a encore des Indes à découvrir, ou qu'on peut se promener dans les airs, je ne dirais pas non, et je donnerais...

SARPI.

Votre argent ?

AVALOROS.

Non, mon attention à l'affaire.

SARPI.

Si le vaisseau marche, vous voulez être à Fontanarès ce qu'Améric est à Christophe Colomb.

AVALOROS.

N'ai-je pas là dans ma poche de quoi payer dix hommes de génie ?

SARPI.

Comment vous y prendrez-vous ?

AVALOROS.

L'argent, voilà le grand secret. Avec de l'argent à perdre, on gagne du temps; avec le temps tout est possible; on rend à volonté mauvaise une bonne affaire ; et, pendant que les autres en désespèrent, on s'en empare. L'argent, c'est la vie ; l'argent c'est la satisfaction des besoins et des désirs : dans un homme de génie, il y a toujours un enfant plein de fantaisies, on use l'homme et l'on se trouve tôt ou tard avec l'enfant : l'enfant sera mon débiteur, et l'homme de génie ira en prison.

SARPI.

Et où en êtes-vous ?

AVALOROS.

Il s'est défié de mes offres, non pas lui ; mais son valet, et je vais traiter avec le valet.

SARPI.

Je vous tiens : j'ai l'ordre d'envoyer tous les vaisseaux de Barcelone sur les côtes de France ; et, par une précaution des ennemis que Fontanarès s'est fait à Valladolid, cet ordre est absolu et postérieur à la lettre du roi.

AVALOROS.

Que voulez-vous dans l'affaire ?

SARPI.

Les fonctions de grand maître des constructions navales ?...

AVALOROS.

Mais que reste-t-il donc alors ?

SARPI.

La gloire.

AVALOROS.

Finaud !

SARPI.

Gourmand !

AVALOROS.

Chassons ensemble, nous nous querellerons au partage. Votre main ? (A part.) Je suis le plus fort, je tiens le vice-roi par la Brancador.

SARPI, à part.

Nous l'avons assez engraissé, tuons-le ; j'ai de quoi le perdre.

AVALOROS.

Il faudrait avoir ce Quinola dans nos intérêts, et je l'ai mandé pour tenir conseil avec la Brancador.

SCÈNE III.

LES MÊMES, QUINOLA.

QUINOLA.

Me voici comme... entre deux larrons; mais ceux-ci sont saupoudrés de vertus et caparaçonnés de belles manières. On nous pend, nous autres !

SARPI.

Coquin ! tu devrais, en attendant que ton maître les fasse aller par d'autres procédés, conduire toi-même les galères.

QUINOLA.

Le roi, juste appréciateur des mérites, a compris qu'il y perdrait trop.

SARPI.

Tu seras surveillé.

QUINOLA.

Je le crois bien, je me surveille moi-même.

AVALOROS.

Vous l'intimidez, c'est un honnête garçon. Voyons ? tu t'es fait une idée de la fortune.

QUINOLA.

Jamais, je l'ai vue à de trop grandes distances.

AVALOROS.

Et quelque chose comme deux mille écus d'or...

QUINOLA.

Quoi ? plaît-il ? J'ai des éblouissements. Cela existe donc, deux mille écus d'or ? Etre propriétaire, avoir sa maison, sa servante, son cheval, sa femme, ses revenus, être protégé par la Sainte-Hermandad, au lieu de l'avoir à ses trousses ; que faut-il faire ?

AVALOROS.

M'aider à réaliser un contrat à l'avantage réciproque de ton maître et de moi.

QUINOLA.

J'entends ! le boucler. Tout beau, ma conscience ! Taisez-vous, ma belle, on vous oubliera pour quelques jours, et nous ferons bon ménage pour le reste de ma vie.

AVALOROS. à Sarpi.

Nous le tenons.

SARPI, à Avaloros.

Il se moque de nous! il serait bien autrement sérieux.

QUINOLA.

Je n'aurai sans doute les deux mille écus d'or qu'après la signature du traité?

SARPI, vivement.

Tu peux les avoir auparavant.

QUINOLA.

Bah! (Il tend la main.) donnez!

AVALOROS.

En me signant des lettres de change... échues.

QUINOLA.

Le Grand Turc ne présente pas le lacet avec plus de délicatesse.

SARPI.

Ton maître a-t-il son vaisseau?

QUINOLA.

Valladolid est loin, c'est vrai, monsieur le secrétaire; mais nous y tenons une plume qui peut signer votre disgrâce.

SARPI.

Je t'écraserai.

QUINOLA.

Je me ferai si mince que vous ne pourrez pas.

AVALOROS.

Eh! maraud, que veux-tu donc?.

QUINOLA.

Ah! voilà parler d'or.

SCÈNE IV.

LES PRÉCÉDENTS, FAUSTINE et PAQUITA.

PAQUITA.

Messieurs, voici Madame.

SCÈNE V.

LES PRÉCÉDENTS, moins PAQUITA.

QUINOLA va au-devant de la Brancador.

Madame, mon maître parle de se tuer s'il n'a son vaisseau que le comte Sarpi lui refuse depuis un mois; le seigneur Avaloros lui

demande la vie en lui offrant sa bourse, comprenez-vous?...
(A part.) Une femme nous a sauvés à Valladolid, les femmes nous
sauveront à Barcelone. (Haut et à la Brancador.) Il est bien triste !

AVALOROS.

Le misérable a de l'audace.

QUINOLA.

Et sans argent, voilà de quoi vous étonner.

SARPI, à Quinola.

Entre à mon service.

QUINOLA.

Je fais plus de façons pour prendre un maître.

FAUSTINE, à part.

Il est triste ! (Haut.) Eh quoi ! vous Sarpi, vous Avaloros, pour
qui j'ai tant fait, un pauvre homme de génie arrive, et au lieu de
le protéger, vous le persécutez... (Mouvement chez Avaloros et Sarpi.)
Fi !... fi !... vous dis-je. (A Quinola.) Tu vas bien m'expliquer leurs
trames contre ton maître.

SARPI, à Faustine.

Ma chère cousine, il ne faut pas beaucoup de perspicacité pour
deviner quelle est la maladie qui vous tient depuis l'arrivée de ce
Fontanarès.

AVALOROS, à Faustine.

Vous me devez, Madame, deux mille écus d'or, et vous aurez
encore à puiser dans ma caisse.

FAUSTINE.

Moi ! Que vous ai-je demandé ?

AVALOROS.

Rien, mais vous acceptez tout ce que j'ai le bonheur de vous
offrir.

FAUSTINE.

Votre privilége pour le commerce des blés est un monstrueux
abus.

AVALOROS.

Je vous dois, Madame, deux mille écus d'or.

FAUSTINE.

Allez m'écrire une quittance de ces deux mille écus d'or que je
vous dois, et un bon de pareille somme, que je ne vous devrai
pas. (A Sarpi.) Après vous avoir mis dans la position où vous êtes,
vous ne seriez pas un politique bien fin, si vous ne gardiez mon
secret.

SARPI.

Je vous ai trop d'obligations pour être ingrat.

FAUSTINE, à part.

Il pense tout le contraire, il va m'envoyer le vice-roi furieux
(Sort Sarpi.)

SCÈNE VI.

LES MÊMES, moins SARPI.

AVALOROS.

Voici, Madame.

FAUSTINE.

C'est très-bien.

AVALOROS.

Serons-nous encore ennemis ?

FAUSTINE.

Votre privilége pour les blés est parfaitement légal.

AVALOROS.

Ah ! Madame.

QUINOLA, à part.

Voilà ce qui s'appelle faire des affaires.

AVALOROS.

Vous êtes, Madame, une noble personne, et je suis...

QUINOLA, à part.

Un vrai loup-cervier.

FAUSTINE, en tendant le bon à Quinola.

Tiens, Quinola, voici pour les frais de la machine de ton maître.

AVALOROS, à Faustine.

Ne lui donnez pas, Madame, il peut le garder pour lui. Et d'ailleurs, soyez prudente, attendez...

QUINOLA, à part.

. e passe de la Torride au Groënland : quel jeu que la vie !

FAUSTINE.

Vous avez raison. (A part.) Il vaut mieux que je sois l'arbitre du rt de Fontanarès. (A Avaloros.) Si vous tenez à vos priviléges, pas mot.

AVALOROS.

Rien de discret comme les capitaux. (A part.) Elles sont désintéressées jusqu'au jour où elles ont une passion. Nous allons essayer de la renverser, elle devient trop coûteuse.

SCÈNE VII.

FAUSTINE, QUINOLA.

FAUSTINE.

Tu dis donc qu'il est triste ?

QUINOLA.

Tout est contre lui.

(Il se fait un jeu de scène entre Faustine et Quinola à propos du bon de deux mille écus qu'elle tient à la main.)

FAUSTINE.

Mais il sait lutter?

QUINOLA.

Voici deux ans que nous nageons dans les difficultés, et nous nous sommes vus quelquefois à fond : le gravier est bien dur.

FAUSTINE.

Oui, mais quelle force, quel génie !

QUINOLA.

Voilà, Madame, les effets de l'amour.

FAUSTINE.

Et qui maintenant aime-t-il?

QUINOLA.

Toujours Marie Lothundiaz !

FAUSTINE.

Une poupée !

QUINOLA.

Une vraie poupée !

FAUSTINE.

Les hommes de talents sont tous ainsi...

QUINOLA.

De vrais colosses à pied d'argile !

FAUSTINE.

... Ils revêtent de leurs illusions une créature et ils s'attrappent : ils aiment leur propre création, les égoïstes !

QUINOLA, à part.

Absolument comme les femmes! (Haut.) Tenez, Madame, je voudrais, par un moyen honnête, que cette poupée fût au fond... non... mais d'un couvent.

FAUSTINE.

Tu me parais être un brave garçon.

QUINOLA.

J'aime mon maître.

FAUSTINE.

Crois-tu qu'il m'ait remarquée ?

QUINOLA.

Pas encore.

FAUSTINE.

Parle-lui de moi.

QUINOLA.

Mais alors il parle de me rompre un bâton sur le dos. Voyez-vous, Madame, cette fille...

FAUSTINE.

Cette fille doit être à jamais perdue pour lui.

QUINOLA.

Mais s'il en mourait, Madame ?

FAUSTINE.

Il l'aime donc bien !

QUINOLA.

Ah ! ce n'est pas ma faute ! De Valladolid ici, je lui ai mille fois soutenu cette thèse, qu'un homme comme lui devait adorer les femmes, mais en aimer une seule ! jamais...

FAUSTINE.

Tu es un bien mauvais drôle ! Va dire à Lothundiaz de venir me parler et de m'amener lui-même ici sa fille : (A part.) Elle ira au couvent.

QUINOLA, à part.

Voilà l'ennemi, elle nous aime trop pour ne pas nous faire beaucoup de mal. (Quinola sort en rencontrant don Frégose.)

SCÈNE VIII.

FAUSTINE, FRÉGOSE.

FRÉGOSE.

En attendant le maître, vous tâchiez de corrompre le valet.

FAUSTINE.

Une femme doit-elle perdre l'habitude de séduire ?

FRÉGOSE.

Madame, vous avez des façons peu généreuses : j'ai cru qu'une patricienne de Venise ménagerait les susceptibilités d'un vieux soldat.

FAUSTINE.

Eh! Monseigneur, vous tirez plus de parti de vos cheveux blancs qu'un jeune homme ne le ferait de la plus belle chevelure, et vous y trouvez plus de raisons que de... (Elle rit.) Quittez donc cet air fâché.

FRÉGOSE.

Puis-je être autrement en vous voyant vous compromettre, vous que je veux pour femme? N'est-ce donc rien qu'un des plus beaux noms de l'Italie à porter?

FAUSTINE,

Le trouvez-vous donc trop beau pour une Brancador?

FRÉGOSE.

Vous aimez mieux descendre jusqu'à un Fontanarès.

FAUSTINE.

Mais s'il peut s'élever jusqu'à moi? quelle preuve d'amour! D'ailleurs, vous le savez par vous-même, l'amour ne raisonne point.

FRÉGOSE.

Ah! vous me l'avouez.

FAUSTINE.

Vous êtes trop mon ami pour ne pas savoir le premier mon secret.

FRÉGOSE.

Madame!... oui, l'amour est insensé! je vous ai livré plus que moi-même!... Hélas! je voudrais avoir le monde pour vous l'offrir. Vous ne savez donc pas que votre galerie de tableaux m'a coûté presque toute ma fortune?...

FAUSTINE.

Paquita!

FRÉGOSE.

Et que je vous donnerais jusqu'à mon honneur.

SCÈNE IX.

LES MÊMES, PAQUITA.

FAUSTINE, à Paquita.

Dis à mon majordome de faire porter les tableaux de ma galerie chez don Frégose.

FRÉGOSE.

Paquita, ne répétez pas cet ordre.

FAUSTINE.

L'autre jour, m'a-t-on dit, la reine Catherine de Médicis fit demander à madame Diane de Poitiers les bijoux qu'elle tenait de Henri II : Diane les lui a renvoyés fondus en un lingot. Paquita va chercher le bijoutier.

FRÉGOSE.

N'en faites rien, et sortez.   (Sort Paquita.)

SCÈNE X.

LES MÊMES, moins PAQUITA.

FAUSTINE.

Je ne suis point encore la marquise de Frégose, comment osez-vous donner des ordres chez moi ?

FRÉGOSE.

C'est à moi d'en recevoir, je le sais. Ma fortune vaut-elle une de vos paroles ? pardonnez à un mouvement de désespoir.

FAUSTINE.

On doit être gentilhomme jusque dans son désespoir ; et le vôtre fait de Faustine une courtisane. Ah ! vous voulez être adoré ?... Mais la dernière Vénitienne vous dirait que cela coûte très-cher.

FRÉGOSE.

J'ai mérité cette terrible colère.

FAUSTINE.

Vous dites aimer ? Aimer ! c'est se dévouer sans attendre la moindre récompense ; aimer ! c'est vivre sous un autre soleil auquel on tremble d'atteindre. N'habillez pas votre égoïsme des splendeurs du véritable amour. Une femme mariée, Laure de Noves a dit à Pétrarque : Tu seras à moi sans espoir, reste dans la vie sans amour. Mais l'Italie a couronné l'amant sublime en couronnant le poëte, et les siècles à venir admireront toujours Laure et Pétrarque !

FRÉGOSE.

Je n'aimais déjà pas beaucoup les poëtes, mais celui-là, je l'exècre ! Toutes les femmes jusqu'à la fin du monde le jetteront à la tête des amants qu'elles voudront garder sans les prendre.

FAUSTINE.

On vous dit général, vous n'êtes qu'un soldat.

FRÉGOSE.

Eh bien ! en quoi puis-je imiter ce maudit Pétrarque ?

FAUSTINE.

Si vous dites m'aimer, vous éviterez à un homme de génie, (mouvement de surprise chez don Frégose) oh ! il en a, le martyre que veulent lui faire subir des Myrmidons. Soyez grand, servez-le ! Vous souffrirez, je le sais, mais servez-le : je pourrai croire alors que vous m'aimez, et vous serez plus illustre par ce trait de générosité que par votre prise de Mantoue.

FRÉGOSE.

Devant vous, ici, tout m'est possible; mais vous ne savez donc pas dans quelles fureurs je tomberai tout en vous obéissant ?

FAUSTINE.

Ah ! vous vous plaindriez de m'obéir ?

FRÉGOSE.

Vous le protégez, vous l'admirez, soit ; mais vous ne l'aimez pas ?

FAUSTINE.

On lui refuse le vaisseau donné par le roi, vous lui en ferez la remise, irrévocable, à l'instant.

FRÉGOSE.

Et je l'enverrai vous remercier.

FAUSTINE.

Eh bien ! vous voilà comme je vous aime.

SCÈNE XI.

FAUSTINE, seule.

Et il y a pourtant des femmes qui souhaitent d'être hommes !

SCÈNE XII.

FAUSTINE, PAQUITA, LOTHUNDIAZ, MARIE.

PAQUITA.

Madame, voici Lothundiaz et sa fille. (Sort Paquita.)

SCÈNE XIII.

LES MÊMES, moins PAQUITA.

LOTHUNDIAZ.

Ah ! Madame, vous avez fait de mon palais un royaume !...

FAUSTINE, à Marie.

Mon enfant, mettez-vous là près de moi. (A Lothundiaz.) Vous pouvez vous asseoir.

LOTHUNDIAZ.

Vous êtes bien bonne, Madame ; mais permettez-moi d'aller voir cette fameuse galerie dont on parle dans toute la Catalogne. (Il sort.)

SCÈNE XIV.

FAUSTINE, MARIE.

FAUSTINE.

Mon enfant, je vous aime et sais en quelle situation vous vous trouvez. Votre père veut vous marier à mon cousin Sarpi, tandis que vous aimez Fontanarès.

MARIE.

Depuis cinq ans, Madame.

FAUSTINE.

A seize ans on ignore ce que c'est que d'aimer.

MARIE.

Qu'est-ce que cela fait, si j'aime ?

FAUSTINE.

Aimer, mon ange, pour nous, c'est se dévouer.

MARIE.

Je me dévouerai, Madame.

FAUSTINE.

Voyons ? renonceriez-vous à lui, pour lui, dans son intérêt ?

MARIE.

Ce serait mourir, mais ma vie est à lui.

FAUSTINE, à part et en se levant.

Quelle force dans la faiblesse de l'innocence ! (Haut.) Vous n'avez jamais quitté la maison paternelle, vous ne connaissez rien du monde ni de ses nécessités, qui sont terribles ! Souvent un homme périt pour avoir rencontré soit une femme qui l'aime trop, soit une femme qui ne l'aime pas : Fontanarès peut se trouver dans cette situation. Il a des ennemis puissants ; sa gloire, qui est toute sa vie, est entre leurs mains : vous pouvez les désarmer.

MARIE.

Que faut-il faire ?

FAUSTINE.

En épousant Sarpi, vous assureriez le triomphe de votre cher Fontanarès ; mais une femme ne saurait conseiller un pareil sacrifice ; il doit venir, il viendra de vous. Agissez d'abord avec ruse. Pendant quelque temps, quittez Barcelone. Retirez-vous dans un couvent.

MARIE.

Ne plus le voir? Si vous saviez, il passe tous les jours à une certaine heure sous mes fenêtres, cette heure est toute ma journée.

FAUSTINE, à part.

Quel coup de poignard elle me donne! Oh! elle sera comtesse Sarpi!

SCÈNE XV.

LES MÊMES, FONTANARÈS.

FONTANARÈS, à Faustine.

Madame. (Il lui baise la main.)

MARIE, à part.

Quelle douleur !

FONTANARÈS.

Vivrai-je jamais assez pour vous témoigner ma reconnaissance! Si je suis quelque chose, si je me fais un nom, si j'ai le bonheur, ce sera par vous.

FAUSTINE.

Ce n'est rien encore! Je veux vous aplanir le chemin. J'éprouve tant de compassion pour les malheurs que rencontrent les hommes de talent, que vous pouvez entièrement compter sur moi. Oui, j'irais, je crois, jusqu'à vous servir de marche-pied pour vous faire atteindre à votre couronne.

MARIE tire Fontanarès par son manteau.

Mais je suis là, moi! (Il se retourne.) et vous ne m'avez pas vue.

FONTANARÈS.

Marie! Je ne lui ai pas parlé depuis dix jours. (A Faustine.) Oh! Madame, mais vous êtes donc un ange?

MARIE, à Fontanarès.

Dites donc un démon. (Haut.) Madame me conseillait d'entrer dans un couvent.

FONTANARÈS.

Elle !

MARIE.

Oui.

FAUSTINE.

Mais, enfants que vous êtes, il le faut.

FONTANARÈS.

Je marche donc de piéges en piéges, et la faveur cache des abîmes ! (A Marie.) Qui donc vous a conduite ici ?

MARIE.

Mon père !

FONTANARÈS.

Lui ! est-il donc aveugle ? Vous, Marie, dans cette maison.

FAUSTINE.

Monsieur !...

FONTANARÈS.

Ah ! au couvent, pour se rendre maître de son esprit, pour torturer son âme !

SCÈNE XVI.

LES MÊMES, LOTHUNDIAZ.

FONTANARÈS.

Et vous amenez cet ange de pureté chez une femme pour qui don Frégose dissipe sa fortune, et qui accepte de lui des dons insensés, sans l'épouser...

FAUSTINE.

Monsieur !

FONTANARÈS.

Vous êtes venue ici, Madame, veuve du cadet de la maison Brancador, à qui vous aviez sacrifié le peu que vous a donné votre père, je le sais ; mais ici vous avez bien changé...

FAUSTINE.

De quel droit jugez-vous de mes actions ?

LOTHUNDIAZ.

Eh ! tais-toi donc : Madame est une noble dame qui a doublé la valeur de mon palais.

FONTANARÈS.

Elle !... mais c'est une...

FAUSTINE.
Taisez-vous.

LOTHUNDIAZ.
Ma fille, voilà votre homme de génie, extrême en toutes choses et plus près de la folie que du bon sens. Monsieur le mécanicien, Madame est la parente et la protectrice de Sarpi.

FONTANARÈS.
Mais emmenez donc votre fille de chez la marquise de Mondéjar, de la Catalogne.

SCÈNE XVII.
FAUSTINE, FONTANARÈS.

FONTANARÈS.
Ah! votre générosité, Madame, était donc une combinaison pour servir les intérêts de Sarpi? Nous sommes quittes alors! adieu...

SCÈNE XVIII.
FAUSTINE, PAQUITA.

FAUSTINE.
Comme il était beau dans sa colère, Paquita!

PAQUITA.
Ah! Madame, qu'allez-vous devenir si vous l'aimez ainsi?

FAUSTINE.
Mon enfant, je m'aperçois que je n'ai jamais aimé, et je viens, là, dans un instant, d'être métamorphosée comme par un coup de foudre. J'ai, dans un moment, aimé pour tout le temps perdu? Peut-être ai-je mis le pied dans un abîme. Envoie un de mes valets chez Mathieu Magis le Lombard.

SCÈNE XIX.
FAUSTINE, seule.

Je l'aime déjà trop pour confier ma vengeance au stylet de Monipodio, car il m'a trop méprisée pour que je ne lui fasse pas regarder comme le plus grand honneur de m'avoir pour sa femme!

Je veux le voir soumis à mes pieds, ou nous nous briserons dans la lutte.

SCÈNE XX.

FAUSTINE, FRÉGOSE.

FRÉGOSE.

Eh bien! je croyais trouver ici Fontanarès heureux d'avoir par vous son navire?

FAUSTINE.

Vous le lui avez donc donné? Vous ne le haïssez donc pas? J'ai cru, moi, que vous trouveriez le sacrifice au-dessus de vos forces. J'ai voulu savoir si vous aviez plus d'amour que d'obéissance.

FRÉGOSE.

Ah! Madame...

FAUSTINE.

Pouvez-vous le lui reprendre?

FRÉGOSE.

Que je vous obéisse ou ne vous obéisse pas, je ne sais rien faire à votre gré. Mon Dieu! lui reprendre le navire! mais il y a mis un monde d'ouvriers, et ils en sont déjà les maîtres.

FAUSTINE.

Vous ne savez donc pas que je le hais, et que je veux?...

FRÉGOSE.

Sa mort!

FAUSTINE.

Non, son ignominie.

FRÉGOSE.

Ah! je vais donc pouvoir me venger de tout un mois d'angoisses.

FAUSTINE.

Gardez-vous bien de toucher à ma proie, laissez-la-moi. Et d'abord, don Frégose, reprenez les tableaux de ma galerie. (Mouvement d'étonnement chez don Frégose.) Je le veux.

FRÉGOSE.

Vous refusez donc d'être marquise de...

FAUSTINE.

Je les brûle en pleine place publique, ou les fais vendre pour en donner le prix aux pauvres.

FRÉGOSE.

Enfin quelle est votre raison?

FAUSTINE.

J'ai soif d'honneur, et vous avez compromis le mien.

FRÉGOSE.

Mais alors acceptez ma main.

FAUSTINE.

Eh! laissez-moi donc.

FRÉGOSE.

Plus on vous donne de pouvoir, plus vous en abusez.

SCÈNE XXI.

FAUSTINE, seule.

Maîtresse d'un vice-roi! Oh! je vais ourdir, avec Avaloros et Sarpi, une trame de Venise.

SCÈNE XXII.

FAUSTINE, MATHIEU MAGIS.

MATHIEU MAGIS.

Madame a besoin de mes petits services?

FAUSTINE.

Qui donc êtes-vous?

MATHIEU MAGIS.

Mathieu Magis, pauvre Lombard de Milan, pour vous servir.

FAUSTINE.

Vous prêtez?

MATHIEU MAGIS.

Sur de bons gages, des diamants, de l'or, un bien petit commerce. Les pertes nous écrasent, Madame. L'argent dort souvent. Ah! c'est un dur travail que de cultiver les maravédis. Une seule mauvaise affaire emporte le profit de dix bonnes, car nous hasardons mille écus dans les mains d'un prodigue pour en gagner trois cents, et voilà ce qui renchérit ce prêt. Le monde est injuste à notre égard.

FAUSTINE.

Etes-vous juif?

MATHIEU MAGIS.

Comment l'entendez-vous?

FAUSTINE.

De religion?

MATHIEU MAGIS.

Je suis Lombard et catholique, Madame.

FAUSTINE.

Ceci me contrarie.

MATHIEU MAGIS.

Madame m'aurait voulu...

FAUSTINE.

Oui, dans les griffes de l'Inquisition.

MATHIEU MAGIS.

Et pourquoi?

FAUSTINE.

Pour être sûre de votre fidélité.

MATHIEU MAGIS.

J'ai bien des secrets dans ma caisse, Madame.

FAUSTINE.

Si j'avais votre fortune entre les mains...

MATHIEU MAGIS.

Vous auriez mon âme.

FAUSTINE, à part.

Il faut se l'attacher par l'intérêt, cela est clair. (Haut.) Vous prêtez...

MATHIEU MAGIS.

Au denier cinq.

FAUSTINE.

Vous vous méprenez toujours. Ecoutez : vous prêtez votre nom au seigneur Avaloros.

MATHIEU MAGIS.

Je connais le seigneur Avaloros, un banquier; nous faisons quelques affaires, mais il a un trop beau nom sur la place et trop de crédit dans la Méditerranée pour avoir jamais besoin du pauvre Mathieu Magis...

FAUSTINE.

Tu es discret, Lombard. Si je veux agir sous ton nom dans une affaire considérable...

MATHIEU MAGIS.

La contrebande?

FAUSTINE.

Que t'importe ? Quelle serait la garantie de ton absolu dévouement ?

MATHIEU MAGIS.

La prime à gagner.

FAUSTINE, à part.

Quel beau chien de chasse ! (Haut.) Eh bien ! venez, vous allez être chargé d'un secret où il y va de la vie, car je vais vous donner un grand homme à dévorer.

MATHIEU MAGIS.

Mon petit commerce est alimenté par les grandes passions : belle femme, belle prime.

FIN DU DEUXIÈME ACTE.

ACTE TROISIÈME

Le théâtre représente un intérieur d'écurie. Dans les combles, du foin: le long des murs, des roues, des tubes, des pivots, une longue cheminée en cuivre, une vaste chaudière. A gauche du spectateur, un pilier sculpté, où se trouve une Madone. A droite une table; sur la table, des papiers, des instruments de mathématiques. Sur le mur, au-dessus de la table, un tableau noir couvert de figures. Sur la table, une lampe. A côté du tableau, une planche sur laquelle sont des oignons, une cruche et du pain. A droite du spectateur, il y a une grande porte d'écurie; et, à gauche, une porte donnant sur les champs. Un lit de paille à côté de la Madone.
Au lever du rideau il fait nuit.

SCÈNE PREMIÈRE.

FONTANARÈS, QUINOLA.

Fontanarès, en robe noire serrée par une ceinture de cuir, travaille à sa table. Quinola vérifie les pièces de la machine

QUINOLA.

Mais moi aussi, Monsieur, j'ai aimé! Seulement quand j'ai eu compris la femme, je lui ai souhaité le bonsoir. La bonne chère et la bouteille, ça ne vous trahit pas et ça vous engraisse. (Il regarde son maître.) Bon! il ne m'entend pas. Voici trois pièces à forger. (Il ouvre la porte.) Eh! Monipodille.

SCÈNE II.

LES MÊMES, MONIPODIO.

QUINOLA.

Les trois dernières pièces nous sont revenues, emporte les modèles, et fais-en toujours deux paires en cas de malheur.
(Monipodio fait signe dans la coulisse; deux hommes paraissent.)

MONIPODIO.

Enlevez, mes enfants, et pas de bruit, évanouissez-vous comme des ombres. c'est pire qu'un vol. (A Quinola.) On s'éreinte à travailler.

QUINOLA.

On ne se doute encore de rien.

MONIPODIO.

Ni eux, ni personne. Chaque pièce est enveloppée comme un bijou, et déposée dans une cave. Mais il faut trente écus.

QUINOLA.

Oh! mon Dieu!

MONIPODIO.

Trente drôles bâtis comme ça boivent et mangent comme soixante.

QUINOLA.

La maison Quinola et compagnie a fait faillite, et l'on est à mes trousses.

MONIPODIO.

Des protêts?

QUINOLA.

Es-tu bête? de bonnes prises de corps. Mais j'ai pris chez un fripier deux ou trois défroques qui vont me permettre de soustraire Quinola aux recherches des plus fins limiers, jusqu'au moment où je pourrai payer.

MONIPODIO.

Payer?... c'te bêtise!

QUINOLA.

Oui : j'ai gardé un trésor pour la soif. Reprends ta souquenille de Frère quêteur, et va chez Lothundiaz parlementer avec la duègne.

MONIPODIO.

Hélas! Lopez est tant de fois retourné d'Alger, que notre duègne commence à en revenir.

QUINOLA.

Bah! il ne s'agit que de faire parvenir cette lettre à la sénorita Marie Lothundiaz. (Il lui donne une lettre.) C'est un chef-d'œuvre d'éloquence inspiré par ce qui inspire tous les chefs-d'œuvre, vois : nous sommes depuis dix jours au pain et à l'eau.

MONIPODIO.

Et nous donc? crois-tu que nous mangions des ortolans? Si nos hommes croyaient bien faire, ils auraient déjà déserté.

QUINOLA.

Veuille l'amour acquitter ma lettre de change, et nous nous en tirerons encore... (Monipodio sort.)

SCÈNE III.

QUINOLA, FONTANARÈS.

QUINOLA, frottant un oignon sur son pain.

On dit que c'est avec ça que se nourrissaient les ouvriers des pyramides d'Egypte, mais ils devaient avoir l'assaisonnement qui nous soutient : la foi... (Il boit de l'eau.) Vous n'avez donc pas faim, Monsieur? Prenez garde que la machine ne se détraque.

FONTANARÈS.

Je cherche une dernière solution...

QUINOLA, sa manche craque quand il remet la cruche.

Et moi j'en trouve une... de continuité à ma manche. Vraiment, à ce métier, mes hardes deviennent par trop algébriques.

FONTANARÈS.

Brave garçon! toujours gai, même au fond du malheur.

QUINOLA.

Sangodémi! Monsieur, la fortune aime les gens gais presque autant que les gens gais aiment la fortune.

SCÈNE IV.

LES MÊMES, MATHIEU MAGIS.

QUINOLA.

Oh! voilà notre Lombard; il regarde toutes les pièces comme si elles étaient déjà sa propriété légitime.

MATHIEU MAGIS.

Je suis votre très-humble serviteur, mon cher seigneur Fontanarès.

QUINOLA.

Toujours comme le marbre, poli, sec et froid.

FONTANARÈS.

Je vous salue, monsieur Magis. (Il se coupe du pain.)

MATHIEU MAGIS.

Vous êtes un homme sublime, et, pour mon compte, je vous veux toute sorte de bien.

FONTANARÈS.

Et c'est pour cela que vous v nez me faire toute sorte de mal?

ACTE III.   183

MATHIEU MAGIS.

Vous me brusquez ! ça n'est pas bien. Vous ignorez qu'il y a deux hommes en moi.

FONTANARÈS.

Je n'ai jamais vu l'autre.

MATHIEU MAGIS.

J'ai du cœur hors les affaires.

QUINOLA.

Mais vous êtes toujours en affaires.

MATHIEU MAGIS.

Je vous admire luttant tout deux.

FONTANARÈS.

L'admiration est le sentiment qui se fatigue le plus promptement chez l'homme. D'ailleurs vous ne prêtez pas sur les sentiments.

MATHIEU MAGIS.

Il y a des sentiments qui rapportent et des sentiments qui ruinent. Vous êtes animés par la foi, c'est très-beau, mais c'est ruineux. Nous fîmes, il y a six mois, de petites conventions : vous me demandâtes trois mille sequins pour vos expériences...

QUINOLA.

A la condition de vous en rendre cinq mille.

FONTANARÈS.

Eh bien ?

MATHIEU MAGIS.

Le terme est expiré depuis deux mois.

FONTANARÈS.

Vous nous avez fait sommation, il y a deux mois, et raide, le lendemain même de l'échéance.

MATHIEU MAGIS.

Oh ! sans fâcherie, uniquement pour être en mesure.

FONTANARÈS.

Eh bien ! après ?

MATHIEU MAGIS.

Vous êtes aujourd'hui mon débiteur.

FONTANARÈS.

Déjà huit mois, passés comme un songe ! Et je viens de me poser seulement cette nuit le problème à résoudre pour faire arriver l'eau froide, afin de dissoudre la vapeur ! Magis, mon ami, soyez mon protecteur, donnez-moi quelques jours de plus ?

MATHIEU MAGIS.

Oh! tout ce que vous voudrez.

QUINOLA.

Vrai? Eh bien! voilà l'autre homme qui paraît. (A Fontanarès) Monsieur, celui-là serait mon ami. (A Magis.) Voyons, Magis Deux, quelques doublons?

FONTANARÈS.

Ah! je respire.

MATHIEU MAGIS.

C'est tout simple. Aujourd'hui je ne suis plus seulement prêteur, je suis prêteur et copropriétaire, et je veux tirer parti de ma propriété.

QUINOLA.

Ah! triple chien.

FONTANARÈS.

Y pensez-vous?

MATHIEU MAGIS.

Les capitaux sont sans foi...

QUINOLA.

Sans espérance ni charité; les écus ne sont pas catholiques.

MATHIEU MAGIS.

A qui vient toucher une lettre de change, nous ne pouvons pas dire : « Attendez! un homme de talent est en train de chercher une mine d'or dans un grenier ou dans une écurie! » En six mois, j'aurais doublé mes petits sequins. Ecoutez, Monsieur, j'ai une petite famille.

FONTANARÈS, à Quinola.

Ça a une femme!

QUINOLA.

Et si ça fait des petits, ils mangeront la Catalogne.

MATHIEU MAGIS.

J'ai de lourdes charges.

FONTANARÈS.

Vous voyez comme je vis.

MATHIEU MAGIS.

Eh! Monsieur, si j'étais riche, je vous prêterais.... (Quinola tend la main) de quoi vivre mieux.

FONTANARÈS.

Attendez encore quinze jours.

ACTE III.

MATHIEU MAGIS, à part.

Ils me fendent le cœur. Si ça me regardait, je me laisserais peut-être aller ; mais il faut gagner ma commission, la dot de ma fille. (Haut.) Vraiment, je vous aime beaucoup, vous me plaisez...

QUINOLA, à part.

Dire qu'on aurait un procès criminel si on l'étranglait !

FONTANARÈS.

Vous êtes de fer, je serai comme l'acier.

MATHIEU MAGIS.

Qu'est-ce, Monsieur?

FONTANARÈS.

Vous resterez avec moi, malgré vous.

MATHIEU MAGIS.

Non, je veux mes capitaux, et je ferai plutôt saisir et vendre toute cette ferraille.

FONTANARÈS.

Ah! vous m'obligez donc à repousser la ruse par la ruse. J'allais loyalement!... Je quitterai, s'il le faut, le droit chemin, à votre exemple. On m'accusera, moi! car on nous veut parfaits! Mais j'accepte la calomnie. Encore ce calice à boire! Vous avez fait un contrat insensé, vous en signerez un autre, ou vous me verrez mettre mon œuvre en mille morceaux, et garder là (Il se frappe le cœur) mon secret.

MATHIEU MAGIS.

Ah! Monsieur, vous ne ferez pas cela. Ce serait un vol, une friponnerie dont est incapable un grand homme.

FONTANARÈS.

Ah ! vous vous armez de ma probité pour assurer le succès d'une monstrueuse injustice !

MATHIEU MAGIS.

Tenez, je ne veux point être dans tout ceci, vous vous entendrez avec don Ramon, un bien galant homme, à qui je vais céder mes droits.

FONTANARÈS.

Don Ramon?

QUINOLA.

Celui que tout Barcelone vous oppose.

FONTANARÈS.

Après tout, mon dernier problème est résolu. La gloire, la fortune vont enfin ruisseler avec le cours de ma vie.

QUINOLA.

Ces paroles annoncent toujours, hélas! un rouage à refaire.

FONTANARÈS.

Bah! une affaire de cent sequins.

MATHIEU MAGIS.

Tout ce que vous avez ici, vendu par autorité de justice, ne les donnerait pas, les frais prélevés.

QUINOLA.

Pâture à corbeaux, veux-tu te sauver!

MATHIEU MAGIS.

Ménagez don Ramon, il saura bien hypothéquer sa créance sur votre tête. (Il revient sur Quinola.) Quant à toi, fruit de potence, si tu me tombes sous la main, je me vengerai! (A Fontanarès.) Adieu, homme de génie. (Il sort.)

SCÈNE V.

FONTANARÈS, QUINOLA.

FONTANARÈS.

Ses paroles me glacent.

QUINOLA.

Et moi aussi! Les bonnes idées viennent toujours se prendre aux toiles que leur tendent ces araignées-là!

FONTANARÈS.

Bah! Encore cent sequins, et après la vie sera dorée, pleine de fêtes et d'amour. (Il boit de l'eau.)

QUINOLA.

Je vous crois, Monsieur, mais avouez que la verte espérance, cette céleste coquine, nous a menés bien avant dans le gâchis.

FONTANARÈS.

Quinola!

QUINOLA.

Je ne me plains pas, je suis fait à la détresse. Mais où prendre cent sequins? Vous devez à des ouvriers, à Carpano le maître serrurier, à Coppolus le marchand de fer, d'acier et de cuivre, à notre hôte qui, après nous avoir mis ici moins par pitié que par peur de Monipodio, finira par nous en chasser; nous lui devons neuf mois de dépenses.

ACTE III.

FONTANARÈS.

Mais tout est fini!

QUINOLA.

Mais cent sequins?

FONTANARÈS.

Et pourquoi, toi si courageux, si gai, viens-tu me chanter un *De profundis?*

QUINOLA.

C'est que pour rester à vos côtés, je dois disparaître.

FONTANARÈS.

Et pourquoi?

QUINOLA.

Et les huissiers donc? J'ai fait, pour vous et pour moi, cent écus d'or de dettes commerciales, qui ont pris la forme, la figure et les pieds des recors.

FONTANARÈS.

De combien de malheurs se compose donc la gloire?

QUINOLA.

Allons! ne vous attristez pas. Ne m'avez-vous pas dit qu'un père de votre père était allé, il y a quelque cinquante ans, au Mexique avec don Cortez: a-t-on eu de ses nouvelles?

FONTANARÈS.

Jamais.

QUINOLA.

Vous avez un grand père?... vous irez jusqu'au jour de votre triomphe.

FONTANARÈS.

Veux-tu donc me perdre?

QUINOLA.

Voulez-vous me voir aller en prison et votre machine à tous les diables?

FONTANARÈS.

Non!

QUINOLA.

Laissez-moi donc vous faire revenir ce grand-père de quelque part : ce sera le premier qui sera revenu des Indes.

SCÈNE VI.

LES MÊMES, MONIPODIO.

QUINOLA.

Eh! bien?

MONIPODIO.

Votre infante a la lettre.

FONTANARÈS.

Qu'est-ce que don Ramon?

MONIPODIO.

Un imbécile.

QUINOLA.

Envieux?

MONIPODIO.

Comme trois auteurs sifflés. Il se donne pour un homme étonnant.

QUINOLA.

Mais, le croit-on?

MONIPODIO.

Comme un oracle. Il écrivaille, il explique que la neige est blanche parce qu'elle tombe du ciel, et soutient contre Galilée que la terre est immobile.

QUINOLA.

Vous voyez bien, Monsieur, qu'il faut que je vous défasse de ce savant-là? (A Monipodio.) Viens avec moi, tu vas être mon valet.

SCÈNE VII.

FONTANARÈS, seul.

Quelle cervelle cerclée de bronze résisterait à chercher de l'argent en cherchant les secrets les mieux gardés par la nature, à se défier des hommes, les combattre et combiner des affaires? deviner sur-le-champ le mieux en toute chose, afin de ne pas se voir voler sa gloire par un don Ramon, qui trouverait le plus léger perfectionnement, et il y a des don Ramon partout. Oh! je n'ose me l'avouer... Je me lasse.

SCÈNE VIII.

FONTANARÈS, ESTEBAN, GIRONE ET DEUX OUVRIERS,
Personnages muets.

ESTEBAN.

Pourriez-vous nous dire où se cache un nommé Fontanarès?

FONTANARÈS.

Il ne se cache point, le voici : mais il médite dans le silence. (A part.) Où est donc Quinola? il sait si bien les renvoyer contents. (Haut.) Que voulez-vous?

ESTEBAN.

Notre argent! Depuis trois semaines nous travaillons à votre compte : l'ouvrier vit au jour le jour.

FONTANARÈS.

Hélas! mes amis, moi je ne vis pas.,

ESTEBAN.

Vous êtes seul, vous, vous pouvez vous serrer le ventre. Mais nous avons femme et enfants. Enfin, nous avons tout mis en gage...

FONTANARÈS.

Ayez confiance en moi.

ESTEBAN.

Est-ce que nous pouvons payer le boulanger avec votre confiance?

FONTANARÈS.

Je suis un homme d'honneur.

GIRONE.

Tiens! et nous aussi nous avons de l'honneur.

ESTEBAN.

Portez donc nos honneurs chez le Lombard, vous verrez ce qu'il prêtera dessus.

GIRONE.

Je ne suis pas un homme à talent, moi! on ne me fait pas crédit.

ESTEBAN.

Je ne suis qu'un méchant ouvrier, mais si ma femme a besoin d'une marmite, je la paye, moi!

FONTANARÈS.

Qui donc vous ameute ainsi contre moi?

GIRONE.

Ameuter? Sommes-nous des chiens?

ESTEBAN.

Les magistrats de Barcelone ont rendu une sentence en faveur de maîtres Coppolus et Carpano, qui leur donne privilége sur vos inventions. Où donc est notre privilége, à nous?

GIRONE.

Je ne sors pas d'ici sans mon argent.

FONTANARÈS.

Quand vous resterez ici, y trouverez-vous de l'argent? d'ailleurs, restez, bonsoir. (Il prend son chapeau et son manteau.)

ESTEBAN.

Oh! vous ne sortirez pas sans nous avoir payés.
(Mouvement chez les ouvriers pour barrer la porte.)

GIRONE.

Voici une pièce que j'ai forgée, je la garde.

FONTANARÈS.

Misérable! (Il tire son épée.)

LES OUVRIERS.

Oh! nous ne bougerons pas.

FONTANARÈS, fondant sur eux.

Oh!... (Il s'arrête et jette son épée.) Peut-être Avaloros et Sarpi les ont-ils envoyés pour me pousser à bout. Je serais accusé de meurtre et pour des années en prison. (Il s'agenouille devant la madone.) O mon Dieu! le talent et le crime seraient-ils donc une même chose à tes yeux? Qu'ai-je fait pour souffrir tant d'avanies, tant d'insultes et tant d'outrages? Faut-il donc d'avance expier le triomphe? (Aux ouvriers.) Tout Espagnol est maître dans sa maison.

ESTEBAN.

Vous n'avez pas de maison. Nous sommes ici au Soleil-d'Or; l'hôte nous l'a bien dit.

GIRONE.

Vous n'avez pas payé votre loyer, vous ne payez rien!

FONTANARÈS.

Restez, mes maîtres! j'ai tort : je dois.

SCÈNE IX.

LES MÊMES, COPPOLUS et CARPANO.

COPPOLUS.

Monsieur, je viens vous annoncer qu'hier les magistrats de Barcelone m'ont, jusqu'à parfait payement, donné privilége sur votre invention, et je veillerai à ce que rien ne sorte d'ici. Le privilége comprend la créance de mon confrère Carpano, votre serrurier.

FONTANARÈS.

Quel démon vous aveugle? Sans moi, cette machine, ce n'est que du fer, de l'acier, du cuivre et du bois; avec moi, c'est une fortune.

COPPOLUS.

Oh! nous ne nous séparerons point.
(Les deux marchands font un mouvement pour serrer Fontanarès.)

FONTANARÈS.

Quel ami vous enlace avec autant de force qu'un créancier? Eh bien! que le démon reprenne la pensée qu'il m'a donnée.

TOUS.

Le démon!

FONTANARÈS.

Ah! veillons sur ma langue, un mot peut me rejeter dans les bras de l'inquisition. Non, aucune gloire ne peut payer de pareilles souffrances.

COPPOLUS, à Carpano.

Ferons-nous vendre?

FONTANARÈS.

Mais, pour que la machine vaille quelque chose, encore faut-il la finir, et il y manque une pièce dont voici le modèle.
(Coppolus et Carpano se consultent.)
Cela coûterait encore deux cents sequins.

SCÈNE X.

LES MÊMES, QUINOLA, en vieillard centenaire, une figure fantastique, dans le genre de Callot, MONIPODIO, en habit de fantaisie, L'HOTE DU SOLEIL-D'OR.

L'HOTE DU SOLEIL-D'OR, montrant Fontanarès.
Seigneur, le voici.
QUINOLA.
Et vous avez logé le petit-fils du capitaine Fontanarès dans une écurie! la république de Venise le mettra dans un palais! Mon cher enfant, embrassez-moi? (Il marche vers Fontanarès.) La sérénissime république a su vos promesses au roi d'Espagne, et j'ai quitté l'arsenal de Venise, à la tête duquel je suis, pour... (A part.) Je suis Quinola.
FONTANARÈS.
Jamais paternité n'est ressuscitée plus à propos...
QUINOLA.
Quelle misère!... voilà donc l'antichambre de la gloire.
FONTANARÈS.
La misère est le creuset où Dieu se plaît à éprouver nos forces.
QUINOLA.
Qui sont ces gens?
FONTANARÈS.
Des créanciers, des ouvriers qui m'assiégent.
QUINOLA, à l'hôte.
Vieux coquin d'hôte, mon petit-fils est-il chez lui?
L'HOTE.
Certainement, Excellence.
QUINOLA.
Je connais un peu les lois de Catalogne, allez chercher le corrégidor pour me fourrer ces drôles en prison. Envoyez des huissiers à mon petit-fils, c'est votre droit; mais restez chez vous, canaille! (Il fouille dans sa poche.) Tenez! allez boire à ma santé. (Il leur jette de la monnaie.) Vous viendrez vous faire payer chez moi.
LES OUVRIERS.
Vive Son Excellence! (Ils sortent.)
QUINOLA, à Fontanarès.
Notre dernier doublon! c'est la réclame.

SCÈNE XI.

LES MÊMES, moins L'HOTE et LES OUVRIERS.

QUINOLA, aux deux négociants.

Quant à vous, mes braves, vous me paraissez être de meilleure composition, et avec de l'argent, nous serons d'accord.

COPPOLUS.

Excellence, nous serons alors à vos ordres.

QUINOLA.

Voyons ça, mon cher enfant, cette fameuse invention dont s'émeut la république de Venise? Où est le profil, la coupe, les plans, les épures?

COPPOLUS, à Corpano.

Il s'y connaît, mais prenons des informations avant de fournir.

QUINOLA.

Vous êtes un homme immense, mon enfant! Vous aurez votre jour comme le grand Colombo. (Il plie un genou.) Je remercie Dieu de l'honneur qu'il fait à notre famille. (Aux marchands.) Je vous paye dans deux heures d'ici... (Ils sortent.)

SCÈNE XII.

QUINOLA, FONTANARÈS, MONIPODIO.

FONTANARÈS.

Quel sera le fruit de cette imposture?

QUINOLA.

Vous rouliez dans un abîme, je vous arrête.

MONIPODIO.

C'est bien joué! Mais les Vénitiens ont beaucoup d'argent, et pour obtenir trois mois de crédit, il faut commencer par jeter de la poudre aux yeux : de toutes les poudres, c'est la plus chère.

QUINOLA.

Ne vous ai-je pas dit que je connaissais un trésor, il vient.

MONIPODIO.

Tout seul? (Quinola fait un signe affirmatif.)

FONTANARÈS.

Son audace me fait peur.

SCÈNE XIII.

LES MÊMES, MATHIEU MAGIS, DON RAMON.

MATHIEU MAGIS.

Je vous amène don Ramon, sans l'avis duquel je ne veux plus rien faire.

DON RAMON, à Fontanarès.

Monsieur, je suis ravi d'entrer en relations avec un homme de votre science. A nous deux nous pourrons porter votre découverte à sa plus haute perfection.

QUINOLA.

Monsieur connaît la mécanique, la balistique, les mathématiques, la dioptrique, catoptrique, statique... stique.

DON RAMON.

J'ai fait des traités assez estimés.

QUINOLA.

En latin?

DON RAMON.

En espagnol.

QUINOLA.

Les vrais savants, Monsieur, n'écrivent qu'en latin. Il y a du danger à vulgariser la science. Savez-vous le latin?

DON RAMON.

Oui, Monsieur.

QUINOLA.

Eh bien! tant mieux pour vous.

FONTANARÈS.

Monsieur, je révère le nom que vous vous êtes fait; mais il y a trop de dangers à courir dans mon entreprise pour que je vous accepte : je risque ma tête, et la vôtre me semble trop précieuse.

DON RAMON.

Croyez-vous donc, Monsieur, pouvoir vous passer de don Ramon, qui fait autorité dans la science?

QUINOLA.

Don Ramon? le fameux don Ramon, qui a donné les raisons de tant de phénomènes qui, jusqu'ici, se permettaient d'avoir lieu sans raison.

DON RAMON.

Lui-même.

QUINOLA.

Je suis Fontanarési, le directeur de l'arsenal de la république de Venise, et grand-père de notre inventeur. Mon enfant, vous pouvez vous fier à Monsieur ; dans sa position, il ne saurait vous tendre un piége : nous allons tout lui dire.

DON RAMON.

Ah ! je vais donc tout savoir.

FONTANARÈS.

Comment ?

QUINOLA.

Laissez-moi lui donner une leçon de mathématiques, ça ne peut pas lui faire de bien, mais ça ne vous fera pas de mal. (A don Ramon.) Tenez, approchez ! (Il montre les pièces de la machine.) Tout cela ne signifie rien ; pour les savants, la grande chose...

DON RAMON.

La grande chose ?

QUINOLA.

C'est le problème en lui-même. Vous savez la raison qui fait monter les nuages ?

DON RAMON.

Je les crois plus légers que l'air.

QUINOLA.

Du tout ! ils sont aussi pesants, puisque l'eau finit par se laisser tomber comme une sotte. Je n'aime pas l'eau, et vous ?

DON RAMON.

Je la respecte.

QUINOLA.

Nous sommes faits pour nous entendre. Les nuages montent autant parce qu'ils sont en vapeur, qu'attirés par la force du froid qui est en haut.

DON RAMON.

Ça pourrait être vrai. Je ferai un traité là-dessus.

QUINOLA.

Mon neveu formule cela par R plus O. Et comme il y a beaucoup d'eau dans l'air, nous disons simplement O plus O, un nouveau binôme.

DON RAMON.

Ce serait un nouveau binôme ?

QUINOLA.

Ou, si vous voulez, un X.

DON RAMON.

X, ah! je comprends.

FONTANARÈS.

Quel âne!

QUINOLA.

Le reste est une bagatelle. Un tube reçoit l'eau qui se fait nuage par un procédé quelconque. Ce nuage veut absolument monter et la force est immense.

DON RAMON.

Immense, et comment?

QUINOLA.

Immense... en ce qu'elle est naturelle, car l'homme... saisissez bien ceci, ne crée pas de forces...

DON RAMON.

Eh bien! alors comment?...

QUINOLA.

Il les emprunte à la nature; l'invention, c'est d'emprunter... Alors... au moyen de quelques pistons, car en mécanique... vous savez...

DON RAMON.

Oui, Monsieur, je sais la mécanique.

QUINOLA.

Eh bien! la manière de communiquer une force est une niaiserie, un rien, une ficelle comme dans le tourne-broche...

DON RAMON.

Ah! il y a un tourne-broche?

QUINOLA.

Il y en a deux, et la force est telle qu'elle soulèverait des montagnes qui sauteraient comme des béliers... C'est prédit par le roi David.

DON RAMON.

Monsieur, vous avez raison, le nuage, c'est de l'eau...

QUINOLA.

L'eau, Monsieur?... Eh! c'est le monde. Sans eau, vous ne pourriez... c'est clair. Eh bien! voilà sur quoi repose l'invention de mon petit-fils : l'eau domptera l'eau. O plus O. voilà la formule.

DON RAMON.

Il emploie des termes incompréhensibles.

QUINOLA.

Vous comprenez?

DON RAMON.

Parfaitement.

QUINOLA, à part.

Cet homme est horriblement bête. (Haut.) Je vous ai parlé a
langue des vrais savants...

MATHIEU MAGIS, à Monipodio.

Qui donc est ce seigneur si savant?

MONIPODIO.

Un homme immense auprès de qui je m'instruis dans la balistique, le directeur de l'arsenal de Venise, qui va vous rembourser ce soir pour le compte de la république.

MATHIEU MAGIS.

Courons avertir madame Brancador, elle est de Venise. (Il sort.)

SCÈNE XIV.

LES PRÉCÉDENTS, moins Mathieu Magis, LOTHUNDIAZ, MARIE.

MARIE.

Arriverai-je à temps?...

QUINOLA.

Bon! voilà notre trésor.

(Lothundiaz et don Ramon se font des civilités, et regardent les pièces de la machine au fond du théâtre.)

FONTANARÈS.

Marie, ici!

MARIE.

Amenée par mon père. Ah! mon ami, votre valet en m'apprenant votre détresse...

FONTANARÈS, à Quinola.

Maraud!

QUINOLA.

Mon petit-fils!

MARIE.

Oh! il a mis fin à mes tourments.

FONTANARÈS.

Et qui donc vous tourmentait?

MARIE.

Vous ignorez les persécutions auxquelles je suis en butte depuis votre arrivée, et surtout depuis votre querelle avec madame Brancador. Que faire contre l'autorité paternelle? elle est sans bornes.

En restant au logis, je douterais de pouvoir vous conserver, non pas mon cœur, il est à vous en dépit de tout, mais ma personne...

FONTANARÈS.

Encore un martyre!

MARIE.

En retardant le jour de votre triomphe, vous avez rendu ma situation insupportable. Hélas! en vous voyant ici, je devine que nous avons souffert en même temps des maux inouïs. Pour pouvoir être à vous, je vais feindre de me donner à Dieu : j'entre ce soir au couvent.

FONTANARÈS.

Au couvent? Il veulent nous séparer. Voilà des tortures à faire maudire la vie. Et vous, Marie, vous, le principe et la fleur de ma découverte! vous, cette étoile qui me protégeait, je vous force à rester dans le ciel. Oh! je succombe. (Il pleure.)

MARIE.

Mais en promettant d'aller dans un couvent, j'ai obtenu de mon père le droit de venir ici : je voulais mettre une espérance dans mes adieux, voici les épargnes de la jeune fille, de votre sœur, ce que j'ai gardé pour le jour où tout vous abandonnerait.

FONTANARÈS.

Et qu'ai-je besoin, sans vous, de gloire, de fortune, et même de la vie ?

MARIE.

Acceptez ce que peut, ce que doit vous offrir celle qui sera votre femme. Si je vous sais malheureux et tourmenté, l'espérance me quittera dans ma retraite, et j'y mourrai, priant pour vous!

QUINOLA, a Marie.

Laissez-le faire le superbe, et sauvons-le malgré lui. Chut! je passe pour son grand-père. (Marie donne son aumônière à Quinola.)

LOTHUNDIAZ, à don Ramon.

Ainsi, vous ne le trouvez pas fort?

DON RAMON.

Lequel? Oh! lui! c'est un artisan qui ne sait rien et qui sans doute aura volé ce secret en Italie.

LOTHUNDIAZ.

Je m'en suis toujours douté, comme j'ai raison de résister à ma fille et de le lui refuser pour mari.

DON RAMON.

Il la mettrait sur la paille. Il a dévoré cinq mille sequins et s'est endetté de trois mille, en huit mois sans arriver à un résultat ! Ah ! parlez-moi de son grand-père, voilà un savant du premier ordre, et il a fort à faire avant de le valoir. (Il montre Quinola.)

LOTHUNDIAZ.

Son grand-père?...

QUINOLA.

Oui, Monsieur, mon nom de Fontanarès s'est changé, à Venise, en celui de Fontanarési.

LOTHUNDIAZ.

Vous êtes Pablo Fontanarès ?

QUINOLA.

Pablo, lui-même.

LOTHUNDIAZ.

Et riche ?

QUINOLA.

Richissime.

LOTHUNDIAZ.

Touchez là, Monsieur, vous me rendrez donc les deux mille sequins que vous empruntâtes à mon père.

QUINOLA.

Si vous pouvez me montrer ma signature, je suis prêt à y faire honneur.

MARIE, après une conversation avec Fontanarès.

Acceptez pour triompher, ne s'agit-il pas de notre bonheur?

FONTANARÈS.

Entraîner cette perle dans le gouffre où je me sens tomber.

(Quinola et Monipodio disparaissent.)

SCÈNE XV.

LES MÊMES, SARPI.

SARPI, à Lothundiaz.

Vous et avec votre fille, Seigneur Lothundiaz?

LOTHUNDIAZ.

Elle a mis pour prix de son obéissance à se rendre au couvent, de venir lui dire adieu.

SARPI.

La compagnie est assez nombreuse pour que je ne m'offense point de cette condescendance.

FONTANARÈS.

Ah! voilà le plus ardent de mes persécuteurs. Eh bien! Seigneur, venez-vous mettre de nouveau ma constance à l'épreuve?

SARPI.

Je représente ici le vice-roi de Catalogne, Monsieur, et j'ai droit à vos respects. (A don Ramon.) Etes-vous content de lui?

DON RAMON.

Avec mes conseils, nous arriverons.

SARPI.

Le vice-roi espère beaucoup de votre savant concours.

FONTANARÈS.

Rêvé-je? Voudrait-on me donner un rival?

SARPI.

Un guide, Monsieur, pour vous sauver.

FONTANARÈS.

Qui vous dit que j'en aie besoin?

MARIE.

Alfonso, s'il pouvait vous faire réussir?

FONTANARÈS.

Ah! jusqu'à elle qui doute de moi.

MARIE.

On le dit si savant!

LOTHUNDIAZ.

Le présomptueux! il croit en savoir plus que tous les savants du monde.

SARPI.

Je suis amené par une question qui a éveillé la sollicitude du vice-roi : vous avez depuis bientôt dix mois un vaisseau de l'Etat, et vous en devez compte.

FONTANARÈS.

Le roi n'a pas fixé de terme à mes travaux.

SARPI.

L'administration de la Catalogne a le droit d'en exiger un, et nous avons reçu des ministres un ordre à cet égard. (Mouvement de surprise chez Fontanarès.) Oh! prenez tout votre temps : nous ne voulons pas contrarier un homme tel que vous. Seulement, nous pensons que vous ne voulez pas éluder la peine qui pèse sur votre tête, en gardant le vaisseau jusqu'à la fin de vos jours.

MARIE.

Quelle peine?

FONTANARÈS.

Je joue ma tête.

MARIE.

La mort! et vous me refusez.

FONTANARÈS.

Dans trois mois, comte Sarpi, et sans aide, j'aurai fini mon œuvre. Vous verrez alors un des plus grands spectacles qu'un homme puisse donner à son siècle.

SARPI.

Voici votre engagement, signez-le. (Fontanarès va signer.)

MARIE.

Adieu, mon ami! Si vous succombiez dans cette lutte, je crois que je vous aimerais encore davantage.

LOTHUNDIAZ.

Venez, ma fille, cet homme est fou.

DON RAMON.

Jeune homme! lisez mes traités.

SARPI.

Adieu, futur grand d'Espagne.

SCÈNE XVI.

FONTANARÈS, seul sur le devant de la scène.

Marie au couvent, j'aurai froid au soleil. Je supporte un monde, et j'ai peur de ne pas être un Atlas... Non, je ne réussirai pas, tout me trahit. OEuvre de trois ans de pensée et de dix mois de travaux, sillonneras-tu jamais la mer?... Ah! le sommeil m'accable.. (Il se couche sur la paille.)

SCÈNE XVII.

FONTANARÈS, endormi, QUINOLA et MONIPODIO,
revenant par la petite porte.

QUINOLA.

Des diamants! des perles et de l'or! nous sommes sauvés.

MONIPODIO.

La Brancador est de Venise.

QUINOLA.

Il faut donc y retourner, fais venir l'hôte, je vais rétablir notre crédit.

MONIPODIO.

Le voici.

SCÈNE XVIII.

LES MÊMES, L'HOTE DU SOLEIL-D'OR.

QUINOLA.

Or çà! monsieur l'hôte du Soleil-d'Or, vous n'avez pas eu confiance dans l'étoile de mon petit-fils.

L'HOTE.

Une hôtellerie, seigneur, n'est pas une maison de banque.

QUINOLA.

Non, mais vous auriez pu par charité ne pas lui refuser du pain. La sérénissime république de Venise m'envoyait pour le décider à venir chez elle, mais il aime trop l'Espagne! Je repars comme je suis venu, secrètement. Je n'ai sur moi que ce diamant dont je puisse disposer. D'ici à un mois, vous aurez des lettres de change. Vous vous entendrez avec le valet de mon petit-fils pour la vente de ce bijou.

L'HOTE.

Monseigneur, ils seront traités comme des princes qui ont de l'argent.

QUINOLA.

Laissez-nous. (Sort l'hôte.)

SCÈNE XIX.

LES MÊMES, moins L'HOTE.

QUINOLA.

Allons nous déshabiller. (Il regarde Fontanarès.) Il dort! cette riche nature a succombé à tant de secousses : il n'y a que nous autres qui sachions nous prêter à la douleur, il lui manque notre insouciance. Ai-je bien agi en demandant toujours le double de ce qu'il fallait? (A Monipodio.) Voici le dessin de la dernière pièce, prends-le.

(Ils sortent.)

SCÈNE XX.

FONTANARÈS endormi, FAUSTINE, MATHIEU MAGIS.

MATHIEU MAGIS.

Le voici!

FAUSTINE.

Voilà donc en quel état je l'ai réduit! Par la profondeur des blessures que je me suis ainsi faites à moi-même, je reconnais la profondeur de mon amour. Oh! combien de bonheur ne lui dois-je pas pour tant de souffrances!

FIN DU TROISIÈME ACTE

ACTE QUATRIÈME

Le théâtre représente une place publique. Au fond de la place, sur des tréteaux, au pied desquels sont toutes les pièces de la machine, s'élève un huissier. De chaque côté de ces tréteaux, il y a foule. A gauche du spectateur, un groupe composé de Coppolus, Carpano, l'hôte du Soleil-d'Or, Esteban Girone, Mathieu Magis, don Ramon, Lothundiaz. A droite, Fontanarès, Monipodio et Quinola caché dans un manteau derrière Monipodio.

SCÈNE PREMIÈRE.

FONTANARÈS, MONIPODIO, QUINOLA, COPPOLUS, L'HOTE DU SOLEIL-D'OR, ESTEBAN, GIRONE, MATHIEU MAGIS, DON RAMON, LOTHUNDIAZ, L'HUISSIER; Deux groupes de peuple.

L'HUISSIER.

Messeigneurs, un peu plus de chaleur! il s'agit d'une chaudière où l'on pourrait faire un olla-podrida pour le régiment des gardes-vallones.

L'HOTE.

Quatre maravédis.

L'HUISSIER.

Personne ne dit mot, approchez, voyez, considérez!

MATHIEU MAGIS.

Six maravédis.

QUINOLA, à Fontanarès.

Monsieur, l'on ne fera pas cent écus d'or.

FONTANARÈS.

Sachons nous résigner.

QUINOLA.

La résignation me semble être une quatrième vertu théologale, omise par égard pour les femmes.

MONIPODIO.

Tais-toi, la justice est sur tes traces, et tu serais déjà pris, si tu ne passais pour être un des miens.

ACTE IV.

L'HUISSIER.

C'est le dernier lot, Messeigneurs. Allons, personne ne dit mot! Adjugé pour dix écus d'or, dix maravédis, au seigneur Mathieu Magis.

LOTHUNDIAZ, à don Ramon.

Eh bien! voilà comment finit la sublime invention de notre grand homme! il avait, ma foi, bien raison de nous promettre un fameux spectacle.

COPPOLUS.

Vous pouvez en rire, il ne vous doit rien.

ESTEBAN.

C'est nous autres, pauvres diables, qui payons ses folies.

LOTHUNDIAZ.

Rien, maître Coppolus? Et les diamants de ma fille que le valet du grand homme a mis dans la mécanique!

MATHIEU MAGIS.

Mais on les a saisis chez moi.

LOTHUNDIAZ.

Ne sont-ils pas dans les mains de la justice? et j'aimerais mieux y voir Quinola, ce damné suborneur de trésors.

QUINOLA.

O ma jeunesse, quelle leçon tu reçois! Mes antécédents m'ont perdu.

LOTHUNDIAZ.

Mais si on le trouve, son affaire sera bientôt faite, et j'irai l'admirer donnant la bénédiction avec ses pieds.

FONTANARÈS.

Notre malheur rend ce bourgeois spirituel.

QUINOLA.

Dites donc féroce.

DON RAMON.

Moi, je regrette un pareil désastre. Ce jeune artisan avait fini par m'écouter, et nous avions la certitude de réaliser les promesses faites au roi; mais il peut dormir sur les deux oreilles: j'irai demander sa grâce à la cour en expliquant combien j'ai besoin de lui.

COPPOLUS.

Voilà de la générosité peu commune entre savants.

LOTHUNDIAZ

Vous êtes l'honneur de la Catalogne!

FONTANARÈS. (Il s'avance.)

J'ai tranquillement supporté le supplice de voir vendre à vil prix une œuvre qui devait me mériter un triomphe... (Murmures chez le peuple.) Mais ceci passe la mesure. Don Ramon, si vous aviez, je ne dis pas connu, mais soupçonné l'usage de toutes ces pièces maintenant dispersées, vous les auriez achetées au prix de toute votre fortune.

DON RAMON.

Jeune homme, je respecte votre malheur; mais vous savez bien que votre appareil ne pouvait pas encore marcher, et que mon expérience vous était devenue nécessaire.

FONTANARÈS.

Ce que la misère a de plus terrible entre toutes ces horreurs, c'est d'autoriser la calomnie et le triomphe des sots.

LOTHUNDIAZ.

N'as-tu donc pas honte dans ta position de venir insulter un savant qui a fait ses preuves? Où en serais-je si je t'avais donné ma fille? tu me mènerais, et grand train, à la mendicité, car tu as déjà mangé en pure perte dix mille sequins! Hein? le grand d'Espagne est aujourd'hui bien petit.

FONTANARÈS.

Vous me faites pitié.

LOTHUNDIAZ.

C'est possible, mais tu ne me fais pas envie : ta tête est à la merci du tribunal.

DON RAMON.

Laissez-le : ne voyez-vous pas qu'il est fou?

FONTANARÈS.

Pas encore assez, Monsieur, pour croire que O plus O soit un binome.

SCÈNE II.

LES MÊMES, DON FRÉGOSE, FAUSTINE, AVALOROS, SARPI.

SARPI.

Nous arrivons trop tard, la vente est finie...

DON FRÉGOSE.

Le roi regrettera d'avoir eu confiance en un charlatan.

ACTE IV.

FONTANARÈS.

Un charlatan, Monseigneur? Dans quelques jours, vous pouvez me faire trancher la tête ; tuez-moi, mais ne ne me calomniez pas : vous êtes placé trop haut pour descendre si bas.

DON FRÉGOSE.

Votre audace égale votre malheur. Oubliez-vous que les magistrats de Barcelone vous regardent comme complice du vol fait à Lothundiaz? La fuite de votre valet prouve le crime, et vous ne devez d'être libre qu'aux prières de Madame. (Il montre Faustine.)

FONTANARÈS.

Mon valet, Excellence, a pu, jadis, commettre des fautes, mais depuis qu'il s'est attaché à ma fortune, il a purifié sa vie au feu de mes épreuves. Par mon honneur, il est innocent. Les pierreries saisies au moment où il les vendait à Mathieu Magis, lui furent librement données par Marie Lothundiaz, de qui je les ai refusées.

FAUSTINE.

Quelle fierté dans le malheur! rien ne saurait donc le faire fléchir.

SARPI.

Et comment expliquez-vous la résurrection de votre grand-père, ce faux intendant de l'arsenal de Venise? car, par malheur, Madame et moi nous connaissons le véritable.

FONTANARÈS.

J'ai fait prendre ce déguisement à mon valet pour qu'il causât sciences et mathématiques avec don Ramon. Le seigneur Lothundiaz vous dira que le savant de la Catalogne et Quinola se sont parfaitement entendus.

MONIPODIO, à Quinola.

Il est perdu!

DON RAMON.

J'en appelle... à ma plume.

FAUSTINE.

Ne vous courroucez pas, don Ramon, il est si naturel que les gens, en se sentant tomber dans un abîme, y entraînent tout avec eux!

LOTHUNDIAZ.

Quel détestable caractère!

FONTANARÈS.

Avant de mourir, on doit la vérité, Madame, à ceux qui nous ont poussé dans l'abîme ! (A don Frégose.) Monseigneur, le roi m'avait promis la protection de ses gens à Barcelonne, et je n'y ai trouvé que la haine! Ô grands de la terre, riches, vous tous qui tenez en vos mains un pouvoir quelconque, pourquoi donc en faites-vous un obstacle à la pensée nouvelle? Est-ce donc une loi divine qui vous ordonne de bafouer, de honnir ce que vous devez plus tard adorer? Plat, humble et flatteur, j'eusse réussi! Vous avez persécuté dans ma personne ce qu'il a de plus noble en l'homme! la conscience qu'il a de sa force, la majesté du travail, l'inspiration céleste qui lui met la main à l'œuvre, et... l'amour, cette foi humaine, qui rallume le courage quand il va s'éteindre sous la bise de la raillerie. Ah! si vous faites mal le bien, en revanche, vous faites toujours très-bien le mal! Je m'arrête... vous ne valez pas ma colère.

FAUSTINE, à part, après avoir fait un pas.

Oh! j'allais lui dire que je l'adore.

DON FRÉGOSE.

Sarpi, faites avancer des alguasils, et emparez-vous du complice de Quinola. (On applaudit, et quelques voix crient : Bravo.)

SCÈNE III.

LES MÊMES, MARIE LOTHUNDIAZ.

Au moment où les alguasils s'emparent de Fontanarès, Marie paraît en novice, accompagnée d'un moine et de deux sœurs.

MARIE LOTHUNDIAZ, au vice-roi.

Monseigneur, je viens d'apprendre comment, en voulant préserver Fontanarès de la rage de ses ennemis, je l'ai perdu : mais on m'a permis de rendre hommage à la vérité : j'ai remis moi-même à Quinola mes pierreries et mes épargnes. (Mouvement chez Lothundiaz.) Elles m'appartenaient, mon père, et Dieu veuille que vous n'ayez pas un jour à déplorer votre aveuglement.

QUINOLA, se débarrassant de son manteau.

Ouf, je respire à l'aise!

FONTANARÈS. Il plie le genou devant Marie.

Merci, brillant et pur amour par qui je me rattache au ciel pour y puiser l'espérance et la foi; vous venez de sauver mon honneur.

MARIE.

N'est-il pas le mien? la gloire viendra.

ACTE IV.

FONTANARÈS.

Hélas! mon œuvre est dispersée en cent mains avares qui ne la rendraient que contre autant d'or qu'elle en a coûté. Je doublerais ma dette et n'arriverais plus à temps. Tout est fini.

FAUSTINE, à Marie.

Sacrifiez-vous, et il est sauvé.

MARIE.

Mon père? et vous, comte Sarpi? (A part.) J'en mourrai! (Haut.) Consentez-vous à donner tout ce qu'exige la réussite de l'entreprise faite par le seigneur Fontanarès? à ce prix, je vous obéirai, mon père. (A Faustine.) Je me dévoue, Madame!

FAUSTINE.

Vous êtes sublime, mon ange. (A part.) J'en suis donc enfin délivrée!

FONTANARÈS.

Arrêtez, Marie! j'aime mieux la lutte et ses périls, j'aime mieux la mort que de vous perdre ainsi.

MARIE.

Tu m'aimes donc mieux que la gloire? (Au vice-roi.) Monseigneur, vous ferez rendre à Quinola mes pierreries. Je retourne heureuse au couvent : ou à lui, ou à Dieu!

LOTHUNDIAZ.

Est-il donc sorcier?

QUINOLA.

Cette jeune fille me ferait réaimer les femmes.

FAUSTINE, à Sarpi, au vice-roi et à Avaloros.

Ne le dompterons-nous donc pas?

AVALOROS.

Je vais l'essayer.

SARPI, à Faustine.

Tout n'est pas perdu. (A Lothundiaz.) Emmenez votre fille chez vous, elle vous obéira bientôt.

LOTHUNDIAZ.

Dieu le veuille! Venez, ma fille.

(Lothundiaz, Marie et son cortége, Don Ramon et Sarpi sortent.)

SCÈNE IV.

FAUSTINE, FRÉGOSE, AVALOROS, FONTANARÈS, QUINOLA, MONIPODIO.

AVALOROS.

Je vous ai bien étudié, jeune homme, et vous avez un grand caractère, un caractère de fer. Le fer sera toujours maître de l'or. Associons-nous franchement : je paye vos dettes, je rachète tout ce qui vient d'être vendu, je vous donne à vous et à Quinola cinq mille écus d'or, et, à ma considération, Monseigneur le vice-roi voudra bien oublier votre incartade.

FONTANARÈS.

Si j'ai, dans ma douleur, manqué au respect que je vous dois, Monseigneur, je vous prie de me pardonner.

DON FRÉGOSE.

Assez, Monsieur. On n'offense point don Frégose.

FAUSTINE.

Très-bien, Monseigneur.

AVALOROS.

Eh bien ! jeune homme, à la tempête succède le calme, et maintenant tout vous sourit. Voyons, réalisons ensemble vos promesses au roi.

FONTANARÈS.

Je ne tiens à la fortune, Monsieur, que par une seule raison : épouserai-je Marie Lothundiaz ?

DON FRÉGOSE.

Vous n'aimez qu'elle au monde ?

FONTANARÈS.

Elle seule ! (Faustine et Avaloros se parlent.)

DON FRÉGOSE.

Tu ne m'avais jamais dit cela. Compte sur moi, jeune homme, je te suis tout acquis.

MONIPODIO.

Ils s'arrangent, nous sommes perdus. Je vais me sauver en France avec l'invention.

SCÈNE V.

QUINOLA, FONTANARÈS, FAUSTINE, AVALOROS.

FAUSTINE, à Fontanarès.

Eh bien! moi aussi je suis sans rancune, je donne une fête, venez-y; nous nous entendrons tous pour vous ménager un triomphe.

FONTANARÈS.

Madame, votre première faveur cachait un piége.

FAUSTINE.

Comme tous les sublimes rêveurs qui dotent l'humanité de leurs découvertes, vous ne connaissez ni le monde, ni les femmes.

FONTANARÈS, à part.

Il me reste à peine huit jours. (A Quinola.) Je vais me servir d'elle...

QUINOLA.

Comme vous vous servez de moi!

FONTANARÈS.

J'irai, Madame.

FAUSTINE.

Je dois en remercier Quinola. (Elle tend une bourse à Quinola.) Tiens. (A Fontanarès.) A bientôt.

SCÈNE VI.

FONTANARÈS, QUINOLA.

FONTANARÈS.

Cette femme est perfide comme le soleil en hiver. Oh! j'en veux au malheur, surtout pour éveiller la défiance. Y a-t-il donc des vertus dont il faut se déshabituer?

QUINOLA.

Comment, Monsieur, se défier d'une femme qui rehausse en or ses moindres paroles. Elle vous aime, voilà tout. Votre cœur est donc bien petit qu'il ne puisse loger deux amours?

FONTANARÈS.

Bah! Marie, c'est l'espérance, elle a réchauffé mon âme. Oui, je réussirai.

QUINOLA, à part.

Monipodio n'est plus là. (Haut.) Un raccommodement, Monsieur, est bien facile avec une femme qui s'y prête aussi facilement que madame Brancador.

FONTANARÈS.

Quinola!

QUINOLA.

Monsieur, vous me désespérez! Voulez-vous combattre la perfidie d'un amour habile avec la loyauté d'un amour aveugle? J'ai besoin du crédit de madame Brancador pour me débarrasser de Monipodio, dont les intentions me chagrinent. Cela fait, je vous réponds du succès, et vous épouserez alors votre Marie.

FONTANARÈS.

Et par quels moyens?

QUINOLA.

Eh! Monsieur, en montant sur les épaules d'un homme qui voit comme vous, très-loin, on voit plus loin encore. Vous êtes inventeur, moi je suis inventif. Vous m'avez sauvé de... vous savez! Moi, je vous sauverai des griffes de l'envie et des serres de la cupidité. A chacun son état. Voici de l'or, venez vous habiller, soyez beau, soyez fier, vous êtes à la veille du triomphe. Mais, là, soyez gracieux pour madame Brancador.

FONTANARÈS.

Au moins, Quinola, dis-moi comment?

QUINOLA.

Non, Monsieur, si vous saviez mon secret, tout serait perdu, vous avez trop de talent pour ne pas avoir la simplicité d'un enfant. (Ils sortent.)

Le théâtre change et représente les salons de madame Brancador.

SCÈNE VII.

FAUSTINE, seule.

Voici donc venue l'heure à laquelle ont tendu tous mes efforts depuis quatorze mois. Dans quelques moments, Fontanarès verra Marie à jamais perdue pour lui. Avaloros, Sarpi et moi, nous avons endormi le génie et amené l'homme à la veille de son expérience, les mains vides. Oh! le voilà bien à moi comme je le voulais. Mais revient-on du mépris à l'amour? Non, jamais. Ah! il ignore que, depuis an, je suis son adversaire, et voilà le malheur, il me haïrait alors. La haine n'est pas le contraire de l'amour, c'en est l'envers. Il saura tout : je me ferai haïr.

SCÈNE VIII.

FAUSTINE, PAQUITA.

PAQUITA.

Madame, vos ordres sont exécutés à merveille par Monipodio. La senorita Lothundiaz apprend en ce moment, par sa duègne, le péril où va se trouver ce soir le seigneur Fontanarès.

FAUSTINE.

Sarpi doit être venu, dis-lui que je veux lui parler.

(Paquita sort.)

SCÈNE IX.

FAUSTINE, seule.

Ecartons Monipodio! Quinola tremble qu'il n'ait reçu l'ordre de se défaire de Fontanarès; c'est déjà trop que d'avoir à le craindre.

SCÈNE X.

FAUSTINE, FRÉGOSE.

FAUSTINE.

Vous venez à propos, Monsieur, je veux vous demander une grâce.

DON FRÉGOSE.

Dites que vous m'en voulez faire une.

FAUSTINE.

Dans deux heures, Monipodio ne doit pas être dans Barcelone, ni même en Catalogne; envoyez-le en Afrique.

DON FRÉGOSE.

Que vous a-t-il fait?

FAUSTINE.

Rien

DON FRÉGOSE.

Eh bien! pourquoi?...

FAUSTINE.

Mais parce que... Comprenez-vous?

DON FRÉGOSE.

Vous allez être obéie. (Il écrit.)

SCÈNE XI.

LES MÊMES, SARPI.

FAUSTINE.

Mon cousin, n'avez-vous pas les dispenses nécessaires pour célébrer à l'instant votre mariage avec Marie Lothundiaz?

SARPI.

Et par les soins du bonhomme, le contrat est tout prêt.

FAUSTINE.

Eh bien! prévenez au couvent des Dominicains, à minuit vous épouserez, et de son consentement, la riche héritière; elle acceptera tout, en voyant (bas à Sarpi) Fontanarès entre les mains de la justice.

SARPI.

Je comprends, il s'agit seulement de le venir arrêter. Ma fortune est maintenant indestructible! Et... je vous la dois. (A part.) Quel levier que la haine d'une femme!

DON FRÉGOSE.

Sarpi, faites exécuter sévèrement cet ordre, et sans retard.

(Sarpi sort.)

SCÈNE XII.

LES PRÉCÉDENTS, moins SARPI.

DON FRÉGOSE.

Et notre mariage, à nous?

FAUSTINE.

Monseigneur, mon avenir est tout entier dans cette fête : vous aurez ma décision ce soir. (Fontanarès paraît.) (A part.) Oh! le voici. (A Frégose.) Si vous m'aimez, laissez-moi.

DON FRÉGOSE.

Seule avec lui.

FAUSTINE.

Je le veux!

DON FRÉGOSE.

Après tout, il n'aime que sa Marie Lothundiaz.

SCÈNE XIII.

FAUSTINE, FONTANARÈS.

FONTANARÈS.

Le palais du roi d'Espagne n'est pas plus splendide que le vôtre, adame, et vous y déployez des façons de souveraine.

FAUSTINE.

Écoutez, cher Fontanarès.

FONTANARÈS.

Cher?... Ah! Madame, vous m'avez appris à douter de ces mots-là!

FAUSTINE.

Vous allez enfin connaître celle que vous avez si cruellement insultée. Un affreux malheur vous menace. Sarpi, en agissant contre vous, comme il le fait, exécute les ordres d'un pouvoir terrible, et cette fête pourrait être, sans moi, le baiser de Judas. On vient de me confier qu'à votre sortie, et peut-être ici même, vous serez arrêté, jeté dans une prison, et votre procès commencera... pour ne jamais finir. Est-ce en une nuit qui vous reste que vous remettrez en état le vaisseau que vous avez perdu? Quant à votre œuvre, elle est impossible à recommencer. Je veux vous sauver, vous et votre gloire, vous et votre fortune.

FONTANARÈS.

Vous! et comment?

FAUSTINE.

Avaloros a mis à ma disposition un de ses navires, Monipodio m'a donné ses meilleurs contrebandiers; allons à Venise, la République vous fera patricien, et vous donnera dix fois plus d'or que l'Espagne ne vous en a promis... (Apart.) Et ils ne viennent pas.

FONTANARÈS.

Et Marie? si nous l'enlevons, je crois en vous.

FAUSTINE.

Vous pensez à elle au moment où il faut choisir entre la vie et la mort. Si vous tardez, nous pouvons être perdus.

FONTANARÈS.

Nous?... Madame.

SCÈNE XIV.

LES MÊMES, Des gardes paraissent à toutes les portes. Un alcade se présente.

SARPI.

SARPI.

Faites votre devoir!

L'ALCADE, à Fontanarès.

Au nom du roi, je vous arrête.

FONTANARÈS.

Voici l'heure de la mort venue!... Heureusement j'emporte mon secret à Dieu, et j'ai pour linceul mon amour.

SCÈNE XV.

LES MÊMES, MARIE, LOTHUNDIAZ.

MARIE.

On ne m'a donc pas trompée, vous êtes la proie de vos ennemis! A moi donc, cher Alfonse, de mourir pour toi, et de quelle mort? Ami, le ciel est jaloux des amours parfaites, il nous dit par ces cruels événements, que nous appelons des hasards, qu'il n'est de bonheur que près de Dieu. Toi...

SARPI.

Senora!

LOTHUNDIAZ.

Ma fille!

MARIE.

Vous m'avez laissée libre en cet instant, le dernier de ma vie! je tiendrai ma promesse, tenez les vôtres. Toi, sublime inventeur, tu auras les obligations de ta grandeur, les combats de ton ambition, maintenant légitime : cette lutte occupera ta vie; tandis que la comtesse Sarpi mourra lentement et obscurément entre les quatre murs de sa maison... Mon père, et vous, comte, il est bien entendu que, pour prix de mon obéissance, la vice-royauté de Catalogne accorde au seigneur Fontanarès un nouveau délai d'un an pour son expérience.

FONTANARÈS.

Marie, vivre sans toi?

MARIE.

Vivre avec ton bourreau!

FONTANARÈS.

Adieu, je vais mourir.

MARIE.

N'as-tu pas fait une promesse solennelle au roi d'Espagne, au monde! (Bas.) Triomphe! nous mourrons après.

FONTANARÈS.

Ne sois point à lui, j'accepte.

MARIE.

Mon père, accomplissez votre promesse.

FAUSTINE.

J'ai triomphé!

LOTHUNDIAZ.

(Bas.) Misérable séducteur! (Haut.) Voici dix mille sequins. (Bas.) Infâme! (Haut.) Un an des revenus de ma fille. (Bas.) Que la peste t'étouffe! (Haut.) Dix mille sequins que sur cette lettre, le seigneur Avaloros vous comptera.

FONTANARÈS.

Mais, Monseigneur, le vice-roi consent-il à ces arrangements?...

SARPI.

Vous avez publiquement accusé la vice-royauté de Catalogne de faire mentir les promesses du roi d'Espagne, voici sa réponse : (Il tire un papier) une ordonnance qui, dans l'intérêt de l'Etat, suspend toutes les poursuites de vos créanciers, et vous accorde un an pour réaliser votre entreprise.

FONTANARÈS.

Je serai prêt.

LOTHUNDIAZ.

Il y tient! Venez ma fille : on nous attend aux Dominicains, et Monseigneur nous fait l'honneur d'assister à la cérémonie.

MARIE.

Déjà!

FAUSTINE, à Paquita.

Cours, et reviens me dire quand ils seront mariés.

SCÈNE XVI.

FAUSTINE, FONTANARÈS.

FAUSTINE, à part.

Il est là, debout comme un homme devant un précipice et poursuivi par des tigres. (Haut.) Pourquoi n'êtes-vous pas aussi grand que votre pensée? N'y a-t-il donc qu'une femme dans le monde?

FONTANARÈS.

Eh! croyez-vous, Madame, qu'un homme arrache un pareil amour de son cœur, comme une épée de son fourreau?

FAUSTINE.

Qu'une femme vous aime et vous serve, je le conçois. Mais aimer, pour vous, c'est abdiquer. Tout ce que les plus grands hommes ont tous et toujours souhaité : la gloire, les honneurs, la fortune, et plus que tout cela!... une souveraineté au-dessus des renversements populaires, celle du génie; voilà le monde des César, des Lucullus et des Luther devant vous!... Et vous avez mis entre vous et cette magnifique existence, un amour digne d'un étudiant d'Alcala. Né géant, vous vous faites nain à plaisir. Mais un homme de génie a, parmi toutes les femmes, une femme spécialement créée pour lui. Cette femme doit être une reine aux yeux du monde, et pour lui une servante, souple comme les hasards de sa vie, gaie dans les souffrances, prévoyante dans le malheur comme dans la prospérité; surtout indulgente à ses caprices, connaissant le monde et ses tournants périlleux; capable enfin de ne s'asseoir dans le char triomphal qu'après l'avoir, s'il le faut traîné...

FONTANARÈS.

Vous avez fait son portrait.

FAUSTINE.

De qui?

FONTANARÈS.

De Marie.

FAUSTINE.

Cette enfant t'a-t-elle su défendre? A-t-elle deviné sa rivale? Celle qui t'a laissé conquérir est-elle digne de te garder? Une enfant qui s'est laissée mener pas à pas à l'autel où elle se donne en ce moment... Mais, moi, je serais déjà morte à tes pieds! Et à qui se donne-t-elle? à ton ennemi capital qui a reçu l'ordre de faire échouer ton entreprise.

FONTANARÈS.

Comment n'être pas fidèle à cet inépuisable amour, qui, par trois fois, est venu me secourir, me sauver, et qui, n'ayant plus qu'à s'offrir lui-même au malheur, s'immole d'une main en me tendant de l'autre, avec ceci (il montre la lettre), mon honneur, l'estime du roi, l'admiration de l'univers.

(Entre Paquita qui sort après avoir fait un signe à Faustine.)

FAUSTINE, à part.

Ah! la voilà comtesse Sarpi! (A Fontanarès.) Ta vie, ta gloire, ta fortune, ton honneur sont enfin dans mes mains, et Marie n'est plus entre nous.

FONTANARÈS.

Nous! nous!

FAUSTINE.

Ne me démens point, Alfonse! j'ai tout conquis de toi, ne me refuse pas ton cœur! tu n'auras jamais d'amour plus dévoué, plus soumis et plus intelligent; enfin, tu seras le grand homme que tu dois être.

FONTANARÈS.

Votre audace m'épouvante. (Il montre la lettre.) Avec cette somme je suis encore seul l'arbitre de ma destinée. Quand le roi verra quelle est mon œuvre et ses résultats, il fera casser le mariage obtenu par la violence, et j'aime assez Marie pour attendre.

FAUSTINE.

Fontanarès, si je vous aime follement, peut-être est-ce à cause de cette délicieuse simplicité, le cachet du génie...

FONTANARÈS.

Elle me glace quand elle sourit.

FAUSTINE.

Cet or! le tenez-vous?

FONTANARÈS.

Le voici.

FAUSTINE.

Et vous l'aurais-je laissé donner, si vous l'aviez dû prendre? Demain, vous trouverez tous vos créanciers entre vous et cette somme que vous leur devez. Sans or, que pourrez-vous? Votre lutte recommence! Mais ton œuvre, grand enfant! n'est pas dispersée, elle est à moi: mon Mathieu Magis en est l'acquéreur, je la tiens sous mes pieds, dans mon palais. Je suis la seule qui ne te volera ni ta gloire, ni ta fortune, ne serait-ce pas me voler moi-même?

FONTANARÈS.

Comment, c'est toi, Vénitienne maudite!...

FAUSTINE.

Oui... Depuis que tu m'as insultée, ici, j'ai tout conduit : et Magis et Sarpi, et tes créanciers, et l'hôte du Soleil-d'Or, et les ouvriers! Mais combien d'amour dans cette fausse haine! N'as-tu donc pas été réveillé par une larme, la perle de mon repentir, tombée de mes paupières, durant ton sommeil, quand je t'admirais, toi, mon martyr adoré!

FONTANARÈS.

Non, tu n'es pas une femme...

FAUSTINE.

Ah! il y a plus qu'une femme, dans une femme qui aime ainsi.

FONTANARÈS.

... Et, comme tu n'es pas une femme, je puis te tuer.

FAUSTINE.

Pourvu que ce soit de ta main! (A part.) Il me hait!

FONTANARÈS.

Je cherche...

FAUSTINE.

Est-ce quelque chose que je puisse trouver?

FONTANARÈS.

... Un supplice aussi grand que ton crime.

FAUSTINE.

Y a-t-il des supplices pour une femme qui aime? Eprouve-moi, va!

FONTANARÈS.

Tu m'aimes, Faustine, suis-je bien toute ta vie? Mes douleurs sont-elles bien les tiennes.

FAUSTINE.

Une douleur chez toi devient mille douleurs chez moi.

FONTANARÈS.

Si je meurs, tu mourras... Eh bien! quoique ta vie ne vaille pas l'amour que je viens de perdre, mon sort est fixé.

FAUSTINE.

Ah!

FONTANARÈS.

J'attendrai, les bras croisés, le jour de mon arrêt. Du même coup, l'âme de Marie et la mienne iront au ciel.

FAUSTINE se jette aux pieds de Fontanarès.

Alfonso! je reste à tes pieds jusqu'à ce que tu m'aies promis...

FONTANARÈS.

Eh! courtisane infâme, laisse-moi. (Il la repousse.)

FAUSTINE.

Vous l'avez dit en pleine place publique : les hommes insultent ce qu'ils doivent plus tard adorer.

SCÈNE XVII.

LES MÊMES, FRÉGOSE.

DON FRÉGOSE.

Misérable artisan! si je ne te passe pas mon épée à travers du cœur, c'est pour te faire expier plus chèrement cette insulte.

FAUSTINE.

Don Frégose! j'aime cet homme : qu'il fasse de moi son esclave ou sa femme, mon amour doit lui servir d'égide.

FONTANARÈS.

De nouvelles persécutions, Monseigneur? vous me comblez de joie. Frappez sur moi mille coups, ils se multiplieront, dit-elle, dans son cœur. Allez!

SCÈNE XVIII.

LES PRÉCÉDENTS, QUINOLA.

QUINOLA.

Monsieur!

FONTANARÈS.

Viens-tu me trahir aussi, toi?

QUINOLA.

Monipodio vogue vers l'Afrique avec des recommandations aux mains et aux pieds.

FONTANARÈS.

Eh bien?

QUINOLA.

Soi-disant pour vous voler, nous avons à nous deux fabriqué, payé une machine, cachée dans une cave.

FONTANARÈS.

Ah! un ami véritable rend le désespoir impossible. (Il embrasse Quinola.) (A Frégose.) Monseigneur, écrivez au roi, bâtissez sur le port un amphitéâtre pour deux cent mille spectateurs; dans dix jours, j'accomplis ma promesse, et l'Espagne verra marcher un vaisseau par la vapeur, contre les vagues et le vent. J'attendrai une tempête pour la dompter.

FAUSTINE, à Quinola.

Tu as fabriqué une...

QUINOLA.

Non, j'en ai fabriqué deux, en cas de malheur.

FAUSTINE.

De quels démons t'es-tu donc servi?

QUINOLA.

Des trois enfants de Job : Silence, Patience et Constance.

SCÈNE XIX.

FAUSTINE, FRÉGOSE.

DON FRÉGOSE, à part.

Elle est odieuse, et je l'aime toujours.

FAUSTINE.

Je veux me venger, m'aiderez-vous?

DON FRÉGOSE.

Oui, nous le perdrons.

FAUSTINE.

Ah! vous m'aimez quand même, vous!

DON FRÉGOSE.

Hélas! après cet éclat, pouvez-vous être marquise de Frégose?

FAUSTINE.

Oh! si je le voulais...

DON FRÉGOSE.

Je puis disposer de moi; de mes aïeux, jamais.

FAUSTINE.

Un amour qui a des bornes, est-ce l'amour? Adieu, Monseigneur : je me vengerai à moi seule.

DON FRÉGOSE.

Chère Faustine !

FAUSTINE.

Chère?

DON FRÉGOSE.

Oui, bien chère, et maintenant et toujours! Dès cet instant, il ne me reste de Frégose qu'un pauvre vieillard qui sera malheureusement bien vengé par ce terrible artisan. Ma vie à moi est finie. Ne me renvoyez point ces tableaux que j'ai eu tant de bonheur à vous offrir. (A part.) Elle en aura bientôt besoin. (Haut.) Ils vous rappelleront un homme de qui vous vous êtes joué, mais qui le savait et qui vous pardonnait; car dans son amour, il y avait aussi de la paternité.

FAUSTINE.

Si je n'étais pas si furieuse, vraiment, don Frégose, vous m'attendririez; mais il faut savoir choisir ses moments pour nous faire pleurer.

DON FRÉGOSE.

Jusqu'au dernier instant, j'aurai tout fait mal à propos, même mon testament.

FAUSTINE.

Eh bien ! si je n'aimais pas, mon ami, votre touchant adieu vous vaudrait et ma main et mon cœur; car sachez-le, je puis encore être une noble et digne femme.

DON FRÉGOSE.

Oh ! écoutez ce mouvement vers le bien, et n'allez pas, les yeux fermés, dans un abîme.

FAUSTINE.

Vous voyez bien que je puis toujours être marquise de Frégose.
(Elle sort en riant.)

SCÈNE XX.

FRÉGOSE, seul.

Les vieillards ont bien raison de ne pas avoir de cœur !

FIN DU QUATRIÈME ACTE.

ACTE CINQUIÈME

Le théâtre représente la terrasse de l'hôtel de ville de Barcelone, de chaque côté duquel sont des pavillons. La terrasse qui donne sur la mer est terminée par un balcon régnant au fond de la scène. On voit la haute mer, les mâts du vaisseau du port. On entre par la droite et par la gauche.
Un grand fauteuil, des siéges et une table se trouvent à la droite du spectateur.
On entend le bruit des acclamations d'une foule immense.
Faustine regarde, appuyée au balcon, le bateau à vapeur. Lothundiaz est à gauche, plongé dans la stupéfaction; don Frégose est à droite avec le secrétaire qui a dressé le procès-verbal de l'expérience. Le grand inquisiteur occupe le milieu de la scène.

SCÈNE PREMIÈRE.

LOTHUNDIAZ, LE GRAND INQUISITEUR, DON FRÉGOSE.

DON FRÉGOSE.

Je suis perdu, ruiné, déshonoré! Aller tomber aux pieds du roi, je le trouverais impitoyable.

LOTHUNDIAZ.

A quel prix ai-je acheté la noblesse! Mon fils est mort en Flandre dans une embuscade, et ma fille se meurt; son mari, le gouverneur du Roussillon, n'a pas voulu lui permettre d'assister au triomphe de ce démon de Fontanarès. Elle avait bien raison de me dire que je me repentirais de mon aveuglement volontaire.

LE GRAND INQUISITEUR, à don Frégose.

Le saint-office a rappelé vos services au roi; vous irez comme vice-roi au Pérou, vous pourrez y rétablir votre fortune; mais achevez votre ouvrage : écrasons l'inventeur pour étouffer cette funeste invention.

DON FRÉGOSE.

Et comment? Ne dois-je pas obéir aux ordres du roi, du moins ostensiblement.

LE GRAND INQUISITEUR.

Nous vous avons préparé les moyens d'obéir à la fois au saint-office et au roi. Vous n'avez qu'à m'obéir. (A Lothundiaz.) Comte Lohundiaz, en qualité de premier magistrat municipal de Barcelone, vous offrirez au nom de la ville une couronne d'or à don Ramon, l'auteur de la découverte dont le résultat assure à l'Espagne la domination de la mer.

LOTHUNDIAZ, étonné.

A don Ramon?

LE GRAND INQUISITEUR et DON FRÉGOSE.

A don Ramon.

DON FRÉGOSE.

Vous le complimenterez.

LOTHUNDIAZ.

Mais.....

LE GRAND INQUISITEUR.

Ainsi le veut le saint-office.

LOTHUNDIAZ, pliant le genou.

Pardon !

DON FRÉGOSE.

Qu'entendez-vous crier par le peuple?

(On crie : vive don Ramon.)

LOTHUNDIAZ.

Vive don Ramon. Eh bien ! tant mieux, je serai vengé du mal que je me suis fait à moi-même.

SCÈNE II.

LES MÊMES, DON RAMON, MATHIEU MAGIS, L'HOTE DU SOLEIL-D'OR, COPPOLUS, CARPANO, ESTEBAN, GIRONE, et tout le peuple.

Tous les personnages et le peuple forment un demi-cercle au centre duquel arrive don Ramon.

LE GRAND INQUISITEUR.

Au nom du roi d'Espagne, de Castille et des Indes, je vous adresse, don Ramon, les félicitations dues à votre beau génie.

(Il le conduit au fauteuil.)

DON RAMON.

Après tout, l'autre est la main, je suis la tête. L'idée est au-dessus du fait. (A la foule.) Dans un pareil jour, la modestie serait injurieuse pour les honneurs que j'ai conquis à force de veilles, et l'on doit se montrer fier du succès.

LOTHUNDIAZ.

Au nom de la ville de Barcelone, don Ramon, j'ai l'honneur de vous offrir cette couronne due à votre persévérance et à l'auteur d'une invention qui donne l'immortalité.

SCÈNE III.

LES MÊMES, FONTANARÈS.

Il entre, ses vêtements souillés par le travail de son expérience.

DON RAMON.

J'accepte... (Il aperçoit Fontanarès) à la condition de la partager avec le courageux artisan qui m'a si bien secondé dans mon entreprise.

FAUSTINE.

Quelle modestie!

FONTANARÈS.

Est-ce une plaisanterie?

TOUS.

Vive don Ramon!

COPPOLUS.

Au nom des commerçants de la Catalogne, don Ramon, nous venons vous prier d'accepter cette couronne d'argent, gage de leur reconnaissance pour une découverte, source d'une prospérité nouvelle.

TOUS.

Vive don Ramon!

DON RAMON.

C'est avec un sensible plaisir que je vois le commerce comprendre l'avenir de la vapeur.

FONTANARÈS.

Avancez, mes ouvriers. Entrez, fils du peuple, dont les mains ont élevé mon œuvre, donnez-moi le témoignage de vos sueurs et de vos veilles! Vous qui n'avez reçu que de moi les modèles, parlez, qui de don Ramon ou de moi créa la nouvelle puissance que la mer vient de reconnaître?

ESTEBAN.

Ma foi! sans don Ramon, vous eussiez été dans un fameux embarras.

MATHIEU MAGIS.

Il y a deux ans, nous en causions avec don Ramon, qui me sollicitait de faire les fonds de cette expérience.

FONTANARÈS, à Frégose.

Monseigneur, quel vertige a saisi le peuple et les bourgeois de Barcelone? J'accours au milieu des acclamations qui saluent don Ramon, moi, tout couvert des glorieuses marques de mon travail, et je vous vois immobile, sanctionnant le vol le plus honteux qui se puisse consommer à la face du ciel et d'un pays... (Murmures.) Seul, j'ai risqué ma tête. Le premier, j'ai fait une promesse au roi d'Espagne, seul je l'accomplis, et je trouve à ma place don Ramon, un ignorant! (Murmures.)

DON FRÉGOSE.

Un vieux soldat ne se connaît guère aux choses de la science, et doit accepter les faits accomplis. La Catalogne entière reconnaît à don Ramon la priorité de l'invention, et tout le monde ici déclare que sans lui vous n'eussiez rien pu faire; mon devoir est d'instruire Sa Majesté le roi d'Espagne de ces circonstances.

FONTANARÈS.

La priorité! oh! une preuve?

LE GRAND INQUISITEUR.

La voici! Dans son traité sur la fonte des canons, don Ramon parle d'une invention appelée tonnerre par Léonard de Vinci, votre maître, et dit qu'elle peut s'appliquer à la navigation.

DON RAMON.

Ah! jeune homme, vous aviez donc lu mes traités?...

FONTANARÈS, à part.

Oh! toute ma gloire pour une vengeance!

SCÈNE IV.

LES MÊMES, QUINOLA.

QUINOLA.

Monsieur, la poire était trop belle, il s'y trouve un ver.

FONTANARÈS.

Quoi?...

QUINOLA.

L'enfer nous a ramené, je ne sais comment, Monipodio altéré de vengeance; il est dans le navire avec une bande de démons, et va le couler si vous ne lui assurez dix mille sequins.

FONTANARÈS. Il plie le genou.

Ah! merci. Océan que je voulais dompter, je ne trouve donc

que toi pour protecteur : tu vas garder mon secret jusque dans l'éternité. (A Quinola.) Fais que Monipodio gagne la pleine mer, et qu'il y engloutisse le navire à l'instant.

QUINOLA.

Ah ça! voyons, entendons-nous? qui de vous ou de moi perd sa tête?

FONTANARÈS.

Obéis!

QUINOLA.

Mais, mon cher maître...

FONTANARÈS.

Il va de ta vie et de la mienne.

QUINOLA.

Obéir sans comprendre; pour une première fois, je me risque.

(Il sort.)

SCÈNE V.

LES MÊMES, moins QUINOLA.

FONTANARÈS, à don Frégose.

Monseigneur, laissons de côté la question de priorité qui sera facilement jugée; il doit m'être permis de retirer ma tête de ce débat, et vous ne sauriez me refuser le procès-verbal que voici, car il contient ma justification auprès du roi d'Espagne, notre maître.

DON RAMON.

Ainsi vous reconnaissez mes titres?...

FONTANARÈS.

Je reconnais tout ce que vous voudrez, même que O plus O est un binome.

DON FRÉGOSE, après s'être consulté avec le grand inquisiteur.

Votre demande est légitime. Voici le procès-verbal en règle, nous gardons l'original.

FONTANARÈS.

J'ai donc la vie sauve. Vous tous ici présents, vous regardez don Ramon comme le véritable inventeur du navire qui vient de marcher par la vapeur en présence de deux cent mille Espagnols.

TOUS.

Oui...

(Quinola se montre.)

FONTANARÈS.

Eh bien! don Ramon a fait le prodige, don Ramon pourra le recommencer (on entend un grand bruit); le prodige n'existe plus. Une telle puissance n'est pas sans danger; et le danger, que don Ramon ne soupçonnait pas, s'est déclaré pendant qu'il recueillait les récompenses. (Cris au dehors. Tout le monde retourne au balcon voir la mer.) Je suis vengé!

DON FRÉGOSE.

Que dira le roi?

LE GRAND INQUISITEUR.

La France est en feu, les Pays-Bas sont en pleine révolte, Calvin a remué l'Europe, le roi a trop d'affaires sur les bras pour s'occuper d'un vaisseau. Cette invention et la réforme, c'est trop à la fois. Nous échappons encore pour quelque temps à la voracité des peuples. (Tous sortent.)

SCÈNE VI.

QUINOLA, FONTANARÈS, FAUSTINE.

FAUSTINE.

Alfonse, je vous ai fait bien du mal!

FONTANARÈS.

Marie est morte, Madame : je ne sais plus ce que veulent dire les mots mal et bien.

QUINOLA.

Le voilà un homme.

FAUSTINE.

Pardonnez-moi, je me dévoue à votre nouvel avenir.

FONTANARÈS.

Pardon! ce mot est aussi effacé de mon cœur. Il y a des situations où le cœur se brise ou se bronze. J'avais naguère vingt-cinq ans; aujourd'hui, vous m'en avez donné cinquante. Vous m'avez fait perdre un monde, vous m'en devez un autre...

QUINOLA.

Oh! si nous tournons à la politique.

FAUSTINE.

Mon amour, Alfonso, ne vaut-il pas un monde?

FONTANARÈS.

Oui, car tu es un magnifique instrument et de destruction et de ruine. Maintenant, par toi je dompterai tout ceux qui jusqu'à présent m'ont fait obstacle : je te prends, non pour femme, mais pour esclave, et tu me serviras.

FAUSTINE.

Aveuglément.

FONTANARÈS.

Mais sans espoir de retour... tu le sais, il y a du bronze, là. (Il se frappe le cœur.) Tu m'as appris ce qu'est le monde! O monde des intérêts, de la ruse, de la politique et des perfidies, à nous deux maintenant !

QUINOLA.

Monsieur?

FONTANARÈS.

Eh bien ?

QUINOLA.

En suis-je ?

FONTANARÈS.

Toi, tu es le seul pour lequel il y ait encore une place dans mon cœur. A nous trois, nous allons...

FAUSTINE.

Où?

FONTANARÈS.

En France.

FAUSTINE.

Partons promptement; je connais l'Espagne, et l'on y doit méditer votre mort.

QUINOLA.

Les Ressources de Quinola sont au fond de l'eau; daignez excuser nos fautes, nous ferons sans doute beaucoup mieux à Paris. Décidément, je crois que l'enfer est pavé de bonnes inventions.

FIN DES RESSOURCES DE QUINOLA.

PAMÉLA GIRAUD

PIÈCE EN CINQ ACTES,

Représentée pour la première fois, à Paris, sur le théâtre de la Gaîté, le 26 septembre 1843.

PERSONNAGES.

LE GÉNÉRAL DE VERBY.
DUPRÉ, avocat.
M. ROUSSEAU.
JULES ROUSSEAU, son fils.
JOSEPH BINET.
LE PÈRE GIRAUD.
UN AGENT SUPÉRIEUR.
ANTOINE, domestique de Rousseau.
PAMÉLA GIRAUD.

MADAME veuve DU BROCARD.
MADAME ROUSSEAU.
MADAME GIRAUD.
JUSTINE, femme de chambre de madame Rousseau.
UN COMMISSAIRE DE POLICE.
UN JUGE D'INSTRUCTION.
AGENTS DE POLICE.
GENDARMES.

PAMÉLA GIRAUD

ACTE PREMIER

Le théâtre représente une mansarde et l'atelier d'une fleuriste. Au lever du rideau Paméla travaille, et Joseph Binet est assis. La mansarde va vers le fond du théâtre; la porte est à droite; à gauche une cheminée. La mansarde est coupée de manière à ce qu'en se baissant, un homme puisse tenir sous le toit au fond de la toile, à côté de la croisée.

PROLOGUE

SCÈNE PREMIÈRE.

PAMÉLA, JOSEPH BINET, JULES ROUSSEAU.

PAMÉLA.

Monsieur Joseph Binet.

JOSEPH.

Mademoiselle Paméla Giraud.

PAMÉLA.

Vous voulez donc que je vous haïsse?

JOSEPH.

Dame! si c'est le commencement de l'amour... haïssez-moi!

PAMÉLA.

Ah ça, parlons raison.

JOSEPH.

Vous ne voulez donc pas que je vous dise combien je vous aime?

PAMÉLA.

Ah! je vous dis tout net, puisque vous m'y forcez, que je ne veux pas être la femme d'un garçon tapissier.

JOSEPH.

Est-il nécessaire de devenir empereur, ou quelque chose comme ça, pour épouser une fleuriste?

PAMÉLA.

Non... Il faut être aimé, et je ne vous aime d'aucune manière.

JOSEPH.

D'aucune manière! Je croyais qu'il n'y avait qu'une manière d'aimer.

PAMÉLA.

Oui... mais il y a plusieurs manières de ne pas aimer. Vous pouvez être mon ami, sans que je vous aime.

JOSEPH.

Oh!

PAMÉLA.

Vous pouvez m'être indifférent...

JOSEPH.

Ah!

PAMÉLA.

Vous pouvez m'être odieux!... Et dans ce moment, vous m'ennuyez, ce qui est pis!

JOSEPH.

Je l'ennuie! moi qui me mets en cinq pour faire tout ce qu'elle veut.

PAMÉLA.

Si vous faisiez ce que je veux, vous ne resteriez pas ici.

JOSEPH.

Si je m'en vas... m'aimeriez-vous un peu?

PAMÉLA.

Mais puisque je ne vous aime que quand vous n'y êtes pas!

JOSEPH.

Si je ne venais jamais?

PAMÉLA.

Vous me feriez plaisir.

JOSEPH.

Mon Dieu! pourquoi, moi, premier garçon tapissier de M. Morel en place de devenir mon propre bourgeois, suis-je devenu amoureux de mademoiselle? Non... Je suis arrêté dans ma carrière...

JOSEPH. PAMÉLA.

Mais allez-vous en donc..... Vous n'êtes ici ni dans la rue ni chez vous.

(PAMÉLA GIRAUD.)

je rêve d'elle... j'en deviens bête. Si mon oncle savait!... Mais il y a d'autres femmes dans Paris, et... après tout, mademoiselle Paméla Giraud, qui êtes-vous, pour être ainsi dédaigneuse?

PAMÉLA.

Je suis la fille d'un pauvre tailleur ruiné, devenu portier. Je gagne de quoi vivre... si ça peut s'appeler vivre, en travaillant nuit et jour... à peine puis-je aller faire une pauvre petite partie aux Prés-Saint-Gervais, cueillir des lilas; et certes, je reconnais que le premier garçon de M. Morel est tout à fait au-dessus de moi.. je ne veux pas entrer dans une famille qui croirait se mésallier... les Binet!

JOSEPH.

Mais qu'avez-vous depuis huit ou dix jours, là, ma chère petite gentille mignonne de Paméla? il y a dix jours je venais tous les soirs vous tailler vos feuilles, je faisais les queues aux roses, les cœurs aux marguerites, nous causions, nous allions quelquefois au mélodrame nous régaler de pleurer... et j'étais le bon Joseph, mon petit Joseph... enfin un Joseph dans lequel vous trouviez l'étoffe d'un mari... Tout à coup... zeste! plus rien.

PAMÉLA.

Mais allez-vous-en donc... vous n'êtes là ni dans la rue, ni chez vous.

JOSEPH.

Eh bien! je m'en vais, Mademoiselle... on s'en va! je causerai dans la loge avec maman Giraud; elle ne demande pas mieux que de me voir entrer dans sa famille, elle; elle ne change pas d'idée!

PAMÉLA.

Eh bien! au lieu d'entrer dans sa famille, entrez dans sa loge, monsieur Joseph! allez causer avec ma mère, allez!... (Il sort.) Il les occupera peut-être assez pour que M. Adolphe puisse monter sans être vu. Adolphe Durand! le joli nom! c'est la moitié d'un roman! et le joli jeune homme! Enfin, depuis quinze jours, c'est une persécution... Je me savais bien un peu jolie; mais je ne me croyais pas si bien qu'il le dit. Ce doit être un artiste, un employé! Quel qu'il soit, il me plaît; il est si comme il faut! Pourtant si sa mine était trompeuse, si c'était quelqu'un de mal... car enfin cette lettre qu'il vient de me faire envoyer si mystérieusement.... (Elle la tire de son corset, et lisant :) Attendez-moi ce soir, soyez seule, et que personne ne me voie entrer si c'est possible; il s'agit de ma vie, et si vous saviez quel

« affreux malheur me poursuit!... » « Adolphe Durand. » Écrit au crayon. Il s'agit de sa vie... je suis dans une anxiété...

JOSEPH, revenant.

Tout en descendant l'escalier, je me suis dit : Pourquoi Paméla...   (Jules paraît.)

PAMÉLA.

Ah!

JOSEPH.

Quoi?   (Jules disparaît.)

PAMÉLA.

Il m'a semblé voir... J'ai cru entendre un bruit là-haut! Allez donc visiter le grenier au-dessus, là peut-être quelqu'un s'est-il caché! Avez-vous peur, vous?

JOSEPH.

Non.

PAMÉLA.

Eh bien! montez, fouillez! sans quoi je serai effrayée pendant toute la nuit.

JOSEPH.

J'y vais... je monterai sur le toit si vous voulez.

(Il entre à gauche par une petite porte qui conduit au grenier.)

PAMÉLA, l'accompagnant.

Allez. (Jules entre.) Ah! Monsieur, quel rôle vous me faites jouer!

JULES.

Vous me sauvez la vie, et peut-être ne le regretterez-vous pas! vous savez combien je vous aime!   (Il lui baise les mains.)

PAMÉLA.

Je sais que vous me l'avez dit; mais vous agissez...

JULES.

Comme avec une libératrice.

PAMÉLA.

Vous m'avez écrit... et cette lettre m'a ôté toute ma sécurité... Je ne sais plus ni qui vous êtes, ni ce qui vous amène.

JOSEPH, en dehors.

Mademoiselle, je suis dans le grenier... J'ai vu sur le toit

JULES.

Il va revenir... où me cacher?

PAMÉLA.

Mais vous ne pouvez rester ici!

JULES.

Vous voulez me perdre, Paméla!

PAMÉLA.

Le voici! Tenez... là!... (Elle le cache sous la mansarde.)

JOSEPH, revenant.

Vous n'êtes pas seule, Mademoiselle?

PAMÉLA.

Non... puisque vous voilà.

JOSEPH.

J'ai entendu quelque chose comme une voix d'homme... La voix monte!

PAMÉLA.

Dame! elle descend peut-être aussi... Voyez dans l'escalier...

JOSEPH.

Oh! je suis sûr...

PAMÉLA.

De rien. Laissez-moi, Monsieur; je veux être seule.

JOSEPH.

Avec une voix d'homme?

PAMÉLA.

Vous ne me croyez donc pas?

JOSEPH.

Mais j'ai parfaitement entendu.

PAMÉLA.

Rien.

JOSEPH.

Ah! Mademoiselle!

PAMÉLA.

Et si vous aimiez mieux croire les bruits qui vous passent par les oreilles que ce que je vous dis, vous ferez un fort mauvais mari... J'en sais maintenant assez sur votre compte...

JOSEPH.

Ça n'empêche pas que ce que j'ai cru entendre...

PAMÉLA.

Puisque vous vous obstinez, vous pouvez le croire... Oui, vous avez entendu la voix d'un jeune homme qui m'aime et qui fait tout ce que je veux... il disparaît quand il le faut, et il vient à volonté. Eh bien! qu'attendez-vous? croyez-vous que, s'il est ici, votre présence nous soit agréable? Allez demander à mon père et à ma mère quel est son nom... il a dû le leur dire en montant, lui et sa voix.

JOSEPH.

Mademoiselle Paméla, pardonnez à un pauvre garçon qui est

fou d'amour... Ce n'est pas le cœur que je perds, mais la tête, aussitôt qu'il s'agit de vous. Ne sais-je pas que vous êtes aussi sage que belle? que vous avez dans l'âme encore plus de trésors que vous n'en portez? Aussi... tenez, vous avez raison, j'entendrais dix voix, je verrais dix hommes là, que ça ne me ferait rien... mais un...

PAMÉLA.

Eh bien?

JOSEPH.

Un... ça me gênerait davantage. Mais je m'en vais; c'est pour rire que je vous dis tout ça... je sais bien que vous allez être seule. A revoir, mademoiselle Paméla; je m'en vas... j'ai confiance.

PAMÉLA, à part.

Il se doute de quelque chose.

JOSEPH, à part.

Il y a quelqu'un ici... je cours tout dire au père et à la mère Giraud. (Haut.) A revoir, mademoiselle Paméla. (Il sort.)

SCÈNE II.

PAMÉLA, JULES.

PAMÉLA.

Monsieur Adolphe, vous voyez à quoi vous m'exposez... Le pauvre garçon est un ouvrier plein de cœur; il a un oncle assez riche pour l'établir; il veut m'épouser, et en un moment j'ai perdu mon avenir... et pour qui? je ne vous connais pas, et à la manière dont vous jouez l'existence d'une jeune fille qui n'a pour elle que sa bonne conduite, je devine que vous vous en croyez le droit... Vous êtes riche, et vous vous moquez des gens pauvres!

JULES.

Non, ma chère Paméla... je sais qui vous êtes, et je vous ai appréciée... Je vous aime, je suis riche, et nous ne nous quitterons jamais. Ma voiture de voyage est chez un ami, à la porte Saint-Denis; nous irons la prendre à pied; je vais m'embarquer pour l'Angleterre. Venez, je vous expliquerai mes intentions, car le moindre retard pourrait m'être fatal.

PAMÉLA.

Quoi?

JULES.
Et vous verrez...
PAMÉLA.
Etes-vous dans votre bon sens, monsieur Adolphe? Après m'avoir suivie depuis un mois, m'avoir vue deux fois au bal, et m'avoir écrit des déclarations comme les jeunes gens de votre sorte en font à toutes les femmes, vous venez me proposer de but en blanc un enlèvement?
JULES.
Ah! mon Dieu! pas un instant de retard! vous vous repentiriez de ceci toute votre vie, et vous vous apercevrez trop tard de la perte que vous aurez faite.
PAMÉLA.
Mais, Monsieur, tout peut se dire en deux mots.
JULES.
Non... quand il s'agit d'un secret d'où dépend la vie de plusieurs hommes.
PAMÉLA.
Mais, Monsieur, s'il s'agit de vous sauver la vie, quoique je n'y comprenne rien, et qui que vous soyez, je ferai bien des choses; mais de quelle utilité puis-je vous être dans votre fuite? pourquoi m'emmener en Angleterre?
JULES.
Mais, enfant!... l'on ne se défie pas de deux amants qui s'enfuient!... et enfin, je vous aime assez pour oublier tout, et encourir la colère de mes parents... une fois mariés à Gretna-Green...
PAMÉLA.
Ah! mon Dieu!... moi, je suis toute bouleversée! un beau jeune homme qui vous presse... vous supplie... et qui parle d'épouser...
JULES.
On monte... Je suis perdu!... vous m'avez livré!...
PAMÉLA.
Monsieur Adolphe, vous me faites peur! que peut-il donc vous arriver?... Attendez... je vais voir.
JULES.
En tout cas, prenez ces vingt mille francs sur vous, ils seront plus en sûreté qu'entre les mains de la justice... Je n'avais qu'une demi-heure... et... tout est dit!
PAMÉLA.
Ne craignez rien... c'est mon père et ma mère!...

JULES.

Vous avez de l'esprit comme un ange... Je me fie à vous... mais songez qu'il faut sortir d'ici, sur-le-champ, tous deux; et je vous jure sur l'honneur qu'il n'en résultera rien que de bon pour vous.

SCÈNE III.

PAMÉLA, GIRAUD et MADAME GIRAUD.

PAMÉLA.

C'est décidément un homme en danger... et qui m'aime... deux raisons pour que je m'intéresse à lui!...

MADAME GIRAUD.

Eh bien! Paméla, toi, la consolation de tous nos malheurs, l'appui de notre vieillesse, notre seul espoir!

GIRAUD.

Une fille élevée dans des principes sévères.

MADAME GIRAUD.

Te tairas-tu, Giraud?... tu ne sais ce que tu dis.

GIRAUD.

Oui, madame Giraud.

MADAME GIRAUD.

Enfin, Paméla, tu étais citée dans tout le quartier, et tu pouvais devenir utile à tes parents dans leurs vieux jours!...

GIRAUD.

Digne du prix de vertu!...

PAMÉLA.

Mais je ne sais pas pourquoi vous me grondez?

MADAME GIRAUD.

Joseph vient de nous dire que tu cachais un homme chez toi.

GIRAUD.

Oui... une voix.

MADAME GIRAUD.

Silence, Giraud!... Paméla, n'écoutez pas votre père!

PAMÉLA.

Et vous, ma mère, n'écoutez pas Joseph.

GIRAUD.

Que te disais-je dans l'escalier, madame Giraud? Paméla sait combien nous comptons sur elle... elle veut faire un bon mariage, autant pour nous que pour elle; son cœur saigne de nous voir portiers, nous, l'auteur de ses jours!... elle est trop sensée pour faire une sottise... N'est-ce pas, mon enfant, tu ne démentiras pas ton père?

MADAME GIRAUD.

Tu n'as personne, n'est-ce pas, mon amour? car une jeune ouvrière qui a quelqu'un chez elle, à dix heures du soir... enfin... il y a de quoi perdre...

PAMÉLA.

Mais il me semble que si j'avais quelqu'un vous l'auriez vu passer.

GIRAUD.

Elle a raison.

MADAME GIRAUD.

Elle ne répond pas *ad rem*... Ouvre-moi la porte de cette chambre...

PAMÉLA.

Ma mère, arrêtez... vous ne pouvez entrer là, vous n'y entrer pas!... Ecoutez-moi : comme je vous aime, ma mère, et vo mon père, je n'ai rien à me reprocher!... et j'en fais serment vant Dieu!... cette confiance que vous avez eue si longtemps votre fille, vous ne la lui retirerez pas en un instant!...

MADAME GIRAUD.

Mais pourquoi ne pas nous dire?

PAMÉLA, à part.

Impossible!... s'ils voyaient ce jeune homme, bientôt tout le monde saurait...

GIRAUD, l'interrompant.

Nous sommes ses père et mère, et il faut voir!...

PAMÉLA.

Pour la première fois, je vous désobéis!... mais vous m'y forcez!... ce logement, je le paye du fruit de mon travail!... Je suis majeure... maîtresse de mes actions.

MADAME GIRAUD.

Ah! Paméla!... vous en qui nous avions mis toutes nos espérances!...

GIRAUD.

Mais tu te perds!... et je resterai portier durant mes vieux ours!

PAMÉLA.

Ne craignez rien!... oui, il y a quelqu'un ici; mais silence!...

vous allez retourner à la loge, en bas... vous direz à Joseph qu'il ne sait ce qu'il dit, que vous avez fouillé partout, qu'il n'y a personne chez moi ; vous le renverrez... alors, vous verrez ce jeune homme ; vous saurez ce que je compte faire... et vous garderez le plus profond secret sur tout ceci.

GIRAUD.

Malheureuse !... pour quoi prends-tu ton père ? (Il aperçoit les billets de banque sur la table.) Ah ! qu'est-ce que c'est que cela ? des billets de banque !

MADAME GIRAUD.

Des billets !... (Elle s'éloigne de Paméla.) Paméla, d'où avez-vous cela ?

PAMÉLA.

Je vous l'écrirai.

GIRAUD.

Nous l'écrire !... elle va donc se faire enlever ?

SCÈNE IV.

LES MÊMES, JOSEPH BINET, entrant.

JOSEPH.

J'étais bien sûr que c'était pas grand'chose de bon... c'est un chef de voleurs, un brigand... La gendarmerie, la police, la justice, tout le tremblement, la maison est cernée !

JULES, paraissant.

Je suis perdu !

PAMÉLA.

J'ai fait tout ce que j'ai pu !

GIRAUD.

Ah ! çà, qui êtes-vous, Monsieur ?

JOSEPH.

Êtes-vous un...

MADAME GIRAUD.

Parlez !

JULES.

Sans cet imbécile, j'étais sauvé !... vous aurez la perte d'un homme à vous reprocher.

PAMÉLA.

Monsieur Adolphe, êtes-vous innocent ?

ACTE I.

JULES.

Oui !

PAMÉLA.

Que faire ? (Indiquant la lucarne.) Ah ! par ici ; nous allons déjoue leurs poursuites ? (Elle ouvre la lucarne qui est occupée par des agents.)

JULES.

Il n'est plus temps !... Secondez-moi seulement... voici ce que vous direz : Je suis l'amant de votre fille, et je vous la demande en mariage... Je suis majeur... Adolphe Durand, fils d'un riche négociant de Marseille.

GIRAUD.

Un amour légitime et riche !... Jeune homme, je vous prends sous ma protection.

SCÈNE V.

LES MÊMES, LE COMMISSAIRE, LE CHEF DE LA POLICE, LES SOLDATS.

GIRAUD.

Monsieur, de quel droit entrez-vous dans une maison habitée... dans le domicile d'une enfant paisible ?...

JOSEPH.

Oui, de quel droit ?

LE COMMISSAIRE.

Jeune homme, ne vous inquiétez pas de notre droit !... vous étiez tout à l'heure très-complaisant, en nous indiquant où pouvait être l'inconnu, et vous voilà bien hostile.

PAMÉLA.

Mais que cherchez-vous ? que voulez-vous ?

LE COMMISSAIRE.

Vous savez donc que nous cherchons quelqu'un ?

GIRAUD.

Monsieur, ma fille n'a pas d'autre personne avec elle que son futur époux, monsieur...

LE COMMISSAIRE.

M. Rousseau.

PAMÉLA.

Monsieur Adolphe Durand.

GIRAUD.

Rousseau, connais pas... Monsieur est M. Adolphe Durand.

MADAME GIRAUD.

ils d'un négociant respectable de Marseille.

JOSEPH.

Ah! vous me trompiez!... ah!... voilà le secret de votre froiur, Mademoiselle, et monsieur est...

LE COMMISSAIRE, au chef de la police.

Ce n'est donc pas lui?

LE CHEF.

Mais si... J'en suis sûr!... (Aux gendarmes.) Exécutez mes ordres.

JULES.

Monsieur... je suis victime de quelque méprise... Je ne me nomme pas Jules Rousseau.

LE CHEF.

Ah! vous savez son prénom, que personne de nous n'a dit encore.

JULES.

Mais j'en ai entendu parler... Voici mes papiers, qui sont parfaitement en règle.

LE COMMISSAIRE.

Voyons, Monsieur!

GIRAUD.

Messieurs, je vous assure et vous affirme...

LE CHEF.

Si vous continuez sur ce ton, et que vous vouliez nous faire croire que monsieur est M. Adolphe Durand, fils d'un négociant de...

MADAME GIRAUD.

De Marseille...

LE CHEF.

Vous pourriez être tous arrêtés comme ses complices, écroués à la Conciergerie ce soir, et impliqués dans une affaire d'où l'on ne se sauvera pas facilement... Tenez-vous à votre personne?

GIRAUD.

Beaucoup!

LE CHEF.

Eh bien! taisez-vous.

MADAME GIRAUD.

Tais-toi donc, Giraud.

PAMÉLA.

Mon Dieu! pourquoi ne l'ai-je pas cru sur-le-champ?

LE COMMISSAIRE, à ses agents.

Fouillez Monsieur ! (On tend à l'agent le mouchoir de Jules.)

LE CHEF.

Marqué d'un J et d'un R... Mon cher Monsieur, vous n'êtes pas très-rusé !

JOSEPH.

Qu'est-ce qu'il peut avoir fait?... est-ce que vous en seriez, mamzelle?

PAMÉLA.

Vous serez cause de sa perte... ne me reparlez jamais !

LE CHEF.

Monsieur, voici la carte à payer de votre dîner... vous avez dîné au Palais-Royal, aux Frères-Provençaux... vous y avez écrit un billet au crayon, et ce billet vous l'avez envoyé ici par un de vos amis, M. Adolphe Durand, qui vous a prêté son passe-port... nous sommes sûrs de votre identité ; vous êtes M. Jules Rousseau.

JOSEPH.

Le fils du riche M. Rousseau, pour qui nous avons un ameublement.

LE COMMISSAIRE.

Taisez-vous !

LE CHEF.

Suivez-nous!

JULES.

Allons, Monsieur ! (A Giraud et à sa femme.) Pardonnez-moi l'ennui que je vous cause... et vous, Paméla, ne m'oubliez pas ! Si vous ne me revoyez plus, gardez ce que je vous ai remis et soyez heureuse.

GIRAUD.

Seigneur, mon Dieu !

PAMÉLA.

Pauvre Adolphe !

LE COMMISSAIRE, aux agents.

Restez... nous allons visiter cette mansarde et vous interrogeons !

JOSEPH BINET, avec horreur.

Ah! ah!... elle me préférait un malfaiteur !

Jules est remis aux mains des agents, et le rideau baisse.

FIN DU PREMIER ACTE.

ACTE DEUXIÈME

Le théâtre représente un salon. Antoine est occupé à parcourir les journaux.

SCÈNE PREMIÈRE.

ANTOINE, JUSTINE.

JUSTINE.

Eh bien! Antoine, avez-vous lu les journaux?

ANTOINE.

N'est-ce pas une pitié, que nous autres domestiques nous ne puissions savoir ce qui se passe relativement à M. Jules que par les journaux?

JUSTINE.

Mais, monsieur, madame et mademoiselle du Brocard, leur sœur, ne savent rien... M. Jules a été pendant trois mois... comment ils appellent cela... être au secret?

ANTOINE.

Il paraît que le coup était fameux, il s'agissait de remettre l'autre...

JUSTINE.

Dire qu'un jeune homme qui n'avait qu'à s'amuser, qui devait un jour avoir les vingt mille livres de rente de sa tante, et la fortune de ses père et mère, qui va bien au double, se soit fourré dans une conspiration!

ANTOINE.

Je l'en estime, car c'était pour ramener l'empereur!... Faites-moi couper le cou si vous voulez... Nous sommes seuls... vous n'êtes pas de la police : Vive l'empereur!

JUSTINE.

Taisez-vous donc, vieille bête!... si l'on vous entendait, on nous arrêterait.

ANTOINE.

Je n'ai pas peur, Dieu merci!... mes réponses au juge d'instruction ont été solides; je n'ai pas compromis M. Jules, comme les traîtres qui l'ont dénoncé.

JUSTINE.

Mademoiselle du Brocard, qui doit avoir de fameuses économies, pourrait le faire sauver, avec tout son argent.

ANTOINE.

Ah! ouin!... depuis l'évasion de Lavalette, c'est impossible! ils sont devenus extrêmement difficiles aux portes des prisons, et ils n'étaient pas déjà si commodes... M. Jules la gobera, voyez-vous; ça sera un martyr. J'irai le voir. (On sonne. Antoine sort.)

JUSTINE.

Il l'ira voir! quand on a connu quelqu'un, je ne sais pas comment on a le cœur de... Moi, j'irai à la cour d'assises; ce pauvre enfant, je lui dois bien cela.

SCÈNE II.

DUPRÉ, ANTOINE, JUSTINE.

ANTOINE, à part, voyant entrer Dupré.

Ah! l'avocat. (Haut.) Justine, allez prévenir madame. (A part.) L'avocat ne me paraît pas facile. (Haut.) Monsieur, y a-t-il quelque espoir de sauver ce pauvre M. Jules?

DUPRÉ.

Vous aimez donc beaucoup votre jeune maître?

ANTOINE.

C'est si naturel!

DUPRÉ.

Que feriez-vous pour le sauver?

ANTOINE.

Tout, Monsieur!

DUPRÉ.

Rien!

ANTOINE.

Rien!... Je témoignerai tout ce que vous voudrez.

DUPRÉ.

Si l'on vous prenait en contradiction avec ce que vous avez déjà dit, et qu'il en résultât un faux témoignage, savez-vous ce que vous risqueriez?

ANTOINE.

Non, Monsieur.

DUPRÉ.

Les galères?

ANTOINE.

Monsieur, c'est bien dur!

DUPRÉ.

Vous aimeriez mieux le servir sans vous compromettre.

ANTOINE.

Y a-t-il un autre moyen?

DUPRÉ.

Non.

ANTOINE.

Eh bien! je me risquerai.

DUPRÉ, à part.

Du dévouement!

ANTOINE.

Monsieur ne peut pas manquer de me faire des rentes.

JUSTINE.

Voici madame.

SCÈNE III.

LES MÊMES, MADAME ROUSSEAU.

MADAME ROUSSEAU, à Dupré.

Ah! Monsieur, nous vous attendions avec une impatience! (A Antoine.) Antoine! vite, prévenez mon mari. (A Dupré.) Monsieur, je l'espère plus qu'en vous.

DUPRÉ.

Croyez, Madame, que j'entreprendrai tout...

MADAME ROUSSEAU.

Oh! merci... et d'ailleurs Jules n'est pas coupable... lui conspirer!... un pauvre enfant, comment peut-on le craindre, quand au moindre reproche il reste tremblant devant moi... moi, sa mère! Ah! Monsieur, dites que vous me le rendrez.

ROUSSEAU, entrant, à Antoine.

Oui, le général Verby... Je l'attends dès qu'il viendra. (A Dupré. Eh bien! mon cher monsieur Dupré...

DUPRÉ.

La bataille commence sans doute demain; aujourd'hui les préparatifs, l'acte d'accusation.

ROUSSEAU.

Mon pauvre Jules a-t-il donné prise?...

DUPRÉ.

Il a tout nié... et a parfaitement joué son rôle d'innocent ; mais nous ne pourrons opposer aucun témoignage à ceux qui l'accablent.

ROUSSEAU.

Ah ! Monsieur, sauvez mon fils, et la moitié de ma fortune est à vous.

DUPRÉ.

Si j'avais toutes les moitiés de fortune qu'on m'a promises... je serais trop riche.

ROUSSEAU.

Douteriez-vous de ma reconnaissance?

DUPRÉ.

J'attendrai les résultats, Monsieur.

MADAME ROUSSEAU.

Prenez pitié d'une pauvre mère !

DUPRÉ.

Madame, je vous le jure, rien n'excite plus ma curiosité, ma sympathie, qu'un sentiment réel, et à Paris le vrai est si rare, que je ne saurais rester insensible à la douleur d'une famille menacée de perdre un fils unique... Comptez sur moi.

ROUSSEAU.

Ah ! Monsieur !...

SCÈNE IV.

LES MÊMES, LE GÉNÉRAL DE VERBY, MADAME DU BROCARD.

MADAME DU BROCARD, amenant de Verby.

Venez, mon cher général.

DE VERBY, saluant Dupré.

Ah ! Monsieur... je viens seulement d'apprendre...

ROUSSEAU, présentant Dupré à de Verby.

Général, M. Dupré.   (Dupré et de Verby se saluent.)

DUPRÉ, à part, pendant que de Verby parle à Rousseau.

Le général d'antichambre; sans autre capacité que le nom de son frère, gentilhomme de la chambre : il ne me paraît pas être ici pour rien...

DE VERBY, à Dupré.

Monsieur est, selon ce que je viens d'entendre, chargé de la défense de M. Jules Rousseau dans la déplorable affaire...

DUPRÉ.

Oui, Monsieur... une déplorable affaire, car les vrais coupables ne sont pas en prison; la justice sévira contre les soldats, et les chefs sont, comme toujours, à l'écart... Vous êtes le général vicomte de Verby?

DE VERBY.

Le général Verby... Je ne prends pas de titre... mes opinions... Sans doute, vous connaissez l'instruction.

DUPRÉ.

Depuis trois jours seulement nous communiquons avec les accusés.

DE VERBY.

Et que pensez-vous de l'affaire?

TOUS.

Oui, parlez.

DUPRÉ.

D'après l'habitude que j'ai du Palais, je crois deviner qu'on espère obtenir des révélations en offrant des commutations de peine aux condamnés.

DE VERBY.

Les accusés sont tous des gens d'honneur.

ROUSSEAU.

Mais...

DUPRÉ.

Le caractère change en face de l'échafaud, surtout quand on a beaucoup à perdre.

DE VERBY, à part.

On ne devrait conspirer qu'avec des gens qui n'ont pas un sou.

DUPRÉ.

J'engagerai mon client à tout révéler.

ROUSSEAU.

Sans doute.

MADAME DU BROCARD.

Certainement.

MADAME ROUSSEAU.

Il le faut.

DE VERBY, inquiet.

Il n'y a donc aucune chance de salut pour lui?

DUPRÉ.

Aucune! le parquet peut démontrer qu'il était du nombre de ceux qui ont commencé l'exécution du complot.

DE VERBY.

J'aimerais mieux perdre la tête que l'honneur.

DUPRÉ.

C'est selon! si l'honneur ne vaut pas la tête.

DE VERBY.

Vous avez des idées...

ROUSSEAU.

Ce sont les miennes...

DUPRÉ.

Ce sont celles du plus grand nombre. J'ai vu faire beaucoup de choses pour sauver la tête... Il y a des gens qui mettent les autres en avant, qui ne risquent rien, et recueillent tout après le succès. Ont-ils de l'honneur ceux-là? est-on tenu à quelque chose envers eux?

DE VERBY.

A rien; ce sont des misérables.

DUPRÉ, à part.

Il a bien dit cela... cet homme a perdu le pauvre Jules... je veillerai sur lui.

SCÈNE V.

LES MÊMES, ANTOINE, puis JULES, amené par des agents.

ANTOINE.

Madame... Monsieur... une voiture vient de s'arrêter, des hommes en descendent... M. Jules est avec eux; on l'amène.

M. et MADAME ROUSSEAU.

Mon fils!

MADAME DU BROCARD.

Mon neveu!

DUPRÉ.

Oui... sans doute, une visite... des recherches dans ses papiers.

ANTOINE.

Le voici!

JULES paraît au fond, suivi par des agents et un juge d'instruction;
il court vers sa mère.

Ma mère! ma bonne mère! (Il embrasse sa mère.) Ah! je vous revois! (A mademoiselle du Brocard.) Ma tante!

MADAME ROUSSEAU.

Mon pauvre enfant! viens, viens... près de moi... ils n'oseront pas... (Aux agents qui s'avancent.) Laissez!... Ah! laissez-le.

ROUSSEAU, s'élançant vers eux.

De grâce!...

DUPRÉ, au juge d'instruction.

Monsieur...

JULES.

Ma bonne mère, calmez-vous... Bientôt je serai libre... oui, croyez-le... et nous ne nous quitterons plus.

ANTOINE, à Rousseau.

Monsieur, on demande à visiter la chambre de M. Jules.

ROUSSEAU, au juge d'instruction.

A l'instant, Monsieur... je vais moi-même... (A Dupré, montrant Jules.) Ne le quittez pas!...

(Il s'éloigne, conduisant le juge d'instruction, qui fait signe aux agents de surveiller Jules.)

JULES, prenant la main de de Verby.

Ah! général... (A Dupré.) Et vous, monsieur Dupré, si bon, si généreux, vous êtes venu consoler ma mère... (Bas.) Ah! cachez-lui le danger que je cours. (Haut, regardant sa mère.) Dites-lui la vérité... dites-lui qu'elle n'a rien à craindre.

DUPRÉ.

Je lui dirai qu'elle peut vous sauver.

MADAME ROUSSEAU.

Moi!

MADAME DU BROCARD.

Comment?

DUPRÉ, à madame Rousseau.

En le suppliant de révéler le nom de ceux qui l'ont fait agir.

DE VERBY, à Dupré.

Monsieur...

MADAME ROUSSEAU.

Oui, oh! tu le dois... Je l'exige, moi, ta mère.

MADAME DU BROCARD.

Oui... mon neveu dira tout... entraîné par des gens qui maintenant l'abandonnent, il peut à son tour...

DE VERBY, bas à Dupré.

Quoi! Monsieur, vous conseilleriez à votre client de trahir...

DUPRÉ, vivement.

Qui?...

DE VERBY, troublé.

Mais... ne peut-on trouver d'autres moyens?... M. Jules sait ce qu'un homme de cœur se doit à lui-même.

DUPRÉ, vivement, à part.

C'est lui... j'en étais sûr!

JULES, à sa mère et à sa tante.

Jamais, dussé-je périr... je ne compromettrai personne...

(Mouvement de joie de de Verby.)

MADAME ROUSSEAU.

Ah! mon Dieu! (Regardant les agents.) Et pas moyen de le faire fuir!

MADAME DU BROCARD.

Impossible!

ANTOINE, entrant.

Monsieur Jules... c'est vous qu'on demande.

JULES.

J'y vais!

MADAME ROUSSEAU.

Ah! je ne te quitte pas.

(Elle remonte et fait aux agents un geste de supplication.)

MADAME DU BROCARD, à Dupré, qui regarde attentivement de Verby.

Monsieur Dupré, j'ai pensé qu'il serait...

DUPRÉ, l'interrompant.

Plus tard... Mademoiselle, plus tard.

(Il la conduit vers Jules, qui sort avec sa mère, suivi des agents.)

SCÈNE VI.

DUPRÉ, DE VERBY.

DE VERBY, à part.

Ces gens sont tombés sur un avocat riche, sans ambition... et d'une bizarrerie...

DUPRÉ, redescendant et regardant de Verby, à part.

Maintenant, il me faut ton secret! (Haut.) Vous vous intéressez beaucoup à mon client, Monsieur.

DE VERBY.

Beaucoup!

DUPRÉ.

Je suis encore à comprendre quel intérêt a pu le conduire, riche, jeune, aimant le plaisir, à se jeter dans une conspiration...

DE VERBY.

La gloire!

DUPRÉ, souriant.

Ne dites pas ces choses-là à un avocat qui depuis vingt ans pratique le Palais; qui a trop étudié les hommes et les affaires pour ne pas savoir que les plus beaux motifs ne servent qu'à déguiser les plus petites choses, et qui n'a pas encore rencontré de cœurs exempts de calculs.

DE VERBY.

Et plaidez-vous gratis?

DUPRÉ.

Souvent; mais je ne plaide que selon mes convictions...

DE VERBY.

Monsieur est riche?

DUPRÉ.

J'avais de la fortune; sans cela, et dans le monde comme il est, j'eusse été droit à l'hôpital.

DE VERBY.

C'est donc par conviction que vous avez accepté la cause du jeune Rousseau?

DUPRÉ.

Je le crois la dupe de gens situés dans une région supérieure, et j'aime les dupes quand elles le sont noblement et non victimes de secrets calculs... car nous sommes dans un siècle où la dupe est aussi avide que celui qui l'exploite...

DE VERBY.

Monsieur appartient, je le vois, à la secte des misanthropes.

DUPRÉ.

Je n'estime pas assez les hommes pour les haïr, car je n'ai rencontré personne que je pusse aimer... Je me contente d'étudier mes semblables; je les vois tous jouant des comédies avec plus ou moins de perfection. Je n'ai d'illusion sur rien, il est vrai, mais je ris comme un spectateur du parterre quand il s'amuse... seulement je ne siffle pas, je n'ai pas assez de passion pour cela.

DE VERBY, à part.

Comment influencer un pareil homme? (Haut.) Mais, Monsieur, vous avez cependant besoin des autres.

ACTE II.

DUPRÉ.

Jamais !

DE VERBY.

Mais vous souffrez quelquefois.

DUPRÉ.

J'aime alors à être seul... D'ailleurs, à Paris, tout s'achète, même les soins ; croyez-moi, je vis parce que c'est un devoir... J'ai essayé de tout... charité, amitié, dévouement... les obligés m'ont dégoûté du bienfait, et certains philanthropes de la bienfaisance ; de toutes les duperies, celle du sentiment est la plus odieuse.

DE VERBY.

Et la patrie, Monsieur ?

DUPRÉ.

Oh ! c'est bien peu de chose, Monsieur, depuis qu'on a inventé l'humanité.

DE VERBY, découragé.

Ainsi, Monsieur, vous voyez dans Jules Rousseau un jeune enthousiaste ?

DUPRÉ.

Non, Monsieur, un problème à résoudre, et grâce à vous, j'y parviendrai. (Mouvement de de Verby.) Tenez, parlons franchement... je ne vous crois pas étranger à tout ceci.

DE VERBY.

Monsieur...

DUPRÉ.

Vous pouvez sauver ce jeune homme.

DE VERBY.

Moi ! comment ?

DUPRÉ.

Par votre témoignage corroboré de celui d'Antoine, qui m'a promis...

DE VERBY.

J'ai des raisons pour ne pas paraître....

DUPRÉ.

Ainsi... vous êtes de la conspiration.

DE VERBY.

Monsieur...

DUPRÉ.

Vous avez entraîné ce pauvre enfant.

DE VERBY.

Monsieur, ce langage...

DUPRÉ.

N'essayez pas de me tromper! Mais par quels moyens l'avez-vous séduit? Il est riche, il n'a besoin de rien.

DE VERBY.

Ecoutez, Monsieur... si vous dites un mot...

DUPRÉ.

Oh! ma vie ne sera jamais une considération pour moi!

DE VERBY.

Monsieur, vous savez très-bien que Jules s'en tirera, et vous lui feriez perdre, s'il ne se conduisait pas bien, la main de ma nièce, l'héritière du titre de mon frère, le gentilhomme de la chambre.

DUPRÉ.

Il est dit que ce jeune homme est encore un calculateur! Pensez, Monsieur, à ce que je vous propose. Vous avez des amis puissants, et c'est pour vous un devoir!...

DE VERBY.

Un devoir! Monsieur, je ne vous comprends pas.

DUPRÉ.

Vous avez su le perdre, et vous ne sauriez le sauver? (A part.) J le tiens.

DE VERBY.

Je réfléchirai, Monsieur, à cette affaire.

DUPRÉ.

Ne croyez pas pouvoir m'échapper.

DE VERBY.

Un général, qui n'a pas craint le danger, ne craint pas un avocat!...

DUPRÉ.

Comme vous voudrez! (De Verby sort, il se heurte avec Joseph.)

SCÈNE VII.

DUPRÉ, BINET.

BINET.

Monsieur, je n'ai su qu'hier que vous étiez le défenseur de M. Jules Rousseau; je suis allez chez vous, je vous ai attendu, mais vous êtes rentré trop tard; ce matin vous étiez scru, et comme je travaille pour la maison, je suis entré ici par une bonne inspiration, pensant que vous y viendriez, et je vous guettais...

DUPRÉ.

Que me voulez-vous?

BINET.

Je suis Joseph Binet.

DUPRÉ.

Eh bien! après?

BINET.

Monsieur, soit dit sans vous offenser, j'ai quatorze cents francs à moi... oh! bien à moi! gagnés sou à sou; je suis ouvrier tapissier, et mon oncle Dumouchel, ancien marchand de vin, a des sonnettes.

DUPRÉ.

Parlez donc clairement! que signifient ces préparations mystérieuses?

BINET.

Quatorze cents francs, c'est un denier, et on dit qu'il faut bien payer les avocats, et que c'est parce qu'on les paye bien qu'il y en a tant... J'aurais mieux fait d'être avocat, elle serait ma femme!

DUPRÉ.

Êtes-vous fou?

BINET.

Du tout. Mes quatorze cents francs, je les ai là; tenez, Monsieur, ce n'est pas une frime... ils sont à vous!

DUPRÉ.

Et comment?

BINET.

Si vous sauvez monsieur Jules... de la mort, s'entend... et si vous obtenez de le faire déporter. Je ne veux pas sa perte; mais il faut qu'il voyage... Il est riche, il s'amusera... Ainsi, sauvez sa tête... faites-le condamner à une simple déportation, quinze ans, par exemple, et mes quatorze cents francs sont à vous; je vous les donnerai de bon cœur, et je vous ferai par-dessus le marché un fauteuil de cabinet... Voilà!

DUPRÉ.

Dans quel but me parlez-vous ainsi?

BINET.

Dans quel but? j'épouserai Paméla... j'aurai ma petite Paméla.

DUPRÉ.

Paméla!

BINET.

Paméla Giraud.

DUPRÉ.

Quel rapport y a-t-il entre Paméla Giraud et Jules Rousseau?

BINET.

Ah! çà, moi qui croyais que les avocats étaient payés pour avoir de l'instruction et savaient tout... mais vous ne savez donc rien, Monsieur? Je ne m'étonne pas qu'il y en a qui disent que les avocats sont des ignorants. Mais je retire mes quatorze cents francs. Paméla s'accuse, c'est-à-dire m'accuse d'avoir livré sa tête au bourreau, et vous comprenez, s'il est sauvé surtout, s'il est déporté, je me marie, j'épouse Paméla, et comme le déporté ne se trouve pas en France, je n'ai rien à craindre dans mon ménage. Obtenez quinze ans; ce n'est rien, quinze ans pour voyager, et j'ai le temps de voir mes enfants grandis, et ma femme arrivée à un âge... Vous comprenez?...

DUPRÉ.

Il est naïf, au moins, celui-là... Ceux qui calculent ainsi à haute voix et par passion ne sont pas les plus mauvais cœurs.

BINET.

Ah! çà, qu'est-ce qu'il se dit? Un avocat qui se parle à lui-même, c'est comme un pâtissier qui mange sa marchandise... Monsieur?...

DUPRÉ.

Paméla l'aime donc, M. Jules?

BINET.

Dame! vous comprenez... tant qu'il sera dans cette position c'est bien intéressant.

DUPRÉ.

Ils se voyaient donc beaucoup?

BINET.

Trop!... Oh! si j'avais su, moi, je l'aurais bien fait sauver.

DUPRÉ.

Elle est belle?

BINET.

Qui?... Paméla?... c'te farce!... Ma Paméla!... comme l'Apollon du Belvédère.

DUPRÉ.

Gardez vos quatorze cents francs, mon ami, et si vous avez bon

ACTE II.

cœur, vous et votre Paméla, vous pourrez m'aider à le sauver; car il y va de le laisser ou de l'enlever à l'échafaud.

BINET.

Monsieur, n'allez pas dire un mot à Paméla; elle est au désespoir.

DUPRÉ.

Pourtant il faut faire en sorte que je la voie ce matin.

BINET.

Je lui ferai dire par son père et sa mère.

DUPRÉ.

Ah ! il y a un père et une mère ? (A part.) Cela coûtera beaucoup d'argent. (Haut.) Qui sont-ils ?

BINET.

D'honorables portiers.

DUPRÉ.

Bon !

BINET.

Le père Giraud est un tailleur ruiné.

DUPRÉ.

Bien... Allez les prévenir de ma visite... et sur toute chose, le plus profond secret, ou vous sacrifiez monsieur Jules.

BINET.

Je suis muet.

DUPRÉ.

Nous ne nous sommes jamais vus.

BINET.

Jamais.

DUPRÉ.

Allez.

BINET.

Je vais... (Il se trompe de porte.)

DUPRÉ.

Par là.

BINET.

Par là, grand avocat... Mais permettez-moi de vous donner un conseil : un petit bout de déportation ne lui ferait pas de mal, ç lui apprendrait à laisser le gouvernement tranquille.

SCÈNE VIII.

ROUSSEAU, MADAME ROUSSEAU, MADAME DU BROCARD, soutenue par Justine, DUPRÉ.

MADAME ROUSSEAU.

Pauvre enfant! quel courage!

DUPRÉ.

J'espère vous le conserver, Madame... mais cela ne se fera pas sans de grands sacrifices.

ROUSSEAU.

Monsieur, la moitié de notre fortune est à vous.

MADAME DU BROCARD.

Et la moitié de la mienne.

DUPRÉ.

Toujours des moitiés de fortune... Je vais essayer de faire mon devoir... après vous ferez le vôtre; nous nous verrons à l'œuvre. Remettez-vous, Madame, j'ai de l'espoir.

MADAME ROUSSEAU.

Ah! Monsieur, que dites-vous?

DUPRÉ.

Tout à l'heure votre fils était perdu... maintenant, je le crois, il peut être sauvé.

MADAME ROUSSEAU.

Que faut-il faire?

MADAME DU BROCARD

Que demandez-vous?

ROUSSEAU.

Comptez sur nous, nous vous obéirons.

DUPRÉ.

Je le verrai bien. Voici mon plan, et il triomphera devant les urés... Votre fils avait une intrigue de jeune homme avec une grisette, une certaine Paméla Giraud, une fleuriste, fille d'un portier.

MADAME DU BROCARD.

Des gens de rien!

DUPRÉ.

Aux genoux desquels vous allez être, car votre fils ne quittait pas cette jeune fille, et c'est là votre seul moyen de salut. Le soir même où le ministère public prétend qu'il conspirait, peut-être il l'aura vue. Si le fait est vrai, si elle déclare qu'il est resté près d'elle, si le père et la mère pressés de questions, si le rival de Jules auprès de Paméla confirme leur témoignage... alors nous pourrons espérer... entre une condamnation et un alibi, les jurés choisiront l'alibi.

MADAME ROUSSEAU, à part.

Ah! Monsieur, vous me rendez la vie.

ROUSSEAU.

Monsieur, notre reconnaissance est éternelle.

DUPRÉ, les regardant.

Quelle somme dois-je offrir à la fille, au père et à la mère?

MADAME DU BROCARD.

Ils sont pauvres?

DUPRÉ.

Mais enfin, il s'agit de leur honneur.

MADAME DU BROCARD.

Une fleuriste.

DUPRÉ, ironiquement.

Ce ne sera pas cher.

M. ROUSSEAU.

Que pensez-vous?

DUPRÉ.

Je pense que vous marchandez déjà la tête de votre fils.

MADAME DU BROCARD.

Mais, Monsieur Dupré, allez jusqu'à...

MADAME ROUSSEAU.

Jusqu'à...

DUPRÉ.

Jusqu'à...

M. ROUSSEAU.

Mais je ne comprends pas votre hésitation... Monsieur, tout ce que vous jugerez convenable.

DUPRÉ.

Ainsi, j'ai plein pouvoir... Mais quelle réparation lui offrirez-vous si elle livre son honneur pour vous rendre votre fils, qui, peut-être, lui a dit qu'il l'aimait?

MADAME ROUSSEAU.

Il l'épousera. Moi je sors du peuple, je ne suis pas marquise

MADAME DU BROCARD.

Que dites-vous là ? Et mademoiselle de Verby ?

MADAME ROUSSEAU.

Ma sœur, il faut le sauver.

DUPRÉ, à part.

Voilà une autre comédie qui commence ; et ce sera pour moi la dernière que je veuille voir... engageons-les. (Haut.) Peut-être ferez-vous bien de venir voir secrètement la jeune fille.

MADAME ROUSSEAU.

Oh ! oui, Monsieur, je veux aller la voir... la supplier... (Elle sonne.) Justine ! Antoine ! (Antoine paraît.) Vite !.... faites atteler.... hâtez-vous...

ANTOINE.

Oui, Madame.

MADAME ROUSSEAU.

Ma sœur, vous m'accompagnerez !... Ah ! Jules, mon pauvre fils !

MADAME DU BROCARD.

On le ramène.

SCÈNE IX.

LES MÊMES, JULES, ramené par les agents, puis DE VERBY.

JULES.

Ma mère... adi... Non ! à bientôt... bientôt...

(Rousseau et madame du Brocard embrassent Jules.)

DE VERBY, qui s'est approché de Dupré.

Je ferai, Monsieur, ce que vous m'avez demandé... Un de mes amis, M. Adolphe Durand, qui favorisait la fuite de notre cher Jules, témoignera que son ami n'était occupé que d'une passion pour une grisette dont il préparait l'enlèvement.

DUPRÉ.

C'est assez ; le succès dépend maintenant de nos démarches.

LE JUGE D'INSTRUCTION, à Jules.

Partons, Monsieur.

JULES.

Je vous suis... Courage, ma mère !

(Il fait un dernier adieu à Rousseau et à Dupré ; de Verby lui fait à part un signe ; discrétion.)

MADAME ROUSSEAU, à Jules, qu'on emmène.

Jules !... Jules !... espère ; nous te sauverons.

(Les agents emmènent Jules, qui, arrivé au fond, adresse un dernier adieu à sa mère.

FIN DU DEUXIÈME ACTE.

ACTE TROISIÈME

La mansarde de Paméla.

SCÈNE PREMIÈRE.

PAMÉLA, GIRAUD, MADAME GIRAUD.

Paméla est debout près de sa mère qui tricote; le père Giraud travaille sur une table à gauche.

MADAME GIRAUD.

Enfin, vois, ma pauvre fille; ça n'est pas pour te le reprocher, mais c'est toi qui es la cause de ce qui nous arrive.

GIRAUD.

Ah! mon Dieu, oui!... Nous étions venus à Paris parce que, à la campagne, tailleur, c'est pas un métier; et pour toi, notre Paméla, si gentille, si mignonne, nous avions de l'ambition, nous nous disions : Eh bien, ici, ma femme et moi, nous prendrons du service ; je travaillerai ; nous donnerons un bon état à not' enfant ; t, comme elle sera sage, laborieuse, jolie, nous la marierons bien.

PAMÉLA.

Mon père!...

MADAME GIRAUD.

Il y avait déjà la moitié de fait.

GIRAUD.

Dame! oui!... nous avions une bonne loge; tu faisais des fleurs ni plus ni moins qu'un jardinier... Le mari, eh bien, Joseph Binet, ton voisin, le serait devenu.

MADAME GIRAUD.

Au lieu de tout cela, l'esclandre qui est arrivée dans la maison a fait que le propriétaire nous a renvoyés ; que dans tout le quartier on tient des propos à n'en plus finir, à cause que le jeune homme a été pris chez toi.

PAMÉLA.

Eh! mon Dieu, pourvu que je ne sois pas coupable?

GIRAUD.

Oh! ça, nous le savons bien! Est-ce que tu crois qu'autrement nous serions près de toi?... est-ce que je t'embrasserais?... Va, Paméla, les père et mère c'est tout!... et quand le monde entier serait contre elle, si une fille peut regarder ses parents sans rougir, ça suffit.

SCÈNE II.

LES MÊMES, BINET.

MADAME GIRAUD.

Tiens!... voilà Joseph Binet.

PAMÉLA.

Monsieur Binet, que venez-vous chercher? Sans vous, sans votre indiscrétion, M. Jules n'aurait pas été trouvé ici... Laissez-moi...

BINET.

Je viens vous parler de lui.

PAMÉLA.

Ah! vraiment?... Eh bien, Joseph?...

BINET.

Oh! je vois bien qu'à cette heure vous ne me renverrez pas!... J'ai vu l'avocat de M. Jules; je lui ai offert ce que je possède pour le sauver!...

PAMÉLA.

Vrai?

BINET.

Oui... Seriez-vous contente s'il n'était que déporté?

PAMÉLA.

Ah! vous êtes un bon garçon, Joseph... et je vois que vous m'aimez! Nous serons amis!

BINET, à part.

Je l'espère bien! (On frappe à la porte du fond.)

SCÈNE III.

LES MÊMES, M. DE VERBY, MADAME DU BROCARD.

MADAME GIRAUD, allant ouvrir.

Du monde !

GIRAUD.

Un monsieur et une dame.

BINET.

Qu'est-ce que c'est que ça ?

(Paméla se lève, et fait un pas vers M. de Verby, qui la salue.)

MADAME DU BROCARD.

Mademoiselle Paméla Giraud ?

PAMÉLA.

C'est moi, Madame.

DE VERBY.

Pardon, Mademoiselle, si nous nous présentons chez vous sans vous avoir prévenue !...

PAMÉLA.

Il n'y a pas de mal. Puis-je savoir le motif ?...

MADAME DU BROCARD.

C'est vous, bonnes gens, qui êtes le père et la mère ?

MADAME GIRAUD.

Oui, Madame.

BINET, à part.

Bonnes gens tout court !... c'est quelqu'un de huppé.

PAMÉLA.

Si Monsieur et Madame veulent s'asseoir ?...

(Madame Giraud offre des siéges.)

BINET, à Giraud.

Dites donc, le monsieur est décoré ; c'est des gens comme il faut.

GIRAUD, regardant.

C'est, ma foi, vrai !

MADAME DU BROCARD.

Je suis la tante de M. Jules Rousseau.

PAMÉLA.

Vous, Madame ? Monsieur est peut-être son père ?...

MADAME DU BROCARD.

Monsieur est un ami de la famille. Nous venons, Mademoiselle, vous demander un service. (Regardant Binet et embarrassée de sa présence. A Paméla, lui montrant Binet.) Votre frère ?

GIRAUD.

Non, Madame; un voisin.

MADAME DU BROCARD, à Paméla.

Renvoyez ce garçon.

BINET, à part.

Renvoyez ce garçon !... Ah ! ben... je ne sais pas ce que c'est mais... (Paméla fait un signe à Binet.)

GIRAUD, à Binet.

Allons, va... il paraît que c'est quelque chose de secret.

BINET.

Ah ! bien !... ah bien ! (Il sort.)

SCÈNE IV.

LES MÊMES, excepté BINET.

MADAME DU BROCARD.

Vous connaissez mon neveu. Je ne vous en fait point un reproche... vos parents seuls...

MADAME GIRAUD.

Mais, Dieu merci, elle n'en a pas à se faire.

GIRAUD.

C'est monsieur votre neveu qui est cause qu'on jase sur son compte... mais elle est innocente !

DE VERBY, l'interrompant.

Je le crois... Cependant, s'il nous la fallait coupable ?

PAMÉLA.

Que voulez-vous dire, Monsieur ?

GIRAUD et MADAME GIRAUD.

Par exemple !

MADAME DU BROCARD, saisissant l'idée de de Verby.

Oui, si pour sauver la vie d'un pauvre jeune homme...

DE VERBY.

Il fallait déclarer que M. Jules Rousseau a été la plus grande partie de la nuit du 24 août ici, chez vous ?

PAMÉLA.

Ah ! Monsieur !

DE VERBY, à Giraud et à sa femme.

S'il fallait déposer contre votre fille, en affirmant que c'est la vérité ?

MADAME GIRAUD.

Je ne dirais jamais ça.

GIRAUD.

Outrager mon enfant!... Monsieur, j'ai eu tous les chagrins possibles... j'ai été tailleur, je me suis vu réduit à rien... à être portier!... mais je suis resté père... Ma fille, notre trésor, c'est la gloire de nos vieux jours, et vous voulez que nous la déshonorions

MADAME DU BROCARD.

Ecoutez-moi, Monsieur.

GIRAUD.

Non, Madame... Ma fille, c'est l'espoir de mes cheveux blancs.

PAMÉLA.

Mon père, calmez-vous, je vous en prie.

MADAME GIRAUD.

Voyons, Giraud! laisse donc parler monsieur et madame.

MADAME DU BROCARD.

C'est une famille éplorée qui vient vous demander de la sauver.

PAMÉLA, à part.

Pauvre Jules!

DE VERBY, bas, à Paméla.

Son sort est entre vos mains.

MADAME GIRAUD.

Nous ne sommes pas de mauvaises gens! on sait bien ce que c'est que des parents, une mère, qui sont dans le désespoir... mais ce que vous demandez est impossible. *(Paméla porte un mouchoir à ses yeux.)*

GIRAUD.

Allons! voilà qu'elle pleure!

MADAME GIRAUD.

Elle n'a fait que ça depuis quelques jours.

GIRAUD.

Je connais ma fille; elle serait capable d'aller dire tout ça malgré nous.

MADAME GIRAUD.

Eh! oui... car voyez-vous, elle l'aime, vot' neveu! et pour lui sauver la vie... eh bien! j'en ferais autant à sa place.

MADAME DU BROCARD.

Oh! laissez-vous attendrir!

DE VERBY.

Cédez à nos prières...

MADAME DU BROCARD, à Paméla.

S'il est vrai que vous aimiez Jules...

MADAME GIRAUD, amenant Giraud près de Paméla.

Après ça, écoute... Elle l'aime, ce garçon... bien sûr, il doit l'aimer aussi... Si elle faisait un sacrifice comme ça, ça mériterait bien qu'il l'épouse!

PAMÉLA, vivement.

Jamais. (A part.) Ils ne le voudraient pas, eux!

DE VERBY, à mademoiselle du Brocard.

Ils se consultent!

MADAME DU BROCARD, bas, à de Verby.

Il faut absolument faire un sacrifice! Prenez-les par l'intérêt... C'est le seul moyen!

DE VERBY.

En venant vous demander un sacrifice aussi grand, nous savions combien il devait mériter notre reconnaissance. La famille de Jules, qui aurait pu blâmer vos relations avec lui, veut remplir, au contraire, les obligations qu'elle va contracter envers vous.

MADAME GIRAUD.

Hein? quand je te disais!

PAMÉLA, très-heureuse.

Jules! il se pourrait?

DE VERBY.

Je suis autorisé à vous faire une promesse.

PAMÉLA, émue.

Oh! mon Dieu!

DE VERBY.

Parlez! Combien voulez-vous pour le sacrifice que vous faites?

PAMÉLA, interdite.

Comment! combien!... je veux... pour sauver Jules? Vous voulez donc alors que je sois une misérable!

MADAME DU BROCARD.

Ah! mademoiselle!

DE VERBY.

Vous vous trompez.

PAMÉLA.

C'est vous qui avez fait erreur! Vous êtes venus ici, chez de pauvres gens, et vous ne saviez pas ce que vous leur demandiez... Vous, madame, qui deviez le savoir, quels que soient le rang, l'éducation, l'honneur d'une femme est son trésor! ce que dans vos familles vous conservez avec tant de soin, tant de respect, vous avez cru qu'ici, dans une mansarde, on le vendrait! et vous vous êtes dit : Offrons de l'or ! il nous faut l'honneur d'une grisette !

GIRAUD.

C'est très-bien... je reconnais mon sang.

MADAME DU BROCARD.

Ma chère enfant, ne vous offensez pas ! l'argent est l'argent, après tout !

DE VERBY, s'adressant à Giraud.

Sans doute ! Et six bonnes mille livres de rente pour... un...

PAMÉLA.

Pour un mensonge ! vous l'aurez à moins... Mais, Dieu merci, je sais me respecter ! Adieu, Monsieur.

(Elle fait une profonde révérence à madame du Brocard, puis elle entre dans sa chambre.)

DE VERBY.

Que faire ?

MADAME DU BROCARD.

C'est incompréhensible !

GIRAUD.

Je sais bien que six mille livres de rente, c'est un denier... mais notre fille a l'âme fière, voyez-vous ; elle tient de moi...

MADAME GIRAUD.

Et elle ne cédera pas.

SCÈNE V.

LES MÊMES, BINET, DUPRÉ, MADAME ROUSSEAU.

BINET.

Par ici, Monsieur, Madame, par ici. (Dupré et madame Rousseau entrent.) Voilà le père et la mère Giraud !

DUPRÉ, à de Verby.

Je regrette, Monsieur, que vous nous ayez devancés ici !

MADAME ROUSSEAU.

Ma sœur vous a sans doute dit, Madame, le sacrifice que nous attendons de mademoiselle votre fille... Il n'y a qu'un ange qui puisse le faire.

BINET.

Quel sacrifice ?

MADAME GIRAUD.

Ça ne te regarde pas.

DE VERBY.

Nous venons de voir mademoiselle Paméla...

MADAME DU BROCARD.

Elle a refusé!

MADAME ROUSSEAU.

Ciel!

DUPRÉ.

Refusé, quoi?

MADAME DU BROCARD.

Six mille livres de rente.

DUPRÉ.

Je l'aurais parié... offrir de l'argent!

MADAME DU BROCARD.

Mais c'était le moyen...

DUPRÉ.

De tout gâter. (A madame Giraud.) Madame, dites à votre fille que ocat de M. Jules Rousseau est ici! suppliez-la de venir.

MADAME GIRAUD.

Oh! vous n'obtiendrez rien...

GIRAUD.

Ni d'elle, ni de nous.

BINET.

Mais qu'est-ce qu'ils veulent?

GIRAUD.

Tais-toi.

MADAME DU BROCARD, à madame Giraud.

Madame, offrez-lui...

DUPRÉ.

Ah! Madame, je vous en prie... (A madame Giraud.) C'est au nom de madame... de la mère de Jules, que je vous le demande.. Laissez-moi voir votre votre fille.

MADAME GIRAUD.

Ça n'y fera rien, allez, Monsieur! songez donc... lui offri. brusquement de l'argent, quand le jeune homme dans le temp, lui avait parlé de l'épouser!

MADAME ROUSSEAU, avec entraînement.

Eh bien?

MADAME GIRAUD, vivement.

Eh bien! madame?

DUPRÉ, serrant la main de madame Giraud.

Allez, allez! Amenez-moi votre fille.   (Giraud sort vivement.)

ACTE III.

DE VERBY et MADAME DU BROCARD.

Vous l'avez décidé?

DUPRÉ.

Ce n'est pas moi; c'est madame.

DE VERBY, interrogeant madame du Brocard.

Quelle promesse?

DUPRÉ, voyant Binet qui écoute.

Silence, général; restez, je vous prie, un instant auprès de ces dames. La voici. Laissez-nous, laissez-nous!

Paméla entre ramenée par sa mère. elle fait en passant une révérence à madame Rousseau. qui la regarde avec émotion. Tout le monde entre à gauche, à l'exception de Binet, qui est resté pendant que Dupré reconduit tout le monde.

BINET, à part.

Que veulent-ils donc? ils parlent tous de sacrifice! et le père Giraud qui ne veut rien me dire! Un instant, un instant... J'ai promis à l'avocat mes quatorze cents francs; mais avant je veux voir comment il se comportera à mon égard.

DUPRÉ, revenant à Binet.

Joseph Binet, laissez-nous.

BINET.

Mais puisque vous allez lui parler de moi!

DUPRÉ.

Allez-vous-en.

BINET, à part

Décidément on me cache quelque chose. (A Dupré.) Je l'ai préparée; elle s'est faite à l'idée de la déportation. Roulez-là dessus!

DUPRÉ.

C'est bien... Sortez!

BINET, à part.

Sortir! oh! non!

(Il fait mine de sortir, et, rentrant avec précaution, il se cache dans le cabinet de droite.)

DUPRÉ, à Paméla.

Vous avez consenti à me voir, et je vous en remercie. Je sais ce qui vient de se passer, et je ne vous tiendrai pas le langage que vous avez entendu tout à l'heure.

PAMÉLA.

Rien qu'en vous voyant, j'en suis sûre, Monsieur.

DUPRÉ.

Vous aimez ce brave jeune homme, ce Joseph.

PAMÉLA.

Monsieur, je sais que les avocats sont comme les confesseurs!

DUPRÉ.

Mon enfant, ils doivent être tout aussi discrets... dites-moi bien ut.

PAMÉLA.

Eh bien, Monsieur, je l'aimais; c'est-à-dire je croyais l'aimer, et je serais bien volontiers devenue sa femme... Je pensais qu'avec son activité, Joseph s'établirait, et que nous mènerions une vie de travail. Quand la prospérité serait venue, eh bien, nous aurions pris avec nous mon père et ma mère; c'est bien simple! c'était une vie toute unie!

DUPRÉ, à part.

L'aspect de cette jeune fille prévient en sa faveur! voyons si elle sera vraie! (Haut.) A quoi pensez-vous?

PAMÉLA.

A ce passé qui me semble heureux en le comparant au présent. En quinze jours de temps la tête m'a tourné, quand j'ai vu M. Jules; je l'ai aimé, comme nous aimons, nous autres jeunes filles, comme j'ai vu de mes amies aimer des jeunes gens... oh! mais les aimer à tout souffrir pour eux! Je me disais : Est-ce que je serai jamais ainsi? Eh bien, je ne sais pas ce que je ne ferais pas pour M. Jules. Tout à l'heure, ils m'ont offert de l'argent, eux! de qui je devais attendre tant de noblesse, tant de grandeur, et je me suis révoltée!... De l'argent! j'en ai, Monsieur! j'ai vingt mille francs! ils sont ici, à vous! c'est-à-dire à lui! je les ai gardés pour essayer de le sauver, car je l'ai livré en doutant de lui, si confiant, si sûr de moi.... moi si défiante!

DUPRÉ.

Il vous a donné vingt mille francs?

PAMÉLA.

Ah! Monsieur! il me les a confiés! ils sont là... Je les remettrais à la famille s'il mourait; mais il ne mourra pas! dites? vous devez le savoir?

DUPRÉ.

Mon enfant, songez que toute votre vie, peut-être votre bonheur, dépendent de la vérité de vos réponses... répondez-moi comme si vous étiez devant Dieu.

PAMÉLA.

Oui, Monsieur.

DUPRÉ.

Vous n'avez jamais aimé personne?

PAMÉLA.

Personne!

DUPRÉ.

Vous craignez!... voyons, je vous intimide... je n'ai pas votre confiance.

PAMÉLA.

Oh! si Monsieur, je vous jure!... depuis que nous sommes à Paris, je n'ai pas quitté ma mère, et je ne songeais qu'à mon travail et à mon devoir... Ici, tout à l'heure, j'étais tremblante, interdite!... mais près de vous, Monsieur, je ne sais ce que vous m'inspirez, j'ose tout vous dire... Eh bien, oui, j'aime Jules; je n'ai aimé que lui, et je le suivrais au bout du monde! Vous m'avez dit de parler comme devant Dieu.

DUPRÉ.

Eh bien, c'est à votre cœur que je m'adresse!... accordez-moi ce que vous avez refusé à d'autres... dites la vérité! à la face de la justice il n'y a que vous qui puissiez le sauver!... Vous l'aimez, Paméla; je comprends qu'il vous en coûte d'avouer...

PAMÉLA.

Mon amour pour lui?... Et si j'y consentais, il serait sauvé?

DUPRÉ.

Oh! j'en réponds!

PAMÉLA.

Eh bien?

DUPRÉ.

Mon enfant!

PAMÉLA.

Eh bien... il est sauvé.

DUPRÉ, avec intention.

Mais... vous serez compromise...

PAMÉLA.

Mais... puisque c'est pour lui!

DUPRÉ, à part.

Je ne mourrai donc pas sans avoir vu de mes yeux une belle et noble franchise, sans calculs et sans arrière-pensée! (Haut.) Paméla, vous êtes une bonne et généreuse fille.

PAMÉLA.

Je le sais bien... ça console de bien des petites misères, allez, Monsieur.

DUPRÉ.

Mon enfant, ce n'est pas tout!... vous êtes franche comme l'acier, vous êtes vive, et pour réussir... il faut de l'assurance... une volonté...

PAMÉLA.

Oh! Monsieur! vous verrez!

DUPRÉ.

N'allez pas vous troubler... osez tout avouer... Courage! Figurez-vous la cour d'assises, le président, l'avocat général, l'accusé, moi, au barreau; le jury est là... N'allez pas vous épouvanter... Il y aura beaucoup de monde.

PAMÉLA.

Ne craignez rien.

DUPRÉ.

Un huissier vous a introduite; vous avez décliné vos noms et prénoms!... Enfin le président vous demande depuis quand vous connaissez l'accusé Rousseau... que répondez-vous!

PAMÉLA.

La vérité!... Je l'ai rencontré un mois environ avant son arrestation, à l'Ile d'Amour, à Belleville.

DUPRÉ.

En quelle compagnie était-il?

PAMÉLA.

Je n'ai fait attention qu'à lui.

DUPRÉ.

Vous n'avez pas entendu parler politique?

PAMÉLA, étonnée.

O Monsieur! les juges doivent penser que la politique est bien indifférente à l'Ile d'Amour.

DUPRÉ.

Bien, mon enfant; mais il vous faudra dire tout ce que vous savez sur Jules Rousseau!

PAMÉLA.

Eh mais, je dirai encore la vérité, tout ce que j'ai déclaré au juge d'instruction; je ne savais rien de la conspiration, et j'ai été dans le plus grand étonnement quand on est venu l'arrêter chez moi; à preuve que j'ai craint que M. Jules ne fût un voleur, et que je lui en fais mes excuses.

DUPRÉ.

Il faut avouer que depuis le temps de votre liaison avec ce

ACTE III.

jeune homme, il est constamment venu vous voir... il faudra déclarer...

PAMÉLA.

La vérité, toujours!... il ne me quittait pas! il venait me voir par amour, je le recevais par amitié, et je lui résistais par devoir.

DUPRÉ.

Et plus tard?

PAMÉLA, se troublant.

Plus tard!

DUPRÉ.

Vous tremblez? prenez garde!... tout à l'heure vous m'avez promis d'être vraie!

PAMÉLA, à part.

Vraie! ô mon Dieu!

DUPRÉ.

Moi aussi, je m'intéresse à ce jeune homme; mais je reculerais devant une imposture. Coupable, je le défendrais par devoir... innocent, sa cause sera la mienne. Oui, sans doute, Paméla, ce que j'exige de vous est un grand sacrifice, mais il le faut. Les visites que vous faisait Jules avaient lieu le soir et à l'insu de vos parents!

PAMÉLA.

Oh! mais jamais! jamais!

DUPRÉ.

Comment! Mais alors plus d'espoir.

PAMÉLA, à part.

Plus d'espoir! Lui ou moi perdu. (Haut.) Monsieur, rassurez-vous; j'ai peur parce que le danger n'est pas là!... mais quand je serai devant ses juges!... quand je le verrai, lui, Jules... et que son salut dépendra de moi...

DUPRÉ.

Oh! bien... bien... mais ce qu'il faut surtout qu'on sache, c'est que le 24 au soir il est venu ici... Oh! alors je triomphe, je le sauve; autrement je ne réponds de rien... il est perdu.

PAMÉLA, à part, très-émue, puis haut, avec exaltation.

Lui, Jules! oh! non, ce sera moi! Pardonnez-moi, mon Dieu! Eh bien! oui, oui!... il est venu le 24... c'est le jour de ma fête... Je me nomme Louise Paméla... et il n'a pas manqué de m'apporter un bouquet en cachette de mon père et de ma mère; il est venu le soir, tard, et près de moi... Ah! ah! ne craignez rien

Monsieur... vous voyez, je dirai tout... (A part.) Tout ce qui n'est pas vrai!...

DUPRÉ.

Il sera sauvé! (Rousseau paraît au fond.) Ah! Monsieur! (Courant à la porte de gauche.) Venez, venez remercier votre libératrice.

SCÈNE VI.

ROUSSEAU, DE VERBY, MADAME DU BROCARD, GIRAUD, MADAME GIRAUD, puis BINET.

TOUS.

Elle consent?

ROUSSEAU.

Vous sauvez mon fils! je ne l'oublierai jamais.

MADAME DU BROCARD.

Nous sommes tout à vous, mon enfant, et à toujours.

ROUSSEAU.

Ma fortune sera la vôtre.

DUPRÉ.

Je ne vous dis rien, moi, mon enfant!... Nous nous reverrons!...

BINET, sortant vivement du cabinet.

Un moment!... un moment! J'ai tout entendu... et vous croyez que je souffrirai ça? J'étais ici, caché... Paméla que j'ai aimée au point d'en faire ma femme, vous voudriez lui laisser dire... (A Dupré.) C'est comme ça que vous gagnez mes quatorze cents francs, vous? Moi aussi j'irai au tribunal, et je dirai que tout ça est un mensonge.

TOUS.

Grand Dieu!

DUPRÉ.

Malheureux!

DE VERBY.

Si tu dis un mot...

BINET.

Oh! je n'ai pas peur.

DE VERBY, à Rousseau et à madame du Brocard.

Il n'ira pas!... s'il le faut, je le ferai suivre, et j'aposterai des gens qui l'empêcheront d'entrer.

ACTE III.

BINET.

Ah bah ! (Entre un huissier qui s'avance vers Dupré.)

DUPRÉ.

Que voulez-vous ?

L'HUISSIER.

Je suis l'huissier audiencier de la cour d'assises... Mademoiselle Paméla Giraud ! (Paméla s'avance.) En vertu du pouvoir discrétionnaire de M. le président... vous êtes citée à comparaître demain à dix heures.

BINET, à de Verby.

Oh ! oh ! j'irai !

L'HUISSIER.

Le concierge m'a dit en bas que vous aviez ici M. Joseph Binet.

BINET.

Voilà ! voilà !

L'HUISSIER.

Voici votre citation.

BINET.

Je vous disais bien que j'irais !...

(L'huissier s'éloigne ; tout le monde est effrayé des menaces de Binet. Dupré veut lui parler, le fléchir, Binet s'échappe et sort.)

FIN DU TROISIEME ACTE.

ACTE QUATRIÈME

Cour de la Sainte-Chapelle, dans un salon de chez madame du Brocard.

SCÈNE PREMIÈRE.

MADAME DU BROCARD, MADAME ROUSSEAU, ROUSSEAU, BINET, DUPRÉ, JUSTINE.

Dupré est assis et parcourt son dossier.

MADAME ROUSSEAU.

Monsieur Dupré !

DUPRÉ.

Oui, Madame; si j'ai quitté un instant votre fils, c'est que j'ai voulu vous rassurer moi-même.

MADAME DU BROCARD.

Je vous le disais, ma sœur, il était impossible qu'on ne vînt pas bientôt nous apprendre... Ici, chez moi, cour de la Sainte-Chapelle, dans le voisinage du Palais, nous sommes à portée de savoir tout ce qui se passe à la cour d'assises. Mais, asseyez-vous donc, M. Dupré. (A Justine.) Justine, de l'eau sucrée, — vite... (A Dupré.) Ah ! Monsieur, nos remercîments.

ROUSSEAU.

Monsieur, vous avez plaidé !... (A sa femme.) Il a été magnifique.

DUPRÉ.

Monsieur...

BINET, pleurant.

Oui, vous avez été magnifique ! il a été magnifique !

DUPRÉ.

Ce n'est pas moi qu'il faut remercier, c'est cette enfant, cette Paméla, qui a montré tant de courage.

BINET.

Et moi, donc !

MADAME ROUSSEAU.

Lui! (A Dupré, montrant Binet.) La menace qu'il nous a faite, l'aurait-il réalisée?

DUPRÉ.

Non. Binet vous a servis.

BINET.

C'est votre faute!... sans vous... ah!... bien... J'arrive, bien décidé à tout brouiller; mais de voir tout le monde, le président, les jurés, la foule, un silence à faire peur!... je tremble un moment... pourtant je prends une résolution... on m'interroge, je vas pour répondre, et puis v'là que mes yeux rencontrent ceux de demoiselle Paméla, tout remplis de larmes... Je sens une barre là... De l'autre côté, je vois M. Jules... un beau garçon, une tête superbe, mais bien exposée! un air tranquille, il semblait être là par curiosité. Ça me démonte! « N'ayez pas peur, me dit le président... parlez... » Je n'y étais plus, moi! Cependant la crainte de me compromettre... et puis j'avais juré de dire la vérité; ma foi! voilà Monsieur qui fixe sur moi un œil... un œil qui semblait me dire... Je ne peux pas vous dire... ma langue s'entortille... il me prend une sueur, mon cœur se gonfle, et je me mets à pleurer comme un imbécile. Vous avez été magnifique... alors, c'était fini, voyez-vous... il m'avait retourné complétement... voilà que je patauge.... je dis que le 24 au soir, à une heure indue, j'ai surpris M. Jules chez Paméla... Paméla, que je devais épouser, que j'aime encore... de sorte que, si je l'épouse, on dira dans le quartier... voilà... Ça m'est égal! grand avocat! ça m'est égal! (A Justine.) Donnez-moi de l'eau sucrée!

ROUSSEAU, MADAME ROUSSEAU et MADAME DU BROCARD, à Binet.

Mon ami!... brave garçon!

DUPRÉ.

L'énergie de Paméla me donne bon espoir... Un moment j'ai tremblé pendant sa déposition; le procureur général la pressait vivement et refusait de croire à la vérité de son témoignage; elle a pâli! j'ai cru qu'elle allait s'évanouir.

BINET.

Et moi, donc?

DUPRÉ.

Son dévouement a été complet... Vous ignorez tout ce qu'elle a fait pour vous, moi-même elle m'a trompé... elle s'est accusée, elle était innocente. Oh! j'ai tout deviné. Un seul instant elle a faibli; mais un regard rapide jeté sur Jules, un feu subit remplaçant la pâleur qui couvrait son visage, nous a fait deviner qu'elle le sauvait; malgré le danger dont on la menaçait, une fois encore, à la face de tous, elle a renouvelé son aveu, et elle est retombée en pleurant dans les bras de sa mère.

BINET.

Oh! bon cœur, va!

DUPRÉ.

Mais je vous laisse; l'audience doit être reprise pour le résumé du président.

ROUSSEAU.

Partons!

DUPRÉ.

Un moment! pensez à Paméla, cette jeune fille qui vient de compromettre son honneur pour vous! pour lui!

BINET.

Quant à moi, je ne demande rien... Ah! Dieu! mais enfin, on m'a promis quelque chose...

MADAME DU BROCARD et MADAME ROUSSEAU.

Ah! rien ne peut nous acquitter.

DUPRÉ.

Très-bien! venez, Messieurs, venez!

SCÈNE II.

LES MÊMES, excepté DUPRÉ et ROUSSEAU.

MADAME DU BROCARD, retenant Binet qui va sortir.

Ecoute!

BINET.

Plaît-il?

MADAME DU BROCARD.

Tu vois l'anxiété dans laquelle nous sommes; à la moindre circonstance favorable, ne manque pas de nous en instruire.

MADAME ROUSSEAU.

Oui, tenez-nous au courant de tout.

BINET.

Soyez tranquille... Mais, voyez-vous, je n'aurai pas besoin de sortir pour ça, parce que je tiens à tout voir, à tout entendre; seulement, tenez, je suis placé près de cette fenêtre que vous voyez là-bas... Eh bien! ne la perdez pas de vue, et s'il y a grâce, j'agiterai mon mouchoir.

MADAME ROUSSEAU.

N'oubliez pas, surtout!

BINET.

Il n'y a pas de danger; je ne suis qu'un pauvre garçon, mais je sais ce que c'est qu'une mère, allez!... vous m'intéressez, vrai! Pour vous, pour Paméla, j'ai dit des choses... Mais que voulez-vous, quand on aime les gens!... et puis... on m'a promis quelque chose... Comptez sur moi! (Il sort en courant.)

SCÈNE III.

MADAME ROUSSEAU, MADAME DU BROCARD, JUSTINE.

MADAME ROUSSEAU.

Justine, ouvrez cette fenêtre, et guettez attentivement le signal que nous a promis ce garçon... Mon Dieu! s'il allait être condamné!

MADAME DU BROCARD.

Monsieur Dupré nous a dit d'espérer.

MADAME ROUSSEAU.

Mais cette bonne, cette excellente Paméla... que faire pour elle?

MADAME DU BROCARD.

Il faut qu'elle soit heureuse! j'avoue que cette jeune personne est un secours du ciel! il n'y a que le cœur qui puisse inspirer un pareil sacrifice! il lui faut une fortune!... trente mille francs! trente mille francs!... on lui doit la vie de Jules. (A part.) Pauvre garçon, vivra-t-il? (Elle regarde du côté de la fenêtre.)

MADAME ROUSSEAU.

Eh bien! Justine?

JUSTINE.

Rien, Madame.

MADAME ROUSSEAU.

Rien encore... Oh! vous avez raison, ma sœur, il n'y a que le cœur qui puisse dicter une pareille conduite. Je ne sais ce que mon mari et vous, penseriez... mais la conscience et le bonheur de Jules avant tout... et malgré cette brillante alliance avec les de Verby, si elle aimait mon fils, si mon fils l'aimait!... Il me semble que j'ai vu quelque chose...

MADAME DU BROCARD et JUSTINE.

Non! non!

MADAME ROUSSEAU.

Ah! répondez, ma sœur! elle l'a bien mérité, n'est-ce pas? vient!

(Les deux femmes restées immobiles, se serrent la main en tremblant.)

SCÈNE IV.

LES MÊMES, DE VERBY.

JUSTINE, au fond.

Monsieur le général de Verby.

MADAME ROUSSEAU et MADAME DU BROCARD.

Ah!

DE VERBY.

Tout va bien! ma présence n'était plus nécessaire, et je suis revenu près de vous. On espère beaucoup pour votre fils. Le résumé du président semble pousser à l'indulgence.

MADAME ROUSSEAU, avec joie.

O mon Dieu!

DE VERBY.

Jules s'est bien conduit! mon frère, le comte de Verby, est dans les meilleures dispositions à son égard. Ma nièce le trouve un héros, et moi... et moi, je sais reconnaître le courage et l'honneur... Une fois cette affaire assoupie, nous presserons le mariage.

MADAME ROUSSEAU.

Il faut pourtant vous avouer, Monsieur, que nous avons fait des promesses à cette jeune fille.

MADAME DU BROCARD.

Laissez donc, ma sœur!

DE VERBY.

Sans doute; elle mérite... vous la payerez bien quinze ou vingt mille francs... c'est honnête!

MADAME DU BROCARD.

Vous le voyez, ma sœur, M. de Verby est noble, généreux, et dès qu'il pense que cette somme... Moi je trouve que c'est assez.

JUSTINE, au fond.

Voici M. Rousseau.

MADAME DU BROCARD.

Mon frère!

MADAME ROUSSEAU.

Mon mari!

SCÈNE V.

LES MÊMES, ROUSSEAU.

DE VERBY, à Rousseau.

Bonne nouvelle?

MADAME ROUSSEAU.

Il est acquitté?

ROUSSEAU.

Non... mais le bruit se répand qu'il va l'être; les jurés délibèrent; moi, je n'ai pas pu rester; la résolution m'a manqué... j'ai dit à Antoine d'accourir dès que l'arrêt sera rendu.

MADAME ROUSSEAU.

Par cette fenêtre, nous saurons tout; nous sommes convenus d'un signal avec ce garçon, Joseph Binet.

ROUSSEAU.

Ah! veillez bien, Justine...

MADAME ROUSSEAU.

Mais que fait Jules? qu'il doit souffrir!

ROUSSEAU.

Eh! non... le malheureux montre une fermeté qui me confond; il aurait dû employer ce courage-là à autre chose qu'à conspirer... Nous mettre dans une pareille position!... Je pouvais être un jour président du tribunal de commerce.

DE VERBY.

Vous oubliez que notre alliance est au moins une compensation.

ROUSSEAU, frappé d'un souvenir.

Ah! général! quand je suis parti, Jules était entouré de ses amis, de M. Dupré et de cette jeune Paméla. Mademoiselle votre nièce et madame de Verby ont dû remarquer... Je compte sur vous pour effacer l'impression, Monsieur.

(Pendant que Rousseau parle au général, les femmes ont regardé si le signal se donne.)

DE VERBY.

Soyez tranquille!... Jules sera blanc comme neige!... Il est bien important d'expliquer l'affaire de la grisette... autrement la comtesse de Verby pourrait s'opposer au mariage... toute apparence d'amourette disparaîtra... on n'y verra qu'un dévouement payé au poids de l'or.

ROUSSEAU.

En effet, je remplirai mon devoir envers cette jeune fille... Je lui donnerai huit ou dix mille francs... Il me semble que c'est bien!... très-bien!...

MADAME ROUSSEAU, *contenue par madame du Brocard, éclate à ces derniers mots*

Ah! Monsieur!... et son honneur?

ROUSSEAU.

Eh bien!... on la mariera.

SCÈNE VI.

LES MÊMES, BINET.

BINET, *accourant.*

Monsieur! Madame!... de l'eau de Cologne! quelque chose. je vous en prie!...

TOUS.

Quoi!... qu'y a-t-il?

BINET.

M. Antoine, votre domestique, amène ici mademoiselle Paméla.

ROUSSEAU.

Mais qu'est-il arrivé?...

BINET.

En voyant rentrer le jury, elle s'est trouvée mal!... le père et la mère Giraud, qui étaient dans la foule à l'autre bout, n'ont pas pu bouger... moi j'ai crié, et le président m'a fait mettre à la porte!...

MADAME ROUSSEAU.

Mais Jules!... mon fils!... qu'a dit le jury?

BINET.

Je n'en sais rien!... moi je n'ai vu que Paméla... votre fils, c'est très-bien, je ne vous dis pas! mais écoutez donc, moi, Paméla...

DE VERBY.

Mais tu as dû voir sur la physionomie des jurés!...

BINET.

Ah! oui!... le monsieur... le chef du jury... avait l'air si triste... si sévère!... que je crois bien!... (Mouvement de terreur.)

MADAME ROUSSEAU.

Mon pauvre Jules !

BINET.

Voilà M. Antoine et mademoiselle Paméla.

SCÈNE VII.

LES MÊMES, ANTOINE, PAMÉLA.

On fait asseoir Paméla : tout le monde l'entoure, on lui fait respirer des sels.

MADAME DU BROCARD.

Ma chère enfant !

MADAME ROUSSEAU.

Ma fille !

ROUSSEAU.

Mademoiselle !

PAMÉLA.

Je n'ai pu résister ! tant d'émotions... cette incertitude cruelle ! J'avais pris, repris de l'assurance... le calme de M. Jules pendant qu'on délibérait, le sourire fixé sur ses lèvres, m'avaient fait partager ce pressentiment de bonheur qu'il éprouvait !... Cependant quand je regardais M. Dupré, sa figure morne, impassible !... me faisait froid au cœur !... et puis cette sonnette annonçant le retour des jurés, ce murmure d'anxiété qui parcourut la salle... je n'eus plus de force !... une sueur froide inonda mon visage, et je m'évanouis.

BINET.

Moi, je criai, et on me jeta dehors.

DE VERBY, à Rousseau.

Si un malheur...

ROUSSEAU.

Monsieur...

DE VERBY, à Rousseau et aux femmes.

S'il devenait nécessaire d'interjeter un appel... (montrant Paméla.) peut-on compter sur... sur elle ?

MADAME ROUSSEAU.

Sur elle ?... toujours, j'en suis sûre.

MADAME DU BROCARD.

Paméla !

ROUSSEAU.

Dites... vous, qui vous êtes montrée si bonne, si généreuse !... si nous avions besoin encore de votre dévouement, soutiendriez-vous...

PAMÉLA.

Tout, Monsieur !... Je n'ai qu'un but, une pensée unique !... c'est de sauver M. Jules.

BINET, à part.

L'aime-t-elle ! l'aime-t-elle !

ROUSSEAU.

Ah ! tout ce que je possède est à vous.

(On entend du bruit, des cris. Effroi.)

TOUS.

Ce bruit !... (Paméla se lève toute tremblante. Binet court près de Justine à la fenêtre.) Ecoutez ces cris !

BINET.

Une foule de monde se précipite sur l'escalier du Palais !... On court de ce côté.

JUSTINE et BINET.

Monsieur Jules !... Monsieur Jules !...

ROUSSEAU et MADAME ROUSSEAU.

Mon fils !

MADAME DU BROCARD et PAMÉLA.

Jules ! (Elles courent au devant de Jules.)

DE VERBY.

Sauvé !

SCÈNE VIII.

LES MÊMES, JULES, ramené par sa mère, sa tante et suivi de ses amis.

JULES. Il se précipite dans les bras de sa mère ; il ne voit pas d'abord Paméla qui est dans un coin du théâtre, près de Binet.

Ma mère !... ma tante !... mon bon père !... me voici rendu à la liberté !... (A M. de Verby et aux amis qui l'ont accompagné.) Général, et vous, mes amis, merci de votre intérêt !

MADAME ROUSSEAU.

Enfin, le voilà, mon enfant !... Je ne suis pas encore remise de mes angoisses et de ma joie.

BINET, à Paméla.

Eh bien !... et vous ? il ne vous dit rien... il ne vous voit seulement pas !...

PAMÉLA.

Tais-toi, Joseph! tais toi ! (Elle se recule vers le fond.)

DE VERBY.

Non-seulement vous êtes sauvé, mais vous êtes élevé aux yeux de tous ceux que cette affaire intéressait!... Vous avez montré une énergie, une discrétion!... dont on vous saura gré.

ROUSSEAU.

Tout le monde s'est bien conduit... Antoine, tu t'es bien montré!... tu mourras à notre service.

MADAME ROUSSEAU, à Jules.

Fais-moi remercier ton ami, M. Adolphe Durand.

(Jules présente son ami.)

JULES.

Oui... mais mon sauveur, mon ange gardien, c'est la pauvre Paméla!... Comme elle a compris sa situation et la mienne!... quel dévouement!... Ah! je me rappelle!... l'émotion, la crainte!... elle s'était évanouie!... je cours... (Madame Rousseau, qui, toute au retour de Jules, n'a songé qu'à lui, cherche des yeux Paméla, l'aperçoit, l'amène devant son fils, qui pousse un cri.) Ah! Paméla!... Paméla!... ma reconnaissance sera éternelle!...

PAMÉLA.

Ah! M. Jules!... que je suis heureuse!

JULES.

Oh!... nous ne quitterons plus!... n'est-ce pas ma mère? elle sera votre fille.

DE VERBY, à Rousseau, vivement.

Ma sœur et ma nièce attendent une réponse; il faut intervenir, Monsieur... Ce jeune homme a l'imagination vive, exaltée... il peut manquer sa carrière pour de vains scrupules... par une sotte générosité!...

ROUSSEAU, embarrassé.

C'est que...

DE VERBY.

Mais j'ai votre parole.

MADAME DU BROCARD.

Parlez, mon frère!

JULES.

Ah! répondez, ma mère, et joignez-vous à moi.

ROUSSEAU, prenant la main de Jules.

Jules!... je n'oublierai pas le service que nous a rendu cette jeune fille... Je comprends ce que doit te dicter la reconnaissance;

mais tu le sais, le comte de Verby a notre parole; tu ne saurais légèrement sacrifier ton avenir! Ce n'est pas l'énergie qui te manque... tu l'as prouvé... et un jeune conspirateur doit être assez fort pour se tirer d'une pareille affaire.

DE VERBY, à Jules, de l'autre côté.

Sans doute!... un futur diplomate ne saurait échouer ici!...

ROUSSEAU.

D'ailleurs, ma volonté...

JULES.

Mon père!

DUPRÉ, paraissant.

Jules! c'est encore à moi de vous défendre.

PAMÉLA et BINET.

M. Dupré!

JULES.

Mon ami!...

MADAME DU BROCARD.

Monsieur l'avocat!...

DUPRÉ.

Oh! je ne suis déjà plus mon cher Dupré.

MADAME DU BROCARD.

Oh! toujours!... avant de nous acquitter envers vous, nous avons dû penser à cette jeune fille... et...

DUPRÉ, l'interrompant froidement.

Pardon, Madame...

DE VERBY.

Cet homme va tout brouiller!...

DUPRÉ, à Rousseau.

J'ai tout entendu... mon expérience est en défaut!... Je n'aurais pas cru l'ingratitude si près du bienfait... Riche comme vous l'êtes... comme le sera votre fils, quelle plus belle tâche avez-vous à remplir que celle de satisfaire votre conscience?... En sauvant Jules, elle s'est déshonorée!... Allons, Monsieur, l'ambition ne saurait l'emporter!... Sera-t-il dit que cette fortune que vous avez acquise si honorablement aura glacé en vous tous les sentiments, et que l'intérêt seul... (Il voit madame du Brocard faisant des signes à son frère.) Ah! très-bien, Madame!... c'est vous ici qui donnez le ton! et j'oubliais, pour convaincre Monsieur, que vous seriez près de lui quand je ne serais plus là.

MADAME DU BROCARD.

Nous sommes engagés envers M. le comte et madame la comtesse de Verby!... Mademoiselle, qui toute sa vie peut compter sur moi, n'a pas sauvé mon neveu à la condition de compromettre son avenir.

ROUSSEAU.

Il faut quelque proportion dans une alliance. Mon fils aura un jour quatre-vingt mille livres de rente.

BINET, à part.

Ça me va, moi, j'épouserai!... Mais cet homme-là, ça n'est pas un père, c'est un changeur.

DE VERBY, à Dupré.

Je pense, Monsieur, qu'on ne saurait avoir trop d'admiration pour votre talent et d'estime pour votre caractère!... votre souvenir sera religieusement gardé dans la famille Rousseau; mais ces débats intérieurs ne sauraient avoir de témoins... Quant à moi, j'ai la parole de M. Rousseau, je la réclame!... (A Jules.) Venez, mon jeune ami, venez chez mon frère!... ma nièce vous attend!..., demain nous signerons le contrat. (Paméla tombe sans force sur un fauteuil.)

BINET.

Eh bien!... eh bien! mademoiselle Paméla!

DUPRÉ et JULES, s'élançant vers elle.

Ciel!

DE VERBY, prenant la main de Jules.

Venez... venez...

DUPRÉ.

Arrêtez! J'aurais voulu n'être pas seul à la protéger!... Eh bien! rien n'est fini!... Paméla doit être arrêtée comme faux témoin! (saisissant la main de Verby) et vous êtes tous perdus!... (Il emmène Paméla.)

BINET, se cachant derrière le canapé.

Ne dites pas que je suis là.

FIN DU QUATRIÈME ACTE.

ACTE CINQUIÈME

La scène se passe chez Dupré, dans son cabinet: bibliothèque, bureaux de chaque côté une fenêtre avec deux rideaux.

SCÈNE PREMIÈRE.

DUPRÉ, PAMÉLA, GIRAUD, MADAME GIRAUD.

Au lever du rideau, Paméla est assise dans un fauteuil, occupée à lire; la mère Giraud est debout près d'elle; Giraud regarde les tableaux du cabinet; Dupré se promène à grands pas; tout à coup il s'arrête.

DUPRÉ, à Giraud.
Et en venant ce matin, vous avez pris les précautions d'usage.
GIRAUD.
O Monsieur! vous pouvez être tranquille; quand je viens ici, je marche la tête tournée derrière moi!... C'est que la moindre imprudence ferait bien vite un malheur. Ton cœur t'a entraînée, ma fille; mais un faux témoignage, c'est mal, c'est sérieux!
MADAME GIRAUD.
Je crois bien... prends garde, Giraud; si on te suivait et qu'on vienne à découvrir que notre pauvre fille est ici, cachée, grâce à la générosité de M. Dupré...
DUPRÉ.
C'est bien... c'est bien... (Il continue de marcher à pas précipités.) Quelle ingratitude!... cette famille Rousseau, ils ignorent ce que j'ai fait... tous croient Paméla arrêtée, et personne ne s'en inquiète!... On a fait partir Jules pour Bruxelles... M. de Verby est à la campagne, et M. Rousseau fait ses affaires de Bourse comme si de rien n'était... L'argent, l'ambition... c'est leur mobile... chez eux les sentiments ne comptent pour rien!... Ils tournent tous autour du veau d'or... et l'argent peut les faire danser devant leur idole... ils sont aveuglés dès qu'ils le voient.

PAMÉLA, qui l'a observé, se lève et vient à lui.

M. Dupré, vous êtes agité, vous paraissez souffrir?... c'est encore pour moi, je le crains.

DUPRÉ.

N'êtes-vous donc pas révoltée comme moi de l'indifférence odieuse de cette famille, qui, une fois son fils sauvé, n'a plus vu en vous qu'un instrument...

PAMÉLA.

Et qu'y pourrions-nous faire, Monsieur?

DUPRÉ.

Chère enfant! vous n'avez aucune amertume dans le cœur?

PAMÉLA.

Non, monsieur!... je suis plus heureuse qu'eux tous, moi; j'ai fait, je crois, une bonne action!...

MADAME GIRAUD, embrassant Paméla.

Ma pauvre bonne fille!

GIRAUD.

C'est bien ce que j'ai fait de mieux jusqu'à présent!

DUPRÉ, s'approchant vivement de Paméla.

Mademoiselle, vous êtes une honnête fille!... personne plus que moi ne peut l'attester!... c'est moi qui suis venu près de vous, vous supplier de dire la vérité, et si noble, et si pure, vous vous êtes compromise; maintenant on vous repousse, on vous méconnaît... mais moi je vous admire... et vous serez heureuse, car je réparerai tout! Paméla... j'ai quarante-huit ans, un peu de réputation, quelque fortune; j'ai passé ma vie à être honnête homme, je n'en démordrai pas; voulez-vous être ma femme?

PAMÉLA, très-émue.

Moi, Monsieur?...

GIRAUD.

Sa femme!... not' fille!... dis donc madame Giraud?...

MADAME GIRAUD.

Ça serait-il possible?

DUPRÉ.

Pourquoi cette surprise?... oh! pas de phrases!... consultez votre cœur!... dites oui ou non!... Voulez-vous être ma femme?

PAMÉLA.

Mais quel homme êtes-vous donc, Monsieur? c'est moi qui vous dois tout.... et vous voulez?... Ah! ma reconnaissance...

DUPRÉ.

Ne prononcez pas ce mot-là, il va tout gâter !... Le monde, je le méprise !... je ne lui dois aucun compte de ma conduite, de mes affections... Depuis que j'ai vu votre courage, votre résignation... je vous aime... tâchez de m'aimer !

PAMÉLA.

Oh ! oui, oui, Monsieur.

MADAME GIRAUD.

Qui est-ce qui ne vous aimerait pas ?

GIRAUD.

Monsieur, je ne suis rien qu'un pauvre portier... et encore je ne le suis plus, portier... vous aimez notre fille, vous venez de lui dire... je vous demande pardon... j'ai des larmes plein les yeux... et ça me coupe la parole... (Il s'essuie les yeux.) Eh bien ! vous faites bien de l'aimer !... ça prouve que vous avez de l'esprit !... parce que Paméla... il y a des enfants de propriétaires qui ne la valent pas !... seulement c'est humiliant d'avoir des père et mère comme nous...

PAMÉLA.

Mon père !

GIRAUD.

Vous... le premier des hommes !... Eh bien ! moi et ma femme, nous irons nous cacher, n'est-ce pas la vieille ?... dans une campagne bien loin !... et le dimanche, à l'heure de la messe, vous direz : Ils sont tous les deux qui prient le bon Dieu pour moi... et pour leur fille... (Paméla embrasse son père et sa mère.)

DUPRÉ.

Braves gens !... Oh ! mais ceux-là n'ont pas de titres !... pas de fortune !... Vous regrettez votre province !... eh bien ! vous y retournerez, vous y vivrez heureux, tranquilles... je me charge de tout.

GIRAUD et MADAME GIRAUD.

Oh ! notre reconnaissance...

DUPRÉ.

Encore... ce mot-là vous portera malheur ! je le biffe du dictionnaire !... En attendant, je vous emmène à la campagne avec moi !... ez... allez tout préparer.

GIRAUD.

Monsieur l'avocat ?...

DUPRÉ.

Eh bien ! quoi ?

GIRAUD.

Il y a ce pauvre Joseph Binet qui est en danger aussi!... il ne sait pas que ma fille et nous sommes là; mais, il y a trois jours, il est venu trouver votre domestique, dans un état à faire peur; et comme c'est ici la maison du bon Dieu, il est caché ici dans un grenier!

DUPRÉ.

Faites-le descendre.

GIRAUD.

Il ne voudra pas, Monsieur; il a trop peur d'être arrêté... On lui passe à manger par la chatière!...

DUPRÉ.

Il sera bientôt libre, je l'espère... j'attends une lettre qui doit nous rassurer tous.

GIRAUD.

Faut-il le rassurer?

DUPRÉ.

Non, pas encore... ce soir.

GIRAUD, à sa femme.

Je m'en vas avec bien du soin jusqu'à la maison.

(Madame Giraud l'accompagne en lui faisant des recommandations; elle sort par la gauche; Paméla va pour la suivre.

DUPRÉ, la retenant.

Ce Binet... vous ne l'aimez pas?

PAMÉLA.

Oh! non, jamais!

DUPRÉ.

Et l'autre?

PAMÉLA, après un moment d'émotion, qu'elle réprime aussitôt.

Je n'aimerai que vous?...

(Elle va sortir. Bruit dans l'antichambre. Jules paraît.)

SCÈNE II.

PAMÉLA, DUPRÉ, JULES.

JULES, aux domestiques.

Laissez-moi, vous dis-je... il faut que je lui parle. (Apercevant Dupré.) Ah! Monsieur!... Paméla, qu'est-elle devenue?... est-elle libre, sauvée?...

PAMÉLA, qui s'est arrêtée à la porte.

Jules!...

JULES.

Ciel! ici, Mademoiselle?...

DUPRÉ.

Et vous, Monsieur, je vous croyais à Bruxelles?...

JULES.

Oui, ils m'avaient fait partir malgré moi, et je m'étais soumis!... Élevé dans l'obéissance, je tremble devant ma famille!... mais j'emportais mes souvenirs avec moi!... Il y a six mois, Monsieur, avant de la connaître... je risquais ma vie pour obtenir mademoiselle de Verby, afin de contenter leur ambition, si vous le voulez aussi, pour satisfaire ma vanité; j'espérais un jour être gentilhomme; moi, fils d'un négociant enrichi!... Je la rencontrai et je l'aimai!... le reste, vous le savez!... ce qui n'était qu'un sentiment est devenu un devoir, et, quand chaque heure m'éloignait d'elle, j'ai senti que mon obéissance était une lâcheté; quand ils m'ont cru bien loin, je suis revenu!... Elle avait été arrêtée, vous l'aviez dit!... et moi je serais parti!... (A tous deux.) Sans vous revoir, vous, mon sauveur, qui serez le sien...

DUPRÉ, les regardant.

Bien... très-bien!... c'est d'un honnête homme cela!... enfin, en voilà un.

PAMÉLA, à part, essuyant ses larmes.

Merci, mon Dieu!

DUPRÉ.

Qu'espérez-vous? que voulez-vous?

JULES.

Ce que je veux?... m'attacher à son sort... me perdre avec elle, s'il le faut... et si Dieu nous protége, lui dire : Paméla, veux-tu être à moi?

DUPRÉ.

Ah! diable! diable! il n'y a qu'une petite difficulté... c'est que je l'épouse!...

JULES, très-surpris.

Vous?

DUPRÉ.

Oui, moi?... (Paméla baisse les yeux.) Je n'ai pas de famille qui s'y oppose.

JULES.

Je fléchirai la mienne.

DUPRÉ.

On vous fera partir pour Bruxelles.

JULES.

Je cours trouver ma mère!... j'aurai du courage!... dussé-je perdre les bonnes grâces de mon père... dût ma tante me priver de son héritage, je résisterai!... autrement, je serais sans dignité, sans âme... mais alors, aurais-je l'espoir?...

DUPRÉ.

C'est à moi que vous le demandez?...

JULES.

Paméla, répondez, je vous en supplie...

PAMÉLA, à Dupré.

Vous avez ma parole, Monsieur.

SCÈNE III.

LES MÊMES, UN DOMESTIQUE.

Le domestique remet une carte à Dupré.

DUPRÉ, regardant la carte et paraissant très-surpris.

Comment! (A Jules.) Où est M. de Verby? le savez-vous?

JULES.

En Normandie, chez son frère, le comte de Verby.

DUPRÉ, regardant la carte.

C'est bien... allez trouver votre mère.

JULES.

Vous me promettez donc..

DUPRÉ.

Rien!...

JULES.

Adieu, Paméla!... (A part en sortant.) Je reviendrai. (Il sort.)

DUPRÉ, se retournant vers Paméla après le départ de Jules.

Faut-il qu'il revienne?

PAMÉLA, très-émue, se jetant dans ses bras.

Ah! Monsieur!... (Elle sort.)

DUPRÉ, la regardant sortir et essuyant une larme.

La reconnaissance... croyez-y donc!... (Ouvrant la petite porte secrète.) Entrez, Monsieur, entrez.

SCÈNE IV.

DUPRÉ, DE VERBY.

DUPRÉ.

Vous ici, Monsieur, quand tout le monde vous croit à cinquante lieues de Paris!

DE VERBY.

Je suis arrivé ce matin.

DUPRÉ.

Sans doute un intérêt puissant?

DE VERBY.

Non pour moi; mais je n'ai pu rester indifférent!... vous pouvez m'être utile.

DUPRÉ.

Trop heureux, Monsieur, de pouvoir vous servir.

DE VERBY.

M. Dupré, les circonstances dans lesquelles nous nous sommes rencontrés m'ont mis dans la position de vous apprécier. Parmi les hommes que leurs talents et leur caractère m'ont forcé d'estimer, vous vous êtes placé au premier rang!...

DUPRÉ.

Ah! Monsieur, vous allez me forcer de déclarer que vous, ancien officier de l'empire, vous m'avez paru résumer complétement cette époque glorieuse, par votre loyauté, votre courage et votre indépendance. (A part.) J'espère que je ne lui dois rien!

DE VERBY.

Je puis donc compter sur vous?

DUPRÉ.

Entièrement.

DE VERBY.

Je vous demanderai quelques renseignements sur la jeune Paméla Giraud.

DUPRÉ.

J'en étais sûr.

DE VERBY.

La famille Rousseau s'est conduite indignement.

DUPRÉ.

Monsieur aurait-il mieux agi?

ACTE V. 297

DE VERBY.

Je compte m'employer pour elle! Depuis son arrestation comme aux témoin, où en est l'affaire?

DUPRÉ.

Oh! c'est pour vous d'un bien mince intérêt.

DE VERBY.

Sans doute... mais...

DUPRÉ, à part.

Il veut adroitement me faire jaser, et savoir s'il peut se trouver compromis. (Haut.) Monsieur le général de Verby, il y a des hommes qui sont impénétrables dans leurs projets, dans leurs pensées; leurs actions, les événements seuls les révèlent ou les expliquent; ceux-là sont des hommes forts... Je vous prie humblement d'excuser ma franchise, mais je ne vous crois pas de ce nombre.

DE VERBY.

Monsieur, ce langage!... Vous êtes un homme singulier!...

DUPRÉ.

Mieux que cela!... je crois être un homme original!... Ecoutez-moi... vous parlez ici à demi-mots, et vous croyez, futur ambassadeur, faire sur moi vos études diplomatiques; vous avez mal choisi votre sujet, et je vais vous dire, moi, ce que vous ne voulez pas m'apprendre. Ambitieux, mais prudent, vous vous êtes fait le chef d'une conspiration... le complot échoué, preuve de courage, sans vous inquiéter de ceux que vous aviez mis en avant, impatient d'arriver, vous avez pris un autre sentier : vous vous êtes rallié, renégat politique, vous avez encensé le nouveau pouvoir, preuve d'indépendance! Vous attendez une récompense... Ambassadeur à Turin!... dans un mois vous recevrez vos lettres de créance; mais Paméla est arrêtée, on vous a vu chez elle, vous pouvez être compromis dans cette affaire de faux témoignage! Alors vous accourez, tremblant d'être démasqué, de perdre cette faveur, prix de tant d'efforts!... vous venez à moi, l'air obséquieux, la parole doucereuse, croyant me rendre votre dupe, preuve de loyauté!... Eh bien, vous avez raison de craindre... Paméla est entre les mains de la justice, elle a tout dit.

DE VERBY.

Que faire alors?

DUPRÉ.

J'ai un moyen!... Ecrivez à Jules que vous lui rendez sa parole; que mademoiselle de Verby reprenne la sienne.

DE VERBY,

Y pensez-vous ?

DUPRÉ.

Vous trouvez que les Rousseau se sont conduits indignemen
vous devez les mépriser !...

DE VERBY.

Vous le savez... des engagements...

DUPRÉ.

Voilà ce que je sais : c'est que votre fortune particulière n'est guère en rapport avec la position que vous ambitionnez... Madame du Brocard, aussi riche qu'orgueilleuse, doit vous venir en aide, si cette alliance...

DE VERBY.

Monsieur... une pareille atteinte à ma dignité !...

DUPRÉ.

Que cela soit faux ou vrai, faites ce que je vous demande !... à ce prix-là, je tâcherai que vous ne soyez pas compromis... mais écrivez... ou tirez-vous de là comme vous pourrez !... Tenez, j'entends des clients !...

DE VERBY.

Je ne veux voir personne !... On me croit parti... la famille même de Jules...

LE DOMESTIQUE, annonçant.

Madame du Brocard !

DE VERBY.

O ciel !

(Il entre vivement dans le cabinet de droite.)

SCÈNE V.

DUPRÉ, MADAME DU BROCARD.

Elle entre encapuchonnée dans un voile noir qu'elle enlève avec précaution.

MADAME DU BROCARD.

Voilà plusieurs fois que je me présente chez vous sans avoir le bonheur de vous y rencontrer... Nous sommes bien seuls ?

DUPRÉ, souriant.

Tout à fait seuls.

MADAME DU BROCARD.

Eh bien, Monsieur... cette cruelle affaire recommence donc ?

DUPRÉ.

Malheureusement !

MADAME DU BROCARD.

Maudit jeune homme!... si je ne l'avais pas fait élever, je le déshériterais!... Je n'existe pas, Monsieur. Moi, dont la conduite, les principes m'ont valu l'estime générale, me voyez-vous mêlée encore dans tout ceci? seulement, cette fois, pour ma démarche auprès de ces Giraud, je puis me trouver inquiétée!...

DUPRÉ.

Je le crois!... c'est vous qui avez séduit, entraîné Paméla!

MADAME DU BROCARD.

Tenez, Monsieur, on a bien tort de se lier avec de certaines gens!... un bonapartiste... un homme de mauvaise conscience!... un sans cœur.

(Verby, qui écoutait, se cache de nouveau et fait un geste de colère.)

DUPRÉ.

Vous paraissiez tant l'estimer!

MADAME DU BROCARD.

Sa famille est considérée!... ce brillant mariage!... mon neveu pour qui je rêvais un avenir éclatant...

DUPRÉ.

Vous oubliez son affection pour vous, son désintéressement.

MADAME DU BROCARD.

Son affection!... son désintéressement!... Le général n'a plus le sou, et je lui avais promis cent mille francs, une fois le contrat signé.

DUPRÉ tousse fortement, en se retournant du côté de Verby.

Hum! hum!

MADAME DU BROCARD.

Je viens donc en secret et en confiance, malgré ce M. de Verby, qui prétend que vous êtes un homme incapable!... qui m'a dit de vous un mal affreux, je viens vous prier de me tirer de là... Je vous donnerai de l'argent!... ce que vous voudrez.

DUPRÉ.

Avant tout, ce que je veux, c'est que vous promettiez à votre neveu, pour épouser qui bon lui semblera, la dot que vous lui faisiez pour épouser mademoiselle de Verby.

MADAME DU BROCARD.

Permettez... qui bon lui semblera...

DUPRÉ.

Décidez-vous!

MADAME DU BROCARD.

Mais il faut que je sache!...

DUPRÉ.

Alors, mêlez-vous de vos affaires toute seule!

MADAME DU BROCARD.

C'est abuser de ma situation!... Ah! mon Dieu! quelqu'un vient.

DUPRÉ, regardant au fond.

C'est quelqu'un de votre famille!...

MADAME DU BROCARD, regardant avec précaution.

M. Rousseau! mon beau-frère!... Que vient-il faire? il m'avait juré de tenir bon!

DUPRÉ.

Et vous aussi!... vous jurez beaucoup dans votre famille, et vous ne tenez guère.

MADAME DU BROCARD.

Si je pouvais entendre!

(Rousseau paraît avec sa femme, madame du Brocard se jette dans le rideau à gauche.

DUPRÉ, la regardant.

Très-bien!... si ceux-là veulent se cacher, je ne sais plus où ils se mettront!

SCÈNE VI.

DUPRÉ, ROUSSEAU, MADAME ROUSSEAU.

ROUSSEAU.

Monsieur, vous nous voyez désespérés... Madame du Brocard, ma belle-sœur, est venue ce matin faire à ma femme une foule d'histoires.

MADAME ROUSSEAU.

Monsieur, j'en suis tout effrayée!...

DUPRÉ, lui offrant un siége.

Permettez... Madame...

ROUSSEAU.

S'il faut l'en croire, voilà encore mon fils compromis.

DUPRÉ.

C'est la vérité!

ROUSSEAU.

Je n'en sortirai pas!... Pendant trois mois qu'a duré cette malheureuse affaire, j'ai abrégé ma vie de dix années!... Des spéculations magnifiques, des combinaisons sûres, j'ai tout sacrifié, tout laissé passer en d'autres mains. Enfin c'était fait!... Mais, quand je crois tout terminé, il me faut encore tout quitter, employer en démarches, en sollicitations, un temps précieux !...

DUPRÉ.

Je vous plains !... Ah ! je vous plains !...

MADAME ROUSSEAU.

Cependant il m'est impossible...

ROUSSEAU.

C'est votre faute !... celle de votre famille !... Madame du Brocard, avec sa particule, qui, dans le commencement, m'appelait toujours mon cher Rousseau... et qui me... parce que j'avais cent mille écus !...

DUPRÉ.

C'est un beau vernis.

ROUSSEAU.

Par ambition, par orgueil, elle s'est jetée au cou de M. de Verby. (De Verby et madame du Brocard écoutent, la tête hors du rideau, chacun de son côté.) Joli couple !... charmants caractères, un brave d'antichambre !... (de Verby retire vivement sa tête) et une vieille dévote hypocrite. (Madame du Brocard cache la sienne.)

MADAME ROUSSEAU.

Monsieur, c'est ma sœur !...

DUPRÉ.

Ah ! vous allez trop loin !...

ROUSSEAU.

Vous ne les connaissez pas !... Monsieur, je m'adresse à vous encore une fois ?... Une nouvelle instruction doit être commencée !... Que devient cette petite ?...

DUPRÉ.

Cette petite est ma femme, Monsieur !...

ROUSSEAU et MADAME ROUSSEAU.

Votre femme !...

DE VERBY et MADAME DU BROCARD.

Sa femme !...

DUPRÉ.

Oui, je l'épouse dès qu'elle sera libre... à moins qu'elle ne devienne la femme de votre fils !...

ROUSSEAU.

La femme de mon fils !...

MADAME ROUSSEAU

Que dit-il ?

DUPRÉ.

Eh bien, qu'y a-t-il donc?... cela vous étonne!... il faut pourtant vous faire à cette idée-là... car c'est ce que je demande.

ROUSSEAU, ironiquement.

Ah!... M. Dupré!... ce n'est pas que je tienne à mademoiselle de Verby... la nièce d'un homme taré!... C'est cette folle de madame du Brocard qui voulait faire ce beau mariage... mais de là à la fille d'un portier...

DUPRÉ.

Il ne l'est plus, Monsieur!...

ROUSSEAU.

Comment!

DUPRÉ.

Il a perdu sa place à cause de votre fils, et il va retourner en province vivre des rentes... (Rousseau prête l'oreille) que vous lui ferez.

ROUSSEAU.

Ah! si vous plaisantez!...

DUPRÉ.

C'est très-sérieux!... Votre fils épousera leur fille... et vous leur ferez une pension.

ROUSSEAU.

Monsieur...

SCÈNE VII.

LES MÊMES, BINET, entrant, pâle, défait.

BINET.

M. Dupré... M. Dupré!... sauvez-moi!

TOUS TROIS

Qu'arrive-t-il? qu'y a-t-il donc?

BINET.

Des militaires!... des militaires à cheval, qui arrivent pour m'arrêter.

DUPRÉ.

Tais-toi! tais-toi! (Mouvement général d'effroi; Dupré regarde avec anxiété la chambre où est Paméla. A Binet.) T'arrêter?...

BINET.

J'en ai vu un, entendez-vous?... On monte: cachez-moi!... cachez-moi!... (Il veut se cacher dans le cabinet; Verby en sort poussant un cri: Ah! (Il va sous le rideau, Madame du Brocard s'en échappe en criant.) Ciel!...

MADAME ROUSSEAU.

Ma sœur !

M. ROUSSEAU.

M. de Verby. (La porte s'ouvre.)

BINET, tombant sur une chaise au fond.

Nous sommes tous pincés !

UN DOMESTIQUE, entrant, à Dupré.

De la part de M. le garde des sceaux.

BINET.

Des sceaux ?... ça me regarde !...

DUPRÉ, s'avançant gravement, aux Rousseau et à de Verby, restés sur l'avant-scène.

Maintenant, je vous laisse en présence tous les quatre... Vous qui vous aimez et vous estimez tant... songez à ce que je vous ai dit : celle qui vous a tout sacrifié a été méconnue !... humiliée pour vous et par vous... c'est à vous de tout réparer... aujourd'hui... à l'instant... ici même... et alors nous vous sauverons tous... si vous en valez la peine.

SCÈNE VIII.

LES PRÉCÉDENTS, moins DUPRÉ.

Ils restent un moment embarrassés et ne sachant quelle mine se faire.

BINET, s'approchant.

Nous voilà gentils ! (A de Verby.) Dites donc... quand nous serons en prison, vous me soignerez, vous !... c'est que j'ai le cœur gonflé et le gousset vide !... (De Verby lui tourne le dos. A Rousseau.) Vous savez !... on m'a promis quelque chose !... (Rousseau s'éloigne sans lui répondre. A Madame du Brocard.) Dites-donc, on m'a promis quelque chose...

MADAME DU BROCARD.

C'est bon !

MADAME ROUSSEAU.

Mais votre frayeur !... votre présence ici !... on vous y a donc poursuivi ?

BINET.

Du tout !... Voilà quatre jours que je suis dans cette maison, caché dans le grenier comme un insecte... j'y suis venu parce que le père et la mère Giraud n'étaient plus chez eux ; ils ont été enlevés de leur domicile... Paméla a aussi disparu... elle est sans doute au secret. Oh! d'abord, moi, je n'ai pas envie de m'exposer; j'ai menti à la justice, c'est vrai... si on me condamne, pour qu'on m'acquitte, je ferai des révélations; je dénonce tout le monde!...

DE VERBY, vivement.

Il le faut. (Il se met à table et écrit.)

MADAME DU BROCARD.

Oh!... Jules!... Jules!... maudit enfant!... qui est cause de tout cela.

MADAME ROUSSEAU, à son mari.

Vous le voyez!... cet homme vous tient tous!... Il faut consentir. (De Verby se lève, madame du Brocard prend sa place et écrit.)

MADAME ROUSSEAU, à son mari.

Mon ami! je vous en supplie!...

ROUSSEAU, se décidant.

Parbleu! je puis promettre à ce diable d'avocat tout ce qu'il voudra; Jules est à Bruxelles.

(La porte s'ouvre, Binet pousse un cri, c'est Dupré qui paraît.)

SCÈNE IX.

LES PRÉCÉDENTS. DUPRÉ, revenant.

DUPRÉ.

Eh bien! (Madame du Brocard lui remet la lettre qu'il a demandée; Verby lui donne la sienne; Rousseau l'examine.) Enfin!... (De Verby lance un regard furieux à Dupré et à la famille, et sort vivement. A Rousseau.) Et vous, Monsieur?

ROUSSEAU.

Je laisse mon fils maître de faire ce qu'il voudra.

MADAME ROUSSEAU.

O mon ami!

DUPRÉ, à part.

Il le croit loin d'ici.

ROUSSEAU.

Mais Jules est à Bruxelles, et il faut qu'il revienne.

DUPRÉ.

Oh! c'est parfaitement juste!... Il est bien clair que je ne peux pas exiger qu'à la minute... ici... tandis que lui... là-bas!... Ça n'aurait pas de sens.

ROUSSEAU.

Certainement!... plus tard!...

ACTE V.

DUPRÉ.

Dès qu'il sera de retour.

ROUSSEAU.

Oh! dès qu'il sera de retour. (A part.) J'aurai soin de l'y faire rester.

DUPRÉ, allant vers la porte de gauche.

Venez... venez, jeune homme... remercier votre famille, qui consent à tout.

MADAME ROUSSEAU.

Jules!

MADAME DU BROCARD.

Mon neveu!

JULES.

Il se pourrait?

DUPRÉ, courant à l'autre chambre.

Et vous Paméla!... mon enfant!... ma fille!... embrassez votre mari!
(Jules s'élance vers elle.)

MADAME DU BROCARD, à Rousseau.

Comment se fait-il?

DUPRÉ.

Elle n'a pas été arrêtée!... elle ne le sera pas!... Je n'ai pas de titres, moi... je ne suis pas le frère d'un pair de France!... mais j'ai quelque crédit. On a eu pitié de son dévouement... l'affaire est étouffée... c'est ce que m'écrit M. le garde des sceaux par une estafette, un cavalier que ce nigaud a pris pour un régiment.

BINET.

On ne voit pas bien par une lucarne.

MADAME DU BROCARD.

Monsieur, vous nous avez surpris; je reprends ma parole.

DUPRÉ.

Et moi, je garde votre lettre. Vous voulez un procès?... bien.. je plaiderai.

GIRAUD et MADAME GIRAUD, qui se sont approchés.

M. Dupré!...

DUPRÉ.

Etes-vous contents de moi?... (Pendant ce temps, Jules et madame Rousseau ont supplié Rousseau de se laisser fléchir; Rousseau hésite, et finit par embrasser au front Paméla, qui s'est approchée en tremblant. Dupré s'avance vers Rousseau, et, le voyant embrasser Paméla, il lui tend la main en disant. Bien, Monsieur!... (A Jules, l'interrogeant.) Elle sera heureuse?...

JULES.

Ah!.mon ami!...
(Paméla baise la main de Dupré.)

BINET, à Dupré.

Dites donc, Monsieur, faut-il que je sois bête!... ne le dites pas!... il l'épouse... et je me sens attendri!... Au moins, est-ce qu'il ne me reviendra pas quelque chose?

DUPRÉ.

Si fait! je te donne mes honoraires dans cette affaire.

BINET.

Ah! comptez sur ma reconnaissance.

DUPRÉ.

C'est sur ton reçu que tu veux dire?

FIN DE PAMÉLA GIRAUD.

LA MARATRE

DRAME INTIME EN CINQ ACTES ET HUIT TABLEAUX,

Représenté pour la première fois, à Paris, sur le Théâtre-
Historique, le 25 mai 1848.

PERSONNAGES

LE GÉNÉRAL COMTE DE GRAND-CHAMP.
EUGÈNE RAMEL.
FERDINAND MARCANDAL.
VERNON, docteur.
GODARD.
UN JUGE D'INSTRUCTION.
FÉLIX.
CHAMPAGNE, contre-maître.
BAUDRILLON, pharmacien.
NAPOLÉON, fils du général.
GERTRUDE, femme du comte de Grand champ.
PAULINE, sa fille.
MARGUERITE.
GENDARMES, UN GREFFIER, LE CLERGÉ.

La scène se passe en 1829, dans une fabrique de drap, près de Louviers

LA MARATRE

ACTE PREMIER

Le théâtre représente un salon assez orné ; il s'y trouve les portraits de l'empereur et de son fils. On y entre par une porte donnant sur un perron à marquise. La porte des appartements de Pauline est à droite du spectateur ; celle des appartements du général et de sa femme est à gauche. De chaque côté de la porte du fond il y a, à gauche, une table, et à droite une armoire façon de Boule.

Une jardinière pleine de fleurs se trouve dans le panneau à glace à côté de l'entrée des appartements de Pauline. En face, est une cheminée avec une riche garniture. Sur le devant du théâtre, il y a deux canapés à droite et à gauche.

Gertrude entre en scène avec des fleurs qu'elle vient de cueillir pendant sa promenade et qu'elle met dans la jardinière.

SCÈNE PREMIÈRE.

GERTRUDE, LE GÉNÉRAL.

GERTRUDE.

Je t'assure, mon ami, qu'il serait imprudent d'attendre plus longtemps pour marier ta fille, elle a vingt-deux ans. Pauline a trop tardé à faire un choix ; et, en pareil cas, c'est aux parents à établir leurs enfants... d'ailleurs j'y suis intéressée.

LE GÉNÉRAL.

Et comment ?

GERTRUDE.

La position d'une belle-mère est toujours suspecte. On dit d puis quelque temps dans tout Louviers que c'est moi qui sus des obstacles au mariage de Pauline.

LE GÉNÉRAL.

Ces sottes langues de petites villes ! je voudrais en couper quelques-unes ! T'attaquer, toi, Gertrude, qui depuis douze ans es pour Pauline une véritable mère ! qui l'a si bien élevée !

GERTRUDE.

Ainsi va le monde ! On ne nous pardonne pas de vivre à une si faible distance de la ville, sans y aller. La société nous punit de savoir nous passer d'elle ! Crois-tu que notre bonheur ne fasse pas de jaloux ? Mais notre docteur...

LE GÉNÉRAL.

Vernon ?...

GERTRUDE.

Oui, Vernon est très-envieux de toi : il enrage de ne pas avoir su inspirer à une femme l'affection que j'ai pour toi. Aussi, prétend-il que je joue la comédie ! Depuis douze ans ? comme c'est vraisemblable !

LE GÉNÉRAL.

Une femme ne peut pas être fausse pendant douze ans sans qu'on s'en aperçoive. C'est stupide ! Ah ! Vernon ! lui aussi !

GERTRUDE.

Oh ! il plaisante ! Ainsi donc, comme je te le disais, tu vas voir Godard. Cela m'étonne qu'il ne soit pas arrivé. C'est un si riche parti, que ce serait une folie que de le refuser. Il aime Pauline, et quoiqu'il ait ses défauts, qu'il soit un peu provincial, il peut rendre ta fille heureuse.

LE GÉNÉRAL.

J'ai laissé Pauline entièrement maîtresse de se choisir un mari.

GERTRUDE.

Oh ! sois tranquille ! une fille si douce ! si bien élevée ! si sage !

LE GÉNÉRAL.

Douce ! elle a mon caractère, elle est violente.

GERTRUDE.

Elle, violente ! Mais toi, voyons ?... Ne fais-tu pas tout ce que je veux ?

LE GÉNÉRAL.

Tu es un ange, tu ne veux jamais rien qui ne me plaise ! A propos, Vernon dîne avec nous après son autopsie.

GERTRUDE.

As-tu besoin de me le dire ?

ACTE I.

LE GÉNÉRAL.

Je ne t'en parle que pour qu'il trouve à boire les vins qu'il affectionne !

FÉLIX, entrant.

M. de Rimonville.

LE GÉNÉRAL.

Faites entrer.

GERTRUDE, elle fait signe à Félix de ranger la jardinière.

Je passe chez Pauline pendant que vous causerez affaires, je ne suis pas fâchée de surveiller un peu l'arrangement de sa toilette. Ces jeunes personnes ne savent pas toujours ce qui leur sied l mieux.

LE GÉNÉRAL.

Ce n'est pas faute de dépense ! car depuis dix-huit mois sa toilette coûte le double de ce qu'elle coûtait auparavant ; après tout, pauvre fille, c'est son seul plaisir.

GERTRUDE.

Comment, son seul plaisir ? et celui de vivre en famille comme nous vivons ! Si je n'avais pas le bonheur d'être ta femme, je voudrais être ta fille !... Je ne te quitterai jamais, moi ! (Elle fait quelques pas.) Depuis dix-huit mois, tu dis ? c'est singulier !... En effet, elle porte depuis ce temps-là des dentelles, des bijoux, de jolies choses.

LE GÉNÉRAL.

Elle est assez riche pour pouvoir satisfaire ses fantaisies.

GERTRUDE.

Et elle est majeure ! (A part.) La toilette, c'est la fumée ! y aurait-il du feu ? (Elle sort.)

SCÈNE II.

LE GÉNÉRAL, seul.

Quelle perle ! après vingt-six campagnes, onze blessures et la mort de l'ange qu'elle a remplacé dans mon cœur ; non, vraiment le bon Dieu me devait ma Gertrude, ne fût-ce que pour me consoler de la chute et de la mort de l'empereur !

SCÈNE III.

GODARD, LE GÉNÉRAL.

GODARD, entrant.

Général !

LE GÉNÉRAL.

Ah ! bonjour, Godard ! Vous venez sans doute passer la journée avec nous ?

GODARD.

Mais peut-être la semaine, général, si vous êtes favorable à la demande que j'ose à peine vous faire.

LE GÉNÉRAL.

Allez votre train ! je la connais votre demande... Ma femme est pour vous... Ah ! Normand, vous avez attaqué la place par son côté faible.

GODARD.

Général, vous êtes un vieux soldat qui n'aimez pas les phrases, vous allez en toute affaire comme vous alliez au feu...

LE GÉNÉRAL.

Droit, et à fond de train.

GODARD.

Ça me va ! car je suis si timide...

LE GÉNÉRAL.

Vous ! je vous dois, mon cher, une réparation : je vous prenais pour un homme qui savait trop bien ce qu'il valait.

GODARD.

Pour un avantageux ! eh bien ! général, je me marie parce que je ne sais pas faire la cour aux femmes.

LE GÉNÉRAL, à part.

Pékin ! (Haut.) Comment, vous voilà grand comme père et mère, et... mais, monsieur Godard, vous n'aurez pas ma fille.

GODARD.

Oh ! soyez tranquille ! Vous y entendez malice. J'ai du cœur, et beaucoup ; seulement, je veux être sûr de ne pas être refusé.

LE GÉNÉRAL.

Vous avez du courage contre les villes ouvertes.

ACTE I.   343

GODARD.

Ce n'est pas cela du tout, mon général. Vous m'intimidez déjà avec vos plaisanteries.

LE GÉNÉRAL.

Allez toujours !

GODARD.

Moi, je n'entends rien aux simagrées des femmes ! je ne sais pas plus quand leur non veut dire oui que quand le oui veut dire non ; et, lorsque j'aime, je veux être aimé...

LE GÉNÉRAL, à part.

Avec ces idées-là, il le sera.

GODARD.

Il y a beaucoup d'hommes qui me ressemblent, et que la petite guerre des façons et des manières ennuie au suprême degré.

LE GÉNÉRAL.

Mais c'est ce qu'il y a de plus délicieux, c'est la résistance ! On a le plaisir de vaincre.

GODARD.

Non, merci ! Quand j'ai faim, je ne coquette pas avec ma soupe ! J'aime les choses jugées, et fais peu de cas de la procédure, quoique Normand. Je vois dans le monde des gaillards qui s'insinuent auprès des femmes en leur disant : — « Ah ! vous avez là, Madame, une jolie robe. — Vous avez un goût parfait. Il n'y a que vous pour savoir vous mettre ainsi. » Et qui de là partent pour aller, aller... Et ils arrivent ; ils sont prodigieux, parole d'honneur ! Moi, je ne vois pas comment, de ces paroles oiseuses, on parvient à... Non... Je pataugerais des éternités avant de dire ce que m'inspire la vue d'une jolie femme.

LE GÉNÉRAL.

Ah ! ce ne sont pas là les hommes de l'empire.

GODARD.

C'est à cause de cela que je me suis fait hardi ! Cette fausse hardiesse, accompagnée de quarante mille livres de rente, est acceptée sans protêt, et j'y gagne de pouvoir aller de l'avant. Voilà pourquoi vous m'avez pris pour un homme avantageux. Quand on n'a pas ça d'hypothèques sur de bons herbages de la vallée d'Auge, qu'on possède un joli château tout meublé, car ma femme n'aura que son trousseau à y apporter, elle trouvera même les cachemires et les dentelles de défunt ma mère. Quand on a tout cela, général, on a le moral qu'on veut avoir. Aussi, suis-je M. de Rimonville.

LE GÉNÉRAL.

Non, Godard.

GODARD.

Godard de Rimonville.

LE GÉNÉRAL.

Godard tout court.

GODARD.

Général, cela se tolère.

LE GÉNÉRAL.

Moi! je ne tolère pas qu'un homme, fût-il mon gendre! renie son père; le vôtre, fort honnête homme d'ailleurs, menait ses bœufs lui-même de Caen à Poissy, et s'appelait sur toute la route Godard, le père Godard.

GODARD.

C'était un homme bien distingué.

LE GÉNÉRAL.

Dans son genre... Mais je vois ce que c'est. Comme ses bœufs vous ont donné quarante mille livres de rente, vous comptez sur d'autres bêtes pour vous faire donner le nom de Rimonville.

GODARD.

Tenez, général! consultez mademoiselle Pauline, elle est de son époque, elle. Nous sommes en 1829, sous le règne de Charles X. Elle aimera mieux, en sortant d'un bal, entendre dire : Les gens de madame de Rimonville, que : Les gens de madame Godard.

LE GÉNÉRAL.

Oh! si ces sottises-là plaisent à ma fille, comme c'est de vous qu'on se moquera, ça m'est parfaitement égal, mon cher Godard.

GODARD.

De Rimonville.

LE GÉNÉRAL.

Godard! Tenez, vous êtes un honnête homme, vous êtes jeune, vous êtes riche, vous dites que vous ne ferez pas la cour aux femmes, que ma fille sera la reine de votre maison... Eh bien, ayez son agrément, vous aurez le mien ; car, voyez-vous, Pauline n'épousera jamais que l'homme qu'elle aimera, riche ou pauvre... Ah! il y a une exception, mais elle ne vous concerne pas. J'aimerais mieux aller à son enterrement que de la conduire à la mairie, si son prétendu se trouvait fils, petit-fils, frère, neveu, cousin ou allié d'un des quatre ou cinq misérables qui ont trahi... car mon culte à moi, c'est...

GODARD.

L'empereur... on le sait...

LE GÉNÉRAL.

Dieu, d'abord, puis la France ou l'empereur... c'est tout un pour moi... enfin, ma femme et mes enfants! Qui touche à mes dieux! devient mon ennemi; je le tue comme un lièvre, sans remords. Voilà mes idées sur la religion, le pays et la famille. Le catéchisme est court; mais il est bon. Savez-vous pourquoi en 1816, après leur maudit licenciement de l'armée de la Loire, j'ai pris ma pauvre petite orpheline dans mes bras, et je suis venu, moi, colonel de la jeune garde, blessé à Waterloo, ici, près de Louviers, me faire fabricant de draps?

GODARD.

Pour ne pas servir ceux-ci.

LE GÉNÉRAL.

Pour ne pas mourir comme un assassin sur l'échafaud.

GODARD.

Ah! bon Dieu!

LE GÉNÉRAL.

Si j'avais rencontré un de ces traîtres, je lui aurais fait son affaire. Encore aujourd'hui, après bientôt quinze ans, tout mon sang bout dans mes veines si, par hasard, je lis leur nom dans un journal ou si quelqu'un les prononce devant moi. Enfin, si je me trouvais avec l'un d'eux, rien ne m'empêcherait de lui sauter à la gorge, de le déchirer, de l'étouffer...

GODARD.

Vous auriez raison. (A part.) Faut dire comme lui.

LE GÉNÉRAL.

Oui, Monsieur, je l'étoufferais!... Et si mon gendre tourmentait ma chère enfant, ce serait de même.

GODARD.

Ah!

LE GÉNÉRAL.

Oh! je ne veux pas qu'il se laisse mener par elle. Un homme doit être le roi dans son ménage, comme moi ici.

GODARD, à part.

Pauvre homme! comme il s'abuse!

LE GÉNÉRAL.

Vous dites?

GODARD.

Je dis, général, que votre menace ne m'effraye pas! Quand on ne se donne qu'une femme à aimer, elle est joliment aimée.

LE GÉNÉRAL.

Très-bien, mon cher Godard. Quant à la dot...

GODARD.

Oh!

LE GÉNÉRAL.

Quant à la dot de ma fille, elle se compose...

GODARD.

Elle se compose...

LE GÉNÉRAL.

De la fortune de sa mère et de la succession de son oncle Boncœur... C'est intact, et je renonce à tous mes droits. Cela fait alors 350,000 francs et un an d'intérêts, car Pauline a vingt-deux ans.

GODARD.

367,500 francs.

LE GÉNÉRAL.

Non.

GODARD.

Comment, non?

LE GÉNÉRAL.

Plus!

GODARD.

Plus?...

LE GÉNÉRAL.

400,000 francs. (Mouvement de Godard.) Je donne la différence!..... Mais après moi, vous ne trouverez plus rien... Vous comprenez?

GODARD.

Je ne comprends pas.

LE GÉNÉRAL.

J'adore le petit Napoléon.

GODARD.

Le petit duc de Reichstadt?

LE GÉNÉRAL.

Non, mon fils, qu'ils n'ont voulu baptiser que sous le nom de Léon; mais j'ai écrit là (il se frappe sur le cœur) Napoléon!..... Donc, j'amasse le plus que je peux pour lui, pour sa mère.

GODARD, à part.

Surtout pour sa mère, qui est une fine mouche.

LE GÉNÉRAL.

Dites donc?... si ça ne vous convient pas, il faut le dire.

GODARD, à part.

Ça fera des procès. (Haut.) Au contraire, je vous y aiderai, général.

LE GÉNÉRAL.

A la bonne heure ! voilà pourquoi, mon cher Godard...

GODARD.

De Rimonville.

LE GÉNÉRAL.

Godard, j'aime mieux Godard. Voilà pourquoi, après avoir commandé les grenadiers de la jeune garde, moi, général, comte de Grandchamp, j'habille leurs pousse-cailloux.

GODARD.

C'est très-naturel ! Économisez, général, votre veuve ne doit pas rester sans fortune.

LE GÉNÉRAL.

Un ange, Godard.

GODARD.

De Rimonville.

LE GÉNÉRAL.

Godard, un ange à qui vous devez l'éducation de votre future; elle l'a faite à son image. Pauline est une perle, un bijou; ça n'a pas quitté la maison, c'est pur, innocent, comme dans le berceau.

GODARD.

Général, laissez-moi faire un aveu ! certes mademoiselle Pauline est belle.

LE GÉNÉRAL.

Je le crois bien.

GODARD.

Elle est très-belle ; mais il y a beaucoup de belles filles en Normandie, et très-riches, il y en a de plus riches qu'elle... Eh bien ! si vous saviez comme les pères et les mamans de ces héritières-là me pourchassent !... Enfin, c'en est indécent. Mais ça m'amuse : je vais dans les châteaux, on me distingue...

LE GÉNÉRAL.

Fat !

GODARD.

Oh ! ce n'est pas pour moi, allez ! Je ne m'abuse pas ! c'est pour mes beaux mouchoirs à bœufs non hypothéqués ; c'est pour mes économies, et pour mon parti pris de ne jamais dépenser tout mon revenu. Savez-vous ce qui m'a fait rechercher votre alliance en e tant d'autres?

LE GÉNÉRAL.

Non.

GODARD.

Il y a des riches qui me garantissent l'obtention d'une ordonnance de Sa Majesté, par laquelle je serais nommé comte de Rimonville et pair de France.

LE GÉNÉRAL.

Vous?

GODARD.

Oh! oui, moi!

LE GÉNÉRAL.

Avez-vous gagné des batailles? avez-vous sauvé votre pays? l'avez-vous illustré? Ça fait pitié !

GODARD.

Ça fait pit... (A part.) Qu'est-ce que je dis donc? (Haut.) Nous ne pensons pas de même à ce sujet! Enfin, savez-vous pourquoi j'ai préféré votre adorable Pauline?

LE GÉNÉRAL.

Sacrebleu! parce que vous l'aimiez...

GODARD.

Oh! naturellement, mais c'est aussi à cause de l'union, du calme, du bonheur qui règnent ici! C'est si séduisant d'entrer dans une famille honnête, de mœurs pures, simples, patriarcales! Je suis observateur.

LE GÉNÉRAL.

C'est-à-dire curieux...

GODARD.

La curiosité, général, est la mère de l'observation. Je connais vers et l'endroit de tout le département.

LE GÉNÉRAL.

Eh bien?

GODARD.

Eh bien! dans toutes les familles dont je vous parlais, j'ai vu de vilains côtés. Le public aperçoit un extérieur décent, d'excellentes, d'irréprochables mères de famille, des jeunes personnes charmantes, de bons pères, des oncles modèles ; on leur donnerait le on Dieu sans confession, on leur confierait des fonds... Pénétrez dedans, c'est à épouvanter un juge d'instruction.

LE GÉNÉRAL.

Ah! vous voyez le monde ainsi? Moi, je conserve les illusions avec lesquelles j'ai vécu. Fouiller ainsi dans les consciences, ça regarde les prêtres et les magistrats; je n'aime pas les robes noires, et j'espère mourir sans les avoir jamais vues! Mais, Godard, le sentiment qui nous vaut votre préférence me flatte plus que votre fortune... Touchez-là, vous avez mon estime, et je ne la prodigue pas.

GODARD.

Général, merci. (A part.) Empaumé, le beau-père!

SCÈNE IV.

LES MÊMES, PAULINE, GERTRUDE.

LE GÉNÉRAL, apercevant Pauline.

Ah! te voilà, petite?

GERTRUDE.

N'est-ce pas qu'elle est jolie?

GODARD.

Mad...

GERTRUDE.

Oh! pardon, Monsieur, je ne voyais que mon ouvrage.

GODARD

Mademoiselle est éblouissante.

GERTRUDE.

Nous avons du monde à dîner, et je ne suis pas belle-mère du tout; j'aime à la parer, car c'est une fille pour moi.

GODARD, à part.

On m'attendait!

GERTRUDE.

Je vais vous laisser avec elle... faites votre déclaration. (Au général.) Mon ami, allons au perron voir si notre cher docteur arrive.

LE GÉNÉRAL.

Je suis tout à toi, comme toujours. (A Pauline.) Adieu, mon bijou. (A Godard.) Au revoir. (Gertrude et le général vont au perron; mais Gertrude surveille Godard et Pauline. Ferdinand va pour sortir de la chambre de Pauline; sur un signe de cette dernière, il y rentre précipitamment.)

GODARD, sur le devant de la scène.

Voyons, que dois-je lui dire de fin? de délicat? Ah! j'y suis!
(A Pauline.) Nous avons une bien belle journée, aujourd'hui, mademoiselle.

PAULINE.

Bien belle, en effet, Monsieur.

GODARD.

Mademoiselle?

PAULINE.

Monsieur?

GODARD.

Il dépend de vous de la rendre encore plus belle pour moi.

PAULINE.

Comment?

GODARD.

Vous ne comprenez pas? Madame de Granchamp, votre belle-mère, ne vous a-t-elle donc rien dit à mon sujet?

PAULINE.

En m'habillant, tout à l'heure, elle m'a dit de vous un bien infini!

GODARD.

Et pensez-vous de moi quelque peu de ce bien qu'elle a eu la bonté de...

PAULINE.

Oh! tout, Monsieur!

GODARD, se plaçant dans un fauteuil. (A part.)

Cela va trop bien. (Haut.) Aurait-elle commis l'heureuse indiscrétion de vous dire que je vous aime tellement, que je voudrais vous voir la châtelaine de Rimonville?

PAULINE.

Elle m'a fait entendre vaguement que vous veniez ici dans une intention qui m'honore infiniment.

GODARD, à genoux.

Je vous aime, Mademoiselle, comme un fou; je vous préfère à mademoiselle de Blondville, à mademoiselle de Clairville, à mademoiselle de Verville, à mademoiselle de Pont-de-Ville... à...

PAULINE.

Oh! assez, Monsieur! je suis confuse de tant de preuves d'un amour encore bien récent pour moi! C'est presque une hécatombe. (Godard se lève.) Monsieur votre père se contentait de conduire les victimes! mais vous, vous les immolez.

GODARD, à part.

Aïe, aïe! elle me persiffle, je crois... Attends, attends!

PAULINE.

Il faudrait au moins attendre ; et, je vous l'avouerai...

GODARD.

Vous ne voulez pas vous marier encore... Vous êtes heureuse près de vos parents, et vous ne voulez pas quitter votre père.

PAULINE.

C'est cela précisément.

GODARD.

En pareil cas, il y a des mamans qui disent aussi que leur fille est trop jeune ; mais comme monsieur votre père vous donne vingt-deux ans, j'ai cru que vous pouviez avoir le désir de vous établir.

PAULINE.

Monsieur !

GODARD.

Vous êtes, je le sais, l'arbitre de votre destinée et de la mienne ; mais, fort des vœux de votre père et de votre seconde mère, qui vous supposent le cœur libre, me permettez-vous l'espérance ?

PAULINE.

Monsieur, la pensée que vous avez eue de me recherch quelque flatteuse qu'elle soit pour moi, ne vous donne pas droit d'inquisition plus qu'inconvenant.

GODARD, à part.

Aurais-je un rival ?... (Haut.) Personne, Mademoiselle, ne renonce au bonheur sans combattre.

PAULINE.

Encore?... Je vais me retirer, Monsieur.

GODARD.

De grâce, Mademoiselle. (A part.) Voilà pour ta raillerie.

PAULINE.

Eh ! Monsieur, vous êtes riche, et personnellement si bien traité par la nature ; vous êtes si bien élevé, si spirituel, que vous trouverez facilement une jeune personne et plus riche et plus belle que moi.

GODARD.

Mais quand on aime ?

PAULINE.

Eh bien! monsieur, c'est cela même.

GODARD, à part.

Ah! elle aime quelqu'un... je vais rester pour savoir qui. (Haut.) Mademoiselle, dans l'intérêt de mon amour-propre, me permettez-vous au moins de demeurer ici quelques jours?

PAULINE.

Mon père, Monsieur, vous répondra.

GERTRUDE, s'avançant, à Godard.

Eh bien?

GODARD.

Refusé net, durement et sans espoir; elle a le cœur pris.

GERTRUDE, à Godard.

Elle? une enfant que j'ai élevée, je le saurais; et d'ailleurs, personne ne vient ici... (A part.) Ce garçon vient de me donner des soupçons qui sont entrés comme des coups de poignard dans mon cœur... (A Godard.) Demandez-lui donc..

GODARD.

Ah! bien, lui demander quelque chose?... Elle s'est cabrée au premier mot de jalousie.

GERTRUDE.

Eh bien! je la questionnerai, moi!...

LE GÉNÉRAL.

Ah! voilà le docteur!... nous allons savoir la vérité sur la mort de la femme à Champagne.

SCÈNE V.

LES MÊMES, LE DOCTEUR VERNON.

LE GÉNÉRAL.

Eh bien?

VERNON.

J'en étais sûr, Mesdames. (Il les salue.) Règle générale, quand un homme bat sa femme, il se garde de l'empoisonner, il y perdrait trop. On tient à sa victime.

LE GÉNÉRAL, à Godard.

Il est charmant!

GODARD.

Il est charmant!

LE GÉNÉRAL, au docteur, en lui présentant Godard.

M. Godard.

GODARD.

De Rimonville.

VERNON le regarde et se mouche. Continuant.

S'il la tue, c'est par erreur, pour avoir tapé trop fort; et il es
au désespoir; tandis que Champagne est assez naïvement enchanté
d'être naturellement veuf. En effet, sa femme est morte du choléra. C'est un cas assez rare, mais qui se voit quelquefois, du choléra asiatique, et je suis bien aise de l'avoir observé; car, depuis
la campagne d'Egypte, je ne l'avais plus vu... Si l'on m'avait appelé, je l'aurais sauvée.

GERTRUDE.

Ah! quel bonheur!... Un crime dans notre établissement, si
paisible depuis douze ans, cela m'aurait glacée d'effroi.

LE GÉNÉRAL.

Voilà l'effet des bavardages. Mais es-tu bien certain, Vernon?

VERNON.

Certain! Belle question à faire à un ancien chirurgien en chef
qui a traité douze armées françaises de 1793 à 1815, qui a pra-
tiqué en Allemagne, en Espagne, en Italie, en Russie, en Pologne,
en Égypte; à un médecin cosmopolite!

LE GÉNÉRAL, il lui frappe le ventre.

Charlatan, va!... il a tué plus de monde que moi, dans tous ces
pays-là!

GODARD.

Ah çà! mais qu'est-ce qu'on disait donc?

GERTRUDE.

Que ce pauvre Champagne, notre contre-maître, avait empoisonné sa femme.

VERNON.

Malheureusement, ils avaient eu la veille une conversation où
ils s'étaient trouvés manche à manche... Ah! ils ne prenaient pas
exemple sur leurs maîtres.

GODARD.

Un pareil bonheur devrait être contagieux; mais les perfections
que madame la comtesse nous fait admirer sont si rares.

GERTRUDE.

A-t-on du mérite à aimer un être excellent et une fille comme
celle-là?...

LE GÉNÉRAL.

Allons, Gertrude, tais-toi!... cela ne se dit pas devant le monde.

VERNON, à part.

Cela se dit toujours ainsi, quand on a besoin que le monde le croie.

LE GÉNÉRAL, à Vernon.

Que gromelles-tu là?

VERNON.

Je dis que j'ai soixante-sept ans, que je suis votre cadet, et que je voudrais être aimé comme cela... (À part.) Pour être sûr que c'est de l'amour.

LE GÉNÉRAL, au docteur.

Envieux! (A sa femme.) Ma chère enfant, je n'ai pas pour te bénir la puissance de Dieu, mais je crois qu'il me la prête pour t'aimer.

VERNON.

Vous oubliez que je suis médecin, mon cher ami; c'est bon pour un refrain de romance, ce que vous dites à madame.

GERTRUDE.

Il y a des refrains de romance, docteur, qui sont très-vrais.

LE GÉNÉRAL.

Docteur, si tu continues à taquiner ma femme, nous nous brouillerons : un doute sur ce chapitre est une insulte.

VERNON.

Je n'ai aucun doute. (Au général.) Seulement, vous avez aimé tant de femmes avec la puissance de Dieu, que je suis en extase, comme médecin, de vous voir toujours si bon chrétien, à soixante-dix ans. (Gertrude se dirige doucement vers le canapé où est assis le docteur.)

LE GÉNÉRAL.

Chut! les dernières passions, mon ami, sont les plus puissantes.

VERNON.

Vous avez raison. Dans la jeunesse, nous aimons avec toutes nos forces qui vont en diminuant, tandis que dans la vieillesse nous aimons avec notre faiblesse qui va, qui va grandissant.

LE GÉNÉRAL.

Méchant philosophe!

GERTRUDE, à Vernon.

Docteur, pourquoi, vous, si bon, essayez-vous de jeter des doutes dans le cœur de Grandchamp?... Vous savez qu'il est d'une jalousie à tuer sur un soupçon. Je respecte tellement ce sentiment que j'ai fini par ne plus voir que vous, M. le maire et M. le curé. Voulez-vous que je renonce encore à votre société, qui nous est si douce, si agréable?... Ah! voilà Napoléon.

VERNON, à part.

Une déclaration de guerre!... Elle a renvoyé tout le monde, elle me renverra.

GODARD.

Docteur, vous, qui êtes presque de la maison, dites-moi donc ce que vous pensez de mademoiselle Pauline. (Le docteur se lève, le regarde, se mouche et gagne le fond. On entend sonner pour le dîner.)

SCÈNE VI.

LES MÊMES, NAPOLÉON, FÉLIX.

NAPOLÉON, accourant.

Papa, papa, n'est-ce pas que tu m'as permis de monter Coco?

LE GÉNÉRAL.

Certainement.

NAPOLÉON, à Félix.

Ah! vois-tu?

GERTRUDE, elle essuie le front de son fils.

A-t-il chaud!

LE GÉNÉRAL.

Mais à condition que quelqu'un t'accompagnera.

FÉLIX.

Eh bien! j'avais raison, monsieur Napoléon. Mon général, le petit coquin voulait aller sur le poney, tout seul par la campagne.

NAPOLÉON.

Il a peur pour moi! Est-ce que j'ai peur de quelque chose, moi?

(Félix sort. On sonne pour le dîner.)

LE GÉNÉRAL.

Viens que je t'embrasse pour ce mot-là... Voilà un petit milicien qui tient de la jeune garde.

LE DOCTEUR, en regardant Gertrude.

Il tient de son père!

GERTRUDE, vivement.

Au moral, c'est tout son portrait; car, au physique, il me ressemble.

FÉLIX.

Madame est servie...

GERTRUDE.

Eh bien! où donc est Ferdinand!... il est toujours si exact..,

Tiens, Napoléon, va voir dans l'allée de la fabrique s'il vient, et cours lui dire qu'on a sonné.

LE GÉNÉRAL.

Mais nous n'avons pas besoin d'attendre Ferdinand. Godard, donnez le bras à Pauline. (Vernon va offrir le bras à Gertrude.) Eh! eh! permets, Vernon?... Tu sais bien que personne que moi ne prend le bras de ma femme.

VERNON, à lui-même.

Décidément, il est incurable.

NAPOLÉON.

Ferdinand, je l'ai vu là-bas dans la grande avenue.

VERNON.

Donne-moi la main, tyran?

NAPOLÉON.

Tiens, tyran!... c'est moi qui vas te tirer, et joliment.
(Il fait tourner Vernon.)

SCÈNE VII.

FERDINAND. Il sort avec précaution de chez Pauline.

Le petit m'a sauvé, mais je ne sais pas par quel hasard il m'a vu dans l'avenue! Encore une imprudence de ce genre, et nous sommes perdus!... Il faut sortir de cette situation à tout prix... Voici Pauline demandée en mariage... elle a refusé Godard. Le général, et Gertrude surtout, vont vouloir connaître les motifs de ce refus! Voyons, gagnons le perron, pour avoir l'air de venir de la grande allée, comme l'a dit Léon. Pourvu que personne ne me voie de la salle à manger... (Il rencontre Ramel.) Eugène Ramel!

SCÈNE VIII.

FERDINAND, RAMEL.

RAMEL.

To ici, Marcandal!

FERDINAND.

Chut! ne prononce plus jamais ici ce nom-là! Si le général

m'entendait appeler Marcandal, s'il apprenait que c'est mon nom, il me tuerait à l'instant comme un chien enragé.

RAMEL.

Et pourquoi ?

FERDINAND.

Parce que je suis le fils du général Marcandal.

RAMEL.

Un général à qui les Bourbons ont, en partie, dû leur second vage.

FERDINAND.

Aux yeux du général Grandchamp, avoir quitté Napoléon pour servir les Bourbons, c'est avoir trahi la France. Hélas ! mon père lui a donné raison, car il est mort de chagrin. Ainsi, songe bien à ne m'appeler que Ferdinand Charny, du nom de ma mère.

RAMEL.

Et que fais-tu donc ici ?

FERDINAND.

J'y suis le directeur, le caissier, le maître Jacques de la fabrique.

RAMEL.

Comment ! par nécessité ?

FERDINAND.

Par nécessité ! Mon père a tout dissipé, même la fortune de ma pauvre mère, qui vit de sa pension de veuve d'un lieutenant général en Bretagne.

RAMEL.

Comment ! ton père, commandant de la garde royale, dans une position si brillante, est mort sans te rien laisser, pas même une protection ?

FERDINAND.

A-t-on jamais trahi, changé de parti, sans des raisons...

RAMEL.

Voyons, voyons, ne parlons plus de cela.

FERDINAND.

Mon père était joueur... voilà pourquoi il eut tant d'indulgence pour mes folies... Mais toi, qui t'amènes ici ?

RAMEL.

Depuis quinze jours je suis procureur du roi à Louviers.

FERDINAND.

On m'avait dit... j'ai lu même un autre nom.

RAMEL.

De la Grandière.

FERDINAND.

C'est cela.

RAMEL.

Pour pouvoir épouser mademoiselle de Boudeville, j'ai obtenu la permission de prendre, comme toi, le nom de ma mère. La famille Boudeville me protége, et, dans un an, je serai, sans doute avocat général à Rouen... un marchepied pour aller à Paris.

FERDINAND.

Et pourquoi viens-tu dans notre paisible fabrique?

RAMEL.

Pour une instruction criminelle, une affaire d'empoisonnement. C'est un beau début. (Entre Félix.)

FÉLIX.

Ah! Monsieur, madame est d'une inquiétude...

FERDINAND.

Dis que je suis en affaire. (Félix sort.) Mon cher Eugène, dans le cas où le général, qui est très-curieux, comme tous les vieux troupiers désœuvrés, te demanderait comment nous nous sommes rencontrés, n'oublie pas de dire que nous sommes venus par la grande avenue.... C'est capital pour moi.... Revenons à ton affaire. C'est pour la femme à Champagne, notre contre-maître, que tu es venu ici; mais il est innocent comme l'enfant qui naît!

RAMEL.

Tu crois cela, toi? La justice est payée pour être incrédule. Je vois que tu es resté ce que je t'ai laissé, le plus noble, le plus enthousiaste garçon du monde, un poëte enfin! un poëte qui met la poésie dans sa vie au lieu de l'écrire, croyant au bien, au beau! Ah çà! et l'ange de tes rêves, et ta Gertrude, qu'est-elle devenue?

FERDINAND.

Chut! ce n'est pas seulement le ministre de la justice, c'est un peu le ciel qui t'a envoyé à Louviers; car j'avais besoin d'un ami dans la crise affreuse où tu me trouves. Ecoute, Eugène, viens ici. C'est à mon ami de collége, c'est au confident de ma jeunesse que je vais m'adresser : tu ne seras jamais un procureur du roi pour moi, n'est-ce pas? Tu vas voir par la nature de mes aveux qu'ils exigent le secret du confesseur.

RAMEL.

Y aurait-il quelque chose de criminel?

FERDINAND.

Allons donc! tout au plus des délits que les juges voudraient voir commis.

RAMEL.

C'est que je ne t'écouterais pas; ou, si je t'écoutais...

FERDINAND.

Eh bien?

RAMEL.

Je demanderais mon changement.

FERDINAND.

Allons, tu es toujours mon bon, mon meilleur ami... Eh bien! depuis trois ans j'aime tellement mademoiselle Pauline de Grandchamp, et elle...

RAMEL.

N'achève pas, je comprends. Vous recommencez Roméo et Juliette... en pleine Normandie.

FERDINAND.

Avec cette différence que la haine héréditaire qui séparait ces deux amants n'est qu'une bagatelle en comparaison de l'horreur de M. de Grandchamp pour le fils du traître Marcandal!

RAMEL.

Mais voyons! mademoiselle Pauline de Grandchamp sera libre dans trois ans; elle est riche de son chef (je sais cela par les Boudeville); vous vous en irez en Suisse pendant le temps nécessaire à calmer la colère du général; et vous lui ferez, s'il le faut, les sommations respectueuses.

FERDINAND.

Te consulterais-je, s'il ne s'agissait que de ce vulgaire et facile dénoûment?

RAMEL.

Ah! j'y suis! mon ami. Tu as épousé ta Gertrude... ton ange... qui s'est comme tous les anges métamorphosée en... femme légitime.

FERDINAND.

Cent fois pis! Gertrude, mon cher, c'est... madame de Grandchamp.

RAMEL.

Ah çà! comment t'es-tu fourré dans un pareil guêpier?

FERDINAND.

Comme on se fourre dans tous les guêpiers, en croyant y trouver du miel.

RAMEL.

Oh! oh! ceci devient très-grave! alors ne me cache plus rien.

FERDINAND.

Mademoiselle Gertrude de Meilhac, élevée à Saint-Denis, m'a sans doute aimé d'abord par ambition; très-aise de me savoir riche, elle a tout fait pour m'attacher de manière à devenir ma femme.

RAMEL.

C'est le jeu de toutes les orphelines intrigantes.

FERDINAND.

Mais comment Gertrude a fini par m'aimer?... c'est ce qui ne se peut exprimer que par les effets mêmes de cette passion, que dis-je passion? c'est chez elle ce premier, ce seul et unique amour qui domine toute la vie et qui la dévore. Quand elle m'a vu ruiné vers la fin de 1816, elle qui me savait, comme toi, poëte, aimant le luxe et les arts, la vie molle et heureuse, enfant gâté, pour tout dire, a conçu, sans me le communiquer d'ailleurs, un de ces plans infâmes et sublimes, comme tout ce que d'ardentes passions contrariées inspirent aux femmes, qui, dans l'intérêt de leur amour, font tout ce que font les despotes dans l'intérêt de leur pouvoir; pour elles, la loi suprême, c'est leur amour...

RAMEL.

Les faits, mon cher?... Tu plaides, et je suis procureur du roi.

FERDINAND.

Pendant que j'établissais ma mère en Bretagne, Gertrude a rencontré le général Grandchamp, qui cherchait une institutrice pour sa fille. Elle n'a vu dans ce vieux soldat blessé grièvement, alors âgé de cinquante-huit ans, qu'un coffre-fort. Elle s'est imaginé être promptement veuve, riche en peu de temps, et pouvoir reprendre et son amour et son esclave. Elle s'est dit que ce mariage serait comme un mauvais rêve, promptement suivi d'un beau réveil. Et voilà douze ans que dure le rêve! Mais tu sais comme raisonnent les femmes.

RAMEL.

Elles ont une jurisprudence à elles.

FERDINAND.

Gertrude est d'une jalousie féroce. Elle veut être payée par la fidélité de l'amant de l'infidélité qu'elle fait au mari, et comme elle souffrait, disait-elle, le martyre, elle a voulu...

RAMEL.

T'avoir sous son toit pour te garder elle-même.

FERDINAND.

Elle a réussi, mon cher, à m'y faire venir. J'habite, depuis trois ans, une petite maison près de la fabrique. Si je ne suis pas parti la première semaine, c'est que le second jour de mon arrivée, j'ai senti que je ne pourrais jamais vivre sans Pauline.

RAMEL.

Grâce à cet amour, ta position ici me semble, à moi magistrat, un peu moins laide que je ne le croyais.

FERDINAND.

Ma position? mais elle est intolérable, à cause des trois caractères au milieu desquels je me trouve pris : Pauline est hardie, comme le sont les jeunes personnes très-innocentes dont l'amour est tout idéal et qui ne voient de mal à rien, dès qu'il s'agit d'un homme de qui elles font leur mari. La pénétration de Gertrude est extrême : nous y échappons par la terreur que cause à Pauline le péril où nous plongerait la découverte de mon nom, ce qui lui donne la force de dissimuler! Mais Pauline vient à l'instant de refuser Godard.

RAMEL.

Godard, je le connais... C'est, sous un air bête, l'homme le plus fin, le plus curieux de tout le département. Et il est ici?

FERDINAND.

Il y dîne.

RAMEL.

Méfie-toi de lui.

FERDINAND.

Bien ! Si ces deux femmes, qui ne s'aiment déjà guère, venaient à découvrir qu'elles sont rivales, l'une peut tuer l'autre, je ne sais laquelle : l'une, forte de son innocence, de sa passion légitime; l'autre, furieuse de voir se perdre le fruit de tant de dissimulation, de sacrifices, de crimes même... (Napoléon entre.)

RAMEL.

Tu m'effrayes! moi, procureur du roi. Non, parole d'honneur, les femmes coûtent souvent plus qu'elles ne valent.

NAPOLÉON.

Bon ami! papa et maman s'impatientent après toi; ils disent qu'il faut laisser les affaires, et Vernon a parlé d'estomac.

FERDINAND.

Petit drôle, tu es venu m'écouter !

NAPOLÉON.

Maman m'a dit à l'oreille : Va donc voir ce qu'il fait, ton bon ami.

FERDINAND.

Va, petit démon ! va, je te suis ! (A Ramel.) Tu vois, elle fait de cet enfant un espion innocent. (Napoléon sort.)

RAMEL.

C'est l'enfant du général ?

FERDINAND.

Oui.

RAMEL.

Il a douze ans ?

FERDINAND.

Oui.

RAMEL.

Voyons ! tu dois avoir quelque chose de plus à me dire ?

FERDINAND.

Allons, je t'en ai dit assez.

RAMEL.

Eh bien ! va dîner... Ne parle pas de mon arrivée, ni de ma qualité. Laissons-les dîner tranquillement. Va, mon ami, va.

SCÈNE IX.

RAMEL, seul.

Pauvre garçon ! Si tous les jeunes gens avaient étudié les causes que j'ai observées en sept ans de magistrature, ils seraient convaincus de la nécessité d'accepter le mariage comme le seul roman possible de la vie... Mais si la passion était sage, ce serait la vertu.

FIN DU PREMIER ACTE.

ACTE DEUXIÈME

SCÈNE PREMIÈRE.

RAMEL, MARGUERITE; puis FÉLIX.

Ramel est abîmé dans ses réflexions et plongé dans le canapé de manière à ne pas être vu d'abord. Marguerite apporte des flambeaux et des cartes. Dans l'entr'acte la nuit est venue.

MARGUERITE.

Quatre jeux de cartes, c'est assez, quand même M. le curé, le maire et l'adjoint viendraient. (Félix vient allumer les bougies des candélabres.) Je parierais bien que ma pauvre Pauline ne se mariera pas encore cette fois-ci. Chère enfant!... si défunte sa mère la voyait ne pas être ici la reine de la maison, elle en pleurerait dans son cercueil! Moi, si je reste, c'est bien pour la consoler, la servir.

FÉLIX, à part.

Qu'est-ce qu'elle chante, la vieille?... (Haut.) A qui donc en voulez-vous, Marguerite? je gage que c'est à madame.

MARGUERITE.

Non, c'est à monsieur que j'en veux.

FÉLIX.

A mon général? allez votre train alors, c'est un saint, cet homme-là.

MARGUERITE.

Un saint de pierre, car il est aveugle.

FÉLIX.

Dites donc aveuglé.

MARGUERITE.

Ah! vous avez bien trouvé cela, vous.

FÉLIX.

Le général n'a qu'un défaut... il est jaloux.

MARGUERITE.

Et emporté donc!

FÉLIX.

Et emporté, c'est la même chose. Dès qu'il a un soupçon, il bûche. Et ça lui a fait tuer deux hommes, là, roide sur le coup... Nom d'un petit bonhomme! avec un troupier de ce caractère-là, faut... quoi... l'étouffer de cajoleries... et madame l'étouffe... ce n'est pas plus fin que cela! Et alors avec ses manières elle lui a mis, comme aux chevaux ombrageux, des œillères; il ne peut voir ni à droite ni à gauche, et elle lui dit : « Mon ami, regarde devant toi! » Voilà.

MARGUERITE.

Ah! vous pensez comme moi qu'une femme de trente-deux ans n'aime un homme de soixante-dix ans qu'avec une idée... Elle a un plan.

RAMEL, à part.

Oh! les domestiques! des espions qu'on paye.

FÉLIX.

Quel plan? elle ne sort pas d'ici, elle ne voit personne.

MARGUERITE.

Elle tondrait sur un œuf! elle m'a retiré les clefs, à moi qui avais la confiance de défunt madame; savez-vous pourquoi?

FÉLIX.

Tiens! parbleu, elle fait sa pelote.

MARGUERITE.

Oui! depuis douze ans, avec les revenus de mademoiselle et les bénéfices de la fabrique. Voilà pourquoi elle retarde l'établissement de ma chère enfant tant qu'elle peut, car faut donner le bien en la mariant.

FÉLIX.

C'est la loi.

MARGUERITE.

Moi, je lui pardonnerais tout, si elle rendait mademoiselle heureuse; mais je surprends ma pauvre Pauline à pleurer, je lui demande ce qu'elle a : — « Rien qu'a dit, rien, ma bonne Marguerite! » (Félix sort.) Voyons, ai-je tout fait? Oui, voilà la table de jeu... les bougies, les cartes... ah! le canapé. (Elle aperçoit Ramel.) Dieu de Dieu! un étranger!

RAMEL.

Ne vous effrayez pas, Marguerite.

MARGUERITE.

Monsieur a tout entendu.

RAMEL.

Soyez tranquille, je suis discret par état, je suis le procureur du

MARGUERITE.

Oh !

SCÈNE II.

LES PRÉCÉDENTS, PAULINE, GODARD, VERNON, NAPOLÉON, FERDINAND, M. ET MADAME de GRANDCHAMP.

(Gertrude se précipite sur Marguerite et lui arrache le coussin des mains.)

GERTRUDE.

Marguerite, vous savez bien que c'est me causer de la peine que de ne pas me laisser faire tout ce qui regarde monsieur ; d'ailleurs, il n'y a que moi qui sache les lui bien arranger, ses coussins.

MARGUERITE, à Pauline.

Quelles giries !

GODARD.

Tiens, tiens, M. le procureur du roi !

LE GÉNÉRAL.

Le procureur du roi chez moi ?

GERTRUDE.

Lui !

LE GÉNÉRAL, à Ramel.

Monsieur, par quelle raison ?

RAMEL.

J'avais prié mon ami... M. Ferdinand Mar...

(Ferdinand fait un geste, Gertrude et Pauline laissent échapper un mouvement.)

GERTRUDE, à part.

C'est son ami Eugène Ramel.

RAMEL.

Ferdinand de Charny, à qui j'ai dit le sujet de mon arrivée, de le cacher pour vous laisser dîner tranquillement.

LE GÉNÉRAL.

Ferdinand est votre ami ?

RAMEL.

Mon ami d'enfance, et nous nous sommes rencontrés dans votre avenue. Après onze ans, on a tant de choses à dire quand on se revoit, que je suis la cause de son retard.

LE GÉNÉRAL.

Mais, Monsieur, à quoi dois-je votre présence ici?

RAMEL.

A Jean Nicot, dit Champagne, votre contre-maître, inculpé d'un crime.

GERTRUDE.

Mais, Monsieur, notre ami, le docteur Vernon, a reconnu que la femme à Champagne était morte naturellement.

VERNON.

Oui, oui, du choléra, Monsieur le procureur du roi.

RAMEL.

La justice, Monsieur, ne croit qu'à ses expertises et à ses convictions... Vous avez eu tort de procéder avant nous.

FÉLIX.

Madame, faut-il servir le café?

GERTRUDE.

Attendez! (A part.) Comme il est changé! Cet homme, devenu procureur du roi, n'est pas reconnaissable... Il me glace.

LE GÉNÉRAL.

Mais, Monsieur, comment le prétendu crime de Champagne, un vieux soldat que je cautionnerais, peut-il vous amener ici?

RAMEL.

Dès que le juge d'instruction sera venu, vous le saurez.

LE GÉNÉRAL.

Prenez la peine de vous asseoir.

FERDINAND, à Ramel en montrant Pauline.

Tiens! la voilà.

RAMEL.

On peut se faire tuer pour une si adorable fille!

GERTRUDE, à Ramel.

Nous ne nous connaissons pas? vous ne m'avez jamais vue! Ayez pitié de moi, de lui.

RAMEL.

Comptez sur moi.

LE GÉNÉRAL, qui a vu Ramel et Gertrude causant.

Ma femme est-elle donc nécessaire à cette instruction?

RAMEL.

Précisément, général. C'est pour que madame ne fût pas avertie

ce que nous avons à lui demander, que je suis venu moi-même.
LE GÉNÉRAL.
Ma femme mêlée à ceci?... C'est abuser!...
VERNON.
Du calme, mon ami.
FÉLIX.
Monsieur le juge d'instruction!
LE GÉNÉRAL.
Faites entrer.

SCÈNE III.

LES MÊMES, LE JUGE D'INSTRUCTION, CHAMPAGNE, BAUDRILLON.

LE JUGE salue.
Monsieur le procureur du roi, voici M. Baudrillon le pharmacien.
RAMEL.
M. Baudrillon n'a pas vu l'inculpé?
LE JUGE.
Non, il arrive, et le gendarme qui l'est allé chercher ne l'a pas quitté.
RAMEL.
Nous allons savoir la vérité! faites approcher M. Baudrillon et l'inculpé.
LE JUGE.
Approchez, monsieur Baudrillon, (à Champagne) et vous aussi.
RAMEL.
Monsieur Baudrillon, reconnaissez-vous cet homme pour celui qui vous aurait acheté de l'arsenic, il y a deux jours?
BAUDRILLON.
C'est bien lui!
CHAMPAGNE.
N'est-ce pas, monsieur Baudrillon, que je vous ai dit que c'était pour les souris qui mangeaient tout, jusque dans la maison, et que je venais chercher cela pour madame?

LE JUGE.

Vous l'entendez, Madame ? Voici quel est son système : il prétend que vous l'avez envoyé chercher cette substance vous-même, et qu'il vous a remis le paquet tel que M. Baudrillon le lui a donné.

GERTRUDE.

C'est vrai, Monsieur.

RAMEL.

Avez-vous, Madame, fait déjà usage de cet arsenic.

GERTRUDE.

Non, Monsieur.

LE JUGE.

Vous pouvez alors nous représenter le paquet livré par M. Baudrillon ; le paquet doit porter son cachet, et s'il le reconnaît pour être sain et entier, les charges si graves qui pèsent sur votre contre-maître disparaîtraient en partie. Nous n'aurions plus qu'à attendre le rapport du médecin qui fait l'autopsie.

GERTRUDE.

Le paquet, Monsieur, n'a pas quitté le secrétaire de ma chambre à coucher. (Elle sort.)

CHAMPAGNE.

Ah ! mon général, je suis sauvé !

LE GÉNÉRAL.

Pauvre Champagne !

RAMEL.

Général, nous serons très-heureux d'avoir à constater l'innocence de votre contre-maître : au contraire de vous, nous sommes enchantés d'être battus.

GERTRUDE, revenant.

Voilà, Messieurs. (Le juge examine avec Baudrillon et Ramel.)

BAUDRILLON met ses lunettes.

C'est intact, Messieurs, parfaitement intact ; voilà mon cachet deux fois, sain et entier.

LE JUGE.

Serrez bien cela, Madame, car depuis quelque temps les cours d'assises n'ont à juger que des empoisonnements.

GERTRUDE.

Vous voyez, Monsieur, il était dans mon secrétaire, et c'est moi seule, ou le général, qui en avons la clef. (Elle rentre dans la chambre.)

RAMEL.

Général, nous n'attendrons pas le rapport des experts. La principale charge, qui, vous en conviendrez, était très-grave, car toute la ville en parlait, vient de disparaître, et comme nous croyons à la science et à l'intégrité du docteur Vernon (Gertrude revient), Champagne, vous êtes libre. (Mouvement de joie chez tout le monde.) Mais vous voyez, mon ami, à quels fâcheux soupçons on est exposé, quand on fait mauvais ménage.

CHAMPAGNE.

Mon magistrat, demandez à mon général si je ne suis pas un agneau ; mais ma femme, Dieu veuille lui pardonner, était la plus mauvaise qui ait été fabriquée... un ange n'aurait pas pu y tenir. Si je l'ai quelquefois remise à la raison, le mauvais quart d'heure que vous venez de me faire passer en est une rude punition, mille noms de noms !... Être pris pour un empoisonneur, et se savoir innocent, se voir entre les mains de la justice... (Il pleure.)

LE GÉNÉRAL.

Eh bien ! te voilà justifié.

NAPOLÉON.

Papa, en quoi c'est-il fait, la justice ?

LE GÉNÉRAL.

Messieurs, la justice ne devrait pas commettre de ces sortes d'erreurs.

GERTRUDE.

Elle a toujours quelque chose de fatal, la justice !... Et on causera toujours en mal pour ce pauvre homme de votre arrivée ici.

RAMEL.

Madame, la justice criminelle n'a rien de fatal pour les innocents. Vous voyez que Champagne a été promptement mis en liberté... (En regardant Gertrude.) Ceux qui vivent sans reproches, qui n'ont que des passions nobles, avouables, n'ont jamais rien à redouter de la justice.

GERTRUDE.

Monsieur, vous ne connaissez pas les gens de ce pays-ci... Dans dix ans, on dira que Champagne a empoisonné sa femme, que la justice est venue... et que sans notre protection...

LE GÉNÉRAL.

Allons, allons, Gertrude... ces messieurs ont fait leur devoir. (Félix prépare sur un guéridon, au fond à gauche, ce qu'il faut pour le café.) Messieurs, puis-je vous offrir une tasse de café?

LE JUGE.

Merci, général; l'urgence de cette affaire nous a fait partir à l'improviste, et ma femme m'attend pour dîner à Louviers.
(Il va au perron causer avec le médecin.)

LE GÉNÉRAL, à Ramel.

Et vous, Monsieur, l'ami de Ferdinand?

RAMEL.

Ah! vous avez en lui, général, le plus noble cœur, le plus probe garçon et le plus charmant caractère que j'aie jamais rencontrés.

PAULINE.

Il est bien aimable, ce procureur du roi!

GODARD.

Et pourquoi? Serait-ce parce qu'il fait l'éloge de M. Ferdinand?... Tiens, tiens, tiens!

GERTRUDE, à Ramel.

Toutes les fois, Monsieur, que vous aurez quelques instants à vous, venez voir M. de Charny. (Au général.) N'est-ce pas, mon ami, nous en profiterons?

LE JUGE, il revient du perron.

M. de la Grandière, notre médecin, a reconnu, comme le docteur Vernon, que le décès a été causé par une attaque de choléra asiatique. Nous vous prions, madame la comtesse, et vous, monsieur le comte, de nous excuser d'avoir troublé pour un moment votre charmant et paisible intérieur. (Le général reconduit le juge.)

RAMEL, à Gertrude sur le devant de la scène.

Prenez garde! Dieu ne protége pas des tentatives aussi téméraires que la vôtre. J'ai tout deviné. Renoncez à Ferdinand, laissez-lui la vie libre, et contentez-vous d'être heureuse femme et heureuse mère. Le sentier que vous suivez conduit au crime.

GERTRUDE.

Renoncer à lui, mais autant mourir!

RAMEL, à part.

Allons! je le vois, il faut enlever d'ici Ferdinand
(Il fait un signe à Ferdinand, le prend par le bras et sort avec lui.)

LE GÉNÉRAL.

Enfin, nous en voilà débarrassés ! (A Gertrude.) Fais servir le café.

GERTRUDE.

Pauline, sonne pour le café. (Pauline sonne.)

SCÈNE IV.

LES MÊMES, moins FERDINAND, RAMEL, LE JUGE et BAUDRILLON.

GODARD.

Je vais savoir, dans l'instant, si Pauline aime M. Ferdinand. Ce gamin, qui demande en quoi est faite la justice, me paraît très-farceur, il me servira. (Félix paraît.)

GERTRUDE.

Le café. (Félix apporte le guéridon où les tasses sont déposées.)

GODARD, qui a pris Napoléon à part.

Veux-tu faire une bonne farce ?

NAPOLÉON.

Je crois bien. Vous en savez ?

GODARD.

Viens, je vais te dire comment il faut t'y prendre.

(Godard va jusqu'au perron avec Napoléon.)

LE GÉNÉRAL.

Pauline, mon café. (Pauline le lui apporte.) Il n'est pas assez sucré. (Pauline lui donne du sucre.) Merci, petite.

GERTRUDE.

Monsieur de Rimonville ?

LE GÉNÉRAL.

Godard ?...

GERTRUDE.

Monsieur de Rimonville ?

LE GÉNÉRAL.

Godard, ma femme vous demande si vous voulez du café ?

GODARD.

Volontiers, madame la comtesse.

(Il vient à une place d'où il peut observer Pauline.)

LE GÉNÉRAL.

Oh! que c'est agréable de prendre son café bien assis!

NAPOLÉON.

Maman, maman! mon bon ami Ferdinand vient de tomber; s'est cassé la jambe, car on le porte.

VERNON.

Ah! bah!

LE GÉNÉRAL.

Quel malheur!

PAULINE.

Ah! mon Dieu! (Elle tombe sur un fauteuil.)

GERTRUDE.

Que dis-tu donc là?

NAPOLÉON.

C'est pour rire! Je voulais voir si vous aimiez mon bon ami.

GERTRUDE.

C'est bien mal, ce que tu fais là; tu n'es pas capable d'inventer de pareilles noirceurs?

NAPOLÉON, tout bas.

C'est Godard.

GODARD.

Il est aimé, elle a été prise à ma souricière, qui est infaillible.

GERTRUDE, à Godard, à qui elle tend un petit verre.

Savez-vous, Monsieur, que vous seriez un détestable précepteur? C'est bien mal à vous d'apprendre de semblables méchancetés à un enfant.

GODARD.

Vous trouverez que j'ai très-bien fait, quand vous saurez que par ce petit stratagème de société j'ai pu découvrir mon rival. (Il montre Ferdinand, qui entre.)

GERTRUDE, elle laisse tomber le sucrier.

Lui!

GODARD, à part.

Elle aussi!

GERTRUDE, haut.

Vous m'avez fait peur.

LE GÉNÉRAL, qui s'est levé.

Qu'as-tu donc, ma chère enfant?

ACTE II.

GERTRUDE.

Rien ; une espiéglerie de monsieur, qui m'a dit que le procureur du roi revenait. Félix, emportez ce sucrier, et donnez-en un autre.

VERNON.

C'est la journée aux événements.

GERTRUDE.

Monsieur Ferdinand, vous allez avoir du sucre. (A part.) Il ne la regarde pas. (Haut.) Eh bien ! Pauline, tu ne prends pas un morceau de sucre dans le café de ton père ?

NAPOLÉON.

Ah ! bien, oui, elle est trop émue ; elle a fait : Ah !

PAULINE.

Veux-tu te taire, petit menteur ! tu ne cesses de me taquiner.
(Elle s'assied sur son père et prend un canard.)

GERTRUDE.

Ce serait vrai ? et moi qui l'ai si bien habillée ! (A Godard.) Si vous aviez raison, votre mariage se ferait dans quinze jours. (Haut.) Monsieur Ferdinand, votre café.

GODARD.

J'en ai donc pris deux dans ma souricière ! Et le général si calme, si tranquille, et cette maison si paisible !... Ça va devenir drôle... je reste, je veux faire le whist ! Oh ! je n'épouse plus. (Montrant Ferdinand.) En voilà-t-il un homme heureux ! aimé de deux femmes charmantes, délicieuses ! quel factotum ! Mais qu'a-t-il donc de plus que moi, qui ai quarante mille livres de rente ?

GERTRUDE.

Pauline, ma fille, présente les cartes à ces messieurs pour le whist. Il est bientôt neuf heures... s'ils veulent faire leur partie, il ne faut pas perdre de temps. (Pauline arrange les cartes.) Allons, Napoléon, dites bonsoir à ces messieurs, et donnez bonne opinion de vous, en ne gaminant pas comme vous faites tous les soirs.

NAPOLÉON.

Bonsoir, papa. Comment donc est faite la justice ?

LE GÉNÉRAL.

Comme un aveugle ! Bonne nuit, mon mignon !

NAPOLÉON.

Bonsoir, monsieur Vernon ! De quoi est donc faite la justice ?

VERNON.

De tous nos crimes. Quand tu as commis une sottise, on te donne le fouet ; voilà la justice.

NAPOLÉON.

Je n'ai jamais eu le fouet.

VERNON.

On ne t'a jamais fait justice, alors !

NAPOLÉON.

Bonsoir, mon bon ami ! bonsoir, Pauline ! adieu, monsieur Godard....

GODARD

De Rimonville.

NAPOLÉON.

Ai-je été gentil ? (Gertrude l'embrasse.)

LE GÉNÉRAL.

J'ai le roi.

VERNON.

Moi, la dame.

FERDINAND, à Godard.

Monsieur, nous sommes ensemble.

GERTRUDE, voyant Marguerite.

Dis bien tes prières, ne fais pas enrager Marguerite... va, cher amour.

NAPOLÉON.

Tiens, cher amour !... en quoi c'est y fait l'amour ? (Il s'en va.)

SCÈNE V.

LES MÊMES, moins NAPOLÉON.

LE GÉNÉRAL.

Quand il se met dans ses questions, cet enfant-là, il est à mourir de rire.

GERTRUDE.

Il est souvent fort embarrassant de lui répondre. (A Pauline.) Viens là, nous deux, nous allons finir notre ouvrage.

VERNON.

C'est à vous à donner, général.

LE GÉNÉRAL.

A moi?... Tu devrais te marier, Vernon, nous irions chez toi comme tu viens ici, tu aurais tous les bonheurs de la famille. Voyez-vous, Godard, il n'y a pas dans le département un homme plus heureux que moi.

VERNON.

Quand on est en retard de soixante-sept ans sur le bonheur, on e peut plus se rattraper. Je mourrai garçon.

(Les deux femmes se mettent à travailler à la même tapisserie.)

GERTRUDE, avec Pauline sur le devant de la scène.

Eh bien! mon enfant, Godard m'a dit que tu l'avais reçu plus que froidement; c'est cependant un bien bon parti.

PAULINE.

Mon père, Madame, me laisse la liberté de choisir moi-même un mari.

GERTRUDE.

Sais-tu ce que dira Godard? Il dira que tu l'as refusé parce que tu as déjà choisi quelqu'un.

PAULINE.

Si c'était vrai, mon père et vous, vous le sauriez. Quelle raison aurais-je de manquer de confiance en vous?

GERTRUDE.

Qui sait? je ne t'en blâmerais pas. Vois-tu, ma chère Pauline, en fait d'amour, il y en a dont le secret est héroïquement gardé par les femmes, gardé au milieu des plus cruels supplices.

PAULINE, à part, ramassant ses ciseaux qu'elle a laissé tomber.

Ferdinand m'avait bien dit de me méfier d'elle... Est-elle insinuante!

GERTRUDE.

Tu pourrais avoir dans le cœur un de ces amours-là! Si un pareil malheur t'arrivait, compte sur moi... Je t'aime, vois-tu! je fléchirai ton père; il a quelque confiance en moi, je puis même beaucoup sur son esprit, sur son caractère... ainsi, chère enfant, ouvre-moi ton cœur?

PAULINE.

Vous y lisez, Madame, je ne vous cache rien.

LE GÉNÉRAL.

Vernon, qu'est-ce que tu fais donc?

(Légers murmures. Pauline jette un regard vers la table de jeu.)

GERTRUDE, à part.

L'interrogation directe n'a pas réussi. (Haut.) Combien tu me rends heureuse! car ce plaisant de petite ville, Godard, prétend que tu t'es presque évanouie quand il a fait dire exprès par Napoléon que Ferdinand s'était cassé la jambe... Ferdinand est un aimable jeune homme, dans notre intimité depuis bientôt quatre ans; quoi de plus naturel que cet attachement pour ce garçon, qui non-seulement a de la naissance, mais encore des talents?

PAULINE.

C'est le commis de mon père.

GERTRUDE.

Ah! grâce à Dieu, tu ne l'aimes pas; tu m'effrayais, car, ma ma chère, il est marié.

PAULINE.

Tiens, il est marié! pourquoi cache-t-il cela? (A part.) Marié! ce serait infâme; je lui demanderai ce soir, je lui ferai le signal dont nous sommes convenus.

GERTRUDE, à part.

Pas une fibre n'a tressailli dans sa figure! Godard s'est trompé, ou cette enfant serait aussi forte que moi... (Haut.) Qu'as-tu, mon ange?

PAULINE.

Oh! rien.

GERTRUDE, lui mettant la main dans le dos.

Tu as chaud! là, vois-tu? (A part.) Elle l'aime, c'est sûr.... Mais lui, l'aime-t-il? Oh! je suis dans l'enfer.

PAULINE.

Je me serai trop appliquée à l'ouvrage! Et vous, qu'avez-vous.

GERTRUDE.

Rien! Tu me demandais pourquoi Ferdinand cache son mariage?

PAULINE.

Ah! oui!

GERTRUDE, à part.

Voyons si elle sait le secret de son nom. (Haut.) Parce que sa femme est très-indiscrète et qu'elle l'aurait compromis..... Je ne puis t'en dire davantage.

PAULINE.

Compromis ! Et pourquoi compromis?

GERTRUDE, se levant.

Si elle l'aime, elle a un caractère de fer! Mais où se seraient-ils vus ? Je ne la quitte pas le jour, Champagne le voit à toute heure à la fabrique... Non, c'est absurde... Si elle l'aime, elle l'aime à elle seule, comme font toutes les jeunes filles qui commencent à aimer un homme sans qu'il s'en aperçoive ; mais s'ils sont d'intelligence, je l'ai frappée trop droit au cœur pour qu'elle ne lui parle pas, ne fût-ce que des yeux. Oh! je ne les perdrai pas de vue.

GODARD.

Nous avons gagné, monsieur Ferdinand, à merveille !
(Ferdinand quitte le jeu et se dirige vers Gertrude.)

PAULINE, à part.

Je ne croyais pas qu'on pût souffrir autant sans mourir.

FERDINAND, à Gertrude.

Madame, c'est à vous à me remplacer.

GERTRUDE.

Pauline, prends ma place. (A part.) Je ne puis pas lui dire qu'il aime Pauline, ce serait lui en donner l'idée. Que faire ? (A Ferdinand.) Elle m'a tout avoué.

FERDINAND.

Quoi ?

GERTRUDE.

Mais, tout!

FERDINAND.

Je ne comprends pas... Mademoiselle de Grandchamp ?...

GERTRUDE.

Oui.

FERDINAND.

Eh bien ! qu'a-t-elle fait ?

GERTRUDE.

Vous ne m'avez pas trahie ? Vous n'êtes pas d'intelligence pour me tuer ?

FERDINAND.

Vous tuer? Elle!... Moi!

GERTRUDE.

Serais-je la victime d'une plaisanterie de Godard?...

FERDINAND.

Gertrude... vous êtes folle.

GODARD, à Pauline.

Ah! Mademoiselle, vous faites des fautes.

PAULINE.

Vous avez beaucoup perdu, Monsieur, à ne pas avoir ma belle-mère.

GERTRUDE.

Ferdinand, je ne sais où est l'erreur, où est la vérité ; mais ce que je sais, c'est que je préfère la mort à la perte de nos espérances.

FERDINAND.

Prenez garde! Depuis quelques jours le docteur nous observe d'un œil bien malicieux.

GERTRUDE, à part.

Elle ne l'a pas regardé! (Haut.) Oh! elle épousera Godard, son père l'y forcera.

FERDINAND.

C'est un excellent parti que ce Godard.

LE GÉNÉRAL.

Il n'y a pas moyen d'y tenir! Ma fille fait fautes sur fautes; et toi, Vernon, tu ne sais ce que tu joues, tu coupes mes rois.

VERNON.

Mon cher général, c'est pour rétablir l'équilibre.

LE GÉNÉRAL.

Ganache! tiens, il est dix heures, nous ferons mieux d'aller dormir que de jouer comme cela. Ferdinand, faites-moi le plaisir de conduire Godard à son appartement. Quant à toi, Vernon, tu devrais coucher sous ton lit pour avoir coupé mes rois.

GODARD.

Mais il ne s'agit que de cinq francs, général.

LE GÉNÉRAL.

Et l'honneur? (A Vernon.) Tiens, quoique tu aies mal joué, voilà ta canne et ton chapeau. (Pauline prend une fleur à la jardinière et joue avec.)

GERTRUDE.

Un signal! oh! dussé-je me faire tuer par mon mari, je veillerai sur elle cette nuit.

FERDINAND, qui a pris à Félix un bougeoir.

M. de Rimonville, je suis à vos ordres.

GODARD.

Je vous souhaite une bonne nuit, Madame! Mes humbles hommages, Mademoiselle! Bonsoir, général!

LE GÉNÉRAL.

Bonsoir, Godard.

GODARD.

De Rimonville... Docteur, je...

VERNON, le regarde et se mouche.

Adieu, mon ami.

LE GÉNÉRAL, reconduisant le docteur.

Allons, a demain, Vernon! mais viens de bonne heure.

SCÈNE VI.

GERTRUDE, PAULINE, LE GÉNÉRAL.

GERTRUDE.

Mon ami, Pauline refuse Godard.

LE GÉNÉRAL.

Et quelles sont tes raisons, ma fille?

PAULINE.

Mais il ne me plaît pas assez pour que je fasse de lui un mari.

LE GÉNÉRAL.

Eh bien! nous en chercherons un autre; mais il faut en finir, car tu as vingt-deux ans, et l'on pourrait croire des choses désagréables pour toi, pour ma femme et pour moi.

PAULINE.

Il ne m'est donc pas permis de rester fille?

GERTRUDE.

Elle a fait un choix, mais elle ne veut peut-être le dire qu'à vous : je vous laisse, confessez-la! (A Pauline.) Bonne nuit, mon enfant! cause avec ton père. (A part.) Je vais les écouter.

(Elle va fermer la porte et rentre dans sa chambre.)

SCÈNE VII.

LE GÉNÉRAL, PAULINE.

LE GÉNÉRAL, à part.

Confesser ma fille! Je suis tout à fait impropre à cette manœuvre! C'est elle qui me confessera. (Haut.) Pauline, viens là. (Il la prend sur ses genoux.) Bien, ma petite chatte, crois-tu qu'un vieux troupier comme moi ne sache pas ce que signifie la résolution de rester fille... Cela veut dire, dans toutes les langues, qu'une jeune personne veut se marier, mais... à quelqu'un qu'elle aime.

PAULINE.

Papa, je te dirais bien quelque chose, mais je n'ai pas confiance en toi.

LE GÉNÉRAL.

Et pourquoi cela, Mademoiselle?

PAULINE.

Tu dis tout à ta femme.

LE GÉNÉRAL.

Et tu as un secret de nature à ne pas être dit à un ange, à une femme qui t'a élevée, à ta seconde mère!

PAULINE.

Oh! si tu te fâches, je vais aller me coucher... Je croyais, moi, que le cœur d'un père devait être un asile sûr pour une fille.

LE GÉNÉRAL.

Oh! câline! Allons, pour toi je vais me faire doux.

PAULINE.

Oh! que tu es bon! Eh bien! si j'aimais le fils d'un de ceux que tu maudis?

LE GÉNÉRAL, il se lève brusquement et repousse sa fille.

Je te maudirais!

PAULINE.

En voilà de la douceur, là! (Gertrude paraît.)

LE GÉNÉRAL.

Mon enfant, il est des sentiments qu'il ne faut jamais éveiller en moi; tu le sais, c'est ma vie. Veux-tu la mort de ton père?

PAULINE.

Oh!

LE GÉNÉRAL.

Chère enfant! j'ai fait mon temps... Tiens, mon sort est à envier près de toi, près de Gertrude. Eh bien! quelque douce et charmante que soit mon existence, je la quitterais sans regret si, la quittant, je te rendais heureuse; car nous devons le bonheur à ceux à qui nous avons donné la vie.

PAULINE voit la porte entre-bâillée.

Ah! elle écoute. (Haut.) Mon père, il n'en est rien, rassurez-vous! Mais enfin, voyons... Si cela était et que ce fût un sentiment si violent que j'en dusse mourir?

LE GÉNÉRAL.

Il faudrait ne m'en rien dire, ce serait plus sage, et attendre ma mort. Et encore! s'il n'y a rien de plus sacré, de plus aimé, après Dieu et la patrie, pour les pères, que leurs enfants, les enfants, à leur tour, doivent tenir pour saintes les volontés de leurs pères, et ne jamais leur désobéir, même après leur mort. Si tu n'étais pas fidèle à cette haine, je sortirais, je crois, de mon cercueil pour te maudire.

PAULINE, elle embrasse son père.

Oh! méchant! méchant! Eh bien! je saurai maintenant si tu es discret... Jure-moi sur ton honneur de ne pas dire un mot de ceci.

LE GÉNÉRAL.

Je te le promets! Mais quelle raison as-tu donc de te défier de Gertrude?

PAULINE.

Tu ne me croirais pas.

LE GÉNÉRAL.

Ton intention est-elle de tourmenter ton père?

PAULINE.

Non... A quoi tiens-tu le plus, à ta haine contre les traîtres ou à ton honneur?

LE GÉNÉRAL.

A l'un comme à l'autre, c'est le même principe.

PAULINE.

Eh bien! si tu manques à l'honneur en manquant à ton serment, tu pourras manquer à ta haine. Voilà tout ce que je voulais savoir!

LE GÉNÉRAL.

Si les femmes sont angéliques, elles ont aussi quelque chose d'infernal. Dites-moi qui souffle de pareilles idées à une fille innocente comme la mienne?... Voilà comme elles nous mènent par le...

PAULINE.

Bonne nuit, mon père.

LE GÉNÉRAL.

Hum! méchante enfant!

PAULINE.

Sois discret, ou je t'amène un gendre à te faire frémir.

(Elle rentre chez elle.)

SCÈNE VIII.

LE GÉNÉRAL, seul.

Il y a certainement un mot à cette énigme! Il faut le trouver! oui, le trouver à nous deux Gertrude.

SCÈNE IX.

scène change. La chambre de Pauline. C'est une petite chambre simple, le lit au fond, une table ronde à gauche. Il existe une sortie dérobée à gauche, et l'entrée est à droite.

PAULINE.

Enfin, me voilà seule, je puis ne plus me contraindre ! Marié !!! mon Ferdinand marié !!! Ce serait le plus lâche, le plus infâme, le plus vil des hommes ! je le tuerais ! — Le tuer !... non, mais je ne survivrais pas une heure à cette certitude... Ma belle-mère m'est odieuse ! ah ! si elle devient mon ennemie, elle aura la guerre, et je la lui ferai bonne. Ce sera terrible : je dirai tout ce que je sais à mon père. (Elle regarde à sa montre.) Onze heures et demie, il ne peut venir qu'à minuit, quand tout dort. Pauvre Ferdinand ! risquer sa vie ainsi pour une heure de causerie avec sa future ! est-ce aimer ? On ne fait pas de telles entreprises pour toutes les femmes ! aussi de quoi ne serais-je pas capable pour lui ! Si mon père nous surprenait, ce serait moi qui recevrais le premier coup. Oh ! douter de l'homme qu'on aime, c'est je crois un plus cruel supplice que de le perdre : la mort, on l'y suit ; mais le doute !..... c'est la séparation... Ah ! je l'entends.

SCÈNE X.

FERDINAND, PAULINE ; elle pousse les verroux.

PAULINE.

Es-tu marié ?

FERDINAND.

Quelle plaisanterie !... Ne te l'aurais-je pas dit ?

PAULINE.

Ah ! (Elle tombe dans un fauteuil, puis à genoux.) Sainte Vierge, quel vœu vous faire ? (Elle embrasse la main de Ferdinand.) Et toi, sois mille fois béni.

FERDINAND.

Mais qui t'a dit une pareille folie ?

PAULINE.

Ma belle-mère.

FERDINAND.

Elle sait tout ! ou si elle ne le sait pas, elle va nous espionner et tout découvrir ; car les soupçons, chez les femmes comme elle, c'est la certitude !... Ecoute-moi, Pauline, les instants sont précieux. C'est madame de Grandchamp qui m'a fait venir dans cette maison.

PAULINE.

Et pourquoi ?

FERDINAND.

Parce qu'elle m'aime.

PAULINE.

Quelle horreur !... Eh bien ! et mon père ?

FERDINAND.

Elle m'aimait avant de se marier.

PAULINE.

Elle t'aime ; mais toi, l'aimes-tu ?

FERDINAND.

Serais-je resté dans cette maison ?

PAULINE.

Elle t'aime... encore ?

FERDINAND.

Malheureusement toujours !... Elle a été, je dois te l'avouer, ma première inclination ; mais je la hais aujourd'hui de toutes les puissances de mon âme, et je cherche pourquoi. Est-ce parce que je t'aime, et que tout véritable et pur amour est de sa nature exclusif ? est-ce que la comparaison d'un ange de pureté tel que toi et d'un démon comme elle me pousse autant à la haine du mal qu'à l'amour de toi, mon bien, mon bonheur, mon joli trésor ! Je ne sais. Mais je la hais, et je t'aime à ne pas regretter de mourir, si ton père me tuait ; car une de nos causeries, une heure passée là, près de toi, me semble, même après qu'elle s'est écoulée, toute ma vie.

PAULINE.

Oh ! parle, parle toujours !..... tu m'as rassurée. Après t'avoir entendu, je te pardonne le mal que tu m'as fait en m'apprenant que je ne suis pas ton premier, ton seul amour, comme tu es le mien... C'est une illusion perdue, que veux-tu? Ne te fâche pas? Les jeunes filles sont folles, elles n'ont d'ambition que dans leur amour, et elles voudraient avoir le passé comme elles ont l'avenir de celui qu'elles aiment! Tu la hais! voilà pour moi plus d'amour dans une parole que toutes les preuves que tu m'en a données en deux ans. Si tu savais avec quelle cruauté cette marâtre m'a mise à la question! Je me vengerai!

FERDINAND.

Prends garde! elle est bien dangereuse! Elle gouverne ton père! elle est femme à livrer un combat mortel!

PAULINE.

Mortel! c'est ce que je veux.

FERDINAND.

De la prudence, ma chère Pauline! Nous voulons être l'un à l'autre, n'est-ce pas?... eh bien! mon amie, le procureur du roi est d'avis que, pour triompher des difficultés qui nous séparent, il faut avoir la force de nous quitter pendant quelque temps.

PAULINE.

Oh! donne-moi deux jours, et j'aurai tout obtenu de mon père.

FERDINAND.

Tu ne connais pas madame de Grandchamp. Elle a trop fait pour ne pas te perdre, et elle osera tout. Aussi ne partirai-je pas sans te donner des armes terribles contre elle.

PAULINE.

Donne, donne!

FERDINAND.

Pas encore. Promets-moi de n'en faire usage que si ta vie est menacée, car c'est un crime contre la délicatesse que je commettrai! Mais il s'agit de toi.

PAULINE.

Qu'est-ce donc?

FERDINAND.

Les lettres qu'elle m'a écrites avant son mariage et quelques-unes après... Je te les remettrai demain. Pauline, ne les lis pas! jure-le moi par notre amour, par notre bonheur! Il suffira, si la nécessité le voulait absolument, qu'elle sache que tu les as en ta possession, et tu la verras trembler, ramper à tes pieds ; car alors toutes ses machinations tomberont. Mais que ce soit ta dernière ressource, et surtout cache-les bien !

PAULINE.

Quel duel !

FERDINAND.

Terrible ! Maintenant, Pauline, garde avec courage, comme tu l'as fait, le secret de notre amour ; attends pour l'avouer qu'il ne puisse se nier.

PAULINE.

Ah ! pourquoi ton père a-t-il trahi l'empereur ! Mon Dieu, si les pères savaient combien leurs enfants sont punis de leurs fautes, il n'y aurait que de braves gens !

FERDINAND.

Peut-être est-ce notre dernière joie que ce triste entretien ?

PAULINE, à part.

Je le rejoindrai... (Haut.) Tiens, je ne pleure plus, je suis courageuse ! Dis ? ton ami sera dans le secret de ton asile ?

FERDINAND.

Eugène sera notre intermédiaire.

PAULINE.

Et ces lettres ?

FERDINAND.

Demain ! demain !... Mais où les cacheras-tu ?

PAULINE.

Je les garderai sur moi.

FERDINAND.

Eh bien ! adieu.

PAULINE.

Non, pas encore.

FERDINAND.

Un instant peut nous perdre...

PAULINE.

Ou nous unir pour la vie... Tiens, laisse-moi te reconduire, je ne suis tranquille que lorsque je te vois dans le jardin. Viens, viens.

FERDINAND.

Un dernier coup d'œil à cette chambre de jeune fille où tu penseras à moi... où tout parle de toi.

SCÈNE XI.

La scène change et représente la première décoration.

PAULINE, sur le perron; GERTRUDE, à la porte du salon.

GERTRUDE.

Elle le reconduit jusque dans le jardin... Il me trompait! elle aussi!... (Elle prend Pauline par la main et l'amène sur le devant de la scène.) Direz-vous, Mademoiselle, que vous ne l'aimez pas?

PAULINE.

Madame, moi je ne trompe personne.

GERTRUDE.

Vous trompez votre père.

PAULINE.

Et vous, Madame?

GERTRUDE.

D'accord! tous deux contre moi... Oh! je vais...

PAULINE.

Vous ne ferez rien, Madame, ni contre moi, ni contre lui.

GERTRUDE.

Ne me forcez pas à déployer mon pouvoir! Vous devez obéir à votre père, et... il m'obéit.

PAULINE.

Nous verrons!

GERTRUDE.

Son sang-froid me fait bondir le cœur! Mon sang pétille dans mes veines. Je vois du noir devant mes yeux! Sais-tu que je préfère la mort à la vie sans lui?

PAULINE.

Et moi aussi, Madame. Mais moi je suis libre, je n'ai pas juré comme vous d'être fidèle à un mari... Et votre mari... c'est mon père!

GERTRUDE, aux genoux de Pauline.

Que t'ai-je fait? je t'ai aimée, je t'ai élevée, j'ai été bonne mère.

PAULINE.

Soyez épouse fidèle, et je me tairai.

GERTRUDE.

Eh ! parle ! parle tant que tu voudras... Ah ! la lutte commence.

SCÈNE XII.

LES MÊMES, LE GÉNÉRAL.

LE GÉNÉRAL.

Ah çà, que se passe-t-il donc ici ?

GERTRUDE.

Trouve-toi mal ! allons donc ! (Elle la renverse.) Il y a, mon ami, que j'ai entendu des gémissements. Notre chère enfant appelait au secours, elle était asphyxiée par les fleurs de sa chambre.

PAULINE.

Oui, papa, Marguerite avait oublié d'ôter la jardinière, et je me mourais.

GERTRUDE.

Viens, ma fille, viens prendre l'air. (Elles veulent aller à la porte.)

LE GÉNÉRAL.

Restez un moment... Eh bien ! où donc avez-vous mis les fleurs ?

PAULINE, à Gertrude.

Je ne sais pas où madame les a portées.

GERTRUDE.

Là, dans le jardin.

(Le général sort brusquement, après avoir déposé son bougeoir sur la table de jeu au fond à gauche.)

SCÈNE XIII.

PAULINE, GERTRUDE.

GERTRUDE.

Rentrez dans votre chambre, enfermez-vous-y ! je prends tout sur moi. (Pauline rentre.) Je l'attends ! (Elle rentre.)

ACTE II.

LE GÉNÉRAL, revenant du jardin.

Je n'ai trouvé de jardinière nulle part... Décidément il se passe quelque chose d'extraordinaire ici. Gertrude?... personne ! Ah ! madame de Grandchamp, vous allez me dire... Il serait plaisant que ma femme et ma fille se jouassent de moi.

(Il reprend son bougeoir et entre chez Gertrude. — Le rideau baisse pendant quelques instants pour indiquer l'entr'acte, puis le jour revient.)

ACTE TROISIÈME

SCÈNE PREMIÈRE.

GERTRUDE, seule d'abord; puis CHAMPAGNE.

GERTRUDE, remonte elle-même une jardinière par le perron et la dépose dans la première pièce.

Ai-je eu de la peine à endormir ses soupçons ! Encore une ou deux scènes de ce genre, et je ne serai plus maîtresse de son esprit. Mais j'ai conquis un moment de liberté... Pourvu que Pauline ne vienne pas me troubler !... Oh ! elle doit dormir... elle s'est couchée si tard !... Serait-il possible de l'enfermer ?... (Elle va voir porte de la chambre de Pauline.) Non !...

CHAMPAGNE, entrant.

M. Ferdinand va venir, Madame.

GERTRUDE.

Merci, Champagne. Il s'est couché bien tard, hier ?

CHAMPAGNE.

M. Ferdinand fait, comme vous le savez, sa ronde toutes les nuits, et il est rentré vers une heure et demie du matin. Je couche au-dessus de lui, je l'entends.

GERTRUDE.

Se couche-t-il quelquefois plus tard ?

CHAMPAGNE.

Quelquefois, c'est selon le temps qu'il met à faire sa ronde.

GERTRUDE.

Bien, merci. (Champagne sort.) Pour prix d'un sacrifice qui dure depuis douze ans, et dont les douleurs ne peuvent être comprises

GERTRUDE.   FERDINAND.

Je vous ai vu.. ..

(LA MARATRE.)

que par des femmes, car les hommes devinent-ils jamais de pareilles tortures? qu'avais-je demandé? bien peu! le savoir là, près de moi, sans autre plaisir qu'un regard furtif de temps en temps. Je ne voulais que cette certitude d'être attendue... certitude qui nous suffit, à nous autres pour qui l'amour pur, céleste, est un rêve irréalisable. Les hommes ne se croient aimés que quand ils nous ont fait tomber dans la fange! et voilà comme il me récompense! il a des rendez-vous la nuit avec cette sotte de fille! Eh bien! il va prononcer mon arrêt de mort en face; et, s'il en a le courage, j'aurai celui de les désunir à jamais, à l'instant; j'en ai trouvé le moyen... Ah! le voici! je me sens défaillir! Mon Dieu! pourquoi nous faites-vous donc tant aimer un homme qui ne nous aime plus!

SCÈNE II.

FERDINAND, GERTRUDE.

GERTRUDE.

Hier, vous me trompiez. Vous êtes venu cette nuit, ici, par ce salon, avec une fausse clef, voir Pauline, au risque de vous faire tuer par M. de Grandchamp! Oh! épargnez-vous un mensonge. Je vous ai vu, j'ai surpris Pauline au retour de votre promenade nocturne. Vous avez fait un choix dont je ne puis pas vous féliciter. Si vous aviez pu nous entendre hier, à cette place! voir l'audace de cette fille, le front avec lequel elle m'a tout nié, vous trembleriez pour votre avenir, cet avenir qui m'appartient, et pour lequel j'ai vendu corps et âme.

FERDINAND, à part.

L'avalanche des reproches! (Haut.) Tâchons, Gertrude, de nous conduire sagement l'un et l'autre. Evitons surtout les vulgarités... Jamais je n'oublierai ce que vous avez été pour moi; je vous aime encore d'une amitié sincère, dévouée, absolue; mais je n'ai plus d'amour.

GERTRUDE.

Depuis dix-huit mois?

FERDINAND.

Depuis trois ans.

GERTRUDE.

Mais alors avouez donc que j'ai le droit de haïr et de combattre votre amour pour Pauline; car cet amour vous a rendu lâche et criminel envers moi.

FERDINAND.

Madame!

GERTRUDE.

Oui, vous m'avez trompée..... En restant ici entre nous deux, vous m'avez fait revêtir un caractère qui n'est pas le mien. Je suis violente, vous le savez. La violence est franche, et je marche dans une voie de tromperies infâmes. Vous ne savez donc pas ce que c'est que d'avoir à trouver de nouveaux mensonges chaque jour, à l'improviste, de mentir avec un poignard dans le cœur?... Oh! le mensonge! mais c'est pour nous la punition du bonheur. C'est une honte, si l'on réussit; c'est la mort, si l'on échoue. Et vous! vous, les hommes vous envient de vous faire aimer par les femmes. Vous serez applaudi, là où je serai méprisée. Et vous ne voulez pas que je me défende! Et vous n'avez que d'amères paroles pour une femme qui vous a tout caché : remords, larmes! J'ai gardé pour moi seule la colère du ciel; je descendais seule dans les abîmes de mon âme, creusée par les douleurs; et, tandis que le repentir me mordait le cœur, je n'avais pour vous que des regards pleins de tendresse, une physionomie gaie! Tenez, Ferdinand, ne dédaignez pas une esclave si bien apprivoisée.

FERDINAND, à part.

Il faut en finir. (Haut.) Écoutez, Gertrude, quand nous nous sommes rencontrés, la jeunesse seule nous a réunis. J'ai cédé, si vous le voulez, à un mouvement d'égoïsme qui se trouve au fond du cœur de tous les hommes, à leur insu, caché sous les fleurs des premiers désirs. On a tant de turbulence dans les sentiments à vingt-deux ans! L'enivrement auquel nous sommes en proie ne nous permet pas de réfléchir ni à la vie comme elle est, ni à ses conditions sérieuses...

GERTRUDE, à part.

Comme il raisonne tranquillement! Ah! il est infâme!

FERDINAND.

Et alors je vous ai aimée avec candeur, avec un entier abandon; mais depuis!... depuis, la vie a changé d'aspect pour nous deux.

Si donc je suis resté sous ce toit où je n'aurais jamais dû venir, c'est que j'ai choisi dans Pauline la seule femme avec laquelle il me soit possible de finir mes jours. Allons, Gertrude, ne vous brisez pas contre cet arrêt du ciel. Ne tourmentez pas deux êtres qui vous demandent leur bonheur, qui vous aimeront bien.

GERTRUDE.

Ah! vous êtes le martyr? et moi... moi je suis le bourreau! Mais ne serais-je pas votre femme aujourd'hui, si je n'avais pas, il y a douze ans, préféré votre bonheur à mon amour?

FERDINAND.

Eh bien! faites aujourd'hui la même chose, en me laissant ma liberté.

GERTRUDE.

La liberté d'en aimer une autre. Il ne s'agissait pas de ça, il y a douze ans... Mais je vais en mourir.

FERDINAND.

On meurt d'amour dans les poésies, mais dans la vie ordinaire on se console.

GERTRUDE.

Ne mourez-vous pas, vous autres, pour votre honneur outragé, pour un mot, pour un geste? Eh bien! il y a des femmes qui meurent pour leur amour, quand cet amour est un trésor où elles ont tout placé, quand c'est toute leur vie, et je suis de ces femmes-là, moi! Depuis que vous êtes sous ce toit, Ferdinand, j'ai craint une catastrophe à toute heure! eh bien! j'avais toujours sur moi le moyen de quitter la vie à l'instant, s'il nous arrivait malheur. Tenez, (elle montre un flacon) voilà comment j'ai vécu!

FERDINAND.

Ah! voici les larmes!

GERTRUDE.

Je m'étais promis de les maîtriser, elles m'étouffent! Mais aussi vous me parlez avec cette froide politesse qui est votre dernière insulte, à vous autres, pour un amour que vous rebutez! Vous ne me témoignez pas la moindre sympathie! vous voudriez me voir morte, et vous seriez débarrassé..... Mais, Ferdinand, tu ne me connais pas! J'avouerai tout dans une lettre au général, que je ne veux plus tromper. Cela me lasse, moi, le mensonge. Je prendrai mon enfant, je viendrai chez toi, nous partirons ensemble. Plus de Pauline.

FERDINAND.

Si vous faites cela, je me tuerai.

GERTRUDE.

Et moi aussi ! Nous serons réunis par la mort, et tu ne seras pas à elle.

FERDINAND, à part.

Quel caractère infernal !

GERTRUDE.

Et d'ailleurs, la barrière qui vous sépare de Pauline peut ne jamais s'abaisser ; que feriez-vous ?

FERDINAND.

Pauline saura rester libre.

GERTRUDE.

Mais si son père la mariait ?

FERDINAND.

J'en mourrais !

GERTRUDE.

On meurt d'amour dans les poésies, dans la vie ordinaire on se console ; et..... on fait son devoir, en gardant celle dont on a pris la vie.

LE GÉNÉRAL, au dehors.

Gertrude ! Gertrude !

GERTRUDE.

J'entends monsieur. (Le général paraît.) Ainsi, M. Ferdinand, expédiez vos affaires pour revenir promptement, je vous attends.

SCÈNE III.

LE GÉNÉRAL, GERTRUDE, puis PAULINE.

LE GÉNÉRAL.

Une conférence de si grand matin avec Ferdinand ! De quoi s'agit-il donc ? de la fabrique !

GERTRUDE.

De quoi il s'agit? je vais vous le dire; car... vous êtes bien comme votre fils : quand vous vous mettez dans vos questions, il faut vous répondre absolument. Je me suis imaginé que Ferdinand est pour quelque chose dans le refus de Pauline d'épouser Godard.

LE GÉNÉRAL.

Tiens! tu pourrais avoir raison.

GERTRUDE.

J'ai fait venir M. Ferdinand pour éclaircir mes soupçons, et vous avez interrompu notre entretien, au moment où j'allais peut-être savoir quelque chose. (Pauline entr'ouvre sa porte.)

LE GÉNÉRAL.

Mais si ma fille aime M. Ferdinand...

PAULINE.

Écoutons.

LE GÉNÉRAL.

Je ne vois pas pourquoi hier, quand je la questionnais d'un ton paternel, avec douceur, elle m'aurait caché, libre comme je la laisse, un sentiment si naturel.

GERTRUDE.

C'est que vous vous y êtes mal pris, où vous l'avez questionnée dans un moment où elle hésitait... Le cœur des jeunes filles, mais c'est plein de contradictions.

LE GÉNÉRAL.

Au fait, pourquoi pas? ce jeune homme travaille comme un lion, il est honnête, il est probablement d'une bonne famille.

PAULINE.

Oh! j'y suis! (Elle rentre.)

LE GÉNÉRAL.

Il nous donnera des renseignements. Il est là-dessus d'une discrétion; mais tu dois la connaître sa famille, car c'est toi qui nous a trouvé ce trésor.

GERTRUDE.

Je te l'ai proposé, sur la recommandation de la vieille madame Morin.

LE GÉNÉRAL.

Elle est morte!

GERTRUDE, à part.

C'est bien pour cela que je la cite... (Haut.) Elle m'a dit qu'il a sa mère, madame de Charny, pour laquelle il est d'une piété filiale admirable; elle est en Bretagne, et d'une vieille famille de ce pays-là... les Charny.

LE GÉNÉRAL.

Les Charny... Enfin, s'il aime Pauline et si Pauline l'aime, moi, malgré la fortune de Godard, je le lui préférerais pour gendre... Ferdinand connaît la fabrication; il m'achèterait mon établissement avec la dot de Pauline, ça irait tout seul. Il n'a qu'à nous dire d'où il vient, ce qu'il est, ce qu'était son père... Mais nous verrons sa mère.

GERTRUDE.

Madame Charny?

LE GÉNÉRAL.

Oui, madame Charny... N'est-elle pas près de Saint-Malo?.. ce n'est pas au bout du monde...

GERTRUDE.

Mettez-y de la finesse, un peu de votre ruse de vieux soldat, de la douceur, et vous saurez si cette enfant...

LE GÉNÉRAL.

Et pourquoi me fâcherais-je?... Voilà, sans doute, Pauline...

SCÈNE IV.

LES MÊMES, MARGUERITE, puis PAULINE.

LE GÉNÉRAL.

Ah! c'est vous, Marguerite... Vous avez failli causer cette nuit la mort de ma fille par une inadvertance... vous avez oublié...

MARGUERITE.

Moi, général, la mort de mon enfant!

LE GÉNÉRAL.

Vous avez oublié d'ôter la jardinière où il se trouvait des plantes odeurs fortes, elle en a été presque asphyxiée...

MARGUERITE.

Par exemple!... J'ai ôté la jardinière avant l'arrivée de M. Godard, et madame a dû voir qu'elle n'y était déjà plus quand nous avons habillé mademoiselle...

GERTRUDE.

Vous vous trompez, elle y était...

MARGUERITE, à part.

En voilà une sévère... (Haut.) Madame a voulu mettre des fleurs naturelles dans les cheveux de mademoiselle, et a dit : Tiens, la jardinière n'y est plus...

GERTRUDE.

Vous inventez .. Voyons, où l'avez-vous portée?

MARGUERITE.

Au bas du perron...

GERTRUDE, au général.

L'y avez-vous trouvée cette nuit?

LE GÉNÉRAL.

Non!

GERTRUDE.

Je l'ai ôtée de la chambre moi-même cette nuit, et l'ai mise à. (Elle montre la jardinière sur le perron.)

MARGUERITE, au général.

Monsieur, je vous jure sur mon salut éternel...

GERTRUDE.

Ne jurez pas!... (Appelant.) Pauline!

LE GÉNÉRAL.

Pauline!... (Elle paraît.)

GERTRUDE.

La jardinière était-elle chez toi cette nuit?

PAULINE.

Oui... Marguerite, ma pauvre vieille, tu l'auras oubliée...

MARGUERITE.

Dites donc, Mademoiselle, qu'on l'y aura reportée exprès pour vous rendre malade!

GERTRUDE.

Qu'est-ce que c'est que ce *on?*...

LE GÉNÉRAL.

Vieille folle, si vous manquez de mémoire, il ne faut, du moins accuser personne.

PAULINE, à Marguerite.

Tais-toi! (Haut.) Marguerite, elle y était! tu l'as oubliée...

MARGUERITE.

C'est vrai, Monsieur, je confonds avant-hier...

LE GÉNÉRAL, à part.

Elle est chez moi depuis vingt ans... son insistance me semble singulière.... (Il prend Marguerite à part.) Voyons... et l'histoire des fleurs dans la coiffure?...

MARGUERITE, à qui Pauline fait des signes.

Monsieur, c'est moi qui aurai dit cela... Je suis si vieille que la mémoire me manque...

LE GÉNÉRAL.

Mais alors, pourquoi supposer qu'une mauvaise pensée puisse venir à quelqu'un dans la maison?...

PAULINE.

Laissez-la, mon père! Elle a tant d'affection pour moi, cette bonne Marguerite, qu'elle en est quelquefois folle...

MARGUERITE, à part.

Je suis sûre d'avoir ôté la jardinière...

LE GÉNÉRAL, à part.

Pourquoi ma femme et ma fille me tromperaient-elles?... Un vieux troupier comme moi ne se laisse pas malmener dans les feux de file, il y a décidément du louche...

GERTRUDE.

Marguerite, nous prendrons le thé ici, quand M. Godard sera descendu... Dites à Félix d'apporter ici tous les journaux.

MARGUERITE.

Bien, Madame.

SCÈNE V.

GERTRUDE, LE GÉNÉRAL, PAULINE.

LE GÉNÉRAL, il embrasse sa fille

Tu ne m'as seulement pas dit bonjour, fille dénaturée!

ACTE III.

PAULINE, elle l'embrasse.

Mais aussi, tu commences par quereller à propos de rien... Je vous déclare, Monsieur mon père, que je vais entreprendre votre éducation... Il est bien temps, à ton âge, de te calmer le sang..... Un jeune homme n'est pas si vif que toi! Tu as fait peur à Marguerite, et quand les femmes ont peur, elles font des petits mensonges, et l'on ne sait rien...

LE GÉNÉRAL, à part.

Tirez-vous de là! (Haut.) Votre conduite, Mademoiselle ma fille, n'est pas de nature à calmer le sang... Je veux te marier, je te propose un homme jeune...

PAULINE.

Beau, surtout, et bien élevé!

LE GÉNÉRAL.

Allons, silence, quand votre père vous parle, Mademoiselle. Un homme qui possède une magnifique fortune, au moins sextuple de la vôtre, et tu le refuses... Tu le peux, je te laisse libre; mais si tu ne veux pas de Godard, dis-moi qui tu choisis, d'autant plus que je le sais...

PAULINE.

Ah! mon père..... vous êtes plus clairvoyant que moi..... Qui est-ce?

LE GÉNÉRAL.

Un homme de trente à trente-cinq ans, qui me plaît à moi plus que Godard, quoiqu'il soit sans fortune.... Il fait déjà partie de la famille.

PAULINE.

Je ne vous vois pas de parents ici.

LE GÉNÉRAL.

Qu'as-tu donc contre ce pauvre Ferdinand, pour ne pas vouloir...

PAULINE.

Ah! ah! qui vous a fait ce conte-là? je parie que c'est madame de Grandchamp.

LE GÉNÉRAL.

Un conte! ce n'est donc pas vrai; tu n'as jamais pensé à ce brave garçon?

PAULINE.

Jamais!

GERTRUDE, au général.

Elle ment! observez-la.

PAULINE.

Madame a sans doute des raisons pour me supposer un attachement pour le commis de mon père. Oh! je te vois, elle te fera dire : Si votre cœur, ma fille, n'a point de préférence, épousez Godard! (A Gertrude.) Ce trait, Madame, est infâme! me faire abjurer mon amour devant mon père! Oh! je me vengerai!

GERTRUDE.

A votre aise ; mais vous épouserez Godard.

LE GÉNÉRAL, à part.

Seraient-elles mal ensemble!... Je vais interroger Ferdinand. (Haut.) Que dites-vous donc entre vous?

GERTRUDE

Ta fille, mon ami, m'en veut de ce que j'ai pu la croire éprise d'un subalterne ; elle en est profondément humiliée.

LE GÉNÉRAL.

C'est décidé, tu ne l'aimes pas?

PAULINE.

Mon père, je... je ne vous demande pas à me marier! je suis heureuse! la seule chose que Dieu nous ait donnée en propre, à nous autres femmes, c'est notre cœur... Je ne comprends pas pourquoi madame de Grandchamp, qui n'est pas ma mère, se mêle de mes sentiments.

GERTRUDE.

Mon enfant, je ne veux que votre bonheur. Je suis votre belle-mère, je le sais, mais si vous aviez aimé Ferdinand, j'aurais...

LE GÉNÉRAL, baisant la main de Gertrude.

Que tu es bonne!

PAULINE, à part.

J'étouffe!... Ah! je voudrais lui faire bien du mal!

GERTRUDE.

Oui, je me serais jetée aux pieds de votre père pour obtenir son consentement, s'il l'avait refusé.

LE GÉNÉRAL.

Voici Ferdinand. (A part.) Je vais le questionner à ma manière, je saurai peut-être quelque chose.

SCÈNE VI.

LES MÊMES, FERDINAND.

LE GÉNÉRAL, à Ferdinand.

Venez ici, mon ami, là. — Voilà trois ans et demi que vous êtes avec nous, et je vous dois de pouvoir dormir tranquillement, malgré les soucis d'un commerce considérable. Vous êtes maintenant presqu'autant que moi le maître de ma fabrique; vous vous êtes contenté d'appointements assez ronds, il est vrai, mais qui ne sont peut-être pas en harmonie avec les services que vous m'avez rendus. J'ai deviné d'où vous vient ce désintéressement.

FERDINAND.

De mon caractère! général.

LE GÉNÉRAL.

Soit!... mais le cœur y est pour beaucoup, hein?... Allons, Ferdinand, vous connaissez ma façon de penser sur les rangs de la société, sur les distinctions; nous sommes tous fils de nos œuvres : j'ai été soldat. Ayez donc confiance en moi ! On m'a tout dit..... vous aimez une petite personne, ici... si vous lui plaisez, elle est à vous. Ma femme a plaidé votre cause, et je dois vous dire qu'elle est gagnée dans mon cœur.

FERDINAND.

Vrai? général, madame de Grandchamp a plaidé ma cause!..... Ah! Madame! (Il tombe à ses genoux.) Ah! je reconnais là votre grandeur d'âme! Vous êtes sublime, vous êtes un ange! (Courant se jeter aux genoux de Pauline.) Pauline, ma Pauline.

GERTRUDE, au général.

J'ai deviné, il aime Pauline.

PAULINE.

Monsieur, vous ai-je jamais, par un seul regard, par une seule parole, donné le droit de dire ainsi mon nom? Je suis on ne peut plus étonnée de vous avoir inspiré des sentiments qui peuvent flatter d'autres personnes, mais que je ne partage pas... J'ai de plus hautes ambitions.

LE GÉNÉRAL.

Pauline, mon enfant, tu es plus que sévère... Voyons, n'est-ce pas quelque malentendu... Ferdinand, venez ici, plus près...

FERDINAND.

Comment, Mademoiselle, quand madame votre belle-mère, quand monsieur votre père sont d'accord?...

PAULINE, à Ferdinand.

Perdus.

LE GÉNÉRAL.

Ah! je vais faire le tyran. — Dites-moi, Ferdinand, vous avez sans doute une famille honorable?...

PAULINE, à Ferdinand.

Là!

LE GÉNÉRAL.

Votre père, bien certainement, exerçait une profession au moins égale à celle du mien, qui était sergent du guet.

GERTRUDE, à part.

Les voilà séparés à jamais.

FERDINAND.

Ah! (A Gertrude.) Je vous comprends. (Au général.) Général, je ne dis pas que dans un rêve, oh! bien lointain, Mademoiselle, dans un doux rêve, auquel on aime à s'abandonner quand on est pauvre et sans famille... (les rêves sont toute la fortune des malheureux!) je ne dis pas que je n'aie pas regardé comme un bonheur à rendre fou de vous appartenir; mais l'accueil que fait mademoiselle à des espérances bien naturelles, et qu'il a été cruel à vous de ne pas laisser secrètes, est tel, que dans ce moment même, puisqu'elles sont sorties de mon cœur, elles n'y rentreront jamais! Je suis bien éveillé, général. Le pauvre a sa fierté qu'il ne faut pas plus blesser que l'on ne doit heurter... tenez?... votre attachement à Napoléon. (A Gertrude.) Vous jouez un rôle terrible!

GERTRUDE.

Elle épousera Godard.

LE GÉNÉRAL.

Pauvre jeune homme? (A Pauline.) Il est très-bien! Je l'aime... (Il prend Ferdinand à part.) A votre place, moi, à votre âge, j'aurais... Non, non, diable!... c'est ma fille!

FERDINAND.

Général, je m'adresse à votre honneur... Jurez-moi de garder le plus profond secret sur ce que je vais vous confier, et que ce secret s'étende jusqu'à madame de Grandchamp.

LE GÉNÉRAL, à part.

Ah! çà, lui aussi, comme ma fille hier, il se défie de ma femme... Eh! sacrebleu! je vais savoir... (Haut.) Touchez-là, vous avez la parole d'un homme qui n'a jamais failli à celle qu'il a donnée.

FERDINAND.

Après m'avoir fait révéler ce que j'enterrais au fond de mon cœur, après avoir été foudroyé, c'est le mot, par le dédain de mademoiselle Pauline, il m'est impossible de demeurer ici... Je vais mettre mes comptes en règle, car, ce soir même, j'aurai quitté le pays, et demain la France, si j trouve au Havre un navire en partance pour l'Amérique.

LE GÉNÉRAL, part.

On peut le laisser partir, il reviendra. (A Ferdinand.) Puis-je le dire à ma fille?

FERDINAND.

Oui, mais à elle seulement.

LE GÉNÉRAL.

Pauline!... eh bien! ma fille, tu as si cruellement humilié ce pauvre garçon, que la fabrique va se trouver sans chef; Ferdinand part pour l'Amérique ce soir.

PAULINE.

Il a raison, mon père... Il fait de lui-même ce que vous lui auriez sans doute conseillé de faire.

GERTRUDE, à Ferdinand.

Elle épousera Godard.

FERDINAND, à Gertrude.

Si ce n'est moi, ce sera Dieu qui vous punira de tant d'atrocité!

LE GÉNÉRAL, à Pauline.

C'est bien loin, l'Amérique?... un climat meurtrier.

PAULINE.

On y fait fortune.

LE GÉNÉRAL, à part.

Elle ne l'aime pas. (A Ferdinand.) Ferdinand, vous ne partirez pas sans que je vous aie remis de quoi commencer votre fortune.

FERDINAND.

Je vous remercie, général; mais ce qui m'est dû me suffira! D'ailleurs, vous ne vous apercevrez pas de mon départ à la fabrique, car j'ai formé dans Champagne un contre-maître assez nabile aujourd'hui pour devenir mon successeur ; et si vous voulez m'accompagner à la fabrique, vous allez voir...

LE GÉNÉRAL.

Volontiers. (A part.) Tout s'embrouille si bien ici, que je vais aller chercher Vernon. Les conseils et les deux yeux de mon vieux docteur ne seront pas de trop pour m'aider à deviner ce qui trouble le ménage, car il y a quelque chose. Ferdinand, je suis à vous. Nous revenons, Mesdames. (A part.) Il y a quelque chose.

(Le général et Ferdinand sortent.)

SCÈNE VII.

GERTRUDE, PAULINE.

PAULINE, elle ferme la porte au verrou.

Madame, estimez-vous qu'un amour pur, qu'un amour qui, pour nous, résume et agrandit toutes les félicités humaines, qui fait comprendre les félicités divines, nous soit plus cher, plus précieux que la vie ?...

GERTRUDE.

Vous avez lu la *Nouvelle Héloïse*, ma chère. Ce que vous dites là est pompeux, mais c'est vrai.

PAULINE.

Eh bien ! Madame, vous venez de me faire commettre un suicide.

GERTRUDE.

Que vous auriez été heureuse de me voir accomplir ; et, si vous aviez pu m'y forcer, vous vous sentiriez dans l'âme la joie qui remplit la mienne à déborder.

PAULINE.

Selon mon père, la guerre entre gens civilisés a ses lois ; mais la guerre que vous me faites, Madame, est celle des sauvages.

GERTRUDE.

Faites comme moi, si vous pouvez... Mais vous ne pourrez rien ! Vous épouserez Godard. C'est un fort bon parti ; vous serez, je vous l'assure, très-heureuse avec lui, car il a des qualités.

PAULINE.

Et vous croyez que je vous laisserai tranquillement devenir la femme de Ferdinand?

GERTRUDE.

Après le peu de paroles que nous avons échangées cette nuit, pourquoi prendrions-nous des formules hypocrites? J'aimais Ferdinand, ma chère Pauline, quand vous aviez huit ans.

PAULINE.

Mais vous en avez plus de trente!... Et moi, je suis jeune!. D'ailleurs, il vous hait, il vous abhorre! il me l'a dit, et il ne veut pas d'une femme capable d'une trahison aussi noire que l'est la vôtre envers mon père.

GERTRUDE.

Aux yeux de Ferdinand, mon amour sera mon absolution.

PAULINE.

Il partage mes sentiments pour vous : il vous méprise, Madame.

GERTRUDE.

Vous croyez? eh bien, ma chère, c'est une raison de plus! Si je ne le voulais pas par amour, Pauline, tu me le ferais vouloir pour mari, par vengeance. En venant ici, ne savait-il pas qui j'étais?

PAULINE.

Vous l'aurez pris à quelque piége, comme celui que vous venez de nous tendre et où nous sommes tombés.

GERTRUDE.

Tenez, ma chère, un seul mot va tout finir entre nous. Ne vous êtes-vous pas dit cent fois, mille fois, dans ces moments où l'on se sent tout âme, que vous feriez les plus grands sacrifices à Ferdinand?

PAULINE.

Oui, Madame.

GERTRUDE.

Comme quitter votre père, la France; donner votre vie, votre honneur, votre salut!

PAULINE.

Oh! l'on cherche si l'on a quelque chose de plus à offrir que soi, la terre et le ciel.

GERTRUDE.

Eh bien! ce que vous avez souhaité, je l'ai fait, moi! C'est assez vous dire que rien ne peut m'arrêter, pas même la mort.

PAULINE.

C'est donc vous qui m'aurez autorisée à me défendre ! (A part.)

O Ferdinand! notre amour (Gertrude va s'asseoir sur le canapé pendant l'aparté de Pauline), elle le dit, est plus que la vie! (A Gertrude.) Madame, tout le mal que vous m'avez fait, vous le réparerez; les difficultés, les seules qui s'opposent à mon mariage avec Ferdinand, vous les vaincrez... Oui, vous qui avez tout pouvoir sur mon père, vous lui ferez abjurer sa haine pour le fils du général Marcandal.

GERTRUDE.

Ah! très-bien.

PAULINE.

Oui, Madame.

GERTRUDE.

Et quels moyens formidables avez-vous pour me contraindre?

PAULINE.

Nous nous faisons, vous le savez, une guerre de sauvages?...

GERTRUDE.

Dites de femmes, c'est plus terrible! Les sauvages ne font souffrir que le corps; tandis que nous, c'est au cœur, à l'amour-propre, à l'orgueil, à l'âme que nous adressons nos flèches, nous les enfonçons en plein bonheur.

PAULINE.

Oh! c'est bien tout cela, c'est toute la femme que j'attaque! Aussi, chère et très-honorée belle-mère, aurez-vous fait disparaître demain, pas plus tard, les obstacles qui me séparent de Ferdinand; ou bien, mon père saura par moi toute votre conduite, avant et après votre mariage.

GERTRUDE.

Ah! c'est là votre moyen? Pauvre fille! il ne vous croira jamais.

PAULINE.

Oh! je connais quel est votre empire sur mon pauvre père, mais j'ai des preuves

GERTRUDE.

Des preuves! des preuves!...

PAULINE.

Je suis allée chez Ferdinand... (je suis très-curieuse), et j'ai trouvé vos lettres, Madame; j'en ai pris contre lesquelles l'aveuglement de mon père ne tiendra pas, car elles lui prouveront...

ACTE III.

GERTRUDE.

Quoi?

PAULINE.

Tout! tout!

GERTRUDE.

Mais! malheureuse enfant! c'est un vol et un assassinat!... à son âge...

PAULINE.

Ne venez-vous pas d'assassiner mon bonheur?... de me faire nier, à mon père et à Ferdinand, mon amour, ma gloire, ma vie?

GERTRUDE.

Oh! Oh! c'est une ruse, elle ne sait rien! (Haut.) C'est une ruse, je n'ai jamais écrit... C'est faux... c'est impossible... Où sont ces lettres?

PAULINE.

Je les ai!

GERTRUDE.

Dans ta chambre?

PAULINE.

Là où elles sont, vous ne pourriez jamais les prendre.

GERTRUDE, à part.

La folie, avec ses rêves insensés, danse autour de ma cervelle!... Le meurtre m'agite les doigts... C'est dans ces moments-là qu'on tue!... Ah! comme je la tuerais... Oh! mon Dieu, mon Dieu! ne m'abandonnez pas, laissez-moi ma raison!... Voyons!

PAULINE, à part.

Oh! merci, Ferdinand! Je vois combien tu m'aimes : j'ai pu lui rendre tout le mal qu'elle nous a fait tout à l'heure... Et... elle nous sauvera!...

GERTRUDE, à part.

Elle doit les avoir sur elle, comment en être sûre? Ah! (Elle se rapproche.) Pauline!... Si tu avais eu ces lettres depuis longtemps, tu aurais su que j'aimais Ferdinand; tu ne les a donc prises que depuis peu?

PAULINE.

Ce matin.

GERTRUDE.

Tu ne les a pas toutes lues?

PAULINE.

Oh! assez pour savoir qu'elles vous perdent.

GERTRUDE.

Pauline, la vie commence pour toi. (On frappe.) Ferdinand est le premier homme, jeune, bien élevé, supérieur, car il est supérieur, qui se soit offert à tes regards ; mais il y en a bien d'autres dans le monde... Ferdinand était en quelque sorte sous notre toit, tu le voyais tous les jours ; c'est donc sur lui que se sont portés les premiers mouvements de ton cœur. Je conçois cela, c'est tout naturel? A ta place, j'eusse sans doute éprouvé les mêmes sentiments. Mais, ma petite, tu ne connais, toi, ni la société, ni la vie. Et si, comme beaucoup de femmes, tu te trompais... car on se trompe, va! Toi, tu peux choisir encore ; mais, pour moi, tout est dit, je n'ai plus de choix à faire. Ferdinand est tout pour moi, car j'ai passé trente ans, et je lui ai sacrifié ce qu'on ne devrait jamais faire, l'honneur d'un vieillard. Tu as le champ libre, tu peux aimer quelqu'un encore, mieux que tu n'aimes aujourd'hui... cela nous arrive. Eh bien ! renonce à lui, et tu ne sais quelle esclave dévouée tu auras en moi ! tu auras plus qu'une mère, plus qu'une amie, tu auras un âme damnée... Oh ! tiens !... (Elle se met à genoux et lève les mains sur le corsage de Pauline.) Me voici à tes pieds, et tu es ma rivale !... suis-je assez humiliée ? et si tu savais ce que cela coûte à une femme... Grâce ! grâce pour moi. (On frappe très-fort, elle profite de l'effroi de Pauline pour tâter les lettres.) Rends-moi la vie... (A part.) Elle les a.

PAULINE.

Eh ! laissez-moi, Madame ! Ah ! faut-il que j'appelle ?
(Elle repousse Gertrude et va ouvrir.)

GERTRUDE, à part:

Je ne me trompais pas, elles sont sur elle ; mais il ne faut pas les lui laisser une heure.

SCÈNE VIII.

LES MÊMES, LE GÉNÉRAL, VERNON.

LE GÉNÉRAL.

Enfermées toutes deux ! Pourquoi ce cri, Pauline ?

VERNON.

Votre figure est bien altérée, mon enfant! Voyons votre pouls?

LE GÉNÉRAL.

Toi aussi, tu es bien émue!

GERTRUDE.

C'est une plaisanterie, nous étions à rire. N'est-ce pas, Pauline... tu riais, ma petite?

PAULINE.

Oui, papa. Ma chère maman et moi, nous étions en train de rire.

VERNON, bas, à Pauline.

Un bien gros mensonge!

LE GÉNÉRAL.

Vous n'entendiez pas frapper?...

PAULINE.

Nous avons bien entendu, papa; mais nous ne savions pas que c'était toi.

LE GÉNÉRAL, à Vernon.

Comme elles s'entendent contre moi! (Haut.) Mais de quoi s'agissait-il donc?

GERTRUDE.

Eh! mon Dieu, mon ami, vous voulez tout savoir : les tenants, les aboutissants, à l'instant!... Laissez-moi aller sonner pour le thé.

LE GÉNÉRAL.

Mais enfin!

GERTRUDE.

C'est d'une tyrannie! Eh bien! nous nous sommes enfermées pour ne pas être surprises, est-ce clair?

VERNON.

Dame! c'est très-clair.

GERTRUDE, bas.

Je voulais tirer de votre fille ses secrets, car elle en a, c'est évident! et vous êtes venu, vous dont je m'occupe, car ce n'est pas mon enfant; vous arrivez, comme si vous chargiez sur des ennemis, nous interrompre au moment où j'allais savoir quelque chose.

LE GÉNÉRAL.

Madame la comtesse de Grandchamp, depuis l'arrivée de Godard...

GERTRUDE.

Allons, voilà Godard, maintenant.

LE GÉNÉRAL.

Ne ridiculisez pas ce que je vous dis! Depuis hier, rien ne se passe ici comme à l'ordinaire! Et, sacrebleu! je veux savoir...

GERTRUDE.

Oh! des jurons, c'est la première fois que j'en entends, Monsieur... Félix, le thé... Vous lassez-vous donc de douze ans de bonheur?

LE GÉNÉRAL.

Je ne suis pas et ne serai jamais un tyran. Tout à l'heure, j'arrivais mal à propos quand vous causiez avec Ferdinand! J'arrive encore mal à propos quand vous causez avec ma fille... Enfin, cette nuit...

VERNON.

Allons, général, vous querellerez Madame tant que vous voudrez, excepté devant du monde. (On entend Godard.) J'entends Godard. (Bas au général.) Est-là ce que vous m'aviez promis? Avec les femmes, et j'en ai bien confessé, comme médecin, avec elles, il faut les laisser se trahir, les observer.... Autrement, la violence amène les larmes, et une fois le système hydraulique en jeu, elles noyeraient des hommes de la force de trois Hercules.

SCÈNE IX.

LES MÊMES, GODARD.

GODARD.

Mesdames, je suis déjà venu pour vous présenter mes hommages et mes respects, mais j'ai trouvé la porte close... Général, je vous souhaite le bonjour. (Le général lit les journaux et le salue de la main.) Ah! voilà mon adversaire d'hier. Vous venez prendre votre revanche, docteur?

VERNON.

Non, je viens prendre le thé.

GODARD.

Ah! vous avez ici cette habitude anglaise, russe et chinoise?

PAULINE.

Préférez-vous le café?

GERTRUDE.

Marguerite, du café.

GODARD.

Non, non, permettez-moi de prendre du thé; je ne ferai pas comme tous les jours... D'ailleurs vous déjeunez, je le vois, à midi; le café au lait me couperait l'appétit pour le déjeuner. Et puis les Anglais, les Russes et les Chinois n'ont pas tout à fait tort.

VERNON.

Le thé, Monsieur, est une excellente chose.

GODARD.

Quand il est bon.

PAULINE.

Celui-ci, Monsieur, est du thé de caravane.

GERTRUDE.

Docteur, tenez, voilà les journaux. (A Pauline.) Va causer avec M. de Rimonville, mon enfant; moi, je ferai le thé.

GODARD.

Mademoiselle de Grandchamp ne veut peut-être pas plus de ma conversation que de ma personne?...

PAULINE.

Vous vous trompez, Monsieur.

LE GÉNÉRAL.

Godard....

PAULINE.

Si vous me faites la faveur de ne plus vouloir de moi pour femme, vous possédez alors à mes yeux les qualités brillantes qui doivent séduire mesdemoiselles Boudeville, Clinville, Derville, et cætera.

GODARD.

Assez, Mademoiselle. Ah! comme vous vous moquez d'un amoureux éconduit qui cependant a quarante mille livres de rente! Plus je reste ici, plus j'ai de regrets. Quel heureux homme que M. Ferdinand de Charny!

PAULINE.

Heureux! et de quoi? pauvre garçon! d'être le commis de mon père.

GERTRUDE.

M. de Rimonville.

LE GÉNÉRAL.

Godard...

GERTRUDE.

M. de Rimonville.

LE GÉNÉRAL.

Godard, ma femme vous parle.

GERTRUDE.

Aimez-vous le thé peu ou beaucoup sucré?

GODARD.

Médiocrement.

GERTRUDE.

Pas beaucoup de crème?

GODARD.

Au contraire, beaucoup, madame la comtesse. (A Pauline.) Ah! M. Ferdinand n'est pas celui qui..... que vous avez distingué..... Eh bien! moi, je puis vous assurer qu'il est fort du goût de votre belle-mère.

PAULINE, à part.

Quelle peste que ces curieux de province!

GODARD, à part.

Il faut que je m'amuse un peu avant de prendre congé! Je veux faire mes frais.

GERTRUDE.

M. de Rimonville, si vous désirez quelque chose de substantiel, voilà des sandwich.

GODARD.

Merci, Madame!

GERTRUDE, à Godard.

Tout n'est pas perdu pour vous.

GODARD.

Oh! Madame! j'ai fait bien des réflexions sur le refus de mademoiselle de Grandchamp.

GERTRUDE.

Ah! (Au docteur.) Docteur, le vôtre comme à l'ordinaire?...

LE DOCTEUR.

S'il vous plaît, Madame?

ACTE III.

GODARD, à Pauline.

Pauvre garçon ! avez-vous dit Mademoiselle ? Mais M. Ferdinand n'est pas si pauvre que vous le croyez ! il est plus riche que moi.

PAULINE.

D'où savez-vous cela ?

GODARD.

J'en suis certain, et je vais tout vous expliquer. Ce M. Ferdinand, que vous croyez connaître, est un garçon excessivement dissimulé...

PAULINE, à part.

Grand Dieu ! saurait-il son nom ?

GERTRUDE, à part.

Quelques gouttes d'opium versées dans son thé l'endormiront, et je serai sauvée.

GODARD.

Vous ne vous doutez pas de ce qui m'a mis sur la voie...

PAULINE.

Oh ! Monsieur ! de grâce...

GODARD.

C'est le procureur du roi. Je me suis souvenu que chez les Boudeville, on disait que votre commis...

PAULINE, à part.

Il me met au supplice.

GERTRUDE, présentant une tasse à Pauline.

Tiens, Pauline.

VERNON, à part.

Ai-je la berlue ? j'ai cru lui voir mettre quelque chose dans la tasse de Pauline.

PAULINE.

Et que disait-on ?

GODARD.

Ah ! ah ! comme vous m'écoutez !..... Je serais bien flatté de savoir que vous auriez cet air-là pendant que quelqu'un vous parlerait de moi, comme je vous parle de M. Ferdinand.

PAULINE.

Quel singulier goût a le thé ! Trouvez-vous le vôtre bon ?

GODARD.

Vous vous en prenez à votre thé pour cacher l'intérêt que vous prêtez à ce que je vous dis. C'est connu! Eh bien! je viens exciter votre surprise à un haut degré... Apprenez que M. Ferdinand est...

PAULINE.

Est...

GODARD.

Millionnaire!

PAULINE.

Vous vous moquez de moi, M. Godard.

GODARD.

Sur ma parole d'honneur, Mademoiselle, il possède un trésor... (A part.) Elle est folle de lui.

PAULINE, à part.

Quelle peur ce sot m'a faite!

(Elle se lève avec sa tasse que Vernon saisit.)

VERNON.

Donnez, mon enfant.

LE GÉNÉRAL, à sa femme.

Qu'as-tu, chère amie, tu me sembles?...

VERNON. Il a changé sa tasse contre celle de Pauline et rend la sienne à Gertrude.
(A part.)

C'est du laudanum, la dose est légère heureusement; allons, il va se passer ici quelque chose d'extraordinaire... (A Godard.) M. Godard?... vous êtes un rusé compère. (Godard prend son mouchoir et fait le geste de se moucher. Vernon rit.) Ah!

GODARD.

Docteur! sans rancune.

VERNON.

Voyons! vous sentez-vous capable d'emmener le général à la fabrique, et de l'y retenir une heure?...

GODARD.

Il me faudrait le petit.

VERNON.

Il est à l'école jusqu'au dîner.

GODARD.

Et pourquoi voulez-vous?

VERNON.

Je vous en prie, vous êtes un galant homme, il le faut... Aimez-vous Pauline?

GODARD.

Oh! je l'aimais hier, mais ce matin... (A part.) Je devinerai bien ce qu'il me cache. (A Vernon.) Ce sera fait! Je vais aller au perron, je rentrerai dire au général que Ferdinand le demande; et soyez tranquille... Ah! voilà Ferdinand, bon! (Il va au perron.)

PAULINE.

C'est singulier, comme je me sens engourdie.

(Elle s'étend pour dormir; Ferdinand paraît et cause avec Godard.)

SCÈNE X.

LES MÊMES, FERDINAND.

FERDINAND.

Général, il serait nécessaire que vous vinssiez au magasin et à la fabrique pour faire la vérification des comptes que je vous rends.

LE GÉNÉRAL.

C'est juste!

PAULINE, assoupie.

Ferdinand!

GODARD.

Ah! général, je profiterai de cette occasion pour visiter avec vous votre établissement que je n'ai jamais vu.

LE GÉNÉRAL.

Eh bien, venez Godard.

GODARD.

De Rimonville.

GERTRUDE, à part.

Ils s'en vont, le hasard me protége.

VERNON, à part.

Le hasard!... c'est moi...

SCÈNE XI.

GERTRUDE, VERNON, PAULINE, MARGUERITE est au fond.

GERTRUDE.

Docteur, voulez-vous une autre tasse de thé?

VERNON.

Merci, je suis tellement enfoncé dans les élections que je n'ai pas fini la première.

GERTRUDE, en montrant Pauline.

Oh! la pauvre enfant, la voilà qui dort.

VERNON.

Comment? elle dort!

GERTRUDE.

Cela n'est pas étonnant. Figurez-vous, docteur, qu'elle ne s'est pas endormie avant trois heures du matin. Nous avons eu cette nuit une alerte.

VERNON.

Je vais vous aider.

GERTRUDE.

Non, c'est inutile. Marguerite, aidez-moi? Entrons-la dans sa chambre, elle y sera mieux.

SCÈNE XII.

VERNON, FÉLIX.

VERNON.

Félix!

FÉLIX.

Monsieur, qu'y a-t-il pour votre service?

VERNON.

Se trouve-t-il ici quelque armoire où je puisse serrer quelque chose?

FÉLIX, montrant l'armoire.

Là, Monsieur.

VERNON.

Bon! Félix... ne dis pas un mot de ceci à qui que ce soit au monde. (A part.) Il s'en souviendra. (Haut.) C'est un tour que je veux jouer au général, et ce tour-là manquerait si tu parlais.

FÉLIX.

Je serai muet comme un poisson. (Le docteur prend la clef du meuble.)

VERNON.

Maintenant, laisse-moi seule avec ta maîtresse qui va revenir, et veille à ce que personne ne vienne pendant un moment.

FÉLIX, sortant.

Marguerite avait raison : il y a quelque chose, c'est sûr.

MARGUERITE, revient.

Ce n'est rien, Mademoiselle dort. (Elle sort.)

SCÈNE XIII.

VERNON.

Ce qui peut brouiller deux femmes vivant en paix jusqu'à présent!... oh! tous les médecins, tant soit peu philosophes, le savent. Pauvre général, qui, toute sa vie, n'a pas eu d'autre idée que d'éviter le sort commun! Mais je ne vois personne que Ferdinand et moi?... Moi, ce n'est pas probable; mais Ferdinand... je n'ai rien encore aperçu... Je l'entends! A l'abordage!...

SCÈNE XIV.

VERNON, GERTRUDE.

GERTRUDE.

Ah! je les ai... je vais les brûler dans ma chambre... (Elle rencontre Vernon.) Ah!

VERNON.

Madame, j'ai renvoyé tout le monde.

GERTRUDE.

Et pourquoi?

VERNON.

Pour que nous soyons seuls à nous expliquer.

GERTRUDE.

Nous expliquer!... de quel droit, vous, vous le parasite de la maison, prétendez-vous avoir une explication avec la comtesse de Grandchamp?

VERNON.

Parasite, moi! Madame, j'ai dix mille livres de rente outre ma pension; j'ai le grade de général, et ma fortune sera léguée aux enfants de mon vieil ami! Moi, parasite! Oh! mais je ne suis pas seulement ici comme ami, j'y suis comme médecin : vous avez versé des gouttes de Rousseau dans le thé de Pauline.

GERTRUDE.

Moi?

VERNON.

Je vous ai vue, et j'ai la tasse.

GERTRUDE.

Vous avez la tasse?... je l'ai lavée.

VERNON.

Oui, la mienne que je vous ai donnée! Ah! je ne lisais pas le ournal, je vous observais.

GERTRUDE.

Oh! Monsieur, quel métier!

VERNON.

Avouez que ce métier vous est en ce moment bien salutaire, car vous allez peut-être avoir besoin de moi, si, par l'effet de ce breuvage Pauline se trouvait gravement indisposée.

GERTRUDE.

Gravement indisposée... mon Dieu! docteur, je n'ai mis que quelques gouttes.

VERNON.

Ah! vous avez donc mis de l'opium dans son thé.

GERTRUDE.

Docteur... vous êtes un infâme!

VERNON.

Pour avoir obtenu de vous cet aveu ?.. Dans le même cas, toutes les femmes me l'ont dit, j'y suis accoutumé. Mais ce n'est pas tout, et vous avez bien d'autres confidences à me faire.

GERTRUDE, à part.

Un espion! il ne me reste plus qu'à m'en faire un complice. (Haut.) Docteur, vous pouvez m'être trop utile pour que nous restions brouillés; dans un moment, je vais vous répondre avec franchise.

(Elle entre dans sa chambre, et s'y renferme.)

VERNON.

Le verrou mis! Je suis pris, joué! Je ne pouvais pas, après tout, employer la violence... Que fait-elle ?... elle va cacher son flacon d'opium... On a toujours tort de rendre à un homme les services que mon vieil ami, ce pauvre général, a exigé de moi... Elle va m'entortiller... Ah! la voici.

GERTRUDE, à part.

Brûlées !... Plus de traces... je suis sauvée !... (Haut.) Docteur !

VERNON.

Madame?

GERTRUDE.

Ma belle-fille Pauline, que vous croyez être une fille candide, un ange, s'était emparée lâchement, par un crime, d'un secret dont la découverte compromettait l'honneur, la vie de quatre personnes.

VERNON.

Quatre. (A part.) Elle, le général... ah! son fils, peut-être... et l'inconnu.

GERTRUDE.

Ce secret, sur lequel elle est forcée de se taire, quand même il s'agirait de sa vie à elle...

VERNON.

Je n'y suis plus.

GERTRUDE.

Eh bien! les preuves de ce secret sont anéanties! Et vous, docteur, vous, qui nous aimez, vous seriez aussi lâche, aussi infâme qu'elle... plus même, car vous êtes un homme, vous n'avez pas pour excuse les passions insensées de la femme! vous seriez un monstre, si vous faisiez un pas de plus dans la voie où vous êtes...

VERNON.

L'intimidation! Ah! Madame, depuis qu'il y a des sociétés, ce que vous semez n'a fait lever que des crimes.

GERTRUDE.

Eh! il y a quatre existences en péril, songez-y. (A part.) Il revient.... (Haut.) Aussi, forte de ce danger, vous déclaré-je que vous m'aiderez à maintenir la paix ici, que tout à l'heure vous irez chercher ce qui peut faire cesser le sommeil de Pauline. Et ce sommeil, vous l'expliquerez vous-même, au besoin, au général. Puis, vous me rendrez la tasse, n'est-ce pas, car vous me la rendrez? Et à chaque pas que nous ferons ensemble, eh bien! je vous expliquerai tout.

VERNON.

Madame!...

GERTRUDE.

Allez donc! le général peut revenir.

VERNON, à part.

Je te tiens toujours! j'ai une arme contre toi, et... (Il sort.)

SCÈNE XV.

GERTRUDE, seule, appuyée sur le meuble où est enfermée la tasse.

Où peut-il avoir caché cette tasse?

FIN DU TROISIÈME ACTE.

ACTE QUATRIÈME

La scène se passe dans la chambre de Pauline.

SCÈNE PREMIÈRE.

PAULINE, GERTRUDE.

Pauline endormie dans un grand fauteuil à gauche.

GERTRUDE, entrant avec précaution.

Elle dort, et le docteur qui m'avait dit qu'elle s'éveillerait aussitôt.... Ce sommeil m'effraye!.... Voilà donc celle qu'il aime!.... Je ne la trouve pas jolie du tout!..,.. Oh! si, cependant elle est belle!... Mais comment les hommes ne voient-ils pas que la beauté n'est qu'une promesse, et que l'amour est le..... (On frappe.) Allons, voilà du monde.

VERNON, du dehors.

Peut-on entrer, Pauline?

GERTRUDE.

C'est le docteur!

SCÈNE II.

LES MÊMES, VERNON.

GERTRUDE.

Vous m'aviez dit qu'elle était éveillée.

VERNON.

Rassurez-vous... (Appelant.) Pauline?

PAULINE, s'éveillant.

M. Vernon!... où suis-je? ah! chez moi... que m'est-il arrivé?

VERNON.

Mon enfant, vous vous êtes endormie en prenant votre thé.

Madame de Grandchamp a eu peur, comme moi, que ce ne fût le commencement d'une indisposition; mais il n'en est rien, c'est tout bonnement, à ce qu'il paraît, le résultat d'une nuit passée sans sommeil.

GERTRUDE.

Eh bien! Pauline, comment te sens-tu?

PAULINE.

J'ai dormi!..... Et madame était ici pendant que je dormais.... (Elle se lève.) Ah! (Elle met la main sur sa poitrine.) Ah! c'est infâme! (A Vernon.) Docteur, auriez-vous été complice de...

GERTRUDE.

De quoi? Qu'allez-vous lui dire?

VERNON.

Moi! mon enfant, complice d'une mauvaise action? et contre vous, que j'aime comme si vous étiez ma fille. Allons donc!..... Voyons, dites-moi...

PAULINE.

Rien, docteur, rien!

GERTRUDE.

Laissez-moi lui dire deux mots.

VERNON, à part.

Quel est donc l'intérêt qui peut empêcher une jeune fille de parler, quand elle est victime d'un pareil guet-apens?

GERTRUDE.

Eh! bien, Pauline, vous n'avez pas eu longtemps en votre possession les preuves de l'accusation ridicule que vous vouliez porter à votre père contre moi!

PAULINE.

Je comprends tout, vous m'avez endormie pour me dépouiller.

GERTRUDE.

Nous sommes aussi curieuses l'une que l'autre, voilà tout. J'ai fait ici ce que vous avez fait chez Ferdinand.

PAULINE.

Vous triomphez, Madame, mais bientôt ce sera moi.

GERTRUDE.

Ah! la guerre continue.

PAULINE.

La guerre, Madame?... dites le duel! L'une de nous est de trop.

GERTRUDE.

Vous êtes tragique.

VERNON, à part.

Pas d'éclats, pas la moindre mésintelligence apparente!... Ah! elle idée!... Si j'allais chercher Ferdinand? (Il veut sortir.)

GERTRUDE.

Docteur!

VERNON.

Madame?

GERTRUDE.

Nous avons à causer ensemble. (Bas.) Je ne vous quitte pas que vous ne m'ayez rendu...

VERNON.

J'ai mis une condition...

PAULINE.

Docteur!

VERNON.

Mon enfant?

PAULINE.

Savez-vous que mon sommeil n'a pas été naturel?

VERNON.

Oui, vous avez été endormie par votre belle-mère, j'en ai la preuve... Mais, vous, savez-vous pourquoi?

PAULINE.

Oh! docteur! c'est...

GERTRUDE.

Docteur!

PAULINE.

Plus tard, je vous dirai tout.

VERNON.

Maintenant, de l'une ou de l'autre, j'apprendrai quelque chose.. Ah! pauvre général!

GERTRUDE.

Eh bien! docteur?

SCÈNE III.

PAULINE, seule; elle sonne.

Oui, fuir avec lui, voilà le seul parti qui me reste. Si nous continuons ce duel, ma belle-mère et moi, mon pauvre père est déshonoré ; ne vaut-il pas mieux lui désobéir, et, d'ailleurs, je vais lui écrire... Je serai généreuse, puisque je triompherai d'elle... Je laisserai mon père croire en elle, et j'expliquerai ma fuite par la haine qu'il porte au nom de Marcandal et par mon amour pour Ferdinand.

SCÈNE IV.

PAULINE, MARGUERITE.

MARGUERITE.

Mademoiselle se trouve-t-elle bien ?

PAULINE.

Oui, de corps ; mais d'esprit... Oh! je suis au désespoir. Ma pauvre Marguerite, une fille est bien malheureuse quand elle a perdu sa mère...

MARGUERITE.

Et que son père s'est remarié avec une femme comme madame de Grandchamp. Mais, Mademoiselle, ne suis-je donc pas pour vous une humble mère, une mère dévouée ? car mon affection de nourrice s'est accrue de toute la haine que vous porte cette marâtre.

PAULINE.

Toi, Marguerite !... tu le crois ! mais tu t'abuses. Tu ne m'aimes pas tant que ça !

MARGUERITE.

Oh ! Mademoiselle ! mettez-moi à l'épreuve.

PAULINE.

Voyons ?... quitterais-tu pour moi la France ?

MARGUERITE.

Pour aller avec vous, j'irais aux Grandes-Indes.

PAULINE.

Et sur-le-champ ?

MARGUERITE.

Sur-le-champ !... Ah ! mon bagage n'est pas lourd.

PAULINE.

Eh bien, Marguerite, nous partirons cette nuit, secrètement.

MARGUERITE.

Nous partirons, et pourquoi?

PAULINE.

Pourquoi? Tu ne sais pas que madame de Grandchamp m'a endormie.

MARGUERITE.

Je le sais, Mademoiselle, et M. Vernon aussi; car Félix m'a dit qu'il a mis sous clef la tasse où vous avez bu votre thé... mais pourquoi?

PAULINE.

Pas un mot là-dessus, si tu m'aimes! Et, si tu m'es dévouée comme tu le prétends, va chez toi, rassemble tout ce que tu possèdes, sans que personne puisse soupçonner que tu fais des préparatifs de voyage. Nous partirons après minuit. Tu prendras ici, et tu porteras chez toi, mes bijoux, enfin tout ce dont je puis avoir besoin pour un long voyage... Mets-y beaucoup d'adresse; car si ma belle-mère avait le moindre indice, je serais perdue.

MARGUERITE.

Perdue!... Mais, Mademoiselle, que se passe-t-il? songez donc : quitter la maison?

PAULINE.

Veux-tu me voir mourir?

MARGUERITE.

Mourir... Oh! Mademoiselle! j'obéis.

PAULINE.

Marguerite, tu prieras M. Ferdinand de m'apporter mes revenus de l'année; qu'il vienne à l'instant.

MARGUERITE.

Il était sous vos fenêtres quand je suis venue.

PAULINE, à part.

Sous mes fenêtres... Il croyait ne plus me revoir... Pauvre Ferdinand!

SCÈNE V.

PAULINE, seule.

Quitter le toit paternel, je connais mon père, il me cherchera partout pendant longtemps... Quels trésors a donc l'amour pour payer de pareilles dettes, car je livre tout à Ferdinand, mon pays, mon père, la maison! Mais enfin, cette infâme l'aura perdu sans retour! D'ailleurs, je reviendrai! Le docteur et M. Ramel obtiendront mon pardon. Je crois entendre le pas de Ferdinand... Oh! c'est bien lui!

SCÈNE VI.

PAULINE, FERDINAND.

PAULINE.

Ah! mon ami, mon Ferdinand!

FERDINAND.

Moi qui croyais ne plus te voir! Marguerite sait donc tout?

PAULINE.

Elle ne sait rien encore; mais cette nuit, elle apprendra notre fuite, car nous serons libres : tu emmèneras ta femme.

FERDINAND.

Oh! Pauline, ne me trompe pas!

PAULINE.

Je comptais bien te rejoindre là où tu serais exilé; mais cette odieuse femme vient de précipiter ma résolution... Je n'ai plus de mérite, Ferdinand... Il s'agit de ma vie!

FERDINAND.

De ta vie!... Mais qu'a-t-elle fait?

PAULINE.

Elle a failli me tuer, elle m'a endormie afin de me prendre ses lettres que je portais sur moi! Par ce qu'elle a osé, pour te conserver, je juge de ce qu'elle ferait encore. Donc, si nous voulons être l'un à l'autre, il n'y a plus pour nous d'autre moyen que la fuite. Ainsi, plus d'adieux! Cette nuit, nous serons réfugiés... Où?... Cela te regarde.

FERDINAND.

Ah! c'est à devenir fou de joie!

PAULINE.

Oh! Ferdinand! prends bien toutes les précautions; cours à Louviers, chez ton ami, le procureur du roi, car ne faut-il pas une voiture, des passe-ports?... Oh! que mon père, excité par cette marâtre, ne puisse pas nous rejoindre! il nous tuerait; car je viens de lui dire dans cette lettre le fatal secret qui m'oblige à le quitter ainsi.

FERDINAND.

Sois tranquille. Depuis hier, Eugène a tout préparé pour mon départ. Voici la somme que ton père me devait. (Il montre un portefeuille.) Fais-moi ta quittance (il met de l'or sur un guéridon), car je n'ai plus que le compte de la caisse à présenter pour être libre... Nous serons à Rouen à trois heures; et au Havre pour l'heure à laquelle part un navire américain qui retourne aux Etats-Unis. Eugène a dépêché quelqu'un de discret pour arrêter mon passage à bord. Les capitaines de ce pays-là trouvent tout naturel qu'un homme emmène sa femme, ainsi nous ne rencontrerons aucun obstacle.

SCÈNE VII.

LES MÊMES, GERTRUDE.

GERTRUDE.

Excepté moi?

PAULINE.

Oh! perdus!

GERTRUDE.

Ah! vous partiez sans me le dire, Ferdinand!... Oh!... j'ai tout entendu.

FERDINAND, à Pauline.

Mademoiselle, ayez la bonté de me donner votre quittance : elle est indispensable pour le compte que je vais rendre à monsieur votre père sur l'état de la caisse avant mon départ. (A Gertrude.) Madame, vous pouvez, peut-être, empêcher Mademoiselle de partir! mais moi, moi qui ne veux plus rester ici, je partirai.

GERTRUDE.

Vous devez y rester, et vous y resterez, Monsieur.

FERDINAND.

Malgré moi?

####### GERTRUDE.

Ce que Mademoiselle veut faire, je le ferai moi, et hardiment. Je vais faire venir monsieur de Grandchamp, et vous allez voir que vous serez obligé de partir, mais avec mon enfant et moi. (Félix paraît.) Priez monsieur de Grandchamp de venir ici.

####### FERDINAND, à Pauline.

Je la devine. Retiens-la, je vais rejoindre Félix et l'empêcher de parler au général. Eugène te tracera ta conduite. Une fois loin d'ici, Gertrude ne pourra rien contre nous. (A Gertrude.) Adieu Madame. Vous avez attenté tout à l'heure à la vie de Pauline, vous avez ainsi rompu les derniers liens qui m'attachaient à vous.

####### GERTRUDE.

Vous ne savez que m'accuser!... Mais vous ignorez donc ce que Mademoiselle voulait dire à son père de vous et de moi?

####### FERDINAND.

Je l'aime et l'aimerai toute ma vie; je saurai la défendre contre vous, et je compte assez sur elle pour m'expatrier afin de l'obtenir. Adieu.

####### PAULINE.

Oh! cher Ferdinand!

SCÈNE VIII.

####### GERTRUDE, PAULINE.

####### GERTRUDE.

Maintenant que nous sommes seules, voulez-vous savoir pourquoi j'ai fait appeler votre père? c'est pour lui dire le nom et quelle est la famille de Ferdinand.

####### PAULINE.

Madame, qu'allez-vous faire? Mon père, en apprenant que le fils du général Marcandal a séduit sa fille, ira tout aussi promptement que Ferdinand au Havre... il l'atteindra, et alors...

####### GERTRUDE.

J'aime mieux Ferdinand mort que de le voir à une autre que moi, surtout lorsque je me sens au cœur pour cette autre autant de haine que j'ai d'amour pour lui. Tel est le dernier mot de notre duel.

PAULINE.

Oh! Madame, je suis à vos genoux, comme vous étiez naguère aux miens. Tuons-nous si vous voulez, mais ne l'assassinons pas, lui!... Oh! sa vie, sa vie au prix de la mienne.

GERTRUDE.

Eh bien! renoncez-vous?

PAULINE.

Oui, Madame.

GERTRUDE, elle laisse tomber son mouchoir dans le mouvement passionné de sa phrase.

Tu me trompes! tu me dis cela, à moi, parce qu'il t'aime, qu'il vient de m'insulter en me l'avouant, et que tu crois qu'il ne m'aimera plus jamais... Oh! non, Pauline, il me faut des gages de ta sincérité.

PAULINE, à part.

Son mouchoir!... et la clef de son secrétaire... C'est là qu'est renfermé le poison... Oh!... (Haut.) Des gages de sincérité, dites-vous?... Je vous en donnerai... Qu'exigez-vous?

GERTRUDE.

Voyons, je ne crois qu'à une seule preuve : il faut épouser cet autre.

PAULINE.

Je l'épouserai.

GERTRUDE.

Et dans l'instant même échanger vos paroles.

PAULINE.

Allez le lui annoncer vous-même, Madame; venez ici avec mon père, et...

GERTRUDE.

Et...

PAULINE.

Je donnerai ma parole; c'est donner ma vie.

GERTRUDE, à part.

Comme elle dit tout cela résolûment, sans pleurer!... Elle a une arrière-pensée! (A Pauline.) Ainsi tu te résignes?

PAULINE.

Oui?

GERTRUDE, à part.

Voyons!... (A Pauline.) Si tu es vraie...

PAULINE.

Vous êtes la fausseté même et vous voyez toujours le mensonge chez les autres... Ah! laissez-moi, Madame, vous me faites horreur.

GERTRUDE.

Ah! elle est franche! Je vais prévenir Ferdinand de votre résolution... (Signe d'adhésion de Pauline.) Mais il ne me croira pas. Si vous lui écriviez deux mots?

PAULINE.

Pour lui dire de rester... (Elle écrit.) Tenez, Madame.

GERTRUDE.

« J'épouse M. de Rimonville.... Ainsi restez.... Pauline!.... » (A part.) Je n'y comprends plus rien..... Je crains un piége. Oh! je vais le laisser partir, il apprendra le mariage quand il sera loin d'ici!
(Elle sort.)

SCÈNE IX.

PAULINE, seule.

Oh! oui, Ferdinand est bien perdu pour moi... Je l'ai toujours pensé : le monde est un paradis ou un cachot; et moi, jeune fille, je ne rêvais que le paradis. J'ai la clef du secrétaire, je puis la lui remettre après avoir pris ce qu'il faut pour en finir avec cette terrible situation... Eh bien!... allons...

SCÈNE X.

PAULINE, MARGUERITE.

MARGUERITE.

Mademoiselle, mes malles sont faites. Je vais commencer ici.

PAULINE.

Oui!..... (A part.) Il faut la laisser faire. (Haut.) Tiens, Marguerite, prends cet or, et cache-le chez toi.

MARGUERITE.

Vous avez donc des raisons bien fortes de partir?

PAULINE.

Ah! ma pauvre Marguerite, qui sait si je le pourrai!... Va, continue... (Elle sort.)

SCÈNE XI.

MARGUERITE, seule.

Et moi qui croyais, au contraire, que la mégère ne voulait pas que mademoiselle se mariât! Est-ce que mademoiselle m'aurait caché un amour contrarié? Mais son père est si bon pour elle! il la laisse libre.... Si je parlais à monsieur.... Oh! non, je ne veux pas nuire à mon enfant.

SCÈNE XII.

MARGUERITE, PAULINE.

PAULINE.

Personne ne m'a vue! Tiens! Marguerite, emporte d'abord l'argent? laisse-moi penser ensuite à ma résolution.

MARGUERITE.

A votre place, moi, Mademoiselle, je dirais tout à Monsieur.

PAULINE.

A mon père? Malheureuse, ne me trahis pas! respectons les illusions dans lesquelles il vit.

MARGUERITE.

Ah! illusions! c'est bien le mot.

PAULINE.

Va, laisse-moi. (Marguerite sort.)

SCÈNE XIII.

PAULINE, puis VERNON.

PAULINE, tenant le paquet qu'on a vu au premier acte.

Voilà donc la mort!... Le docteur nous disait hier, à propos de la femme à Champagne, qu'il fallait à cette terrible substance quelques heures, presque une nuit, pour faire ses ravages, et que, dans les premiers moments, on peut les combattre ; si le docteur reste à la maison, il les combattra. (On frappe.) Qui est-ce ?

VERNON, du dehors.

C'est moi !

PAULINE.

Entrez docteur ! (A part.) La curiosité me l'amène, la curiosité le fera partir.

VERNON.

Eh bien ! mon enfant, entre vous et votre belle-mère, il y a donc des secrets de vie et de mort ?...

PAULINE.

Oui, de mort surtout.

VERNON.

Ah ! diable, cela me regarde alors. Mais voyons ?... vous aurez eu quelque violente querelle avec votre belle-mère.

PAULINE.

Oh ! ne me parlez plus de cette créature, elle trompe mon père.

VERNON.

Je le sais bien.

PAULINE.

Elle ne l'a jamais aimé.

VERNON.

J'en étais sûr.

PAULINE.

Elle a juré ma perte.

VERNON.

Comment, elle en veut à votre cœur ?

PAULINE.

A ma vie, peut-être.

VERNON.

Oh ! quel soupçon ! Pauline, mon enfant, je vous aime, moi. Eh bien, ne peut-on vous sauver ?

PAULINE.

Pour me sauver, il faudrait que mon père eût d'autres idées. Tenez, j'aime M. Ferdinand.

VERNON.

Je le sais encore ; mais qui vous empêche de l'épouser ?

PAULINE.

Vous serez discret ? Eh bien, c'est le fils du général Marcandal !...

VERNON.

Ah! bon Dieu! si je serai discret! Mais votre père se battrait à mort avec lui, rien que pour l'avoir eu pendant trois ans sous son toit.

PAULINE.

Là, vous voyez bien qu'il n'y a pas d'espoir.

(Elle tombe accablée dans un fauteuil à gauche.)

VERNON.

Pauvre fille! allons, une crise! (Il sonne et appelle.) Marguerite, Marguerite!

SCÈNE XIV.

LES MÊMES, GERTRUDE, MARGUERITE, LE GÉNÉRAL.

MARGUERITE, accourant.

Que voulez-vous, Monsieur?

VERNON.

Préparez une théière d'eau bouillante, où vous ferez infuser quelques feuilles d'oranger.

GERTRUDE.

Qu'as-tu, Pauline?

LE GÉNÉRAL.

Ma fille, chère enfant!

GERTRUDE.

Ce n'est rien!... Oh! nous connaissons cela... c'est de voir sa vie décidée...

VERNON, au général.

Sa vie décidée... Et qu'y a-t-il?

LE GÉNÉRAL.

Elle épouse Godard! (A part.) Il paraît qu'elle renonce à quelque amourette dont elle ne veut pas me parler, à ce que dit ma femme, car le quidam serait inacceptable, et elle n'a découvert l'indignité de ce drôle qu'hier...

VERNON.

Et vous croyez cela?... Ne précipitez rien, général. Nous en causerons ce soir... (A part.) Oh! je vais parler à madame de Grandchamp...

ACTE IV.

PAULINE, à Gertrude.

Le docteur sait tout...

GERTRUDE.

Ah !

PAULINE ; elle remet le mouchoir et la clef dans la poche de Gertrude, pendant que Gertrude regarde Vernon qui cause avec le général.

Eloignez-le, car il est capable de dire tout ce qu'il sait à mon père, et il faut au moins sauver Ferdinand...

GERTRUDE, à part.

Elle a raison ! (Haut.) Docteur, on vient de me dire que François, un de nos meilleurs ouvriers, est tombé malade hier ; on ne l'a pas vu ce matin, vous devriez bien l'aller visiter...

LE GÉNÉRAL.

François ! Oh ! vas-y, Vernon...

VERNON.

Ne demeure-t-il pas au Pré-l'Évêque ?... (A part.) A plus de trois lieues d'ici...

LE GÉNÉRAL.

Tu ne crains rien pour Pauline ?

VERNON.

C'est une simple attaque de nerfs.

GERTRUDE.

Oh ! je puis, n'est-ce pas docteur, je puis vous remplacer sans danger ?...

VERNON.

Oui, Madame. (Au général.) Je gage que François est malade comme moi !... On me trouve trop clairvoyant, et l'on me donne une mission...

LE GÉNÉRAL, s'emportant.

Qui ?... Qu'est-ce que tu veux dire ?...

VERNON.

Allez-vous vous emporter encore ?... Du calme, mon vieil ami, ou vous vous prépareriez des remords éternels...

LE GÉNÉRAL.

Des remords...

VERNON.

Amuse le tapis, je reviens.

LE GÉNÉRAL.

Mais...

GERTRUDE, à Pauline.

Eh bien ! comment te sens-tu, mon petit ange?

LE GÉNÉRAL.

Mais, regarde-les?...

VERNON.

Eh! les femmes s'assassinent en se caressant.

SCÈNE XV.

LES MÊMES, moins VERNON, puis MARGUERITE.

GERTRUDE, au général qui est resté comme abasourdi par le dernier mot de Vernon.

Eh bien! qu'avez-vous?

LE GÉNÉRAL, passant devant Gertrude pour aller à Pauline.

Rien!... rien! Voyons, ma Pauline, épouses-tu Godard de ton plein gré?

PAULINE.

De mon plein gré.

GERTRUDE, à part.

Ah!

LE GÉNÉRAL.

Il va venir.

PAULINE.

Je l'attends!

LE GÉNÉRAL, à part.

Il y a bien du dépit dans ce mot-là.

(Marguerite paraît avec une tasse.)

GERTRUDE.

C'est trop tôt, Marguerite, l'infusion ne sera pas assez forte!... (Elle goûte.) Je vais aller arranger cela moi-même.

MARGUERITE.

J'ai cependant l'habitude de soigner mademoiselle.

GERTRUDE.

Que signifie ce ton que vous prenez?

MARGUERITE.

Mais... Madame...

LE GÉNÉRAL.

Marguerite, encore un mot et nous nous brouillerons, ma vieille.

PAULINE.

Allons, Marguerite, laisse faire madame de Grandchamp.

(Gertrude sort avec Marguerite.)

LE GÉNÉRAL.

Voyons, nous n'avons donc pas confiance dans notre pauvre père

ACTE IV.

qui nous aime? Eh bien! dis-moi pourquoi tu refusais si nettement Godard hier, et pourquoi tu l'acceptes aujourd'hui?

PAULINE.

Une idée de jeune fille!

LE GÉNÉRAL.

Tu n'aimes personne?

PAULINE.

C'est bien parce que je n'aime personne que j'épouse votr M. Godard! *(Gertrude rentre avec Marguerite.)*

LE GÉNÉRAL.

Ah!

GERTRUDE.

Tiens, ma chère petite, prends garde, c'est un peu chaud.

PAULINE.

Merci, ma mère!

LE GÉNÉRAL.

Sa mère!... En vérité, c'est à en perdre l'esprit!

PAULINE.

Marguerite, le sucrier?

(Elle profite du moment où Marguerite sort et où Gertrude cause avec le général, pour mettre le poison dans la tasse, et laisse tomber à terre le papier qui le contenait.)

GERTRUDE, au général.

Qu'avez-vous?

LE GÉNÉRAL.

Ma chère amie, je ne conçois rien aux femmes : je suis comme Godard. *(Rentre Marguerite.)*

GERTRUDE.

Vous êtes comme tous les hommes.

PAULINE.

Ah!

GERTRUDE.

Qu'as-tu, mon enfant?

PAULINE.

Rien!... rien!...

GERTRUDE.

Je vais te préparer une seconde tasse...

PAULINE.

Oh! non, Madame... celle-ci suffit. Il faut attendre le docteur.

(Elle a posé la tasse sur un guéridon.)

SCÈNE XVI.

LES MÊMES, GODARD, FÉLIX.

FÉLIX.

M. Godard demande s'il peut être reçu?
(Du regard on interroge Pauline pour savoir s'il peut entrer.)

PAULINE.

Certainement!

GERTRUDE.

Que vas-tu lui dire?

PAULINE.

Vous allez voir.

GODARD, entrant.

Ah! mon Dieu, mademoiselle est indisposée, j'ignorais, et je vais... (On lui fait signe de s'asseoir.) Mademoiselle, permettez-moi de vous remercier avant tout de la faveur que vous me faites en me recevant dans le sanctuaire de l'innocence. Madame de Grandchamp et monsieur votre père viennent de m'apprendre une nouvelle qui m'aurait comblé de bonheur hier, mais qui, je l'avoue, m'étonne aujourd'hui.

LE GÉNÉRAL.

Qu'est-ce à dire, monsieur Godard?

PAULINE.

Ne vous fâchez pas, mon père, monsieur a raison. Vous ne savez pas tout ce que je lui ai dit hier.

GODARD.

Vous êtes trop spirituelle, Mademoiselle, pour ne pas trouver tout simple la curiosité d'un honnête jeune homme qui a quarante mille livres de rente et des économies, de savoir les raisons qui le font accepter à vingt-quatre heures d'échéance d'un refus... car, hier, c'était à cette heure-ci... (Il tire sa montre) cinq heures et demie, que vous...

LE GÉNÉRAL.

Comment! vous n'êtes donc pas amoureux comme vous le disiez? Vous allez quereller une adorable fille au moment où elle vous...

GODARD.

Je ne querellerais pas, s'il ne s'agissait pas de se marier. Un mariage, général, est une affaire en même temps que l'effet d'un sentiment.

LE GÉNÉRAL.

Pardonnez-moi, Godard, je suis un peu vif, vous le savez?

PAULINE, à Godard.

Monsieur... (A part.) Oh! quelles souffrances... Monsieur, pourquoi les pauvres jeunes filles...

GODARD.

Pauvre!... non, non, Mademoiselle, vous avez quatre cent mille francs...

PAULINE.

Pourquoi de faible jeunes filles...

GODARD.

Faibles?

PAULINE.

Allons, d'innocentes jeunes personnes ne s'inquiéteraient-elles pas un peu du caractère de celui qui se présente pour devenir leur seigneur et maître. Si vous m'aimez, vous punirez vous?... me punirez-vous?... d'avoir fait une épreuve.

GODARD.

Ah! vu comme cela...

LE GÉNÉRAL.

Oh! les femmes! les femmes!...

GODARD.

Oh! vous pouvez bien dire aussi : Les filles! les filles!

LE GÉNÉRAL.

Oui. Allons, décidément la mienne a plus d'esprit que son père.

SCÈNE XVII.

LES MÊMES, GERTRUDE, NAPOLÉON.

GERTRUDE.

Eh bien! monsieur Godard?

GODARD.

Ah! Madame! ah! général! je suis au comble du bonheur, et mon rêve est accompli! Entrer dans une famille comme la vôtre. Moi... ah! Madame! ah! général! ah! Mademoiselle! (A part.) Je veux pénétrer ce mystère, car elle m'aime très peu.

NAPOLÉON, entrant.

Papa, j'ai la croix de mérite... Bonjour, maman... Où est donc Pauline?... Tiens, tu es donc malade? Pauvre petite sœur!... Dis donc, je sais d'où vient la justice?

GERTRUDE.

Qui t'a dit cela!... Oh! comme le voilà fait!

NAPOLÉON.

Le maître! Il a dit que la justice venait du bon Dieu!

GODARD.

Il n'est pas Normand, ton maître.

PAULINE, bas à Marguerite.

Oh! Marguerite!... ma chère Marguerite! renvoie-les.

MARGUERITE.

Messieurs, mademoiselle a besoin de repos.

LE GÉNÉRAL.

Eh bien! Pauline, nous te laissons, tu viendras dîner.

PAULINE.

Si je puis... Mon père, embrassez-moi!...

LE GÉNÉRAL, l'embrassant.

Oh! cher ange! (A Napoléon.) Viens, petit.

(Ils sortent tous, moins Pauline, Marguerite et Napoléon.)

NAPOLÉON, à Pauline.

Eh bien? et moi, tu ne m'embrasses pas... quéqu'tas donc?

PAULINE.

Oh! je meurs!

NAPOLÉON.

Est-ce qu'on meurt?... Pauline, en quoi c'est-il fait la mort?

PAULINE.

La mort... c'est fait... comme ça. (Elle tombe soutenue par Marguerite.)

MARGUERITE.

Ah! mon Dieu! du secours!

NAPOLÉON.

Oh! Pauline, tu me fais peur... (En s'enfuyant.) Maman! maman!

FIN DU QUATRIÈME ACTE.

ACTE CINQUIÈME

La chambre de Pauline.

SCÈNE PREMIÈRE.

PAULINE, FERDINAND, VERNON.

Pauline est étendue dans son lit. Ferdinand tient sa main dans une pose de douleur et d'abandon complet. C'est le moment du crépuscule, il y a encore une lampe.

VERNON, assis près du guéridon.

J'ai vu des milliers de morts sur le champ de bataille, aux ambulances ; et pourquoi la mort d'une jeune fille sous le toit paternel me fait-elle plus d'impression que tant de souffrances héroïques ?... La mort est peut-être un cas prévu sur le champ de bataille... on y compte même ; tandis qu'ici il ne s'agit pas seulement d'une existence, c'est toute une famille que l'on voit en larmes, et des espérances qui meurent... Voilà cette enfant, que je chérissais, assassinée, empoisonnée... et par qui ?... Marguerite a bien deviné l'énigme de cette lutte entre ces deux rivales... Je n'ai pas pu m'empêcher d'aller tout dire à la justice..... Pourtant, mon Dieu, j'ai tout tenté pour arracher cette vie à la mort ?..... (Ferdinand relève la tête et écoute le docteur.) J'ai même apporté ce poison qui pourrait neutraliser l'autre ; mais il aurait fallu le concours des princes de la science ! On n'ose pas tout seul un pareil coup de dé.

FERDINAND se lève et va au docteur.

Docteur, quand les magistrats seront venus, expliquez-leur cette tentative, ils la permettront ; et, tenez, Dieu, Dieu m'écoutera..... il fera quelque miracle, il me la rendra !...

VERNON.

Avant que l'action du poison n'ait exercé tous ses ravages, j'aurais osé... maintenant, je passerais pour être l'empoisonneur. Non, ceci (il pose un petit flacon sur la table) est inutile, et mon dévouement serait un crime.

FERDINAND ; il a mis un miroir devant les lèvres de Pauline.

Mais tout est possible, elle respire encore.

VERNON.

Elle ne verra pas le jour qui se lève.

PAULINE.

Ferdinand !

FERDINAND.

Elle vient de me nommer.

VERNON.

Oh ! la nature à vingt-deux ans est bien forte contre la destruction ! D'ailleurs, elle conservera son intelligence jusqu'à son dernier soupir. Elle pourrait se lever, parler, quoique les souffrances causées par ce poison terrible soient inouïes.

SCÈNE II.

LES MÊMES, LE GÉNÉRAL, d'abord en dehors.

LE GÉNÉRAL.

Vernon !

VERNON, à Ferdinand.

Le général. (Ferdinand tombe accablé sur un fauteuil à gauche, au fond, masqué par les rideaux du lit. A la porte.) Que voulez-vous ?

LE GÉNÉRAL.

Voir Pauline !

VERNON.

Si vous m'écoutez, vous attendrez, elle est bien plus mal.

LE GÉNÉRAL force la porte.

Eh ! j'entre, alors.

VERNON.

Non, général, écoutez-moi.

LE GÉNÉRAL.

Non, non. Immobile, froide ! Ah ! Vernon !

VERNON.

Voyons, général... (A part.) Il faut l'éloigner d'ici... (Haut.) Eh bien ! je n'ai plus qu'un bien faible espoir de la sauver.

LE GÉNÉRAL.

Tu dis... Tu m'aurais donc trompé ?...

VERNON.

Mon ami, il faut savoir regarder ce lit en face, comme nous regardions les batteries chargées à mitraille !... Eh bien ! dans le doute où je suis, vous devez aller... (A part) Ah ! quelle idée ! (Haut) chercher vous-même les secours de la religion.

LE GÉNÉRAL.

Vernon, je veux la voir, l'embrasser.

VERNON.

Prenez garde !

LE GÉNÉRAL, après avoir embrassé Pauline.

Oh ! glacée !

VERNON.

C'est un effet de la maladie, général... Courez au presbytère ; car si je ne réussissais pas, votre fille, que vous avez élevée chrétiennement, ne doit pas être abandonnée par l'Eglise.

LE GÉNÉRAL.

Ah ! ah ! oui. J'y vais... (Il va au lit.)

VERNON, lui montrant la porte.

Par là !

LE GÉNÉRAL.

Mon ami, je n'ai plus la tête à moi, je suis sans idées......Vernon, un miracle !... Tu as sauvé tant de monde, et tu ne pourrais pas sauver une enfant !

VERNON.

Viens, viens... (A part.) Je l'accompagne, car s'il rencontrait les magistrats, ce seraient bien d'autres malheurs. (Ils sortent.)

SCÈNE III.

PAULINE, FERDINAND.

PAULINE.

Ferdinand !

FERDINAND.

Ah ! mon Dieu ! serait-ce son dernier soupir ? Oh ! oui, Pauline, tu es ma vie même : si Vernon ne te sauve pas, je te suivrai, nous serons réunis.

PAULINE.

Alors, j'expire sans un seul regret.

FERDINAND, il prend le flacon.

Ce qui t'aurait sauvé, si le docteur était venu plus tôt, me délivrera de la vie.

PAULINE.

Non, sois heureux.

FERDINAND.

Jamais sans toi !

PAULINE.

Tu me ranimes.

SCÈNE IV.

LES MÊMES, VERNON.

FERDINAND.

Elle parle, ses yeux se sont rouverts.

VERNON.

Pauvre enfant !... elle s'endort, quel sera le réveil ?
(Ferdinand reprend sa place et la main de Pauline.)

SCÈNE V.

LES MÊMES, RAMEL, LE JUGE D'INSTRUCTION, LE GREFFIER,
UN MÉDECIN, UN BRIGADIER, MARGUERITE.

MARGUERITE.

Monsieur Vernon, les magistrats sont là... Monsieur Ferdinand, retirez-vous ! (Ferdinand sort à gauche.)

RAMEL.

Veillez, brigadier, à ce que toutes les issues de cette maison soient observées, et tenez-vous à nos ordres !... Docteur, pouvons-nous rester ici quelques instants sans danger pour la malade ?

VERNON.

Elle dort, monsieur ; et c'est du dernier sommeil.

MARGUERITE.

Voici la tasse où se trouvent les restes de l'infusion, et qui contient de l'arsenic ; je m'en suis aperçue au moment où j'allais la prendre.

LE MÉDECIN, examinant la tasse et goûtant le reste.

Il est évident qu'il y a une substance vénéneuse.

ACTE V.

LE JUGE.

Vous en ferez l'analyse! (Il aperçoit Marguerite ramassant un petit papier à terre.) Quel est ce papier?

MARGUERITE.

Oh! ce n'est rien.

RAMEL.

Rien n'est insignifiant en des cas pareils pour des magistrats!... Ah! ah! Messieurs, plus tard nous aurons à examiner ceci. Pourrions-nous éloigner M. de Grandchamp!

VERNON.

Il est au presbytère; mais il n'y restera pas longtemps.

LE JUGE, au médecin.

Voyez, Monsieur?... (Les deux médecins causent au chevet du lit.)

RAMEL, au juge.

Si le général revient, nous agirons avec lui selon les circonstances. (Marguerite pleure, agenouillée au pied du lit. Les deux médecins, le juge et Ramel se groupent sur le devant du théâtre.)

RAMEL, au médecin.

Ainsi, Monsieur, votre avis est que la maladie de mademoiselle de Grandchamp, que nous avons vue avant-hier pleine de santé, de bonheur même, est l'effet d'un crime?

LE MÉDECIN.

Les symptômes d'empoisonnement sont de la dernière évidence.

RAMEL.

Et le reste de poison que contient cette tasse est-il assez visible, assez considérable pour fournir une preuve légale?...

LE MÉDECIN.

Oui, Monsieur.

LE JUGE, à Vernon.

La femme que voici prétend, Monsieur, qu'hier, à quatre heures, vous avez ordonné à mademoiselle de Grandchamp une infusion de feuilles d'oranger, pour calmer une irritation survenue après une explication entre la belle-fille et sa belle-mère; elle ajoute que madame de Grandchamp, qui vous aurait aussitôt envoyé à quatre lieues d'ici, sous un vain prétexte, a insisté pour tout préparer et tout donner à sa belle-fille; est-ce vrai?

VERNON.

Oui, Monsieur!

MARGUERITE.

Mon insistance à vouloir soigner mademoiselle a été l'occasion d'un reproche de la part de mon pauvre maître.

RAMEL, à Vernon.

Où madame de Grandchamp vous a-t-elle envoyé?

VERNON.

Tout est fatal, Messieurs, dans cette affaire mystérieuse. Madame de Grandchamp a si bien voulu m'éloigner, que l'ouvrier chez qui l'on m'envoyait à trois lieues d'ici, était au cabaret. J'ai grondé Champagne d'avoir trompé madame de Grandchamp, et Champagne m'a dit qu'effectivement l'ouvrier n'était pas venu, mais qu'il ne savait rien de cette prétendue maladie.

FÉLIX.

Messieurs, le clergé se présente.

RAMEL.

Nous pouvons emporter les deux pièces à conviction dans le salon, et nous y transporter pour dresser le procès-verbal.

VERNON.

Par ici, Messieurs! par ici! (Ils sortent. La scène change.)

SCÈNE VI.

Le salon.

RAMEL, LE JUGE, LE GREFFIER, VERNON.

RAMEL.

Ainsi, voilà qui demeure établi. Comme le prétendent Félix et Marguerite, hier madame de Grandchamp a d'abord administré à sa belle-fille une dose d'opium; et vous, monsieur Vernon, vous étant aperçu de cette manœuvre criminelle, vous auriez pris et serré la tasse.

VERNON.

C'est vrai, Messieurs, mais...

RAMEL.

Comment, monsieur Vernon, vous qui avez été témoin de cette coupable entreprise, n'avez-vous pas arrêté madame de Grandchamp dans la voie funeste où elle s'engageait?

VERNON.

Croyez, Monsieur, que tout ce que la prudence exige, que tout ce qu'une vieille expérience peut suggérer a été tenté de ma part.

LE JUGE.

Votre conduite, Monsieur, est singulière, et vous aurez à l'expliquer. Vous avez fait votre devoir hier en conservant cette preuve; mais pourquoi vous êtes-vous arrêté dans cette voie?...

ACTE V.

RAMEL.

Permettez, monsieur Cordier : monsieur est un vieillard sincère et loyal! (Il prend Vernon à part.) Vous avez dû pénétrer la cause de ce crime?

VERNON.

C'est la rivalité de deux femmes, poussées aux dernières extrémités par des passions impitoyables... et je dois me taire.

RAMEL.

Je sais tout.

VERNON.

Vous? Monsieur!

RAMEL.

Et, comme vous, sans doute, j'ai tout fait pour prévenir cette catastrophe; car Ferdinand devait partir cette nuit. J'ai connu mademoiselle Gertrude de Meilhac autrefois chez mon ami.

VERNON.

Oh! Monsieur, soyez clément! ayez pitié d'un vieux soldat, criblé de blessures et plein d'illusions... Il va perdre sa fille et sa femme... qu'il ne perde pas son honneur.

RAMEL.

Nous nous comprenons! Tant que Gertrude ne fera pas d'aveux qui nous forcent à ouvrir les yeux, je tâcherai de démontrer au juge d'instruction, et il est bien fin, bien intègre, il a dix ans de pratique; eh bien, je lui ferai croire que la cupidité seule a guidé la main de madame Grandchamp! Aidez-moi. (Le juge s'approche, Ramel fait un signe à Vernon et prend un air sévère.) Pourquoi madame de Grandchamp aurait-elle endormi sa belle-fille? Allons, vous devez le savoir, vous, l'ami de la maison.

VERNON.

Pauline devait me confier ses secrets, sa belle-mère a deviné que j'allais savoir des choses qu'elle avait intérêt à tenir cachées; et voilà, Monsieur, pourquoi, sans doute, elle m'a fait partir pour aller soigner un ouvrier bien portant, et non pour éloigner les secours à donner à Pauline, car Louviers n'est pas si loin...

LE JUGE.

Quelle préméditation!... (A Ramel.) Elle ne pourra pas s'en tirer si nous trouvons les preuves du crime dans le secrétaire... Elle ne nous attend pas, elle sera foudroyée!...

SCÈNE VII.

LES MÊMES, GERTRUDE, MARGUERITE.

GERTRUDE.

Des chants d'église !... Quoi ! la justice encore ici ?... Que se passe-t-il donc ?... (Elle va sur la porte de la chambre de Pauline et recule épouvantée devant Marguerite.) Ah !

MARGUERITE.

On prie sur le corps de votre victime !

GERTRUDE.

Pauline ! Pauline ! morte !...

LE JUGE.

Et vous l'avez empoisonnée, Madame !...

GERTRUDE.

Moi ! moi ! moi ! Ah çà ! suis-je éveillée ?... (A Ramel.) Ah ! quel bonheur pour moi ! car vous savez tout, vous ! Me croyez-vous capable d'un crime ?... Comment, je suis donc accusée ?... Moi, j'aurais attenté à ses jours... mais je suis femme d'un vieillard plein d'honneur, et j'ai un enfant... un enfant devant qui je ne voudrais pas rougir... Ah ! la justice sera pour moi... Marguerite, que l'on ne sorte pas ! Oh ! Messieurs !... Ah çà ! que s'est-il donc passé, depuis hier au soir que j'ai laissé Pauline un peu souffrante ?...

LE JUGE.

Madame, recueillez-vous ! Vous êtes en présence de la justice de votre pays.

GERTRUDE.

Ah ! je me sens toute froide...

LE JUGE.

La justice, en France du moins, est la plus parfaite des justices criminelles : elle ne tend jamais de piéges, elle marche, elle agit, elle parle à visage découvert, car elle est forte de sa mission, qui est de chercher la vérité. Dans ce moment, vous n'êtes qu'inculpée, et vous devez ne voir en moi qu'un protecteur. Mais dites la vérité, quelle qu'elle soit. Le reste ne nous regarde plus...

GERTRUDE.

Eh ! Monsieur, menez-moi là, et devant Pauline je vous crierai ce que je vous crie : Je suis innocente de sa mort !...

ACTE V.

LE JUGE.

Madame!...

GERTRUDE.

Voyons, pas de ces longues phrases où vous enveloppez les gens. Je souffre des douleurs inouïes! Je pleure Pauline comme si c'était ma fille, et... je lui pardonne tout! Que voulez-vous? Allez, je répondrai.

RAMEL.

Que lui pardonnez-vous?...

GERTRUDE.

Mais je...

RAMEL, bas.

De la prudence!

GERTRUDE.

Ah! vous avez raison. Partout des précipices!

LE JUGE, au greffier.

Vous écrirez plus tard les nom et prénoms, prenez les notes pour le procès-verbal de cet interrogatoire (A Gertrude.) Avez-vous hier administré, vers midi, de l'opium dans du thé à mademoiselle de Grandchamp?

GERTRUDE.

Ah! docteur... Vous!

RAMEL.

N'accusez pas le docteur, il s'est déjà trop compromis pour vous! répondez au juge!

GERTRUDE.

Eh bien, c'est vrai!

LE JUGE, il présente la tasse.

Reconnaissez-vous ceci?

GERTRUDE.

Oui, Monsieur. Après?

LE JUGE.

Madame a reconnu la tasse, et avoue y avoir mis de l'opium. Cela suffit, quant à présent, sur cette phase de l'instruction.

GERTRUDE.

Mais vous m'accusez donc?... et de quoi?

LE JUGE.

Madame, si vous ne vous disculpez pas du dernier fait, vous pourrez être prévenue du crime d'empoisonnement. Nous allons chercher les preuves de votre innocence ou de votre culpabilité.

GERTRUDE.

Où?

LE JUGE.

Chez vous ! Hier vous avez fait boire à mademoiselle de Grand-champ une infusion de feuilles d'oranger dans cette seconde tasse qui contient de l'arsenic.

GERTRUDE.

Oh! est-ce possible!

LE JUGE.

Vous nous avez déclaré avant-hier que la clef de votre secrétaire, où vous serriez le paquet de cette substance, ne vous quittait jamais.

GERTRUDE.

Elle est dans la poche de ma robe... Oh! merci, Monsieur!... ce supplice va finir.

LE JUGE.

Vous n'avez donc fait encore aucun usage de...

GERTRUDE.

Non; vous allez trouver le paquet cacheté.

RAMEL.

Ah! Madame, je le souhaite.

LE JUGE.

J'en doute; c'est une de ces audacieuses criminelles.

GERTRUDE.

La chambre est en désordre, permettez...

LE JUGE.

Oh! non, non, nous entrerons tous trois.

RAMEL.

Il s'agit de votre innocence.

GERTRUDE.

Oh! entrons, Messieurs!

SCÈNE VIII.

VERNON, seul.

Mon pauvre général! agenouillé près du lit de sa fille; il pleure, il prie!... Hélas! Dieu seul peut la lui rendre.

SCÈNE IX.

VERNON, GERTRUDE, RAMEL, LE JUGE, LE GREFFIER.

GERTRUDE.

Je doute de moi, je rêve... je suis...

RAMEL.

Vous êtes perdue, Madame.

GERTRUDE.

Oui, Monsieur!... mais par qui?

LE JUGE, au greffier.

Ecrivez que madame de Grandchamp nous ayant ouvert elle-même le secrétaire de sa chambre à coucher, et nous ayant elle-même présenté le paquet cacheté par le sieur Baudrillon, ce paquet, intact avant-hier, s'est trouvé décacheté... et qu'il y a été pris une dose plus que suffisante pour donner la mort.

GERTRUDE.

La mort!... moi?

LE JUGE.

Madame, ce n'est pas sans raisons que j'ai saisi dans votre secrétaire ce papier déchiré. Nous avons saisi chez mademoiselle de Grandchamp ce fragment qui s'y adapte parfaitement, et qui prouve qu'arrivée à votre secrétaire, vous avez, dans le trouble où le crime jette tous les criminels, pris ce papier pour envelopper la dose que vous deviez mêler à l'infusion.

GERTRUDE.

Vous avez dit que vous étiez mon protecteur! eh bien! cela, voyez-vous...

LE JUGE.

Attendez, Madame! devant de telles présomptions, je suis obligé de convertir le mandat d'amener, décerné contre vous, en un mandat de dépôt. (Il signe.) Maintenant, Madame, vous êtes en état d'arrestation.

GERTRUDE.

Eh bien! tout ce que vous voudrez!... Mais votre mission, avez-vous dit, est de chercher la vérité... cherchons-la... oh! cherchons-la.

LE JUGE.

Oui, Madame.

GERTRUDE, à Ramel en pleurant.

Oh! Monsieur! Monsieur!...

RAMEL.

Avez-vous quelque chose à dire pour votre défense qui puisse nous faire revenir sur cette terrible mesure?

GERTRUDE.

Messieurs, je suis innocente du crime d'empoisonnement, e tout est contre moi! Je vous en supplie, au lieu de me torturer, aidez-moi?... Tenez, on doit m'avoir pris ma clef, voyez-vous? On doit être venu dans ma chambre... Ah! je comprends.. (A Ramel.) Pauline aimait comme j'aime : elle s'est empoisonnée.

RAMEL.

Pour votre honneur, ne dites pas cela sans des preuves convaincantes, autrement...

LE JUGE.

Madame, est-il vrai qu'hier, sachant que le docteur Vernon devait dîner chez vous, vous l'avez envoyé...

GERTRUDE.

Oh! vous, vos questions sont autant de coups de poignard pour mon cœur! Et vous allez, vous allez toujours.

LE JUGE.

L'avez-vous envoyé soigner un ouvrier au Pré-l'Évêque?

GERTRUDE.

Oui, Monsieur.

LE JUGE.

Cet ouvrier, Madame, était au cabaret et très-bien portant.

GERTRUDE.

Champagne avait dit qu'il était malade.

LE JUGE.

Champagne, que nous avons interrogé, dément cette assertion, et n'a point parlé de maladie. Vous vouliez écarter les secours.

GERTRUDE, à part.

Oh! Pauline! c'est elle qui m'a fait renvoyer Vernon! Oh! Pauline! tu m'entraînes avec toi dans la tombe, et j'y descendrais criminelle! Oh non! non! non! (A Ramel.) Monsieur, je n'ai plus qu'une ressource. (A Vernon.) Pauline existe-t-elle encore?

VERNON, désignant le général.

Voici ma réponse!

SCÈNE X.

LES MÊMES, LE GÉNÉRAL.

LE GÉNÉRAL, à Vernon.

Elle se meurt, mon ami! Si je la perds, je n'y survivrai pas.

VERNON.

Mon ami!

LE GÉNÉRAL.

Il me semble qu'il y a bien du monde ici... Que fait-on? Sauvez-la! Où donc est Gertrude? *(On le fait asseoir au fond à gauche.)*

GERTRUDE, se traînant aux pieds du général.

Mon ami!..... pauvre père!.... Ah! je voudrais que l'on me tuât à l'instant, sans procès.... *(Elle se lève.)* Non, Pauline m'a enveloppée dans son suaire, et je sens ses doigts glacés autour de mon cou.... Oh! j'étais résignée! j'allais, oui, j'allais ensevelir avec moi le secret de ce drame domestique, épouvantable, et que toutes les femmes devraient connaître! mais je suis lasse de cette lutte avec un cadavre qui m'étreint, qui me communique la mort! Eh bien! mon innocence sortira victorieuse de ces aveux aux dépens de l'honneur; mais je ne serai pas du moins une lâche et vile empoisonneuse. Ah! je vais tout dire.

LE GÉNÉRAL, se levant et s'avançant.

Ah! vous allez donc dire à la justice ce que vous me taisez si obstinément depuis deux jours... Oh! lâche et ingrate créature... mensonge caressant... Vous m'avez tué ma fille, qu'allez-vous me tuer encore!

GERTRUDE.

Faut-il se taire!... Faut-il parler?

RAMEL.

Général, de grâce, retirez-vous? la loi le veut.

LE GÉNÉRAL.

La loi!... vous êtes la justice des hommes; moi, je suis la justice de Dieu, je suis plus que vous tous! je suis l'accusateur, le tribunal, l'arrêt et l'exécuteur... Allons, parlez, Madame.

GERTRUDE aux genoux du général.

Pardon, Monsieur... Oui, je suis...

RAMEL, à part.

Oh! la malheureuse!

GERTRUDE, à part.

Oh! non! non!..... pour son honneur, qu'il ignore toujours la vérité! (Haut.) Coupable pour tout le monde, à vous, je vous dirai jusqu'à mon dernier soupir que je suis innocente, et que quelque jour la vérité sortira de deux tombes, vérité cruelle, et qui vous prouvera que vous aussi vous n'êtes pas exempt de reproches, que vous aussi, peut-être à cause de vos haines aveugles, vous êtes coupable.

LE GÉNÉRAL.

Moi! moi!... Oh! ma tête se perd..... vous osez m'accuser..... (Apercevant Pauline.) Ah!... ah!... mon Dieu!

SCÈNE XI.

LES PRÉCÉDENTS, PAULINE, appuyée sur FERDINAND.

PAULINE.

On m'a tout dit! Cette femme est innocente du crime dont elle est accusée. La religion m'a fait comprendre qu'on ne peut pas trouver le pardon là-haut, en ne le laissant pas ici-bas. J'ai pris à Madame la clef de son secrétaire, je suis allée chercher moi-même le poison, j'ai déchiré moi-même cette feuille de papier pour l'envelopper, car j'ai voulu mourir.

GERTRUDE.

Oh! Pauline! prends ma vie, prends tout ce que j'aime.... Oh! docteur, sauvez-la!

LE JUGE.

Mademoiselle, est-ce la vérité?

PAULINE.

La vérité?... les mourants la disent...

LE JUGE.

Nous ne saurons décidément rien de cette affaire-là.

PAULINE, a Gertrude.

Savez-vous pourquoi je viens vous retirer de l'abîme où vous êtes? c'est que Ferdinand vient de me dire un mot qui m'a fait sortir de mon cercueil. Il a tellement horreur d'être avec vous dans la vie, qu'il me suit, moi, dans la tombe, où nous reposerons ensemble, mariés par la mort.

ACTE V.

GERTRUDE.

Ferdinand!... Ah! mon Dieu! à quel prix suis-je sauvée?

LE GÉNÉRAL.

Mais malheureuse, enfant, pourquoi meurs-tu? ne suis-je pas, ai-je cessé un seul instant d'être un bon père? On dit que c'est moi qui suis coupable...

FERDINAND.

Oui, général. Et c'est moi seul qui peux vous donner le mot de l'énigme, et qui vous expliquerai comment vous êtes coupable.

LE GÉNÉRAL.

Vous, Ferdinand, vous à qui j'offrais ma fille, et qui l'aimez.....

FERDINAND.

Je m'appelle Ferdinand, comte de Marcandal, fils du général Marcandal... Comprenez-vous?

LE GÉNÉRAL.

Ah! fils de traître, tu ne pouvais apporter sous mon toit que mort et trahison!... Défends-toi!

FERDINAND.

Vous battrez-vous, général, contre un mort? (Il tombe.)

GERTRUDE, s'élance vers Ferdinand en jetant un cri.

Oh! (Elle recule devant le général, qui s'avance vers sa fille, puis elle tire un flacon qu'elle jette aussitôt.) Oh! non, je me condamne à vivre pour ce pauvre vieillard! (Le général s'agenouille près de sa fille morte.) Docteur, que fait-il?... perdrait-il la raison?...

LE GÉNÉRAL, bégayant comme un homme qui ne peut trouver les mots.

Je..... je..... je.....

LE DOCTEUR.

Général, que faites-vous?

LE GÉNÉRAL.

Je... je cherche à dire des prières pour ma fille!...

(Le rideau tombe.)

FIN DE LA PARADE.

LE FAISEUR

COMÉDIE EN CINQ ACTES ET EN PROSE

Entièrement conforme au manuscrit de l'auteur.

PERSONNAGES.

AUGUSTE MERCADET, spéculateur.
ADOLPHE MINARD, teneur de livres.
MICHONNIN DE LA BRIVE, jeune homme élégant.
DE MÉRICOURT, autre jeune homme.
BRÉDIF, propriétaire.
BERCHUT, courtier marron.
VERDELIN, ami de Mercadet.
GOULARD, homme d'affaires, créancier de Mercadet.
PIERQUIN, usurier, créancier de Mercadet.
VIOLETTE, courtier d'affaires, créancier de Mercadet.
JUSTIN, valet de chambre.
MADAME MERCADET.
JULIE MERCADET.
THÉRÈSE, femme de chambre.
VIRGINIE, cuisinière.

L'action se passe en 1839. — La scène représente, pendant toute la pièce, le salon principal de l'appartement de Mercadet.)

MERCADET.
Messieurs, je n'ai rien.

(LE FAISEUR.)

LE FAISEUR

ACTE PREMIER

SCÈNE PREMIÈRE

BRÉDIF d'abord seul, puis **MERCADET**.

BRÉDIF.

Un appartement de onze pièces, superbes, au cœur de Paris, rue de Grammont !... et pour deux mille cinq cents francs ! J'y perds trois mille francs tous les ans... et cela, depuis la révolution de Juillet. Ah ! le plus grand inconvénient des révolutions, c'est cette subite diminution des loyers qui... Non, je n'aurais pas dû faire de bail en 1830 !... Heureusement, monsieur Mercadet est en arrière de six termes, les meubles sont saisis, et en les faisant vendre...

MERCADET, qui a entendu les derniers mots.

Faire vendre mes meubles ! Et vous vous êtes réveillé dès le jour pour causer un si violent chagrin à l'un de vos semblables ?...

BRÉDIF.

Vous n'êtes, Dieu merci ! pas mon semblable, monsieur Mercadet !... Vous êtes criblé de dettes, et moi je ne dois rien ; je suis dans ma maison, et vous êtes mon locataire.

MERCADET.

Ah ! oui, l'égalité ne sera jamais qu'un mot ! nous serons toujours divisés en deux castes : les débiteurs et les créanciers, si ingénieusement nommés les Anglais ; allons, soyez Français, cher monsieur Brédif, touchez là ?

BRÉDIF.

J'aimerais mieux toucher mes loyers, mon cher monsieur Mercadet.

MERCADET.

Vous êtes le seul de mes créanciers qui possède un gage... réel ! Depuis dix-huit mois vous avez saisi, décrit pièce à pièce, avec le plus grand soin, ce mobilier qui certes vaudra bien quinze mille francs, et je ne vous devrai deux années de loyer que... dans quatre mois.

BRÉDIF.

Et les intérêts de mes fonds?... je les perds.

MERCADET.

Demandez les intérêts judiciairement! Je me laisserai condamner.

BRÉDIF.

Mon cher monsieur Mercadet, je ne fais pas de spéculation, moi! je vis de mes revenus; et si tous mes locataires vous ressemblaient... Ah! tenez, il faut en finir...

MERCADET.

Comment, mon cher monsieur Brédif, moi qui suis depuis onze ans dans votre maison, vous m'en chasseriez? Vous qui connaissez tous mes malheurs, vous, le témoin de mes efforts! Enfin, vous savez que je suis la victime d'un abus de confiance. Godeau...

BRÉDIF.

Allez-vous encore me recommencer l'histoire de la fuite de votre associé; mais je la sais, et tous vos créanciers la savent aussi. Puis, après tout, monsieur Godeau...

MERCADET.

Godeau?... J'ai cru, lorsqu'on lança le type si célèbre de Robert Macaire, que les auteurs l'avaient connu!...

BRÉDIF.

Ne calomniez pas votre associé! Godeau était un homme d'une rare énergie, et un bon vivant!... Il vivait avec une petite femme... délicieuse...

MERCADET.

De laquelle il avait un enfant, et qu'ils ont abandonné...

BRÉDIF.

Mais Duval, votre ancien caissier, touché par les prières de cette charmante femme, ne s'est-il pas chargé de ce jeune homme?

MERCADET.

Et Godeau s'est chargé de notre caisse...

BRÉDIF.

Il vous a emprunté cent cinquante mille francs... violemment, j'en conviens, mais il vous a laissé toutes les autres valeurs de la liquidation,... et vous avez continué les affaires! Depuis huit ans, vous en avez fait d'énormes! Vous avez gagné...

MERCADET.

J'ai gagné des batailles à la Pyrrhus! Cela nous arrive souvent, à nous autres spéculateurs...

BRÉDIF.

Mais monsieur Godeau ne vous a-t-il pas promis de vous mettre pour la moitié dans les affaires qu'il allait entreprendre aux Indes?... il reviendra!...

MERCADET.

Eh bien! alors, attendez! Du moment où vous aurez les intérêts de vos loyers, ne sera-ce pas un placement?...

BRÉDIF.

Vos raisons sont excellentes; mais si tous les propriétaires voulaient écouter leurs locataires, les locataires les payeraient tous en raisons de ce genre, et le gouvernement...

MERCADET.

Qu'est-ce que le gouvernement fait en ceci?

BRÉDIF.

Le gouvernement veut ses impôts et ne se paye pas avec des raisons. Je suis donc, à mon grand regret, forcé d'agir avec rigueur.

MERCADET.

Vous? je vous croyais si bon! Ne savez-vous pas que je vais marier ma fille?... Laissez-moi conclure ce mariage! vous y assisterez... allons! madame Brédif dansera!... Peut-être vous payerai-je demain!

BRÉDIF.

Demain, c'est le cadet; aujourd'hui, c'est l'aîné. Je suis au désespoir d'effaroucher votre gendre; mais vous avez dû recevoir un petit commandement avant-hier, et si vous ne payez pas aujourd'hui, les affiches seront apposées demain...

MERCADET.

Ah! vous voulez me vendre la protection que vous m'accordez

par cette saisie, qui paralyse les poursuites de mes autres créanciers !
Eh bien ! que puis-je vous offrir pour gagner trois mois ?...

BRÉDIF.

Peut-être une conscience stricte murmurerait-elle de cette involontaire complicité, car je contribue à laisser éblouir...

MERCADET.

Qui ?

BRÉDIF.

Votre futur gendre....

MERCADET, à part.

Vieux filou !

BRÉDIF.

Mais je suis bon homme ; renoncez à votre droit de sous-location, et je vous donne trois mois de tranquillité.

MERCADET.

Ah ! un homme dans le malheur ressemble à un morceau de pain jeté dans un vivier : chaque poisson y donne un coup de dent. Et quels brochets que les créanciers !... Ils ne s'arrêtent que quand le débiteur, de même que le morceau de pain, a disparu ! Ne sais-je pas que nous sommes en 1839 ? Mon bail a sept ans à courir, les loyers ont doublé...

BRÉDIF.

Heureusement pour nous autres !...

MERCADET.

Eh bien ! dans trois mois vous me renverrez, et ma femme aura perdu la ressource de cette sous-location sur laquelle elle compte en cas de...

BRÉDIF.

De faillite !...

MERCADET.

Oh ! quel mot !... les gens d'honneur ne le supportent pas !... Monsieur Brédif ?... Savez-vous ce qui corrompt les débiteurs les plus honnêtes !... Je vais vous le dire : c'est l'adresse cauteleuse de certains créanciers, qui, pour recouvrer quelques sous, côtoient la loi jusque sur la lisière du vol.

BRÉDIF.

Monsieur, je suis venu pour être payé, non pour m'entendre dire des choses qu'un honnête homme ne supporte point.

MERCADET.

Oh ! devoir !... Les hommes rendent la dette quelque chose de

pire que le crime... Le crime vous donne un asile, la dette vous
met à la porte, dans la rue. J'ai tort, monsieur, je suis à votre
discrétion, je renoncerai à mon droit.

BRÉDIF, à part.

S'il l'avait fait de bonne grâce, je le ménagerais. Mais me dire
que je lui vends... (Haut.) Monsieur, je ne veux pas d'un consentement ainsi donné... je ne suis pas un homme à tourmenter
les gens.

MERCADET.

Vous voulez que je vous remercie!... (A part.) Ne le fâchons
pas. (Haut.) Peut-être ai-je été trop vif, cher monsieur Brédif,
mais je suis cruellement poursuivi!... Non, pas un de mes créanciers ne veut comprendre que je lutte précisément pour pouvoir
te payer.

BRÉDIF.

C'est-à-dire pour pouvoir faire des affaires...

MERCADET.

Mais oui, monsieur! Où donc en serais-je, si je ne conservais
pas le droit d'aller à la Bourse? (Justin se montre à la porte.)

BRÉDIF.

Terminons sur-le-champ cette petite affaire!...

MERCADET.

De grâce, rien devant mes domestiques. J'ai déjà bien du mal à
avoir la paix chez moi... Descendons chez vous.

BRÉDIF, à part.

J'aurai donc mon appartement dans trois mois!...

SCÈNE II

JUSTIN seul, puis VIRGINIE et THÉRÈSE.

JUSTIN.

Il a beau nager, il se noiera, ce pauvre monsieur Mercadet!
Quoiqu'il y ait bien des profits chez les maîtres embarrassés, comme
il me doit une année de gages, il est temps de se faire mettre à la
porte, car le propriétaire me semble bien capable de nous chasser
tous. Aujourd'hui la déconsidération du maître tombe sur les domestiques. Je suis forcé de payer tout ce que j'achète!... c'est gê-
nant...

THÉRÈSE.

Est-ce que ça ira longtemps comme ça, ici, monsieur Justin?

VIRGINIE.

Ah! j'ai déjà servi dans plusieurs maisons bourgeoises, mais je n'en ai pas encore vu de pareilles à celle-ci! Je vais laisser les fourneaux, et me présenter à un théâtre pour y jouer la comédie.

JUSTIN.

Nous ne faisons pas autre chose ici!...

VIRGINIE.

Tantôt il faut prendre un air étonné, comme si l'on tombait de la lune, quand un créancier se présente ici. — « Comment, monsieur, vous ne savez pas?... — Non. — M. Mercadet est parti pour Lyon. — Il est allé?... — Oui, pour une affaire superbe; il a découvert des mines de charbon de terre. — Ah! tant mieux. Quand revient-il? — Mais nous l'ignorons! » Tantôt je compose mon air comme si j'avais perdu ce que j'ai de plus cher au monde...

JUSTIN, à part.

Son argent.

VIRGINIE.

— « Monsieur et sa fille sont dans un bien grand chagrin. Madame Mercadet, pauvre dame, il paraît que nous allons la perdre, ils l'ont conduite aux eaux... — Ah! »

THÉRÈSE.

Moi, je n'ai qu'une manière. — « Vous demandez M. Mercadet? — Oui, mademoiselle. — Il n'y est pas. — Il n'y est pas? — Non; mais si monsieur vient pour mademoiselle... Elle est seule! » Et ils se sauvent! Pauvre mademoiselle Julie, si elle était belle, on en ferait... quelque chose.

JUSTIN.

C'est qu'il y a des créanciers qui vous parlent comme si nous étions les maîtres.

VIRGINIE.

Mais que gagne-t-on à se faire créancier? Je les vois tous ne jamais se lasser d'aller, venir, guetter monsieur et rester des heures entières à l'écouter.

JUSTIN.

Un fameux métier! Ils sont tous riches.

THÉRÈSE.

Mais ils ont cependant donné leur argent à monsieur, qui ne le leur rend pas?

VIRGINIE.

C'est voler, ça!

JUSTIN.

Emprunter n'est pas voler. Virginie, le mot n'est pas parlementaire. Écoutez! Je prends de l'argent dans votre sac, à votre insu, vous êtes volée. Mais si je vous dis : — « Virginie, j'ai besoin de cent sous, prêtez-les moi. » Vous me les donnez, je ne vous les rends pas, je suis gêné, je vous les rendrai plus tard; vous devenez ma créancière! Comprenez-vous, la Picarde?

VIRGINIE.

Non. Si je n'ai mon argent ni d'une manière ni d'une autre, que m'importe! Ah! mes gages me sont dus, je vais demander mon compte et faire régler mon livre de dépense. Mais c'est que les fournisseurs ne veulent plus rien donner sans argent. Et donc je ne prête pas le mien.

THÉRÈSE.

J'ai déjà dit deux ou trois insolences à madame, elle n'a pas eu l'air de les entendre!...

JUSTIN.

Demandons nos gages.

VIRGINIE.

Mais est-ce là des bourgeois? Les bourgeois, c'est des gens qui dépensent beaucoup pour leur cuisine...

JUSTIN.

Qui s'attachent à leurs domestiques...

VIRGINIE.

Et qui leur laissent un viager! Voilà ce que doivent être les bourgeois, relativement aux domestiques...

THÉRÈSE.

Bien dit, la Picarde! Eh bien! moi, je ne m'en irai pas d'ici. Je veux savoir comment ça finira, car ça m'amuse! Je lis les lettres de mademoiselle, je tourmente son amoureux, ce petit Minard qu'elle va sans doute épouser; elle en aura dit quelque chose à son père. On a commandé des robes, des bonnets, des chapeaux, enfin des toilettes pour madame et pour sa fille; puis, hier, les marchands n'ont rien voulu livrer.

VIRGINIE.

Mais s'il y a un mariage, nous aurons tous des gratifications; il faut rester jusqu'au lendemain des noces.

JUSTIN.

Croyez-vous que ce soit à ce petit teneur de livres, qui ne gagne pas plus de dix-huit cents francs, que M. Mercadet mariera sa fille ? (Justin lit les journaux.)

THÉRÈSE.

J'en suis sûre ! Ils s'adorent. Madame, qui sort tous les soirs sans sa fille, ne se doute pas de cette intrigue. Le petit Minard vient dès que mademoiselle est seule, et comme ils ne m'ont pas mise dans la confidence, j'entre, je les dérange, je les écoute. Oh ! ils sont bien sages. Mademoiselle, comme toutes les demoiselles un peu laides, veut être sûre d'être aimée pour elle-même. Elle travaille à sa peinture sur porcelaine, pendant que le petit a l'air de lui lire des romans, mais c'est le même depuis trois mois... Mademoiselle en est quitte pour dire à sa mère, le soir : « Maman, M. Minard est venu pour vous voir, je l'ai reçu. »

VIRGINIE.

Vous les entendez ?

THÉRÈSE.

Dame ! mademoiselle, qui se donne le genre de craindre une surprise, laisse les portes ouvertes...

VIRGINIE.

J'aimerais à savoir ce que se disent les bourgeois en se faisant la cour.

THÉRÈSE.

Des bêtises ! Ils ne se parlent que de l'idéal !...

JUSTIN.

Un calembour...

THÉRÈSE.

Tenez !... J'ai là une de ses lettres que j'ai copiée pour savoir si ça pourrait me servir...

VIRGINIE.

Lisez-moi donc ça...

THÉRÈSE.

Mon ange... »

VIRGINIE.

Oh ! mon ange !

THÉRÈSE.

Ah ! quand on vous prend la taille en disant mon ange ! c'est très-gentil !... « Mon ange, oui, je vous aime ; mais aimez-vous un pauvre être déshérité comme je le suis? Vous m'aimeriez, si vous pouviez savoir ce qu'il y a d'amour dans l'âme d'un jeune homme jusqu'à présent dédaigné, quand l'amour est toute sa fortune. J'ai lu hier, sur votre front, de lumineuses espérances; j'ai cru à quelque heureux avenir; vous avez converti mes doutes en certitude, ma faiblesse en puissance; enfin vos regards m'ont guéri de la maladie du doute... »

VIRGINIE.

Ça brouillasse dans ma tête!... On ne voit pas clair dans ces phrases-là!... Est-ce que l'amour baragouine?... il va droit au fait, l'amour! Tenez, parlez-moi d'une lettre que j'ai reçue d'un joli jeune homme, quelque étudiant du quartier latin... Ça n'a pas de mystères, c'est net, et l'on ne peut s'en fâcher. Je la sais par cœur : « Femme charmante! (ça vaut bien un ange!) femme charmante! accordez-moi un rendez-vous, je vous en conjure. En pareil cas, on annonce qu'on a mille choses à dire; moi, je n'en ai qu'une, que je vous dirai mille fois, si vous voulez ne pas m'arrêter à la *première*. » Et c'était signé Hippolyte.

JUSTIN.

Eh bien! a-t-il parlé? l'avez-vous arrêté?

VIRGINIE.

Je ne l'ai jamais revu; il m'avait rencontrée à la Chaumière, il aura su qui j'étais, et l'imbécile a rougi de mon *tabellier*.

JUSTIN.

Eh bien! écoutez ce que le père Grumeau vient de me dire!... Hier, pendant que nous faisions nos commissions, il est venu deux beaux jeunes gens en cabriolet; leur groom a dit au père Grumeau que l'un de ces messieurs allait épouser Mademoiselle Mercadet. Or, monsieur avait donné cent francs au père Grumeau!...

VIRGINIE et THÉRÈSE, étonnées.

Cent francs!...

JUSTIN.

Oui, cent francs, pas promis, donnés, en argent! Et il lui a fait le bec si bien, que le père Grumeau a eu l'air de se laisser tirer les vers du nez en expliquant au groom que monsieur était si riche, qu'il ne connaissait pas lui-même sa fortune.

VIRGINIE.

Ce serait ces deux jeunes gens à gants jaunes, à beaux gilets de soie à fleurs; leur cabriolet reluisait comme du satin, leur cheval avait des roses là (elle montre son oreille); il était tenu par un enfant de huit ans, blond, frisé, des bottes à revers, un air de souris qui ronge des dentelles, un amour qui avait du linge éblouissant et qui jurait comme un sapeur. Et ce beau jeune homme qui tout cela, de gros diamants à sa cravate, épouserait mademoiselle Mercadet!... Allons donc!

THÉRÈSE.

Mademoiselle?... qui a une figure d'héritière sans héritage!... allons donc!

VIRGINIE.

Ah! elle chante bien! quelquefois je l'écoute, et elle me fait plaisir. Ah! je voudrais bien savoir chanter comme elle : *La fortune, m'importune!*

JUSTIN.

Vous ne connaissez pas monsieur Mercadet!... Moi qui suis chez lui depuis six ans, et qui le vois, depuis sa dégringolade, aux prises avec ses créanciers, je le crois capable de tout, même de devenir riche... Tantôt, je me disais : Le voilà perdu! Les affiches jaunes fleurissaient à la porte; il avait des rames de papier timbré que j'en vendais sans qu'il s'en aperçut! Brrr! il rebondissait, il triomphait! Et quelles inventions!... Vous ne lisez pas les journaux, vous autres! c'était du nouveau tous les jours : du bois en pavés; des pavés filés en soie; des duchés, des moulins, enfin jusqu'au blanchissage mis en actions... C'était du propre!... Par exemple, je ne sais pas par où sa caisse est trouée! il a beau l'emplir, ça se vide comme un verre! Un jour, monsieur se couche abattu; le lendemain, il se réveille millionnaire, quand il a dormi, car il travaille à effrayer; il chiffre, il calcule, il écrit des prospectus qui sont comme des piéges à loups, il s'y prend toujours des actionnaires; mais il a beau lancer des affaires, il a toujours des créanciers, et il les promène, et il les retourne. Ah! quelquefois je les ai vus arrivant : ils vont tout emporter, le faire mettre en prison : il leur parle... Eh bien! ils finissent par rire ensemble, et ils sortent les meilleurs amis du monde. Les créanciers ont débuté par des cris de paon, par des mots plus que durs, et ils terminent par des : — « Mon cher Mercadet! » et des poignées de main. Voyez-vous, quand un homme peut maintenir paisibles des gens comme ce Pierquin...

THÉRÈSE.

Un tigre qui se nourrit de billets de mille francs...

JUSTIN.

Un pauvre père Violette!...

VIRGINIE.

Ah! pauvre cher homme, j'ai toujours envie de lui donner un bouillon...

JUSTIN.

Un Goulard!

THÉRÈSE.

Goulard! un escompteur qui voudrait me... m'escompter!

JUSTIN.

Il est riche, il est garçon! Laissez-vous...

VIRGINIE.

J'entends madame.

JUSTIN.

Soyons gentils, nous apprendrons quelque chose du mariage...

SCÈNE III

Les Mêmes, MADAME MERCADET.

MADAME MERCADET.

Avez-vous vu monsieur?

THÉRÈSE.

Madame s'est levée seule, sans me sonner.

MADAME MERCADET.

En ne trouvant pas monsieur Mercadet chez lui, l'inquiétude m'a saisie, et... Justin, savez-vous où est monsieur?

JUSTIN.

J'ai trouvé monsieur en discussion avec monsieur Brédif, et ils sont...

MADAME MERCADET.

Bien... Assez, Justin.

JUSTIN.

Monsieur n'est pas sorti de la maison.

MADAME MERCADET.

Merci.

THÉRÈSE.

Madame est sans doute chagrine de ce qu'on ait refusé de livrer les commandes.

VIRGINIE.

Madame sait que les fournisseurs ne veulent plus...

MADAME MERCADET.

Je comprends.

JUSTIN.

C'est les créanciers qui sont la cause de tout le mal. Ah! si je savais quelque bon tour à leur jouer!

MADAME MERCADET.

Le meilleur, ce serait de les payer!...

JUSTIN.

Ils seraient bien étonnés!

THÉRÈSE.

Et malheureux, donc!... Ils ne sauraient plus que faire de leur temps.

MADAME MERCADET.

Il est inutile de vous cacher l'inquiétude excessive que me causent les affaires de mon mari. Nous aurons sans doute besoin de votre discrétion; car nous pouvons compter sur vous, n'est-ce pas?

TOUS.

Ah! madame!...

MADAME MERCADET.

Monsieur ne veut que gagner du temps, il a tant de ressources dans l'esprit!... Suivez bien ses instructions.

THÉRÈSE.

Ah! oui, madame! Virginie et moi nous passerions dans le feu pour vous!...

VIRGINIE.

Je disais tout à l'heure que nous avions de bons maîtres; et que, dans leur prospérité, ils se souviendraient de la manière dont nous nous conduisons dans leur malheur.

JUSTIN.

Moi, je disais que tant que j'aurais de quoi vivre je servirais monsieur; je l'aime, et je suis sûr que le jour où il aura une affaire vraiment bonne, il nous en fera profiter. (Mercadet se montre.)

MADAME MERCADET.

Il doit vous donner une place dans sa première entreprise solide... il ne s'agit plus que d'un dernier effort. Hélas! nous ne devons pas laisser voir notre gêne momentanée, il se présente un riche parti pour mademoiselle Julie.

THÉRÈSE.

Mademoiselle mérite bien d'être heureuse; pauvre fille! elle est si bonne, si instruite, si bien élevée...

VIRGINIE.

Et quels talents! un vrai rossignol!

JUSTIN.

C'est un assassinat que d'ôter à une jeune personne tous ses moyens en lui refusant ses robes, ses chapeaux. Thérèse, vous vous y serez mal prise! Si madame veut me dire le nom du prétendu, j'irai chez tous ces gens-là, je leur ferai sous-entendre que je puis envoyer chez eux ce monsieur... monsieur...

MADAME MERCADET.

De la Brive.

JUSTIN.

Monsieur de la Brive, pour la corbeille, et ils livreront...

THÉRÈSE.

Madame ne m'avait rien dit de ce mariage-là; sans cela, j'aurais tout obtenu, car l'idée de Justin est très-bonne...

VIRGINIE.

Oh! c'est sûr, ils seront dedans.

MADAME MERCADET.

Mais ils ne perdront pas un centime!

SCÈNE IV

LES MÊMES, MERCADET.

MERCADET, bas à sa femme.

Voilà comme vous parlez à vos domestiques? ils vous manqueront de respect demain. (A Justin.) Justin, allez à l'instant chez monsieur Verdelin, vous le prierez de venir me parler pour une affaire qui ne souffre aucun retard. Soyez assez mystérieux; car il faut qu'il vienne. — Vous, Thérèse, retournez chez tous les fournisseurs de madame Mercadet, dites-leur sèchement d'apporter tout ce qui a été commandé par vos maîtresses, ils seront payés... oui, comptant. Allez! (Justin et Thérèse sortent.)

SCÈNE V

MADAME MERCADET, VIRGINIE, MERCADET.

MERCADET, à Virginie.

Eh bien! madame vous a-t-elle donné ses ordres?

VIRGINIE.

Non, monsieur.

MERCADET.

Il faut vous distinguer aujourd'hui! Nous avons à dîner quatre personnes: Verdelin et sa femme, monsieur de Méricourt et monsieur de la Brive. Ainsi nous serons sept. Ces dîners-là sont le triomphe des grandes cuisinières! Ayez pour relevé de potage un beau poisson, puis quatre entrées, mais finement faites.

VIRGINIE.

Monsieur!...

MERCADET.

Au second service...

VIRGINIE.

Monsieur, les fournisseurs...

MERCADET.

Comment! vous me parlez des fournisseurs le jour où se fait l'entrevue de ma fille et de son prétendu!

VIRGINIE.

Mais ils ne veulent plus rien fournir.

MERCADET.

Vous irez chez leurs concurrents à qui vous donnerez ma pratique et ils vous donneront des étrennes.

VIRGINIE.

Et ceux que je quitte, comment les payerai-je?

MERCADET.

Ne vous inquiétez pas de cela! ça les regarde!

VIRGINIE.

Et s'ils me demandent leur payement, à moi? Oh! d'abord, je ne réponds de rien...

MERCADET, à part.

Cette fille a de l'argent! (Haut.) Virginie, aujourd'hui le crédit est toute la richesse des gouvernements; mes fournisseurs méconnaîtraient les lois de leur pays, ils seraient inconstitutionnels et radicaux, s'ils ne me laissaient pas tranquille ! Ne me rompez donc pas la tête pour des gens en insurrection contre le principe vital de tous les États... bien ordonnés ! Mais montrez-vous ce que vous êtes : un vrai cordon bleu ! Si madame Mercadet, en comptant avec vous le lendemain du mariage de ma fille, se trouve vous devoir... je réponds de tout, moi !

VIRGINIE.

Monsieur...

MERCADET.

Allez ! je vous ferai gagner de bons intérêts, à dix francs pour cent francs, tous les six mois ! C'est un peu mieux que la caisse d'épargne...

VIRGINIE.

Elle donne à peine cent sous par an.

MERCADET, à madame Mercadet.

Quand je vous le disais ! (A Virginie.) Comment ! vous mettez votre argent entre des mains étrangères ? Vous avez bien assez d'esprit pour le faire valoir vous-même ; et ici, votre petit magot ne vous quitterait pas.

VIRGINIE, à part.

Dix francs tous les six mois ! (Haut.) Quant au second service, madame me le dira. Je vais faire le déjeuner. (Elle sort.)

SCÈNE VI

MERCADET, MADAME MERCADET.

MERCADET, il regarde Virginie qui s'en va.

Cette fille a mille écus à la caisse d'épargne... qu'elle nous a volés ; aussi maintenant, pouvons-nous être tranquille de ce côté-là...

MADAME MERCADET.

Oh ! monsieur, jusqu'où descendez-vous !

MERCADET.

Je vous admire !... vous qui avez votre petite existence bien arrangée, qui allez presque tous les soirs au spectacle ou dans le monde avec notre ami Méricourt, vous me...

MADAME MERCADET.

Vous l'avez prié de m'accompagner...

MERCADET.

On ne peut pas être à sa femme et aux affaires. Enfin, vous faites la belle et l'élégante...

MADAME MERCADET.

Vous me l'avez ordonné.

MERCADET.

Certes, il le faut bien! une femme est une enseigne pour un spéculateur... Quand à l'Opéra vous vous montrez avec une nouvelle parure, le public se dit : « Les Asphaltes vont bien, ou la Providence des Familles est en hausse, car madame Mercadet est d'une élégance!... Voilà des gens heureux! » Dieu veuille que ma combinaison sur les remplacements soit agréée par le ministre de la guerre, vous aurez voiture!...

MADAME MERCADET.

Croyez-vous, monsieur, que je sois indifférente à vos tourments, à votre lutte et à votre honneur?...

MERCADET.

Eh bien! ne jugez donc pas les moyens dont je me sers. Là, tout à l'heure, vous vouliez prendre vos domestiques par la douceur : il fallait commander... comme Napoléon, brièvement.

MADAME MERCADET.

Ordonner quand on ne paye pas !...

MERCADET.

Précisément ! on paye d'audace.

MADAME MERCADET.

On peut obtenir par l'affection des services qu'on refuse à...

MERCADET.

Par l'affection! Ah! vous connaissez bien notre époque! Aujourd'hui, madame, tous les sentiments s'en vont, et l'argent les pousse. Il n'y a plus que des intérêts parce qu'il n'y a plus de famille, mais des individus! Voyez! l'avenir de chacun est dans une caisse publique! une fille, pour sa dot, ne s'adresse plus à une famille mais à une tontine. La succession du roi d'Angleterre était chez une assurance. La femme compte, non sur son mari, mais sur la caisse d'épargne! On paye sa dette à la patrie au moyen d'une agence qui fait la traite des blancs ! Enfin, tous nos devoirs sont en coupons ! Les domestiques, dont on change comme de chartes, ne s'attachent plus à leurs maîtres : ayez leur argent, ils vous sont dévoués !...

ACTE I

MADAME MERCADET.

Oh! monsieur, vous si probe, si honorable, vous dites quelquefois des choses qui me...

MERCADET.

Et qui arrive à dire arrive à faire, n'est-ce pas? Eh bien! je ferai tout ce qui pourra me sauver, car (il tire une pièce de cinq francs) voici l'honneur moderne!... Ayez vendu du plâtre pour du sucre, si vous avez su faire fortune sans exciter de plainte, vous devenez député, pair de France ou ministre! Savez-vous pourquoi les drames dont les héros sont des scélérats ont tant de spectateurs? C'est que tous les spectateurs s'en vont flattés en se disant: — Je vaux encore mieux que ces coquins-là... Mais moi, j'ai mon excuse. Je porte le poids du crime de Godeau! Enfin, qu'y a-t-il de déshonorant à devoir? Est-il un seul État en Europe qui n'ait ses dettes? Quel est l'homme qui ne meurt pas insolvable envers son père? Il lui doit la vie, et ne peut pas la lui rendre. La terre fait constamment faillite au soleil! La vie, madame, est un emprunt perpétuel! Et n'emprunte pas qui veut! Ne suis-je pas supérieur à mes créanciers? J'ai leur argent, ils attendent le mien; je ne leur demande rien, et ils m'importunent! Un homme qui ne doit rien, mais personne ne songe à lui, tandis que mes créanciers s'intéressent à moi!

MADAME MERCADET.

Un peu trop!... devoir et payer, tout va bien: mais devoir et ne pouvoir rendre, mais emprunter quand on se sait hors d'état de s'acquitter!... Je n'ose vous dire ce que j'en pense.

MERCADET.

Vous pensez qu'il y a là comme un commencement de...

MADAME MERCADET.

J'en ai peur...

MERCADET.

Vous ne m'estimez donc plus, moi, votre...

MADAME MERCADET.

Je vous estime toujours, mais je suis au désespoir de vous voir vous consumant en efforts sans succès; j'admire la fertilité de vos conceptions, mais je gémis d'avoir à entendre les plaisanteries avec lesquelles vous essayez de vous étourdir.

MERCADET.

Un homme mélancolique se serait déjà noyé! Un quintal de

chagrin ne paye pas deux sous de dettes... Voyons ! pouvez-vous me dire où commence, où finit la probité dans le monde commercial? Tenez!... nous n'avons pas de capital, dois-je le dire?

MADAME MERCADET.

Non, certes.

MERCADET.

N'est-ce pas une tromperie? personne ne nous donnerait un sou, le sachant! Eh bien! ne blâmez donc pas les moyens que j'emploie pour garder ma place au grand tapis vert de la spéculation, en faisant croire à ma puissance financière. Tout crédit implique un mensonge! Vous devez m'aider à cacher notre misère sous les brillants dehors du luxe. Les décorations veulent des machines, et les machines ne sont pas propres! Soyez tranquille, plus d'un qui pourrait murmurer a fait pis que moi.

Louis XIV, dans sa détresse, à montré Marly à Samuel Bernard pour en obtenir quelques millions, et aujourd'hui les lois modernes nous ont conduits à dire tous comme lui : *L'État, c'est moi!*

MADAME MERCADET.

Pourvu que, dans votre détresse, l'honneur soit toujours sauf. Vous savez bien, monsieur, que vous n'avez pas à vous justifier auprès de moi.

MERCADET.

Vous vous apitoyez sur mes créanciers, mais sachez donc enfin que nous n'avons dû leur argent qu'à...

MADAME MERCADET.

A leur confiance, monsieur!...

MERCADET.

A leur avidité! Le spéculateur et l'actionnaire se valent! tous les deux, ils veulent être riches en un instant. J'ai rendu service à tous mes créanciers ; tous croient encore tirer quelque chose de moi! Je serais perdu sans la connaissance intime de leurs intérêts et de leurs passions : aussi jouai-je à chacun sa comédie.

MADAME MERCADET.

Le dénoûment m'effraye! Il en est qui sont las de faire votre partie. Goulard, par exemple : que pouvez-vous contre une férocité pareille? il va vous forcer à déposer votre bilan...

MERCADET.

Jamais, de mon vivant! car les mines d'or ne sont plus au Mexique, mais place de la Bourse! Et j'y veux rester jusqu'à ce que j'aie trouvé mon filon!...

SCÈNE VII

Les Mêmes, GOULARD.

GOULARD.

Je suis ravi de vous rencontrer, mon cher monsieur.

MADAME MERCADET, à part.

Goulard! comment va-t-il faire?... (A Mercadet.) Auguste! (Mercadet fait signe à sa femme de se tranquilliser.)

GOULARD.

C'est chose rare, il faut s'y prendre dès le matin et profiter du moment où la porte est ouverte et les gardiens absents.

MERCADET.

Les gardiens! sommes-nous des bêtes curieuses? Vous êtes impayable!...

GOULARD.

Non, je suis impayé, monsieur Mercadet.

MERCADET.

Monsieur Goulard!...

GOULARD.

Je ne saurais me contenter de paroles.

MERCADET.

Il vous faut des actions, je le sais : j'en ai beaucoup à vous donner en payement, si vous voulez. Je suis actionnaire de...

GOULARD.

Ne plaisantons pas, je viens avec l'intention d'en finir...

MADAME MERCADET.

En finir... Monsieur, je vous offre...

MERCADET.

Ma chère, laissez parler monsieur Goulard. (Goulard salue madame Mercadet.) Vous êtes chez vous, écoutez-le.

GOULARD.

Pardon! madame, je suis enchanté de vous voir, car votre signature pourrait...

MERCADET.

Ma femme a tort de se mêler de notre conversation, les femmes n'entendent rien aux affaires! (A sa femme.) Monsieur est mon créancier, ma chère; il vient me demander le montant de sa créance en capital, intérêts et frais, car vous ne m'avez pas ménagé, Goulard... Ah! vous avez rudement poursuivi un homme avec qui vous faisiez des affaires considérables!

GOULARD.

Des affaires où tout n'a pas été bénéfice...

MERCADET.

Où serait le mérite? si elles ne donnaient que des bénéfices, tout le monde ferait des affaires!

GOULARD.

Je ne viens pas chercher les preuves de votre esprit, je sais que vous en avez plus que moi, car vous avez mon argent...

MERCADET.

Eh bien! il faut que l'argent soit quelque part! (A madame Mercadet.) Tu vois en monsieur un homme qui m'a poursuivi comme un lièvre! Allons! convenez-en, mon cher Goulard, vous vous êtes mal conduit. Un autre que moi se vengerait en ce moment, car je puis vous faire perdre une bien grosse somme...

GOULARD.

Si vous ne me payez pas, je le crois bien; mais vous me payerez, ou, demain, les pièces seront remises au garde du commerce...

MERCADET.

Oh! il ne s'agit pas de ce que je vous dois, vous n'avez là-dessus aucune inquiétude, ni moi non plus: mais il s'agit de capitaux bien plus considérables! Rien ne m'a étonné comme de vous savoir, vous, homme d'un coup d'œil si sûr, vous à qui je demanderais un conseil, de vous savoir encore engagé dans cette affaire-là!... vous!... Enfin nous avons tous nos moments d'erreur...

GOULARD.

Mais quoi?...

MERCADET, à sa femme.

Tu ne le croirais jamais! (A Goulard.) Elle a fini par se connaître en spéculations, elle a un tact pour les juger!... (A sa femme.) Et bien! ma chère, Goulard y est pour une somme très-considérable.

MADAME MERCADET.

Monsieur !...

GOULARD, à part.

Ce Mercadet, il a le génie de la spéculation : mais veut-il encore m'amuser ? (A Mercadet.) Que voulez-vous dire ? De quoi sagit-il ?

MERCADET.

Vous le savez bien !... On sait toujours où le bât nous blesse, quand on porte des actions.

GOULARD.

Seraient-ce les mines de la Basse-Indre ? une affaire superbe...

MERCADET.

Superbe !... oui, pour ceux qui ont fait vendre hier...

GOULARD.

On a vendu !...

MERCADET.

En secret, dans la coulisse ! vous verrez la baisse aujourd'hui et demain. Oh ! demain, quand on saura ce que l'on a trouvé...

GOULARD.

Merci ! Mercadet, nous causerons plus tard de nos petites affaires. Madame, mes hommages...

MERCADET.

Attendez donc, mon cher Goulard ! (Il retient Goulard par le bras.) J'ai une nouvelle à vous donner qui vous rassurera sur...

GOULARD.

Sur quoi ?

MERCADET.

Sur votre créance ! Je marie ma fille...

GOULARD. Il dégage sa main de celle de Mercadet.

Plus tard.

MERCADET. Il reprend Goulard.

Non, tout de suite, il s'agit d'un millionnaire.

GOULARD.

Je vous fais mes compliments... Oh ! la mine ! Puisse-t-elle être heureuse ! Vous pouvez compter sur moi.

MADAME MERCADET.

Pour la noce ?

GOULARD. Il dégage de nouveau son bras du bras de Mercadet.

En toute occasion.

MERCADET.

Écoutez! encore un mot.

GOULARD.

Non, adieu! Je vous souhaite bon succès dans cette affaire.

MERCADET. Il fait revenir Goulard par un signe.

Si vous voulez me rendre quelques titres, je vous dirai à qui vous pourrez vendre vos actions.

GOULARD.

Mon cher Mercadet! Mais nous allons nous entendre.

MERCADET, à sa femme.

Le voyez-vous prêt à voler le prochain? Est-ce un honnête homme?

GOULARD.

Eh bien?

MERCADET.

Avez-vous mes valeurs sur vous?

GOULARD.

Non.

MERCADET.

Que veniez-vous donc faire?

GOULARD.

Je venais savoir comment vous vous portiez.

MERCADET.

Comme vous voyez.

GOULARD.

Enchanté. Adieu! (Mercadet suit Goulard en essayant de le retenir.)

MADAME MERCADET, seule un instant.

Cela tient du prodige.

SCÈNE VIII

MERCADET, MADAME MERCADET.

MERCADET. Il revient en riant.

Impossible de le retenir! Il m'a tourné le dos comme un ivrogne à une fontaine.

MADAME MERCADET, riant aussi.

Mais est-ce vrai, ce que vous lui avez dit? car je ne sais plus démêler le sens de ce que vous leur dites...

MERCADET.

Il est dans l'intérêt de mon ami Verdelin d'organiser une panique sur les actions de la Basse-Indre, entreprise jusqu'à présent douteuse, et devenue excellente tout à coup. (A part.) S'il réussit à tuer l'affaire, je me ferai ma part... (Haut.) Ceci nous ramène à notre grande affaire : le mariage de Julie! Oui, j'ai besoin d'un second moi-même pour ce que je sème.

MADAME MERCADET.

Ah! monsieur, si vous m'aviez prise pour votre caissier, nous aurions aujourd'hui trente mille francs de rentes!...

MERCADET.

Le jour où j'aurais eu trente mille livres de rentes, j'eusse été ruiné. Voyons! si, comme vous le vouliez, nous nous étions enfouis dans une province, avec le peu qui nous serait resté lors de l'emprunt forcé que nous a fait ce monstre de Godeau, où en serions-nous? Auriez-vous connu Méricourt qui vous plaît tant et de qui vous avez fait votre chevalier? Ce lion (car c'est un lion) va nous débarrasser de Julie! Ah! la pauvre enfant n'est pas notre plus belle affaire...

MADAME MERCADET.

Il y a des hommes sensés qui pensent que la beauté passe...

MERCADET.

Il y en a de plus sensés qui pensent que la laideur reste.

MADAME MERCADET.

Julie est aimante...

MERCADET.

Mais je ne suis pas monsieur de la Brive!... Et je sais mon rôle de père, allez! Je suis même assez inquiet de la passion subite de ce jeune homme : je voudrais savoir de lui ce qui l'a charmé dans ma fille.

MADAME MERCADET.

Julie a une voix délicieuse, elle est musicienne.

MERCADET.

Peut-être est-il un de nos dilettanti les moins savants, car il va, je crois, aux Bouffes sans entendre un mot d'italien.

MADAME MERCADET.

Julie est instruite.

MERCADET.

Vous voulez dire qu'elle lit des romans; et, ce qui prouve

qu'elle est une fille d'esprit, c'est qu'elle n'en écrit pas. J'espère que Julie, malgré ses lectures, comprendra le mariage comme il doit être compris : en affaire! Nous l'avons à peu près laissée maîtresse de ses volontés depuis deux ans : elle se faisait si grande!

MADAME MERCADET.

Pauvre enfant! elle est si bien dans le secret de notre position, qu'elle a su se donner un talent, celui de la peinture sur porcelaine, afin de ne plus nous être à charge...

MERCADET.

Vous n'avez pas rempli vos obligations envers elle (Mouvement de madame Mercadet) : il fallait la faire jolie.

MADAME MERCADET.

Elle est mieux, elle est vertueuse...

MERCADET.

Spirituelle et vertueuse! son mari aura bien...

MADAME MERCADET.

Monsieur!...

MERCADET.

Bien de l'agrément! Allez la chercher, car il faut lui expliquer le sens du dîner d'aujourd'hui et l'inviter à prendre monsieur de la Brive au sérieux.

MADAME MERCADET.

Les difficultés avec nos fournisseurs m'ont empêchée de lui en parler hier. Je vais vous amener Julie : elle est éveillée, car elle se lève au jour pour peindre. (Elle sort.)

SCÈNE IX

MERCADET.

Dans cette époque, marier une fille jeune et belle, la bien marier, entendons-nous, est un problème assez difficile à résoudre; mais marier une fille d'une beauté douteuse et qui n'apporte que ses vertus en dot, je le demande aux mères les plus intrigantes, n'est-ce pas une œuvre diabolique? Méricourt doit avoir de l'affection pour nous; ma femme fait encore de lui ce qu'elle veut, et c'est ce qui me rassure... Oui, peut-être se croit-il obligé de marier Julie avantageusement. Quant à monsieur de la Brive, rien qu'à le voir fouettant son cheval aux Champs-Élysées, au style du tigre, l'ensemble de l'équipage, son attitude à l'Opéra, le père le plus exigeant serait satisfait. J'ai dîné chez lui : charmant appartement, belle argenterie, un dessert en vermeil, à ses armes; ce n'était pas emprunté. Qui peut donc engager un coryphée de la jeunesse dorée à se marier?... Car il a eu des succès de femmes... Oh! peut-être est-il las des succès... Puis il a entendu, m'a dit Méricourt, Julie chez Duval, où elle a chanté à ravir... Après tout, ma fille fait un bon mariage. Et lui?... Oh! lui...

SCÈNE X

MERCADET, MADAME MERCADET, JULIE.

MADAME MERCADET.

Julie, votre père et moi, nous avons à vous parler sur un sujet toujours agréable à une fille : il se présente pour vous un parti. Tu vas peut-être te marier, mon enfant...

JULIE.

Peut-être!... Mais cela doit être sûr.

MERCADET.

Les filles à marier ne doutent jamais de rien!

JULIE.

Monsieur Minard vous a donc parlé, mon père?

MERCADET.

Monsieur Minard?... Hein?... Qu'est-ce qu'un monsieur Minard? Vous attendiez-vous, madame, à trouver un monsieur Minard établi dans le cœur de votre fille Julie? Julie, serait-ce par hasard ce petit employé que Duval, mon ancien caissier, m'a plusieurs fois recommandé pour des places? Un pauvre garçon dont la mère seule est connue... (A part.) le fils naturel de Godeau... (A Julie.) Répondez.

JULIE.

Oui, papa.

MERCADET.

Vous l'aimez?

JULIE.

Oui, papa.

MERCADET.

Il s'agit bien d'aimer, il faut être aimée.

MADAME MERCADET.

Vous aime-t-il ?

JULIE.

Oui, maman.

MERCADET.

« Oui, papa, oui, maman, » pourquoi pas nanan, dada ? Quand les filles sont ultra-majeures, elles parlent comme si elles sortaient de nourrice !... Faites à votre mère la politesse de l'appeler madame, afin qu'elle ait les bénéfices de sa fraîcheur et de sa beauté.

JULIE.

Oui, monsieur.

MERCADET.

Oh ! appelez-moi mon père, je ne m'en fâcherai pas ! Quelles preuves avez-vous donc d'être aimée ?...

JULIE.

Mais... on se sent aimée !

MERCADET.

Quelles preuves en avez-vous ?

JULIE.

Mais la meilleure preuve, c'est qu'il veut m'épouser.

MERCADET.

C'est vrai ! Ces filles ont, comme les petits enfants, des réponses à vous casser les bras.

MADAME MERCADET.

Où l'avez-vous donc vu ?

JULIE.

Ici.

MADAME MERCADET.

Quand ?

JULIE.

Le soir, quand vous êtes sortie.

MADAME MERCADET.

Il est moins âgé que vous...

JULIE.

Oh ! de quelques mois !...

MADAME MERCADET.

Et je vous croyais trop raisonnable pour penser à un jeune étourdi de vingt-deux ans, qui ne peut apprécier vos qualités.

JULIE.

Mais il a pensé à moi le premier : car, si je l'avais aimé la première, il n'en aurait jamais rien su. Nous nous sommes vus, un soir, chez madame Duval.

MADAME MERCADET.

Il n'y a que madame Duval pour recevoir chez elle des gens sans position!...

MERCADET.

Elle fait salon, elle veut des danseurs à tout prix! Les gens qui dansent n'ont jamais d'avenir. Aujourd'hui les jeunes hommes qui ont de l'ambition se donnent tous un air grave et ne dansent point.

JULIE.

Adolphe...

MERCADET.

Et il se nomme Adolphe!... Ce monde, que des imbéciles nous disent en progrès et qui prennent des déplacements pour des perfectionnements, tourne donc sur lui-même? Enfants, vous croyez moins que jamais à l'expérience de vos pères... Apprenez, mademoiselle, qu'un employé à douze cents francs ne sait pas aimer, il n'en a pas le temps, il se doit au travail. Il n'y a que les propriétaires, les gens à tilbury, enfin les oisifs, qui peuvent et sachent aimer.

MADAME MERCADET.

Mais, malheureuse enfant!...

MERCADET, à sa femme.

Laissez-moi lui parler. (A Julie.) Julie, je te marie à ton monsieur Minard... (Mouvement de Julie.) Attends! Tu n'as pas le premier sou, tu le sais : que devenez-vous le lendemain de votre mariage? Y avez-vous songé!...

JULIE.

Oui, mon père.

MADAME MERCADET.

Elle est folle!

MERCADET, à sa femme.

Elle aime, la pauvre fille!... laissez-la dire. (A Julie.) Parle, Julie, je ne suis plus ton père, mais ton confident, je t'écoute.

JULIE.

Nous nous aimerons.

MERCADET.

Mais l'amour vous enverra-t-il des coupons de rentes au bout de ses flèches?

JULIE.

Oh! mon père, nous nous logerons dans un petit appartement, au fond d'un faubourg, à un quatrième étage, s'il le faut! Au besoin, je serais sa servante... Ah! je m'occuperai des soins du ménage avec un plaisir infini, en songeant qu'en toute chose il s'agira de lui... Je travaillerai pour lui pendant qu'il travaillera pour moi! Je lui sauverai bien des ennuis, il ne s'apercevra jamais de notre gêne. Notre ménage sera propre, élégant même. Mon Dieu! l'élégance tient à si peu de chose, elle vient de l'âme, et le bonheur en est à la fois la cause est l'effet. Je puis gagner assez avec ma peinture sur porcelaine pour ne rien lui coûter et même contribuer aux charges de la vie. D'ailleurs, l'amour nous aidera à passer les jours difficiles! Adolphe a de l'ambition comme tous les gens qui ont une âme élevée, et il est de ceux qui arrivent...

MERCADET.

On arrive garçon, mais marié, l'on se tue à solder un livre de dépense, à courir après mille francs, comme les chiens après une voiture. Et il a de l'ambition?...

JULIE.

Mon père, Adolphe a tant de volonté unie à tant de moyens, que je suis sûre de le voir un jour... ministre peut-être.

MERCADET.

Aujourd'hui, qui est-ce qui ne se voit pas plus ou moins ministre? En sortant du collége, on se croit un grand poëte, un grand orateur, un grand ministre, comme sous l'Empire, on se voyait maréchal de France en partant sous-lieutenant. Sais-tu ce qu'il serait, ton Adolphe?... père de plusieurs enfants qui dérangeront tes plans de travail et d'économie, qui logeront Son Excellence rue de Clichy, et qui te plongeront dans une affreuse misère! Tu m'as fait là le roman et non l'histoire de la vie.

MADAME MERCADET.

Pauvre enfant! à son âge, il est si facile de prendre ses espérances pour des réalités!...

MERCADET.

Elle croit que l'amour est le seul élément de bonheur dans le mariage : elle se trompe comme tous ceux qui mettent leurs propres fautes sur le compte du hasard, l'éditeur responsable de nos folies, et alors on s'en prend de son malheur à la société, qu'on bouleverse. Bah! c'est une amourette qui n'a rien de sérieux.

JULIE.

C'est, mon père, de part et d'autre, un amour auquel nous sacrifierons tout...

MADAME MERCADET.

Comment! Julie, tu ne sacrifierais pas cet amour naissant pour sauver ton père? pour lui rendre plus que la vie qu'il t'a donnée, l'honneur que les familles doivent garder intact!

MERCADET.

Mais à quoi servent donc les romans dont tu t'abreuves, malheureuse enfant, si tu n'y puises pas le désir d'imiter les dévouements qu'on y prêche (car les romans sont devenus des sermons sociaux)! Votre Adolphe connaît-il ta position de fortune? lui as-tu peint votre belle vie au quatrième étage, avec un parc sur la fenêtre et des cerises à manger le soir comme faisait Jean-Jacques avec une fille d'auberge?

JULIE.

Mon père, je suis incapable d'avoir commis la moindre indiscrétion qui pût vous compromettre.

MERCADET.

Il nous croit riches?

JULIE.

Il ne m'a jamais parlé d'argent.

MERCADET, à part à sa femme.

Bien, j'y suis. (A Julie.) Julie, vous allez lui écrire, à l'instant, de venir me parler.

JULIE.

Ah! mon père!... (Elle l'embrasse.)

MERCADET.

Aujourd'hui même, un jeune homme élégant, ayant une grande existence, un beau nom, vient dîner ici. Ce jeune homme a des intentions et vous recherche. Voilà mon prétendu. Vous ne serez pas madame Minard, vous serez madame de la Brive; au lieu d'aller au quatrième étage, dans un faubourg, vous habiterez une belle maison dans la Chaussée-d'Antin. Vous avez des talents, de l'instruction, vous pourrez jouer un rôle brillant à Paris. Si vous n'êtes pas la femme d'un ministre, vous serez peut-être la femme d'un pair de France. Je suis fâché, ma fille, de n'avoir pas mieux à vous offrir...

JULIE.

Ne raillez pas mon amour, mon père, et permettez-moi d'accepter le bonheur et la pauvreté plutôt que le malheur de la richesse.

MADAME MERCADET.

Julie, votre père et moi nous sommes comptables de votre avenir envers vous-même, et nous ne voulons point un jour être accusés justement par vous, car l'expérience des parents doit être la leçon des enfants. Nous faisons, en ce moment, une rude épreuve des choses de la vie. Va, ma fille, marie-toi richement.

MERCADET.

Dans ce cas-là, l'union fait la force! la maxime des écus de la République.

MADAME MERCADET.

S'il n'y a pas de bonheur possible dans la misère, il n'y a pas de malheur que la fortune n'adoucisse.

JULIE.

Et c'est vous, ma mère, qui me dites ces tristes paroles! Mon père, je vais vous parler votre langage amer et positif. Ne vous ai-je pas entendu parler de gens riches, oisifs et par conséquent sans force contre le malheur, ruinés par leurs vices ou leur laisser-aller, plongeant leur famille dans une misère irréparable? N'aurait-il pas mieux valu marier alors la pauvre fille à un homme sans fortune, mais capable d'en gagner une? Monsieur de la Brive peut, je le sais, être riche, spirituel et plein de talent, mais vous étiez tout cela, vous avez perdu votre fortune et vous avez pris en ma mère une fille riche et belle, tandis que moi...

MERCADET.

Ma fille, vous pourrez juger monsieur de la Brive comme je jugerai monsieur Minard. Mais vous n'aurez pas le choix. Monsieur Minard renoncera lui-même à vous.

JULIE.

Oh! jamais, mon père, il vous gagnera le cœur...

MADAME MERCADET.

Mon ami, si elle était aimée...

MERCADET.

Elle est trompée.

JULIE.

Je demanderais à l'être toujours ainsi.

MADAME MERCADET.

On sonne! et nous n'avons personne pour aller ouvrir la porte!

MERCADET.

Eh bien! laissez sonner.

MADAME MERCADET.

Je m'imagine toujours que Godeau peut revenir.

MERCADET.

Godeau!... Mais sachez donc qu'avec ses principes de faire fortune *quibuscumque viis*... (allons! je leur parle latin), Godeau ne peut être que pendu à la grande vergue d'une frégate. Après huit ans sans nouvelles, vous espérez encore Godeau! Vous me faites l'effet de ces soldats qui attendent toujours Napoléon.

MADAME MERCADET.

On sonne toujours.

MERCADET.

C'est une sonnerie de créancier!... Va voir, Julie! Et, quoi qu'on te dise, réponds que ta mère et moi nous sommes sortis. Ce créancier aura peut-être de la pudeur, il croira sans doute une jeune personne...

SCÈNE XI

MADAME MERCADET, MERCADET.

MADAME MERCADET.

Cet amour, vrai chez elle, du moins, m'a émue...

MERCADET.

Vous êtes toutes romanesques!

MADAME MERCADET.

Un premier amour donne bien de la force!...

MERCADET.

La force de s'endetter! Et c'est bien assez que le beau-père...

SCÈNE XII

PIERQUIN, JULIE, MERCADET, MADAME MERCADET.

JULIE, entrant la première.

Mon père, monsieur Pierquin.

MERCADET.

Allons! la jeune garde est en déroute!...

JULIE.

Mais il prétend qu'il s'agit d'une bonne affaire pour vous.

MERCADET.

C'est-à-dire pour lui. Qu'elle se laisse aller à écouter son Adolphe, ça se conçoit; mais un créancier!... Je sais comment le prendre, celui-là! Laissez-nous. (Les femmes sortent.)

SCÈNE XIII

PIERQUIN, MERCADET.

PIERQUIN.

Je ne viens pas vous demander d'argent, mon cher monsieur, je sais que vous faites un superbe mariage. Votre fille épouse un millionnaire, le bruit s'en est répandu...

MERCADET.

Oh! millionnaire! Il a quelque chose...

PIERQUIN.

Ce magnifique prospectus va calmer vos créanciers. Tenez!... moi-même, j'ai repris mes pièces que j'avais remises aux gardes du commerce.

MERCADET.

Vous alliez me faire arrêter?

PIERQUIN.

Ah! vous aviez deux ans! Je ne garde jamais de dossiers si longtemps; mais pour vous je m'étais départi de mes principes. Si ce mariage est une invention, je vous en fais mon compliment... Le retour de Godeau s'usait diablement!... Un gendre vous fera gagner du temps. Ah! mon cher, vous nous avez promenés avec des relais d'espérances à désespérer des vaudevillistes! Ma foi! je vous aime, vous êtes ingénieux! A fille sans dot riche mari, c'est hardi.

MERCADET, à part.

Où veut-il en venir?

PIERQUIN.

Goulard a gobé l'hameçon : mais qu'avez-vous mis dessus? car il est fin.

MERCADET.

Mon gendre est monsieur de la Brive, un jeune homme...

PIERQUIN.

y a un vrai jeune homme?

MERCADET.

Je vous le ferai voir...

PIERQUIN.

Alors, combien payez-vous le jeune homme?

MERCADET.

Ah! assez d'insolence! Autrement, mon cher, je vous demanderais de régler nos comptes; et, mon cher monsieur Pierquin, vous y perdriez beaucoup au prix où vous me vendez l'argent!...

PIERQUIN.

Monsieur!

MERCADET.

Monsieur, je vais être assez riche pour ne plus souffrir la plaisanterie de personne, pas même d'un créancier. Quelle affaire venez-vous me proposer?

PIERQUIN.

Si vous voulez régler, j'aimerais autant cela...

MERCADET.

Je ne le crois pas : je vous rapporte autant qu'une ferme en Beauce.

PIERQUIN.

Je venais vous proposer une échéance de valeurs, contre laquelle je vous accorderais un sursis de trois mois.

MERCADET.

C'est là la bonne affaire?

PIERQUIN.

Oui.

MERCADET, à part.

Que flaire ce renard des poules aux œufs d'or? (Haut.) Expliquez-vous nettement.

PIERQUIN.

Vous savez, moi, je suis lucide, limpide, l'on y voit clair.

MERCADET.

Pas de phrases! Je ne vous ai jamais reproché de faire l'usure : car je considère un fort intérêt comme une prime donnée au capital d'une affaire. L'usurier, c'est un capitaliste qui se fait sa part d'avance...

PIERQUIN.

Voici près de cinquante mille francs de lettres de change d'un joli jeune homme nommé Michonnin, garçon coulant...

MERCADET.

Et coulé...

PIERQUIN.

Oui, elles sont en règle : protêt, jugement par défaut, jugement définitif, procès-verbal de carence, dénonciation de contrainte, etc... il y a cinq mille francs de frais.

MERCADET.

Et cela vaut ?

PIERQUIN.

Ce que vaut l'avenir d'un jeune homme maintenant forcé d'avoir beaucoup d'industrie pour vivre...

MERCADET.

Rien...

PIERQUIN.

A moins qu'il n'épouse une riche anglaise amoureuse de...

MERCADET.

De lui !

PIERQUIN.

Non, d'un titre ! Et je pensais à lui en acheter un... Mais cela m'aurait jeté dans les intrigues de la chancellerie.

MERCADET.

Mais que voulez-vous de moi ?

PIERQUIN.

Des choses de même valeur.

MERCADET.

Quoi ?

PIERQUIN.

Des actions de... Enfin de vos entreprises qui ne donnent plus de dividende.

MERCADET.

Et vous m'accordez un sursis de cinq mois ?...

PIERQUIN.

Non, trois mois.

MERCADET, à part.

Trois mois ! pour un spéculateur, c'est l'éternité ! Mais quelle est son idée? Oh! ne rien donner, recevoir quelque chose. (Haut.) Pierquin, je ne comprends pas, malgré mon intelligence : mais c'est fait...

PIERQUIN.

J'avais compté la-dessus! Voici une lettre par laquelle je vous accorde le sursis. Voici les dossiers Michonnin. Ah! je dois tout vous dire : ce jeune homme a mis tous les gardes du commerce sur les dents.

MERCADET.

Voulez-vous les actions roses d'un journal qui pourrait avoir du succès s'il paraissait? les actions bleues d'une mine qui a sauté? les actions jaunes d'un pavé avec lequel on ne pouvait pas faire de barricades?

PIERQUIN.

Donnez-m'en de toutes les couleurs!

MERCADET.

En voici, mon cher maître, pour quarante mille francs.

PIERQUIN.

Merci, mon cher ami! Nous autres, nous sommes ronds en affaires...

MERCADET, à part.

Sa ritournelle quand il a pincé quelqu'un. Je suis volé! (Haut.) Vous allez placer mes actions?

PIERQUIN.

Mais oui.

MERCADET.

A toute leur valeur?

PIERQUIN.

Si c'est possible...

MERCADET.

Ah! j'y suis. Cela remplacera vos cabinets d'histoire naturelle, vos frégates en ivoire, les pelisses de zibeline, enfin les marchandises fantastiques...

PIERQUIN.

C'est si vieux!...

MERDADET.

Et puis le tribunal commence à trouver cela léger... Vous êtes un digne homme, vous allez ranimer nos valeurs...

PIERQUIN.

Croyez, mon cher ami, que je le voudrais.

MERCADET.

Et moi donc?... Adieu !

PIERQUIN.

Vous savez ce que je vous souhaite, en ma qualité de créancier, dans l'affaire du mariage de votre fille. (Il sort.)

SCÈNE XIV

MERCADET, seul.

Michonnin ! quarante-deux mille francs et cinq mille francs d'intérêts et de frais, quarante-sept mille... Pas d'acompte ! Bah ! un homme qui ne vaut rien aujourd'hui peut devenir excellent demain ! D'ailleurs, je le ferai nommer baron en intéressant un certain personnage dans une affaire ! Mais, tiens ! tiens ! ma femme connaît une Anglaise qui se met des coquillages et des algues sur la tête; la fille d'un brasseur, et... Diantre !... pas de domicile... Ne l'accusons pas, l'infortuné! Sais-je si j'aurai un domicile dans trois mois? Pauvre garçon! peut-être a-t-il eu, comme moi, un ami! Tout le monde a son Godeau, un faux Christophe Colomb! Après tout, Godeau... (Il regarde s'il est seul.) Godeau, je crois qu'il m'a déjà rapporté plus d'argent qu'il ne m'en a pris!

FIN DU PREMIER ACTE.

ACTE DEUXIÈME

SCÈNE PREMIÈRE

MERCADET, THÉRÈSE, JUSTIN, VIRGINIE.

MERCADET. Il sonne Justin.

Qu'a dit Verdelin, mon ami Verdelin?

JUSTIN.

Il va venir; il a précisément, a-t-il dit, de l'argent à donner à monsieur Brédif.

MERCADET.

Fais en sorte qu'il me parle avant d'entrer chez Brédif. Ah!... j'ai donné cent francs au père Grumeau, il ne peut pas encore avoir menti pour cent francs en vingt-quatre heures.

JUSTIN.

D'autant plus, monsieur, que je lui ai fait croire qu'il avait dit la vérité.

MERCADET.

Tu finiras par devenir mon secrétaire...

JUSTIN.

Ah! s'il ne fallait pas savoir écrire!...

MERCADET.

Les secrétaires de ministres écrivent très-peu.

JUSTIN.

Que font-ils donc?

MERCADET.

Le ménage! Et ils parlent lorsque leur patron doit se taire... Allons! arrange-toi pour que le père Grumeau dise à Verdelin que Brédif est sorti. (Justin sort.)

MERCADET, à part.

Ce garçon-là est un demi-Frontin, car aujourd'hui ceux qui sont des Frontins tout entiers deviennent des maîtres!... Nos parvenus d'aujourd'hui sont des Sganarelles sans places qui se sont mis en maison chez la France! (A Thérèse.) Eh bien! Thérèse?...

THÉRÈSE.

Ah! monsieur, dès que j'ai promis le payement, tous les fournisseurs ont eu des figures aimables...

MERCADET.

Le sourire du marchand qui vend bien. (A Virginie.) Et nous aurons un beau dîner, Virginie?

VIRGINIE.

Monsieur le mangera?...

MERCADET.

Et les fournisseurs?...

VIRGINIE.

Bah! ils patienteront!...

MERCADET, à part.

Elle les a payés. (Haut.) Je ne t'oublierai pas. Nous compterons demain.

VIRGINIE.

Si mademoiselle se marie, elle pensera sans doute à moi.

MERCADET.

Comment donc! Mais certainement.

THÉRÈSE.

Monsieur, et moi?...

MERCADET.

Tu auras pour mari l'un des futurs employés de mon Assurance contre les chances du recrutement. Mais...

THÉRÈSE.

Oh! monsieur, soyez tranquille. Je sais ce qu'on peut dire à un prétendu pour le rendre amoureux fou : car je sais comment le rendre froid comme une corde à puits... Je me suis vengée de ma dernière maîtresse en faisant rompre son mariage...

MERCADET.

Ah! la langue d'une femme de chambre!... c'est un feuilleton domestique...

THÉRÈSE.

Oh! monsieur... nous n'avons pas tant de... de... talent (Elle sort.)

SCÈNE II

MERCADET, un moment seul, puis JUSTIN.

MERCADET.

Avoir ses gens pour soi, c'est comme si un ministre avait la presse à lui! Heureusement que les miens ont leurs gages à perdre. Tout repose maintenant sur la douteuse amitié de Verdelin, un homme dont la fortune est mon ouvrage! Mais se plaindre de l'ingratitude des hommes, autant vouloir être le Luther du cœur. Dès qu'un homme a quarante ans, il doit savoir que le monde est peuplé d'ingrats!... Par exemple, je ne sais pas où sont les bienfaiteurs... Verdelin et moi, nous nous estimons très-bien. Lui me doit de la reconnaissance, moi, je lui dois de l'argent, et nous ne nous payons ni l'un ni l'autre!... Allons! pour marier Julie, il s'agit de trouver mille écus dans une poche qui voudra être vide! Crocheter le cœur pour crocheter la caisse, quelle entreprise!... Il n'y a que les femmes aimées qui font ces tours de force-là!...

JUSTIN, entrant.

Monsieur Verdelin va venir.

SCÈNE III

Les Mêmes, VIOLETTE.

MERCADET.

Le voici... mon ami... Ah! c'est le père Violette... (A Justin.) Après onze ans de service, tu ne sais pas encore fermer les portes? Allons, va guetter Verdelin, et cause spirituellement avec lui jusqu'à ce que j'aie congédié ce pauvre diable.

JUSTIN.

L'une de ses victimes! (Justin sort.)

VIOLETTE.

Je suis déjà venu onze fois depuis huit jours, mon cher monsieur Mercadet, et le besoin m'a obligé de vous attendre hier dans la rue pendant trois heures en me promenant d'ici à la Bourse. J'ai vu qu'on m'avait dit vrai, en assurant que vous étiez à la campagne.

MERCADET.

Nous sommes aussi malheureux l'un que l'autre, mon pauvre père Violette : nous avons tous deux une famille...

VIOLETTE.

Nous avons engagé tout ce qui peut se mettre au Mont-de-piété...

MERCADET.

C'est comme ici...

VIOLETTE.

Le mal de l'un ne guérit pas le mal de l'autre... Mais vous avez encore de quoi vivre, et nous sommes sans pain! Je ne vous ai jamais reproché ma ruine, car je crois que vous aviez l'intention de nous enrichir... Et puis c'est ma faute! En voulant doubler notre petite fortune, je l'ai compromise; ma femme et mes filles ne veulent pas comprendre, elles qui me poussaient à spéculer, elles qui me reprochaient ma timidité, que lorsqu'on risque de gagner beaucoup, c'est qu'on est exposé à perdre autant... Mais, enfin, parole ne paye pas farine, et je viens vous supplier de me donner le plus petit à-compte sur les intérêts : vous sauverez la vie à toute une famille

MERCADET, à part.

Pauvre homme! il me navre!... Quand je l'ai vu je déjeune sans appétit! (Haut.) Soyez bien raisonnable, car je vais partager avec vous... (Bas.) Nous avons à peine cent francs dans la maison... et encore c'est l'argent de ma fille.

VIOLLETE.

Est-ce possible! Vous, monsieur Mercadet, un homme que j'ai vu si riche!...

MERCADET.

Entre malheureux, on se doit la vérité.

VIOLETTE.

Ah! si l'on ne devait que cela, comme on se payerait promptement!

MERCADET.

N'en abusez pas!... car je suis sur le point de marier ma fille...

VIOLETTE.

J'ai deux filles, moi, monsieur, et ça travaille sans espoir de se marier, car les femmes qui restent honnêtes gagnent si peu!... Dans la circonstance où vous êtes je ne vous importunerais pas, mais... ma femme et mes filles attendent mon retour dans des angoisses... A mon âge, je ne peux plus rien faire... Si vous... pouviez m'obtenir une place!

MERCADET.

Vous êtes inscrit, père Violette, pour être le caissier de ma compagnie d'assurances contre les chances du...

VIOLETTE.

Ah! ma femme et mes filles vont vous bénir!... (Mercadet va prendre de l'argent.) Les autres qui le tracassent n'ont rien; mais en se plaignant comme ça l'on touche à peu près ses intérêts...

MERCADET.

Tenez, voilà soixante francs...

VIOLETTE.

En or! il y a bien longtemps que je n'en ai vu... oh! chez moi!...

MERCADET.

Mais...

VIOLETTE.

Soyez tranquille, je n'en dirai rien...

MERCADET.

Ce n'est pas cela! Vous me promettez, père Violette, de ne pas revenir avant... un mois...

VIOLETTE.

Un mois! Pourrons-nous vivre un mois avec cela?

MERCADET.

Vous n'avez donc pas autre chose?

VIOLETTE.

Je ne possède pour toute fortune que ce que vous me devez...

MERCADET.

Pauvre homme! En le voyant, je me trouve riche. (Haut.) Mais je croyais que vous faisiez quelques petites affaires de prêt dans le quartier de l'Estrapade?

VIOLETTE.

Depuis que les prisonniers pour dettes ont quitté Sainte-Pélagie, les prêts ont bien baissé dans le quartier.

MERCADET.

Pourriez-vous avoir un cautionnement pour une place de caissier?...

VIOLETTE.

J'ai quelques amis, et peut-être...

MERCADET.

Prendraient-ils des actions?

VIOLETTE.

Oh! monsieur, vous autres faiseurs, vous avez cassé le grand ressort de l'association! On ne veut plus entendre parler d'actions...

MERCADET.

Eh bien! adieu, père Violette! Nous compterons plus tard... Vous serez le premier payé...

VIOLETTE.

Bonne réussite, monsieur! Ma femme et mes filles diront des prières pour le mariage de mademoiselle Mercadet.

MERCADET.

Adieu! Si tous les créanciers étaient comme celui-là! mais je n'y tiendrais pas, il m'emporte toujours de l'argent.

SCÈNE IV

MERCADET, VERDELIN.

VERDELIN.

Bonjour, mon ami, que me veux-tu?

MERCADET.

Ta question ne me donne pas le temps de te dorer la pilule! Tu m'as deviné!

VERDELIN.

Oh! mon vieux Mercadet, je n'en ai pas et je suis franc : j'en aurais, que je ne pourrais pas t'en donner! Écoute... Je t'ai prêté déjà tout ce dont mes moyens me permettaient de disposer; je ne te l'ai jamais redemandé. Je suis ton ami et ton créancier : eh bien! si je n'avais pas pour toi le cœur plein de reconnaissance, si j'étais un homme ordinaire, il y a longtemps que le créancier aurait tué l'ami!... Diantre!... tout a ses limites dans ce monde.

MERCADET.

L'amitié, oui, mais non le malheur!...

VERDELIN.

Si j'étais assez riche pour te sauver tout à fait, pour éteindre entièrement ta dette, je le ferais de grand cœur, car j'aime ton courage : mais tu dois succomber!... Tes dernières entreprises, quoique spirituellement conçues, très-spécieuses même (tant de gens s'y sont pris!) ont croulé : tu t'es déconsidéré, tu es devenu dangereux! Tu n'as pas su profiter de la vogue momentanée de tes opérations!... Quand tu seras tombé, tu trouveras du pain chez moi!... Le devoir d'un ami est de nous dire ces choses-là!...

MERCADET.

Que serait l'amitié sans le plaisir de se trouver sage et de voir son ami fou, de se trouver à l'aise et de voir son ami gêné, de se complimenter en lui disant des choses désagréables!... Ainsi, je suis au ban de l'opinion publique?

VERDELIN.

Je ne dis pas tout à fait cela. Non, tu passes encore pour un honnête homme, mais la nécessité te force à recourir à des moyens...

MERCADET.

Qui ne sont pas justifiés par le succès, comme chez les gens heureux. Ah! le succès!... de combien d'infamies se compose un succès, tu vas le savoir... Moi, ce matin, j'ai déterminé la baisse que tu veux opérer, afin de tuer l'affaire des mines de la Basse-Indre, dont tu veux t'emparer pendant que le compte rendu des ingénieurs va rester dans l'ombre, grâce au silence que tu soldes si cher...

VERDELIN.

Chut! Mercadet, est-ce vrai? Je te reconnais bien là... (Il le prend par la taille.)

MERCADET.

Allons! ceci est pour te faire comprendre que je n'ai pas besoin de caresses, ni de morale, mais d'argent! Hélas! je ne t'en demande pas pour moi, mon bon ami! mais je marie ma fille, et nous sommes arrivés ici secrètement à la misère... Tu te trouves dans une maison où règne l'indigence sous les apparences du luxe (les promesses, le crédit, tout est usé!): et, si je ne solde pas en argent quelques frais indispensables, ce mariage manquera! Enfin, il me faut ici quinze jours d'opulence, comme à toi vingt-quatre heures de mensonges à la Bourse. Verdelin, cette demande ne se renouvellera pas : je n'ai pas deux filles. Faut-il tout dire? Ma femme et Julie n'ont pas de toilettes! (A part.) Il hésite...

VERDELIN, à part.

Il m'a joué tant de comédies, que je ne sais pas si sa fille se marie... Elle ne peut pas se marier!

MERCADET.

Il faut donner aujourd'hui même un dîner à mon futur gendre qu'un ami commun nous présente, et je n'ai plus mon argenterie : elle est... Tu sais... Non-seulement j'ai besoin d'un millier d'écus, mais encore j'espère que tu me prêteras ton service de table, et tu viendras dîner avec ta femme.

VERDELIN.

Mille écus!... Mercadet!... Mais personne n'a mille écus... à prêter... A peine les a-t-on pour soi! Si on les prêtait toujours, on ne les aurait jamais...

MERCADET, à part.

Oh! il y viendra. (Haut.) Tu me croiras si tu veux, mais, une fois ma fille mariée, eh bien! tout me devient indifférent. Ma femme aura chez Julie un asile; moi, j'irai chercher fortune ailleurs, car tu as raison, et je me suis dit : Utile aux autres, je me suis funeste à moi-même! Dans les affaires où je perds, les autres gagnent! Magnifique aux semailles de l'annonce et du prospectus, comprenant et satisfaisant les nécessités de l'organisation primitive, je n'entends rien à la récolte...

VERDELIN.

Veux-tu savoir le mot de cette énigme?

MERCADET.

Dis...

VERDELIN.

C'est que, si tu te trouves supérieur à toute espèce de position par l'esprit, tu es toujours au-dessous par le jugement. L'esprit nous vaut l'admiration, le jugement nous donne la fortune.

MERCADET, à part.

Oui, je n'ai pas assez de jugement pour tuer une affaire à mon profit! (Haut.) Voyons, Verdelin!... j'aime ma femme et ma fille... Ces sentiments-là sont ma seule consolation au milieu de mes récents désastres. Ces femmes ont été si douces, si patientes! je les voudrais voir à l'abri des malheurs!... Oh! là sont mes vraies souffrances!... Tu dois concevoir qu'on puisse pleurer... (Il s'essuie les yeux.) Tu as une charmante petite fille, et tu ne voudrais pas un jour la savoir malheureuse, vieillissant dans les larmes et le travail... Voilà pourtant l'avenir de ma Julie, un ange de dévouement! Oh! cher ami! j'ai, dans ces derniers temps, bu des calices bien amers : j'ai trébuché sur le pavé de bois, j'ai créé des monopoles, et l'on m'en a dépouillé! Eh bien! ce ne serait rien auprès de la douleur de me voir refusé par toi dans cette circonstance suprême! Enfin, ne te disons pas ce qui arriverait... car je ne veux rien devoir à ta pitié!...

VERDELIN.

Mille écus! Mais à quoi veux-tu les employer!

MERCADET, à part.

Je les aurai! (Haut.) Eh! mon cher, un gendre est un oiseau qu'un rien effarouche... une dentelle de moins sur une robe, c'est toute une révélation! Les toilettes sont commandées, les marchands vont les apporter... Oui, j'ai eu l'imprudence de dire que je payerais tout, comptant sur toi!... Et le dîner!... Il faut des vins exquis!... l'amoureux ne peut perdre la tête que comme ça. Fais attention à ceci : nous paraissons riches; nous devons nous tenir sous les armes devant monsieur de la Brive! Verdelin, un millier d'écus ne te tuera pas, toi qui as soixante mille francs de rente! et ce sera la vie d'une pauvre enfant que tu aimes, car tu aimes Julie!... Elle est folle de ta petite, elles jouent ensemble comme des bienheureuses. Laisseras-tu l'amie de ta fille sécher sur pied? C'est contagieux, ça porte malheur!...

VERDELIN.

Mon cher, je n'ai pas mille écus; je puis te prêter mon argenterie, mais je n'ai pas...

MERCADET.

Un bon sur la Banque, c'est bientôt signé...

VERDELIN.

Je... Non...

MERCADET.

Oh! ma pauvre enfant!... tout est dit!... (Il tombe abattu sur un fauteuil.) O mon Dieu! pardonnez-moi de terminer le rêve pénible de mon existence, et laissez-moi me réveiller dans votre sein!

VERDELIN.

Mais si tu as trouvé un gendre, mon ami?...

MERCADET, se levant brusquement.

Si j'ai trouvé un gendre?... tu mets cela en doute?... Ah! refuse-moi durement les moyens de faire le bonheur de ma fille, mais ne m'insulte pas! Tu verras monsieur de la Brive!... Je suis donc tombé bien bas, pour que... Oh! Verdelin... je ne voudrais pas pour mille écus avoir eu cette idée sur toi... tu ne peux être absous qu'en me les donnant...

VERDELIN.

Je vais aller voir si je puis...

MERCADET.

Non, ceci est une manière de refuser...

VERDELIN.

Et si le mariage manque... tiens, je n'y pensais pas, non, mon ami, je te les donnerai quand le mariage se fera, certainement...

MERCADET.

Mais il ne se fera pas sans les mille écus! Comment, toi, à qui je les ai vu dépenser pour une chose de vanité, pour une amourette, tu ne les mettrais pas à une bonne action!...

VERDELIN.

En ce moment, il y a peu de bonnes actions...

MERCADET.

Ah! ah! ah!... il est joli!... tu ris... il y a réaction!...

VERDELIN.

Ah! ah! ah!... (Il laisse tomber son chapeau.)

MERCADET ramasse le chapeau et le brosse avec sa manche.

Eh bien! mon vieux, deux amis qui ont tant roulé dans la vie! qui l'ont commencée ensemble!... En avons-nous dit et fait!... hein! Tu ne te souviens donc pas de notre bon temps, où c'était à la vie à la mort entre nous?

VERDELIN.

Te rappelles-tu notre partie à Rambouillet, où je me suis battu pour toi avec cet officier de la garde?...

MERCADET.

Je t'avais cédé Clarisse! Ah! étions-nous gais, étions-nous jeunes! et aujourd'hui nous avons des filles, des filles à marier!... Si Clarisse vivait, elle te reprocherait ton hésitation!...

VERDELIN.

Si elle avait vécu, je ne me serais jamais marié!...

MERCADET.

Tu sais aimer, toi!... Ainsi je puis compter sur toi pour dîner, et tu me donneras ta parole d'honneur de m'envoyer...

VERDELIN.

Le service...

MERCADET.

Et les mille écus...

VERDELIN.

Tu y reviens encore! Je t'ai dit que je ne le pouvais pas...

MERCADET, à part.

Cet homme ne mourra certes pas d'un anévrisme... (Haut.) Mais je serai donc assassiné par mon meilleur ami!... Oh! c'est toujours ainsi!... Tu seras donc insensible au souvenir de Clarisse et au désespoir d'un père?... (Il crie.) Je suis au désespoir, je vais me brûler la cervelle!...

SCÈNE V

Les Mêmes, JULIE, MADAME MERCADET.

MADAME MERCADET.

Qu'as-tu, mon ami?...

JULIE.

Mon père, ta voix m'a effrayée.

MADAME MERCADET.

Mais c'est Verdelin, tu ne saurais être en danger...

JULIE.

Bonjour, monsieur. De quoi s'agit-il donc entre vous et mon père?...

MERCADET.

Eh bien! tu vois, elles accourent comme deux anges gardiens à un seul éclat de voix. (A part.) Elles m'ont entendu! (A sa femme et à sa fille qu'il prend par les mains.) Vous m'attendrissez!... (A Verdelin.) Verdelin, allons! veux-tu tuer toute une famille? Cette preuve de tendresse me donne la force de tomber à tes genoux. (Il fait le geste de se mettre à genoux.)

JULIE.

Oh! monsieur! (Elle arrête son père.) C'est moi qui vous implorerai pour lui, s'il s'agit (et je le vois bien) d'argent. Eh bien! je puis vous offrir une garantie dans mon travail. Obligez encore une fois mon père, il doit être dans de cruelles angoisses pour supplier ainsi...

MERCADET.

Chère enfant! (A part.) Quels accents!... Je n'étais pas nature comme ça!

MADAME MERCADET.

Monsieur Verdelin, rendez-lui ce service, nous saurons le reconnaître, j'engagerai le bien qui me reste.

VERDELIN, à Julie.

Vous ne savez pas ce qu'il me demande?

JULIE.

Non.

VERDELIN.

Mille écus pour pouvoir vous marier.

JULIE.

Ah! monsieur, oubliez ce que je vous ai dit. Je ne veux pas d'un mariage acheté par l'humiliation de mon père...

MERCADET, à part.

Elle est magnifique...

VERDELIN.

Je vais vous chercher l'argent. (Il sort.)

SCÈNE VI

Les Mêmes, moins VERDELIN.

MERCADET.

Il est parti...

JULIE.

Ah! mon père, pourquoi n'ai-je pas su?

MERCADET. Il embrasse sa fille.

Tu nous as sauvés! Ah! quand serai-je riche et puissant pour le faire repentir d'un pareil bienfait?...

MADAME MERCADET.

Mais il va vous donner la somme que vous lui demandez...

MERCADET.

Il me l'a vendue trop cher!... Qui est-ce qui sait obliger? Oh! quand je le pouvais, moi, je le faisais avec une grâce! (Il fait le geste d'étaler de l'argent.) Il y a des ingratitudes qui sont des vengeances. Ah! mon petit Verdelin, tu rechignes à me prêter mille écus, je n'aurai plus de scrupule à t'en souffler cent mille!...

MADAME MERCADET.

Ne soyez pas injuste, Verdelin a cédé.

MERCADET.

Au cri de Julie, non à mes supplications. Ah! ma chère! il a eu pour plus de mille écus de bassesses!...

SCÈNE VII

Les Mêmes, VERDELIN.

VERDELIN.

J'avais de l'argent dans ma voiture pour Brédif, qui n'est pas chez lui; le voici en trois sacs... (Justin apporte deux sacs.)

MERCADET.

Ah!...

MADAME MERCADET.

Monsieur, comptez sur la reconnaissance d'une mère...

VERDELIN.

Mais c'est à vous et à votre fille seulement que je prête cet argent, et vous aurez la complaisance de signer toutes deux le billet que va me faire Mercadet...

JULIE.

Signer mon malheur!...

MADAME MERCADET.

Tais-toi, ma fille.

MERCADET. Il écrit.

Mon bon Verdelin, je te reconnais enfin! Faut-il comprendre les intérêts?

VERDELIN.

Non, non, sans intérêts... Je veux vous obliger et non faire une affaire...

MERCADET.

Ma fille, voilà ton second père!...

SCÈNE VIII

Les Mêmes, JUSTIN, puis THÉRÈSE.

JUSTIN.

Monsieur Minard. (Il sort.)

THÉRÈSE.

Madame, les marchands apportent tout...

MADAME MERCADET. Elle tend le billet à Verdelin.

J'y vais.

MERCADET, à Verdelin.

Tu vois, il était temps !

VERDELIN.

Eh bien ! je vous laisse... (Madame Mercadet sort avec Thérèse, Verdelin est reconduit par Mercadet, qui fait signe à Minard d'entrer.)

SCÈNE IX

MINARD, JULIE, MERCADET.

JULIE, à Minard.

Si vous voulez, Adolphe, que notre amour brille à tous les regards, dans les fêtes du monde comme dans nos cœurs, ayez autant de courage que j'en ai eu déjà.

MINARD.

Que s'est-il donc passé?...

JULIE.

Un jeune homme riche se présente, et mon père est sans pitié pour nous...

MINARD.

Je triompherai!...

MERCADET, revenant.

Monsieur, vous aimez ma fille?

MINARD.

Oui, monsieur.

MERCADET.

Du moins elle le croit ! Vous avez eu le talent de le lui persuader...

MINARD.

Votre manière de vous exprimer annonce un doute qui, venant de tout autre que de vous, m'offenserait. Comment n'aimerais-je pas mademoiselle? Abandonné par mes parents, et sans autre protection que celle de ce bon monsieur Duval qui m'a servi de père depuis neuf ans, votre fille, monsieur, est la seule personne qui m'ait fait connaître les bonheurs de l'affection. Mademoiselle Julie est à la fois une sœur et une amie, elle est toute ma famille !... Elle seule m'a souri, m'a encouragé : aussi est-elle aimée au delà de toute expression.

JULIE.

Dois-je rester, mon père?...

ACTE II

MERCADET, à sa fille.

Gourmande! (A Minard.) Monsieur, j'ai sur l'amour, entre jeunes gens, les idées positives que l'on reproche aux vieillards. Ma défiance est d'autant plus légitime, que je ne suis point de ces pères aveuglés par la paternité : je vois Julie comme elle est; sans être laide, elle ne possède pas cette beauté qui fait crier : — « Ah! » Elle n'est ni bien ni mal.

MINARD.

Vous vous trompez, monsieur. J'ose vous dire que vous ne connaissez pas votre Julie...

MERCADET.

Oh! parfaitement... comme si...

MINARD.

Non, monsieur, vous connaissez la Julie que tout le monde voit et connaît : mais l'amour la transfigure! la tendresse, le dévouement, lui communiquent une beauté ravissante que moi seul ai créée.

JULIE.

Mon père, je suis honteuse...

MERCADET.

Dis donc heureuse... Et s'il vous répète ces choses-là...

MINARD.

Cent fois, mille fois, et jamais assez!... Il n'y a pas de crime à les dire devant un père!

MERCADET.

Vous me flattez! Je me croyais son père, mais vous êtes le père d'une Julie avec laquelle je voudrais faire connaissance. Voyons, jeune homme, ouvrez les yeux! Les solides et belles qualités de son âme, je le conçois, peuvent changer l'expression de sa physionomie, mais le teint? Julie est modeste et résignée, elle sait qu'elle a le teint brun et les traits un peu... risqués...

JULIE.

Mon père!...

MINARD.

Mais vous n'avez donc pas aimé!...

MERCADET.

Beaucoup! J'ai, comme tous les hommes, traîné ce boulet d'or.

MINARD.

Autrefois!... mais aujourd'hui nous aimons mieux...

MERCADET.

Que faites-vous donc?

MINARD.

Nous nous attachons à l'âme, à l'idéal.

MERCADET.

Et c'est ce qui rend ma fille jolie!... Ainsi qu'une femme ait des hasards dans la taille, l'idéal la redresse! L'âme lui effile les doigts! l'idéal lui fait de beaux yeux et de petits pieds! l'âme éclaicit le teint!...

MINARD.

Certainement.

MERCADET.

Nous autres gens élevés sous l'Empire, nous appelons cela...

MINARD.

L'amour! cela!... l'amour, le saint et pur amour!...

MERCADET.

Avoir le bandeau sur les yeux.

JULIE.

Mon père, ne vous moquez pas de deux enfants...

MERCADET.

Très-grands...

JULIE.

Qui s'aiment comme on s'aime de leur temps, d'une passion vraie, pure, durable, parce qu'elle est appuyée sur la connaissance du caractère, sur la certitude d'une mutuelle ardeur à combattre les difficultés de la vie; enfin deux enfants qui vous aimeront bien.

MINARD, à Mercadet.

Quel ange!...

MERCADET, à part.

Je vais t'en donner de l'ange! (A sa fille.) Tais-toi, ma fille. (A Minard.) Ainsi, monsieur, vous adorez Julie. Elle est charmante, elle a de l'âme, de l'esprit, du cœur. Enfin, c'est la beauté comme vous l'entendez, elle est la perfection rêvée...

MINARD.

Ah! vous comprenez donc!...

MERCADET.

Un ange qui tient néanmoins un peu à la matière...

MINARD.

Pour mon bonheur!...

MERCADET.

Vous l'aimez sans aucune arrière-pensée?

MINARD.

Aucune.

JULIE.

Que vous ai-je dit?

MERCADET. Il les prend par les mains et les attire à lui.

Heureux enfants! Vous vous aimez donc?... Quel joli roman!... (A Minard.) Vous la voulez pour femme?...

MINARD.

Oui, monsieur.

MERCADET.

Malgré tous les obstacles?

MINARD.

Je suis venu pour les vaincre.

MERCADET.

Rien ne vous découragera?

MINARD.

Rien.

JULIE.

Ne vous ai-je pas dit qu'il m'aimait?

MERCADET.

Cela y ressemble! Où trouver un plus beau spectacle? Il n'y a rien de plus doux pour un père que de voir sa fille aimée comme elle le mérite, et de la voir heureuse...

JULIE.

Ne me saurez-vous pas gré, mon père, d'un choix qui vous donne un fils plein de sentiments élevés, doué d'une âme forte et?...

MINARD.

Mademoiselle!...

JULIE.

Oui, monsieur, oui, je parlerai aussi, moi!

MERCADET.

Ma fille, va voir ta mère; laisse-moi parler d'affaires beaucoup moins immatérielles. Quelle que soit la puissance de l'idéal sur la beauté des femmes, elle n'a malheureusement aucune influence sur les rentes... (Julie sort.)

SCÈNE X

MINARD, MERCADET.

MERCADET.

Nous sommes entre nous, nous allons parler français. Monsieur, vous n'aimez pas ma fille!

MINARD.

Dites, monsieur, que vous avez en vue un riche parti pour mademoiselle Mercadet, que vous ne tenez aucun compte des inclinations de votre fille, et je vous comprendrai : mais sachez-le! je ne suis venu demander sa main qu'après avoir obtenu son cœur...

MERCADET.

Son cœur? malheureux! Que voulez-vous dire?...

MINARD.

Monsieur, Julie est respectueusement aimée...

MERDADET.

Bien! C'est heureusement idéal! mais vous me devez une confidence entière au point où nous en sommes... Vous êtes-vous écrit?...

MINARD.

Oui, monsieur, des lettres pleines d'amour.

MERCADET, à part.

Ah! pauvre fille! elle a lu des lettres d'amour! Elle! C'est la tête alors et non le cœur qui souffrira!... (Haut.) Monsieur, les anges ont mille perfections, mais ils n'ont pas de rentes sur l'État, et Julie...

MINARD.

Ah! monsieur, je suis prêt à tous les sacrifices, je ne veux que Julie.

MERCADET.

Vous avez dit que vous ne seriez effrayé par aucun obstacle

MINARD.

Aucun.

MERCADET.

Eh bien! je vais vous confier un secret d'où dependent l'honneur et le repos de la famille dans laquelle vous voulez absolument entrer.

MINARD, à part.

Que va-t-il me dire?

MERCADET.

Je suis sans ressources, monsieur, ruiné... ruiné totalement. Si vous voulez Julie, elle sera bien à vous, elle sera mieux chez vous, quelque pauvre que vous soyez, que dans la maison paternelle... Non-seulement elle est sans dot, mais elle est dotée de parents pauvres... plus que pauvres...

MINARD.

Plus que pauvres... il n'y a rien au delà!

MERCADET.

Si, monsieur, nous avons des dettes, beaucoup de dettes; il y en a de criardes...

MINARD, à part.

Ruse de comédie! il veut m'éprouver. (Haut.) Eh bien! monsieur, je suis jeune, j'ai le monde devant moi, je ne manque ni d'énergie, ni d'ambition; aujourd'hui personne ne vient d'assez loin pour me demander autre chose que mon nom. J'arriverai... j'aurai le bonheur d'enrichir celle que j'aime.

MERCADET.

Je connais cela. Je me suis ruiné pour madame Mercadet, pour lui continuer l'opulence à laquelle elle était habituée. J'ai sacrifié dans mon temps à l'idéal: aussi ai-je des créanciers qui ne comprennent pas la fantaisie, l'imagination, le bonheur!

MINARD, à part.

Il raille, il est riche.

MERCADET.

Ainsi ma confidence ne vous effraye pas?

MINARD.

Non, monsieur. Aucune pensée d'intérêt n'entache mon amour...

MERCADET.

Bien dit, jeune homme. Oh! vous avez dit cette dernière phrase à merveille. (A part.) Il est têtu. (Haut.) Vous aimez ma fille assez pour acheter cher le bonheur de l'épouser?...

MINARD.

Que peut-on donner de plus que sa vie?

MERCADET.

Un amour si sincère doit être récompensé.

MINARD.

Enfin....

MERCADET.

J'ai une entière confiance en vous.

MINARD.

Je la mérite, monsieur.

MERCADET.

Attendez! (Il sort.)

MINARD, un moment seul.

A ma place, bien des jeunes gens dans ma position auraient tremblé, auraient faibli! Quand un père si riche a une fille qui n'est pas belle (car Julie est passable, voilà tout), il a bien raison de chercher à savoir si elle n'est pas épousée uniquement pour sa fortune... Oh! pour un garçon timide, j'ai été superbe! Il a du bon sens, le père. Certainement Julie m'aime, je suis le seul qui lui aie parlé d'amour, et, à force de parler, je me suis laissé prendre à ce que je disais. Mais je la rendrai heureuse, je l'aime comme on doit aimer sa femme; oui, je l'aime! Peut-être qu'à force d'étudier une personne, on finit par la bien comprendre, et alors on voit son âme à travers le voile de la chair. Julie a une belle âme. En effet, ce sont les qualités et non la beauté d'une femme qui font les mariages heureux. Dailleurs on en épouse de plus laides. Et puis, la femme qui nous aime sait se faire jolie!...

MERCADET, revenant.

Tenez! mon gendre, voici des papiers de famille qui attesteront notre fortune...

MINARD.

Monsieur...

MERCADET.

Oh! négative... lisez. Voici copie du procès-verbal de la saisie de notre mobilier; j'achète assez cher du propriétaire le droit de le conserver ici. Ce matin il voulait faire vendre. Voici des commandements en masse, et, hélas! une signification de contrainte par corps faite hier... Vous voyez bien que cela devient très-sérieux... Enfin, voici tous mes protêts, mes jugements, tous mes dossiers classés par ordre : car, jeune homme, retenez bien ceci : c'est surtout dans le désordre qu'il faut avoir de l'ordre. Un désordre bien rangé, on s'y retrouve, on le domine! Que peut dire un créancier qui voit sa dette inscrite à son numéro? Je me suis modelé sur le gouvernement : tout suit l'ordre alphabétique. Je n'ai pas encore entamé la lettre A.

MINARD.

Vous n'avez rien payé...

MERCADET.

A peu près : mais ne suis-je pas loyal?

MINARD.

Très-loyal...

MERCADET.

Vous connaissez l'état de mes charges, vous savez la tenue des livres... Tenez! total : trois cent quatre-vingt mille...

MINARD.

Oui, monsieur, la récapitulation est là.

MERCADET.

Vous avez lu... Vous ne vous plaindrez pas? Un père enchanté de se défaire de sa fille aurait cherché à vous tromper; il aurait promis une dot imaginaire, une rente à servir. On fait de ces tours-là!... souvent! Beaucoup de pères profitent d'un amour comme le vôtre et l'exploitent! Mais ici vous traitez avec un homme honorable... On peut avoir des dettes, on doit rester homme d'honneur... Vous me faisiez frémir quand vous vous enferriez devant ma fille avec vos belles protestations; car épouser une fille pauvre, quand, comme vous, on n'a que deux mille francs d'appointements, c'est marier le protêt avec la saisie.

MINARD.

Vous croyez, monsieur? Je ferais donc alors le malheur de votre fille!...

MERCADET.

Ah! jeune homme! ma fille a maintenant son vrai teint...

MINARD.

Oui, monsieur.

MERCADET.

Touchez là! vous avez mon estime. Vous êtes un garçon d'espérance, vous mentez avec un aplomb...

MINARD.

Monsieur...

MERCADET.

Vous pourriez être ministre, une chambre vous croirait...

MINARD.

Monsieur!...

MERCADET.

Eh bien! allez-vous me quereller? N'est-ce pas moi qui ai lieu de me plaindre, jeune homme? vous avez troublé la paix de ma famille, vous avez mis dans la tête de ma fille des idées exagérées de l'amour, qui peuvent rendre son bonheur difficile en la laissant se forger un idéal... ridicule. Julie a plusieurs mois de plus que vous, votre faux amour lui offre des séductions auxquelles aucune fille, dans sa position, ne résiste...

MINARD.

Monsieur, si notre mutuelle misère nous sépare, je suis du moins sans reproche! J'aime mademoiselle Julie! un pauvre garçon, déshérité comme je le suis, peut-il trouver mieux?

MERCADET.

Des phrases! Vous avez fait le mal, il s'agit de le réparer.

MINARD.

Croyez, monsieur...

MERCADET.

Pas un mot de plus... des preuves... Vous me rendrez les lettres que ma fille vous a écrites...

MINARD.

Aujourd'hui même...

MERCADET.

Et vous aiderez un malheureux père à marier sa fille. Si vous aimez Julie, efforcez-vous de me seconder. Il s'agit pour elle d'avoir une fortune et un nom. Quand vous resteriez ostensiblement épris d'elle, il n'y aurait rien de déshonorant à jouer le rôle d'amant malheureux. En France, chacun veut de ce que tout le monde désire. Une jeune personne courtisée, disputée, emprunte des attraits à l'idéal. Oui, si notre bonheur désespère quelqu'un, il nous en semble meilleur. L'envie est au fond du cœur humain comme une vipère dans son trou. Ah! vous m'avez compris... Quant à ma fille (il appelle Julie), je vous laisse le soin de la préparer à votre changement : elle ne me croirait pas, si je lui disais que vous renoncez à elle...

MINARD.

Le pourrais-je après tout ce que je lui ai dit et écrit? (Mercadet sort.) Je voudrais être à cent pieds sous terre. L'épouser? j'ai dix-huit cents francs d'appointements et je n'ai point de quoi vivre pour un, que deviendrions-nous trois? La voici... Elle ne me semble plus être la même! je m'étais habitué à la voir à travers trois cent mille francs de dot!... Allons!...

SCÈNE XI

MINARD, JULIE.

JULIE.

Et bien! Adolphe?...

MINARD.

Mademoiselle?...

JULIE.

Mademoiselle? Ne suis-je plus Julie? Avez-vous tout arrangé avec mon père?...

MINARD.

Oui... C'est-à-dire...

JULIE.

Oh! l'argent a toujours blessé l'amour; mais j'espère que vous aurez vaincu mon père...

MINARD.

Ah! Julie, votre père a des raisons... judiciai... judicieuses..

JULIE.

Que s'est-il donc passé entre vous et lui? Adolphe, vous n'avez plus l'air de m'aimer...

MINARD.

Oh! toujours...

JULIE.

Ah! j'avais le cœur déjà serré...

MINARD.

Il s'est opéré un grand changement dans notre situation.

JULIE.

Vous n'avez pas surmonté tous les obstacles?

MINARD.

Votre père ne nous a pas dit sa situation, elle est horrible, Julie, car elle nous voue à la misère. Il y a des hommes à qui la misère donne de l'énergie: moi, vous ne connaissez pas mon caractère, je suis de ceux qu'elle abat... Tenez!... je ne soutiendrais pas la vue de votre malheur.

JULIE.

J'aurai du courage pour deux. Vous ne me verrez jamais que souriant. D'ailleurs, je ne vous serai point à charge. Ma peinture me procure autant d'argent que votre place vous en donne, et, sans être riche, je vous promets de faire régner l'aisance dans notre joli ménage.

MINARD, à part.

Il n'y a que les filles pauvres pour nous aimer ainsi...

JULIE.

Que dites-vous donc là, monsieur?

MINARD.

Je ne vous ai jamais vue si belle! (A part.) L'amour la rend folle!... Il faut en finir. (Haut.) Mais...

JULIE.

Le mais, Adolphe, est un mot sournois.

MINARD.

Votre père a fait un appel à ma délicatesse. Il m'a prouvé combien l'amour était une passion égoïste.

JULIE.

A deux.

MINARD.

A trois même! Il m'a montré la différence de votre sort, si vous étiez riche. Julie, il y a deux manières d'aimer...

JULIE.

Il n'y en a qu'une.

MINARD.

L'amour qui vous livre à la misère est insensé, l'amour qui se sacrifie à votre bonheur est héroïque!...

JULIE.

Mon seul bonheur, Adolphe, est d'être à vous!

MINARD.

Ah! si vous aviez entendu votre père, il m'a demandé de renoncer à vous!

JULIE.

Et vous avez renoncé?...

MINARD.

J'essaye, je le voudrais, je ne le puis. Il y a quelque chose en moi qui me dit que je ne serai jamais aimé comme je le suis par vous...

JULIE.

Oh! certes! monsieur, mon amour... Oh! pourquoi en parlerais-encore?

MINARD.

Je ne puis le reconnaître qu'en me sacrifiant...

JULIE.

Adieu, adieu, monsieur!... (Adolphe sort.) Il s'en va, il ne se retourne point! Oh, mon Dieu!...

SCÈNE XII

JULIE. Elle se regarde dans une glace.

Beauté, incomparable privilége, le seul qui ne se puisse acquérir, et qui cependant n'est qu'une chimère, qu'une promesse, oui, tu me manques! Oh! je le sais! J'avais essayé de te remplacer par la tendresse, par la douceur, par la soumission, par le dévouement absolu qui fait qu'on donne sa vie comme un grain d'encens sur l'autel... Et voilà toutes les espérances de la pauvre fille laide envolées! Mon idole tant caressée vient de se briser, là, en éclats!... Ce mot : — « Je suis belle, je puis charmer, accomplir ma destinée de femme, donner le bonheur, le recevoir! » cette enivrante idée ne s'élèvera donc jamais de mon cœur pour le consoler!... Plus d'illusions, j'ai rêvé... (Elle essuie quelques larmes.) Mes larmes couleront sans être essuyées : je serai seule dans la vie! Il ne m'aimait pas! J'ai revêtu de mes propres qualités, de mes sentiments, un fantôme qui s'est évanoui!... et ma douleur paraîtrait si ridicule que je dois la cacher dans mon âme... Allons! un dernier soupir à ce premier amour et résignons-nous à devenir, comme tant d'autres femmes, le jouet des événements d'une vie inconnue! Soyons madame de la Brive pour sauver mon père. Abdiquons la belle couronne de l'amour unique, vertueux et partagé!...

FIN DU DEUXIÈME ACTE.

ACTE TROISIÈME

SCÈNE PREMIÈRE

MINARD, seul.

Si j'étais seulement chef de bureau dans une administration, je ne rapporterais pas ces lettres! Avant de m'en séparer, je les ai relues; elles peignent une belle âme, une tendresse infinie. Oh! la misère! elle a dévoré peut-être autant de belles amours que de beaux génies! Avec quel respect nous devons saluer les grands hommes qui la domptent, ils sont deux fois grands!...

SCÈNE II

MINARD, JULIE.

JULIE.

Je vous ai vu entrer, et me voici. Oh! je suis sans fierté...

MINARD.

Et moi sans force.

JULIE.

Vous ne m'aimez pas autant que je vous aime, vous êtes un homme! Ah! si vous aviez seulement un regret, Adolphe?...

MINARD.

Eh bien?

JULIE.

Je ferais manquer ce mariage, sans que mon père sût par quel moyen.

MINARD.

Et après?

JULIE.

L'avenir serait à nous! Et, à nous deux, nous saurions devenir riches...

MINARD.

Notre avenir a peu de chances favorables. Écoutez-moi, Julie. Après vous avoir quittée, j'ai éprouvé tant de peine, que je suis digne de pardon. Trouvez-moi cupide ou ambitieux, je serai sincère, du moins : je vous ai cru assez de fortune pour offrir un point d'appui aux efforts que je rêvais de tenter pour vous! Je suis seul au monde, il était bien naturel de demander secours à celle de qui je voulais faire ma compagne. Peut-être même ai-je compté sur le plaisir que vous preniez à mes soins pour vous bien attacher à moi, tant j'avais besoin d'un point d'appui. Mais, en vous connaissant, j'ai ressenti pour vous une sérieuse affection, et ce que votre père m'a dit ne l'a pas éteinte...

JULIE.

Vrai!...

MINARD.

Oui, Julie, je sens que je vous aime ; et, si j'avais autant de croyance en moi que d'amour pour vous, nous affronterions ensemble les malheurs de la vie!...

JULIE.

Assez! assez! cet aveu suffit. Il m'en coûtait de vous savoir intéressé... Pas un mot de plus. Je suis heureuse.

MINARD.

En vérité, Julie, il me serait possible de beaucoup souffrir; mais vous? êtes-vous aguerrie contre le malheur? Nous n'aurions d'abord que des peines à échanger...

JULIE.

Je vous pardonne votre ambition, vos calculs, pardonnez-moi ma persistance. Puisque vous m'aimez, tout me semble possible...

MINARD.

C'est donc moi qui suis le doute ; et vous, vous êtes l'espérance.

JULIE.

Je tâcherai de rester libre encore quelque temps. J'ai dans le cœur une voix qui me dit que nous serons heureux. Vous avez reçu dernièrement une lettre de votre mère, qui ne vous a, dit-elle, abandonné que pour veiller à vos intérêts, et qui vous annonce des jours meilleurs! Peut-être votre sort changera-t-il.

SCÈNE III

MADAME MERCADET, JULIE, MINARD.

MADAME MERCADET.

Eh bien ! Julie, votre père se fâcherait s'il vous voyait occupée à causer, surtout avec monsieur, au lieu de vous habiller. Vous allez vous laisser surprendre par messieurs de Méricourt et de la Brive.

MINARD.

Madame, ma visite n'a rien d'indiscret. Je viens rendre ses lettres à mademoiselle et lui redemander les miennes, selon le désir de monsieur Mercadet.

JULIE.

Ma mère, vous savez maintenant que nous nous aimons. Ne pourriez-vous défendre votre fille contre le malheur?...

MADAME MERCADET.

Julie, votre père a besoin, dans sa situation, d'un gendre qui lui soit utile et qui le seconde dans ses opérations : il est perdu sans ce mariage...

JULIE.

Et moi, ma vie est manquée.

MINARD.

Monsieur Duval, l'ancien caissier de messieurs Mercadet et Godeau...

MADAME MERCADET.

Il est aussi le créancier de monsieur Mercadet.

MINARD.

Oui, madame, mais je viens de lui confier la situation de monsieur Mercadet. (Mouvement de madame Mercadet.) Oh ! il la connaissait, madame, et il ne la trouve pas désespérée ; il se chargerait de sa liquidation.

MADAME MERCADET.

Mon mari liquider ! vous ne le connaissez pas ! Semblable au joueur à la table fatale, il espère toujours dans un coup heureux, et je ne sais jusqu'où il irait pour conserver le droit de faire fortune ; d'ailleurs, vous le voyez pour le mariage de sa fille !... Lui, liquider !... renoncer aux affaires : mais c'est sa vie !... Monsieur, je vous dis ce secret pour vous expliquer combien il y a peu de chances de le faire revenir sur sa détermination. Comme femme et comme mère, je voudrais vous voir heureux ; mais puis-je blâmer monsieur Mercadet de ce qu'il marie richement sa fille quand je me vois si près de la misère?... Monsieur de la Brive a un nom, une famille...

JULIE, à sa mère.

Cessez, ma mère!... pensez à la situation d'Adolphe!...

SCÈNE IV

Les Mêmes, JUSTIN.

JUSTIN.

Messieurs de la Brive et de Méricourt.

JULIE, à Minard.

Monsieur, venez, je vais vous rendre vos lettres.

MADAME MERCADET, à Justin.

Faites-les attendre ici, je vais leur envoyer monsieur. Allons nous habiller, ma fille. (Tous sortent, moins Justin.)

SCÈNE V

JUSTIN, DE MÉRICOURT, DE LA BRIVE.

JUSTIN.

Ces dames sont encore à leur toilette et prient ces messieurs d'attendre un moment. Monsieur va venir. (Il sort.)

MÉRICOURT.

Enfin, mon cher, te voilà dans la place et tu vas être bientôt officiellement le prétendu de mademoiselle Mercadet. Conduis bien ta barque, le père est un finaud.

DE LA BRIVE.

Et c'est ce qui m'effraye! il sera difficile.

MÉRICOURT.

Je ne crois pas, Mercadet est un spéculateur. Riche aujourd'hui, demain il peut se trouver pauvre. D'après le peu que sa femme m'a dit de ses affaires, je crois qu'il est enchanté de mettre une portion de sa fortune sous le nom de sa fille, et d'avoir un gendre capable de l'aider dans ses conceptions.

DE LA BRIVE.

C'est une idée! elle me va; mais s'il voulait prendre trop de renseignements?

MÉRICOURT.

J'en ai donné d'excellents à madame Mercadet... Une femme de quarante ans, mon cher, croit tout ce que lui dit celui qui la comble de soins...

DE LA BRIVE.

Ceci est tellement heureux que...

MÉRICOURT.

Vas-tu perdre ton aplomb de dandy? Je comprends bien tout ce que la situation a de périlleux. Il faut être arrivé au dernier degré du désespoir pour se marier. Le mariage est le suicide des dandys après en avoir été la plus belle gloire. (Il baisse la voix.) Voyons, peux-tu tenir encore?

DE LA BRIVE.

Si je ne m'appelais pas de mon nom primitif, Michonnin pour les huissiers, et de la Brive pour le monde élégant, je serais déjà banni du boulevard. Les femmes et moi, nous nous sommes ruinés réciproquement; et, par les mœurs qui courent, rencontrer une Anglaise, une aimable douairière, un potose amoureux, c'est, comme les carlins, une espèce perdue!

MÉRICOURT.

Le jeu?

DE LA BRIVE.

Oh! le jeu n'est une ressource certaine que pour certains chevaliers, et je ne suis pas assez fou pour risquer le déshonneur contre quelques gains, qui toujours ont leur terme. La publicité, mon cher, a perdu toutes les mauvaises carrières où jadis on faisait fortune. Donc, sur cent mille francs d'acceptations, l'usure ne me donnerait pas dix mille francs argent. Pierquin m'a renvoyé à un sous-Pierquin, un petit père Violette, qui a dit à mon courtier que ce serait acheter des timbres trop cher... Mon tailleur se refuse à comprendre mon avenir... mon cheval vit à crédit. Quant à ce petit malheureux si bien vêtu, mon tigre, je ne sais pas comment il respire ni où il se nourrit. Je n'ose pénétrer ce mystère. Or, comme nous ne sommes pas encore assez avancés en civilisation pour qu'on fasse une loi comme celle des Juifs, qui supprimait toutes les dettes à chaque demi-siècle, il faut payer de sa personne. On dira de moi des horreurs... Un jeune homme très-compté parmi les élégants, assez heureux au jeu, de figure passable, qui n'a pas vingt-huit ans, se marier avec la fille d'un riche spéculateur... laide, dis-tu?...

MÉRICOURT.

Comme ça!...

DE LA BRIVE.

C'est un peu leste! mais je me lasse de la vie fainéante... Je le vois! le plus court chemin pour amasser du bien, c'est encore de travailler!... Mais... notre malheur, à nous autres, est de nous sentir aptes à tout et de n'être en définitive bons à rien! Un homme comme moi, capable d'inspirer des passions et de les justifier, ne peut pas être commis ni soldat. La société n'a pas créé d'emploi pour nous. Eh bien! je ferai des affaires avec Mercadet. C'est un des plus grands faiseurs. A nous deux, nous remuerons le monde commercial. Tu es bien sûr qu'il ne peut pas donner moins de cent cinquante mille francs à sa fille?

MÉRICOURT.

Mon cher, d'après la tenue de madame Mercadet... enfin... tu la vois à toutes les premières représentations, aux Bouffes, à l'Opéra, elle est d'une élégance!...

DE LA BRIVE.

Mais je suis assez élégant, et je n'ai...

MÉRICOURT.

C'est vrai, mais vois... tout annonce ici l'opulence. Oh! ils sont très-bien!

DE LA BRIVE.

C'est la splendeur bourgeoise... du cossu, ça promet...

MÉRICOURT.

Puis la mère a des principes solides! à quarante ans, elle a des scrupules! Depuis dix-huit mois je n'ai rien vu dans sa conduite qui ne soit très... convenable. As-tu le temps de conclure?

DE LA BRIVE.

Je me suis mis en mesure. J'ai gagné hier au club de quoi faire les choses très-bien pour la corbeille : je donnerai quelque chose, et je devrai le reste...

MÉRICOURT.

Sans me compter, à quoi montent tes dettes?

DE LA BRIVE.

Une bagatelle! Cent cinquante mille francs que mon beau-père fera réduire à cinquante mille! Il me restera donc cent mille francs et c'est de quoi lancer une première affaire. Je l'ai toujours dit : je ne deviendrai riche que lorsque je n'aurai plus le sou.

MÉRICOURT.

Mercadet est un homme fin, il te questionnera sur ta fortune, es-tu bien préparé?

DE LA BRIVE.

N'ai-je pas la terre de la Brive? trois mille arpents de terre dans les Landes, qui vaut trente mille francs, hypothéquée de quarante-cinq mille, et qui peut se mettre en action pour en extraire n'importe quoi, au chiffre de cent mille écus?... Tu ne te figures pas ce qu'elle m'a rapporté, cette terre!

MÉRICOURT.

Ton nom, ta terre et ton cheval sont à deux fins.

DE LA BRIVE.

Pas si haut!

MÉRICOURT.

Ainsi, tu es bien décidé?...

DE LA BRIVE.

D'autant plus que je veux être un homme politique...

MÉRICOURT.

Au fait, tu es bien assez habile pour cela.

DE LA BRIVE.

Je serai d'abord journaliste.

MÉRICOURT.

Toi qui n'a pas écrit deux lignes.

DE LA BRIVE.

Il y a les journalistes qui écrivent et ceux qui n'écrivent point. Les uns, les rédacteurs, sont les chevaux qui traînent la voiture; les autres, les propriétaires, sont les entrepreneurs; ils donnent aux uns de l'avoine, et gardent les capitaux. Je serai propriétaire. On se pose dans sa cravate! On dit : — « La question d'Orient... question très-grave, qui nous mènera loin et dont on ne se doute pas! » On résume une discussion en s'écriant : — « L'Angleterre, monsieur, nous jouera toujours! » Ou bien on répond à un monsieur qui a parlé longtemps et qu'on n'a pas écouté : — « Nous marchons à un abîme. Nous n'avons pas encore accompli toutes

les évolutions de la phase révolutionnaire! » A un ministériel : —
« Monsieur, je pense que sur cette question il y a quelque chose
à faire. » On parle fort peu, on court, on se rend utile, on fait
les démarches qu'un homme au pouvoir ne peut pas faire lui-
même... On est censé donner le sens des articles... remarqués!...
Et puis, s'il le faut absolument... eh bien! l'on trouve à publier
un volume jaune sur une utopie quelconque, si bien écrit, si fort,
que personne ne l'ouvre, et que tout le monde dit l'avoir lu! On
devient alors un homme sérieux, et l'on finit par se trouver
quelqu'un au lieu d'être quelque chose!

MÉRICOURT.

Hélas! ton programme a souvent eu raison de notre temps.

DE LA BRIVE.

Mais nous en voyons d'éclatantes preuves! Pour vous appeler
au partage du pouvoir, on ne vous demande pas aujourd'hui ce
que vous pouvez faire de bien, mais ce que vous pouvez faire de
mal! Il ne s'agit pas d'avoir des talents, mais d'inspirer la peur!
On est très-craintif en politique, à cause des tas de linge sale qu'on
a dans des petits coins, et qu'on ne peut pas blanchir... Je connais
parfaitement notre époque. En dînant, en jouant, en faisant des
dettes, je faisais mon cours de droit politique; j'étudiais les petits
coins : aussi, le lendemain de mon mariage, aurai-je un air grave,
profond, et des principes! Je puis choisir. Nous avons en France
une carte de principes aussi variée que celle d'un restaurateur. Je
serai socialiste. Le mot me plaît. A toutes les époques, mon cher,
il y a des adjectifs qui sont le passe-partout des ambitions!
Avant 1789, on se disait économiste; en 1805, on était libéral.
Le parti de demain s'appelle social, peut-être parce qu'il est
insocial : car en France, il faut toujours prendre l'envers du mot
pour en trouver la vraie signification!...

MÉRICOURT.

Tu plaçais tes dissipations à gros intérêts.

DE LA BRIVE.

Tu as dit le mot.

MÉRICOURT.

Mais, entre nous, tu n'as que le jargon du bal masqué, qui
passe pour de l'esprit auprès de ceux qui ne parlent pas. Comment
feras-tu, car il faut un peu de savoir?...

DE LA BRIVE.

Mon ami, dans toutes parties, en commerce, en sciences, dans les arts, dans les lettres, il faut une mise de fonds, des connaissances spéciales, et prouver sa capacité. Mais en politique, mon cher, l'on a tout et l'on est tout avec un seul mot...

MÉRICOURT.

Lequel?

DE LA BRIVE.

Celui-ci : « Les principes de mes amis... L'opinion à laquelle j'appartiens. » — Cherchez!...

SCÈNE VI

LES MÊMES, MINARD, ils se saluent.

MINARD.

Monsieur est sans doute monsieur de la Brive?

DE LA BRIVE.

Oui, monsieur.

MÉRICOURT.

C'est le petit jeune homme dont nous a parlé la femme de chambre, et qui fait la cour à l'héritière.

DE LA BRIVE.

A l'héritage...

MÉRICOURT.

Et qu'on a refusé pour toi... (De la Brive lorgne Minard.)

MINARD.

Vous êtes heureux, monsieur ; vous avez les priviléges de la richesse : une jeune personne vous plaît, vous l'épousez...

DE LA BRIVE.

Permettez-moi de croire, monsieur, que, sans aucune fortune, j'aurais encore des chances personnelles...

MINARD.

Ah! si j'avais votre fortune!...

MÉRICOURT, à de la Brive.

Pauvre garçon! il n'aurait pas grand'chose.

MINARD.

Je ne céderais certes à personne ce trésor de grâce et de perfection; vous avez pour vous l'autorité d'un père.

DE LA BRIVE.

Et vous, monsieur!...

MINARD.

Ah! monsieur, malheureusement je n'ai rien que mon amour pour mademoiselle Julie.

SCÈNE VII

LES MÊMES, MERCADET, il écoute un moment.

DE LA BRIVE.

Monsieur, je ne vois pas en quoi je puis alors vous être utile ou agréable.

MINARD.

Monsieur, puisque le hasard fait que nous nous rencontrons, je me sens la force de vous dire : Rendez-la riche et heureuse.

MERCADET, à part.

Riche? Que dit-il? Il peut tout compromettre! (Il se montre.)

DE LA BRIVE, à Méricourt.

Il est amusant, ce petit jeune homme; il faut l'encourager, car si ma femme est trop laide!...

MERCADET.

Bonjour, mon cher Méricourt, avez-vous vu ma femme? (A la Brive.) Ces dames vous font attendre? Ah!... les toilettes!... (Il regarde Minard.) Monsieur Minard, je vous croyais homme de bon goût, et nous nous sommes assez nettement expliqués.

MINARD.

Pardon! monsieur.

MERCADET.

La passion explique bien des choses, mais il est certaines délicatesses qui ne doivent jamais être foulées aux pieds...

MINARD.

Je vous comprends, monsieur.

MÉRICOURT, à Mercadet.

Oh! il n'est pas dangereux!

MERCADET, bas à Minard.

Vous n'êtes pas assez chagrin. (Haut.) Adieu, mon cher? (Bas.) Allons donc! un soupir.

MINARD, aux jeunes gens.

Adieu, messieurs! (A Mercadet.) Soyez indulgent, monsieur, pour un homme qui perd son bonheur!... (Mercadet le conduit.)

SCÈNE VIII

Les mêmes, moins MINARD.

MERCADET.

Pauvre jeune homme! j'ai peut-être été sévère, et je le plains, il adore ma fille! Que voulez-vous? Il n'a que dix mille livres de rentes et une place...

DE LA BRIVE.

On ne va pas loin avec cela!

MERCADET.

On végète! Ah! il avait bien deviné tout ce que vaut Julie; et, comme il a de l'entregent, il avait mis ma femme de son parti; mais il a le défaut d'être orphelin du vivant de son père et de sa mère, dont il se soucie plus qu'ils ne se soucient de lui. Dans cette situation-là, je ne comprends pas qu'on s'attaque à la fille d'un homme qui connaît les affaires.

DE LA BRIVE.

Vous n'êtes pas homme à donner une fille riche et spirituelle au premier venu.

MERCADET.

Non, certes. Mais, monsieur, avant que ces dames ne viennent, nous pouvons traiter les affaires sérieuses.

DE LA BRIVE, à Méricourt.

Voilà la crise!

MERCADET.

Aimez-vous bien ma fille?

DE LA BRIVE.

Passionnément.

MERCADET, à part.

Ceci va mal. (Haut.) Passionnément!... C'est trop pour être heureux en ménage.

MÉRICOURT, à la Brive.

Tu vas trop loin. (A Mercadet.) Mon ami adore la musique, et la voix de mademoiselle Julie l'a transporté.

MERCADET.

Monsieur a entendu ma fille? Mais où?...

ACTE III

DE LA BRIVE.

Chez un banquier, ancien quelque chose...

MERCADET.

Ah! Verdelin!...

DE LA BRIVE.

Verdelin.

MÉRICOURT.

Oui, Verdelin.

DE LA BRIVE.

Elle a tant d'âme, mademoiselle Julie!...

MERCADET.

Oh! il n'y a que l'âme et l'idéal. Je suis de mon époque. Je conçois cela, moi! L'idéal, fleur de la vie! Monsieur, c'est un effet de la loi des contrastes. Comme jamais il n'y a eu plus de positif dans les affaires, on a senti le besoin de l'idéal dans les sentiments. Ainsi, moi, je vais à la Bourse et ma fille se jette dans les nuages. Elle est d'une poésie!... oh! elle est toute âme! Vous êtes, je le vois, de l'école des lacs...

DE LA BRIVE.

Non, monsieur.

MERCADET.

Comment alors aimez-vous Julie, si vous ne cultivez pas l'idéal?

MÉRICOURT, à la Brive.

Trouve-lui des raisons.

DE LA BRIVE, à Méricourt.

Attends! (A Mercadet.) Monsieur, je suis ambitieux...

MERCADET.

Ah! c'est mieux.

DE LA BRIVE.

Et j'ai vu en mademoiselle Julie une personne très-distinguée, pleine d'esprit, douée de charmantes manières, qui ne sera jamais déplacée en quelque lieu que me porte ma fortune; et c'est une des conditions essentielles à un homme politique.

MERCADET.

Je vous comprends! On trouve toujours une femme, mais il est très-rare qu'un homme qui veut être ministre ou ambassadeur rencontre (disons le mot, nous sommes entre hommes?) sa femelle!... Vous êtes un homme d'esprit, monsieur...

DE LA BRIVE.

Monsieur, je suis socialiste.

MERCADET.

Quelque nouvelle entreprise?... Mais parlons d'intérêts, maintenant...

MÉRICOURT.

Il me semble que cela regarde les notaires.

DE LA BRIVE.

Monsieur a raison, cela nous regarde bien davantage!

MERCADET.

Monsieur a raison.

DE LA BRIVE.

Monsieur, je possède pour toute fortune la terre de la Brive : elle est dans ma famille depuis cent cinquante ans, et n'en sortira jamais, je l'espère.

MERCADET.

Aujourd'hui peut être vaut-il mieux avoir des capitaux. Les capitaux sont sous la main. S'il éclate une révolution, et nous en vons vu bien des révolutions, les capitaux nous suivent partout; la terre, au contraire, la terre paye alors pour tout le monde, elle este là comme une sotte à recevoir les impôts, tandis que le capital s'esquive. Mais ce ne sera pas un obstacle. Quelle est son importance?

DE LA BRIVE.

Trois mille arpents, sans enclaves.

MERCADET.

Sans enclaves?...

MÉRICOURT.

Que vous ai-je dit?

MERCADET.

Monsieur!...

DE LA BRIVE.

Un château...

MERCADET.

Monsieur!...

DE LA BRIVE.

Des marais salants qu'on pourrait exploiter dès que l'administration voudra le permettre, et qui alors donneraient des produits énormes!...

ACTE III

MERCADET.

Monsieur!... pourquoi nous sommes-nous connus si tard!... tte terre est donc au bord de la mer?...

DE LA BRIVE.

A une demi-lieue.

MERCADET.

Elle est située?...

MÉRICOURT.

Près de Bordeaux...

MERCADET.

Vous avez des vignes?...

DE LA BRIVE.

Non, monsieur, non heureusement, car on est très-embarrassé de placer ses vins : et puis la vigne veut tant de frais!... Non, ma terre exige peu de frais... Elle fut plantée en pins par mon grand-père, homme de génie qui eut l'esprit de se sacrifier à la fortune de ses enfants... Ah! j'ai le mobilier que vous me connaissez...

MERCADET.

Monsieur, un moment! Un homme d'affaires met les points sur les *i*.

DE LA BRIVE, à Méricourt.

Aïe! aïe!

MERCADET.

Vos terres, vos marais, car je vois tout le parti qu'on peut tirer de ces marais! On peut former une société en commandite pour l'exploitation des marais salants de la Brive! Il y a là plus d'un million, monsieur.

DE LA BRIVE.

Je le sais bien, monsieur, il ne s'agit que de se le faire offrir.

MERCADET, à part.

Voilà un mot qui révèle une certaine intelligence. (Haut.) Mais avez-vous des dettes? Est-ce hypothéqué? car on peut posséder visiblement une terre dont la propriété se trouve appartenir secrètement à nos créanciers.

MÉRICOURT.

Vous n'estimeriez pas mon ami, s'il n'avait pas de dettes...

DE LA BRIVE.

Je serai franc, monsieur. Il y a pour quarante-cinq mille francs d'hypothèques sur la terre de la Brive...

MERCADET, à part.

Innocent jeune homme! (Haut.) Vous pouviez... (Il lui prend les mains.) Vous avez mon agrément, vous serez mon gendre, vous êtes l'époux de mon choix! Vous ne connaissez pas votre fortune!

DE LA BRIVE, à Méricourt.

Mais cela va trop bien !

MÉRICOURT, à la Brive.

Il a vu une spéculation qui l'éblouit.

MERCADET, à part.

Avec des protections, et on les achète, nous pourrons faire des salines. Je suis sauvé! (Haut.) Permettez-moi de vous serrer la main à l'anglaise. (Il lui donne une poignée de mains.) Vous réalisez tout ce que j'attendais de mon gendre. Je le vois, vous n'avez pas l'esprit étroit des propriétaires de la province, nous nous entendrons.

DE LA BRIVE.

Monsieur, vous ne trouverez pas mauvais que, de mon côté, je vous demande...

MERCADET.

Quelle sera la fortune de ma fille? Oh! elle se marie avec ses droits; sa mère lui fera l'abandon de ses biens (en nue propriété), une petite ferme qui n'a que deux cents arpents, mais elle est en pleine Brie, bien bâtie. Moi, je lui donne deux cent mille francs, dont je lui servirai la rente jusqu'à ce que vous ayez trouvé un placement sûr : car, jeune homme, il ne faut pas vous abuser nous allons brasser des affaires; moi, je vous aime, vous me plaisez. Vous avez de l'ambition?...

DE LA BRIVE.

Oui, monsieur.

MERCADET.

Vous aimez le luxe, la dépense, vous voulez briller à Paris?...

DE LA BRIVE.

Oui, monsieur.

MERCADET.

Y jouer un rôle?

DE LA BRIVE.

Oui, monsieur.

MERCADET.

Oh! j'ai deviné cela en vous voyant passer : je connais les hommes. Vous avez la tenue de ceux qui se savent un avenir.

MÉRICOURT, à part.

Et qui l'escompteront toujours.

MERCADET.

Eh bien! déjà vieux, obligé de reporter mon ambition sur un autre moi-même, je vous laisserai le rôle brillant.

DE LA BRIVE.

Monsieur, j'aurais eu à choisir entre tous les beaux-pères de Paris, c'est à vous à qui j'aurais donné la préférence; vous êtes selon mon cœur.

MERCADET.

La jeunesse est faite pour le plaisir. Vous et ma fille, brillez! ayez un hôtel, des voitures, donnez des fêtes! Julie est une fille d'esprit, elle jouera ce rôle à merveille. Voyez-vous, n'imitons pas ces gens qui s'élèvent pour quelques jours et qui retombent aussitôt, espèces de fusées parisiennes... Que la fortune de votre femme soit inattaquable!...

MÉRICOURT.

Inattaquée.

DE LA BRIVE.

Si l'on ne réussit pas?

MERCADET.

Ou si l'on réussit trop...

DE LA BRIVE.

On a toujours du pain...

MERCADET.

Aujourd'hui, avoir du pain, c'est avoir trois chevaux dans son écurie, une maison montée; c'est pouvoir donner à dîner à ses amis, avoir une loge aux Bouffes.

DE LA BRIVE.

Ah! monsieur, permettez que je vous serre la main à l'anglaise... (Autre poignée de mains.) Vous comprenez la vie...

MERCADET, à part.

Mais ça va trop bien...

DE LA BRIVE, à part.

Il donne dans mon étang la tête la première.

MERCADET, à part.

Il accepte une rente.

MÉRICOURT, à de la Brive.

Es-tu content?

DE LA BRIVE.

Non. Je ne vois pas l'argent de mes dettes.

MÉRICOURT.

Attends! (A Mercadet.) Mon ami n'ose vous le dire, mais il est trop honnête homme pour vous le cacher, il a quelques petites dettes.

MERCADET.

Eh! parlez, monsieur, je comprends parfaitement ces choses-là... Voyons, des misères!... une cinquantaine de mille francs?

MÉRICOURT.

A peu près...

DE LA BRIVE.

A peu près.

MERCADET.

Ce sera comme un petit vaudeville à jouer entre votre femme et vous; oui, laissez-lui le plaisir de... D'ailleurs, nous les payerons... (A part.) En actions des salines de la Brive. (Haut) C'est une misère! (A part.) Nous évaluerons l'étang cent mille francs de plus... Je suis sauvé!...

DE LA BRIVE, à Méricourt.

Je suis sauvé!...

SCÈNE IX

Les Mêmes, MADAME MERCADET, JULIE.

MERCADET.

Voici ma femme et ma fille.

MÉRICOURT.

Madame, permettez-moi de vous présenter monsieur de la Brive, un jeune homme de mes amis, qui a pour mademoiselle votre fille une admiration...

DE LA BRIVE.

Passionnée...

MERCADET, à de la Brive.

Vous aimez les Espagnoles, je le vois. Hein! quel teint! une véritable Andalouse, qui saura résister aux tempêtes de la vie!... Il n'y a que les brunes...

DE LA BRIVE.

J'aurais craint une blonde!...

ACTE III

MERCADET.

Ma fille est tout à fait la femme qui convient à un homme politique...

DE LA BRIVE, il lorgne Julie.

(A Mercadet.) Parfaitement bien mise. (A madame Mercadet.) Telle mère! telle fille! Madame, je mets mes espérances sous votre protection.

MADAME MERCADET.

Présenté par monsieur Méricourt, monsieur ne peut être que le bienvenu.

JULIE, à sa mère.

Quel fat!...

MERCADET, à sa fille.

Puissamment riche! Nous serons tous millionnaires! Et un garçon excessivement spirituel. Allons! soyez aimable, il le faut.

JULIE.

Que voulez-vous que je dise à un dandy que je vois pour la première fois et que vous me donnez pour mari?

DE LA BRIVE.

Mademoiselle veut-elle me permettre d'espérer qu'elle ne sera pas contraire à mes vœux?

JULIE.

Mon devoir est d'obéir à mon père.

DE LA BRIVE, à part.

Fière comme une laide; il faut faire plus de frais pour ces femmes-là que pour des duchesses.

JULIE, à part.

Il est bien fait, il est riche, pourquoi me rechercherait-il? il y a là-desssous quelque mystère.

DE LA BRIVE, à part.

Allons! (Haut, à Julie.) Mademoiselle, les jeunes personnes ne sont pas toujours dans les secrets des sentiments qu'elles inspirent! voici deux mois que j'aspire au bonheur de vous offrir mes hommages.

JULIE.

Qui plus que moi, monsieur, peut se trouver flattée d'exciter l'attention?

MADAME MERCADET, à sa fille.

Il est fort bien.

JULIE.

Ma mère, laissez-moi savoir si je puis être heureuse en épousant ce monsieur.

MERCADET, à de Méricourt.

Vous pouvez compter sur ma reconnaissance, monsieur. Nous vous devons notre bonheur, car celui de notre fille est le nôtre.

MADAME MERCADET.

Monsieur de la Brive nous fera sans doute, ainsi que son ami, le plaisir d'accepter à dîner sans cérémonie...

MERCADET.

La fortune du pot. (A de la Brive.) Vous serez indulgent!..

MADAME MERCADET.

Monsieur de Méricourt, voulez-vous venir voir le tableau que nous devons mettre en loterie? (A Julie.) Nous allons te laisser causer un peu avec lui.

JULIE.

Merci! ma mère.

MADAME MERCADET.

Monsieur Mercadet?...

MERCADET, à de la Brive.

Elle est romanesque comme toutes les jeunes personnes qui ont du cœur et de l'imagination : ainsi, prenez le chemin de la poésie.

DE LA BRIVE, à Mercadet.

Le romanesque est la grammaire des sentiments modernes, je pourrais l'écrire. En deux mots, c'est l'art de cacher l'action sous la phrase...

MERCADET, en s'en allant.

Il est très-fort, ce jeune homme!

SCÈNE X

DE LA BRIVE, JULIE.

JULIE.

Monsieur, ne trouvez pas étrange qu'une pauvre fille comme moi vous demande des preuves d'affection : mais ma défiance m'est commandée par la connaissance que j'ai de moi-même, de mon peu d'attraits...

DE LA BRIVE.

Cette modestie est déjà un attrait, mademoiselle!...

JULIE.

Si j'avais cette beauté merveilleuse qui fait éclore de soudaines passions, je trouverais des motifs à votre recherche : mais, pour m'aimer, il faut connaître mon cœur, et nous nous voyons pour la première fois...

DE LA BRIVE.

Mademoiselle, il est des sympathies inexplicables...

JULIE.

Ainsi, vous m'aimez sans savoir pourquoi?...

DE LA BRIVE.

Le jour qu'on se l'explique, l'amour existe-t-il? Ce n'est le plus beau des sentiments que parce qu'il est involontaire. Ainsi la première fois que je vous ai vue...

JULIE.

Ah! ce n'est pas la première!...

DE LA BRIVE.

Comment! mademoiselle, mais il y a deux mois que je vous aime. Je vous ai entendue au dernier concert de monsieur Verdelin, et votre voix m'a révélé... toute une âme...

JULIE.

Qu'ai-je donc chanté? Vous en souvenez-vous?...

DE LA BRIVE, à part.

Ah diantre! (Haut.) Je ne me souviens que de l'impression, qui fut délicieuse...

JULIE.

Monsieur, vous m'aimez donc, là, vraiment?...

DE LA BRIVE.

Mademoiselle, j'ai su que vous étiez une personne pleine de courage, douée d'une élévation rare dans les sentiments et dans les idées, instruite surtout; que vous sauriez créer un salon à Paris, être la compagne d'un homme politique, et, permettez-moi de vous le dire, toutes les femmes ne savent pas porter une haute fortune. Bien des parvenus ont été fort embarrassés de filles qu'ils avaient fait la faute d'épouser à l'aurore de leurs destinées; et sur l'océan politique, quand une femme n'est pas un puissant remorqueur, elle est un embargo! Je doutais de pouvoir rencontrer une femme qui pût comprendre et servir mon avenir, je vous ai vue et je me suis dit : Je puis être ambassadeur. Celle que j'aime sera la rivale des diplomates en corset que la Russie nous envoie!...

JULIE, à part.

Ils ont tous de l'ambition aujourd'hui!... (Haut.) Ainsi, vous êtes ambitieux et amoureux! Votre sympathie est doublée d'un raisonnement...

DE LA BRIVE, à part.

Elle n'est pas sotte! (Haut.) Mademoiselle, il y a tant de choses dans l'amour!...

JULIE.

Il y a tant de choses dans le vôtre, qu'il comprend sans doute le dévouement...

DE LA BRIVE.

Avant tout!...

JULIE.

Ainsi, ma famille?...

DE LA BRIVE.

Devient la mienne.

JULIE.

Rien ne vous arrêterait donc?

DE LA BRIVE.

Rien.

JULIE.

J'aime un jeune homme, monsieur.

DE LA BRIVE.

Je l'ai vu... et c'est ce qui m'avait donné, je vous l'avoue, des inquiétudes sur votre jugement : car ce petit jeune homme n'est pas votre fait du tout...

JULIE.

Vous vous trompez, monsieur, je ne puis renoncer à lui qu'en faveur d'un grand dévouement. Eh bien! si vous sauvez mon père de la ruine, je vous aimerai... j'oublierai cet amour que je croyais éternel, et je serai l'épouse la plus fidèle, la plus aimante, et je... (A part.) Ah! j'étouffe...

DE LA BRIVE, à part.

Elle m'a fait peur... mais elle me mène d'épreuves en épreuves, comme chez les francs-maçons... (Haut.) J'espère mériter par mon amour tout ce que les femmes doivent ordinairement sans condition à leurs maris. Mais cessez de mettre ainsi à l'épreuve une passion sincère. Mademoiselle, monsieur votre père et moi, nous nous sommes entendus sur toutes les questions d'intérêt...

JULIE.

Il vous a tout dit?...

DE LA BRIVE.

Tout!...

JULIE.

Vous le savez ruiné?...

DE LA BRIVE.

Ruiné!...

JULIE, à part.

Ah! je suis sauvée! (Haut.) Il doit environ trois cent mille francs.

DE LA BRIVE.

Il... doit... trois...

JULIE.

Où serait votre dévouement?

DE LA BRIVE, à part.

Le dévouement! c'est de l'épouser... Si elle croit que l'on peut se donner gratis un pareil vis-à-vis pour le reste de ses jours!...

JULIE.

N'en suis-je pas le prix?

DE LA BRIVE.

Méricourt est incapable de m'avoir...

JULIE.

Ah! vous ne m'aimez pas!...

DE LA BRIVE, à part.

Oh! j'ai donné dans cette invention de roman! (Haut.) Quand même votre père devrait des millions, je vous épouserais toujours, car je vous aime. Ah! vous jouez très-bien la comédie, et je ne m'en dédis pas: vous serez une délicieuse ambassadrice...

SCÈNE XI

Les Mêmes, JUSTIN, PIERQUIN.

JUSTIN, à Julie.

Mademoiselle, monsieur Perquin veut parler à monsieur votre père (Bas.) à propos de monsieur de la Brive, je crois.

JULIE.

Mon père est par là. (Elle montre les appartements.)

PIERQUIN.

Mademoiselle, je suis votre serviteur.

DE LA BRIVE.

Pierquin ici! (Il se retourne et va lorgner des tableaux.)

PIERQUIN, à part.

Oh! mais c'est mon Michonnin!... tout est perdu! Et moi qui, sachant qu'on le marie avec une héritière, venais pour ravoir ses lettres de change... Ce diable de Mercadet a du bonheur, il a su l'attirer chez lui!...

JULIE, à Pierquin.

Vous connaissez monsieur?

PIERQUIN.

Petite rusée! je vois que vous êtes du complot, et vous le gardez. (A part.) Oh! je devrais avoir une jolie nièce!

JULIE.

Qui est-ce?

PIERQUIN.

Michonnin! un débiteur introuvable. Ne le lâchez pas, je vais aller chercher un garde de commerce!

JULIE.

Pour monsieur de la Brive?

PIERQUIN.

Michonnin, pour nous!

JULIE.

Ce monsieur n'est pas riche?

PIERQUIN.

Un gibier de Clichy, qui a ses meubles sous le nom d'un ami...

JULIE.

Ah! (Elle rit.)

PIERQUIN, à part.

Ah! Marcadet m'a volé. (A Julie.) Amusez-le, et votre père pourra me payer quarante-sept mille francs; car, une fois coffré, ce gaillard-là se fera délivrer par quelque belle dame. (Justin revient.)

JULIE, à part.

Marié et coffré, c'est trop d'un!

JUSTIN, à Pierquin.

Monsieur est occupé, vous le savez, du mariage de mademoiselle, et vous prie de l'excuser...

PIERQUIN.

Et avec qui?

JUSTIN.

Mais avec ce monsieur-là. (Il montre de la Brive.)

PIERQUIN.

Oh! (A part.) C'est marier deux faillites ensemble. Va-t-on rire à la Bourse!... J'y cours. (Il sort.)

SCÈNE XII

JULIE, DE LA BRIVE.

JULIE.

Monsieur, vous nommez-vous Michonuin?...

DE LA BRIVE.

Oui, mademoiselle, c'est le nom de notre famille, mais nous avons fait comme tant d'autres, et, depuis dix ans, nous nous nommons de la Brive, en mettant un M devant, c'est plus joli. La Brive est une charmante petite terre achetée par mon grand-père...

JULIE.

Cet homme dit-il vrai en disant que vous avez des dettes?

DE LA BRIVE.

Oh! très-peu, des misères; je les ai déclarées à votre père...

JULIE.

Ainsi, monsieur, vous m'épouserez par amour? (A part.) Rions un peu. (Haut.) Et pour ma dot?

DE LA BRIVE.

Mademoiselle, vous trouverez en moi le mari le plus aimant, le plus aimable. Socialiste, occupé des intérêts les plus graves de la politique, et tout à mon ambition, je vous laisserai maîtresse de... de votre fortune...

JULIE.

Eh! monsieur, je suis sans fortune... (Mercadet paraît.)

SCÈNE XIII

LES MÊMES, MERCADET.

MERCADET.

Ma fille, voilà donc l'effet de votre passion pour ce jeune Minard! elle vous pousse à calomnier votre père, à...

JULIE.

A éclairer monsieur Michonnin, qui, se trouvant perdu de dettes, ne doit pas, ne peut pas épouser une fille sans fortune...

MERCADET.

Monsieur se nomme Michonnin?

JULIE.

Michonnin de la Brive...

MERCADET.

Laisse-nous, ma fille...

JULIE, bas, à son père.

Pierquin est sorti pour faire arrêter monsieur; j'espère que vous ne le souffrirez pas. Quel rôle aurais-je joué?...

MERCADET tire sa montre.

Le soleil est couché! Pierquin a vu monsieur?

JULIE.

Oui.

MERCADET.

Le diable entre dans mon jeu. (Julie sort.)

SCÈNE XIV

DE LA BRIVE, MERCADET.

DE LA BRIVE, à part.

La noce est faite. Je suis plus que socialiste, je deviens communiste!

MERCADET, à part.

Trompé comme à la Bourse! par Méricourt, l'ami de ma femme! C'est à ne plus se fier à Dieu!...

DE LA BRIVE, à part.

Soyons digne de nous-même!...

MERCADET, à part.

Il y a de la légèreté dans son fait. Prenons-le de haut. (Haut.) Monsieur Michonnin, votre conduite est plus que blâmable!...

DE LA BRIVE.

En quoi, monsieur? Ne vous ai-je pas dit que j'avais des dettes?

MERCADET.

Soit. On peut avoir des dettes; mais où est située votre terre?...

ACTE III.

DE LA BRIVE.

Dans les Landes.

MERCADET.

Elle consiste?

DE LA BRIVE.

En sables plantés de sapins...

MERCADET.

De quoi faire des cure-dents?

DE LA BRIVE.

A peu près.

MERCADET.

Cela vaut?

DE LA BRIVE.

Trente mille francs.

MERCADET.

Et c'est hypothéqué de...

DE LA BRIVE.

Quarante-cinq mille.

MERCADET.

Vous avez eu ce talent-là?...

DE LA BRIVE.

Oui.

MERCADET.

Peste! ce n'est pas maladroit : et vos marais?...

DE LA BRIVE.

Touchent à la mer.

MERCADET.

Ainsi, c'est tout bonnement l'Océan?

DE LA BRIVE.

Les gens du pays ont eu la méchanceté de le dire, et mes emprunts se sont arrêtés net.

MERCADET.

Il eût été très-difficile de mettre la mer en actions.

DE LA BRIVE.

Oh! ce n'est pas la mer à boire!...

MERCADET.

Non, mais à faire avaler? Monsieur, entre nous, votre moralité me semble...

DE LA BRIVE.

Assez !

MERCADET.

Hasardée !...

DE LA BRIVE.

Oh !... monsieur, si ce n'est qu'entre nous...

MERCADET.

Vous mettez, d'après une note que j'ai vue sur certains dossiers, tout votre mobilier sous le nom d'un ami, vous signez vos lettres de change Michonnin, et vous ne portez que le nom de la Brive.

DE LA BRIVE.

Eh bien ! monsieur, après ?

MERCADET.

Après ?... On peut vous faire un fort méchant parti.

DE LA BRIVE.

Monsieur, n'allez pas trop loin, je suis votre hôte...

MERCADET.

Vous voulez, à l'aide de ces subterfuges, entrer dans une famille respectable, y abuser de la confiance d'un père et d'une mère... Vous avez feint d'aimer ma fille... (A part.) On peut exploiter ce garçon-là ; il a de la tenue, il est élégant, spirituel... (Haut.) Vous êtes une...

DE LA BRIVE.

Ne dites pas le mot, il vous coûterait la vie...

MERCADET.

La vie ! Vous êtes mon hôte, monsieur...

DE LA BRIVE.

Après tout, monsieur, votre fille avait-elle une dot ?

MERCADET.

Monsieur ?...

DE LA BRIVE, à part.

Je le vaux bien et je suis le plus fort. (Haut.) Oui, monsieur, aviez-vous deux cent mille francs ?...

MERCADET.

Les vertus de ma fille...

DE LA BRIVE.

Ah ! vous n'aviez pas deux cent mille francs ?... Et moi j'engageais ma précieuse liberté ! Ne suis-je pas un capital ? Vous vouliez escroquer un gendre ?...

MERCADET.

Le mot est fort.

DE LA BRIVE.

Vous le méritez.

MERCADET, à part.

Il a de l'aplomb!...

DE LA BRIVE.

Et, je le vois, vous abusiez de mon inexpérience. Je pourrais aussi me plaindre.

MERCADET.

L'inexpérience d'un homme qui emprunte sur des sables une somme de soixante pour cent au delà de leur valeur!...

DE LA BRIVE.

Avec du sable on fait du cristal.

MERCADET.

C'est une idée!

DE LA BRIVE.

Vous voyez, monsieur, que nos moralités se ressemblent! (Mouvement de Mercadet.) Ah! entre nous...

MERCADET, à part.

Je vais l'aplatir!... (Haut.) C'est ce qui vous trompe, monsieur : vous êtes mon débiteur, et je vous tiens. Ah! j'ai sur vous pour quarante-huit mille francs de lettres de change, intérêts et frais, à moi cédés par Pierquin, et je puis vous faire coffrer pendant cinq ans.

DE LA BRIVE.

Je serais alors votre hôte.

MERCADET.

Ah! vous le prenez sur ce ton-là! Mais vous vous moquez donc de votre dette, de votre signature?

DE LA BRIVE.

Et vous?

MERCADET, à part.

Voilà mon affaire! (Haut.) Dans quelle situation êtes-vous, là, vraiment?

DE LA BRIVE.

Désespérée... Méricourt me marie parce que je lui dois trente mille francs au delà de la valeur de mon mobilier.

MERCADET.

Compris. Je ne m'amuserai pas à vous faire de la morale; vous aimeriez mieux un billet de mille...

DE LA BRIVE.

Oh! soyez mon beau-père!...

MERCADET.

Non, nos deux m'sères feraient une trop grande pauvreté; mais écoutez-moi...

SCÈNE XV

Les Mêmes, MADAME MERCADET.

MADAME MERCADET, à Mercadet.

Ce monsieur dîne-t-il toujours?...

MERCADET.

Certainement. Dans les circonstances difficiles, le dîner porte conseil. (A part.) Il faut que je le grise pour le connaître à fond.

DE LA BRIVE.

J'ai l'appétit de mon désespoir...

MERCADET.

Dînons!

MADAME MERCADET.

J'entends la voiture de Verdelin!

MERCADET.

Que dire à Verdelin?

SCÈNE XVI

Les Mêmes, VERDELIN, JUSTIN en grande tenue.

JUSTIN.

Monsieur Verdelin.

VERDELIN, à Mercadet.

Je n'amène point madame Verdelin, et je ne sais même pas si je puis dîner avec toi.

MERCADET, à part.

Il est furieux. (Haut.) La main aux dames! (A sa femme.) Laissez-nous. (A Verdelin.) Eh bien! qu'as-tu?... (Madame Mercadet et Monsieur de la Brive sortent.)

ACTE III

VERDELIN.

Est-ce là ton gendre?

MERCADET.

Oui et non.

VERDELIN.

Voilà ce beau mariage?

MERCADET, à part.

Il sait tout! (Haut.) Ce mariage, mon cher Verdelin, n'a plus lieu, je suis trompé par Méricourt! Méricourt!... tu sais ce qu'il nous est? Mais...

VERDELIN.

Mais, il n'y a pas de mais... Tu m'as, ce matin, joué une de tes comédies, où ta femme et ta fille avaient un rôle, pour m'arracher mille écus! Je m'en doutais. Eh bien! ce n'est ni délicat ni...

MERCADET.

N'achève pas, Verdelin! Voilà comme on juge les gens dans le malheur... On soupçonne tout chez eux!... Pourquoi donc t'aurai-je emprunté ton service? Pourquoi donnerais-je à dîner? Eussé-je habillé ces deux femmes sans une espérance?... D'abord qui t'a dit que le mariage de Julie était manqué?...

VERDELIN.

Pierquin, que j'ai rencontré...

MERCADET.

Cela se sait donc?...

VERDELIN.

Tout le monde en rit! Tu as ton portefeuille plein de créances sur ton gendre! Pierquin m'a dit que tes créanciers se réunissent ce soir chez Goulard pour agir tous demain comme un seul homme.

MERCADET.

Ce soir! — Demain! Ah! j'entends sonner le glas de la faillite!...

VERDELIN.

On veut débarrasser la Bourse, autant qu'on le pourra, de tous les faiseurs d'affaires.

MERCADET.

Les imbéciles!... Ainsi demain on m'emballerait?

VERDELIN.

Pour Clichy, dans un fiacre!

MERCADET.

Le corbillard du spéculateur! Viens dîner!

VERDELIN.

Le dîner me coûte trop cher, j'en aurais une indigestion! Merci!

MERCADET.

Demain la Bourse reconnaîtra dans Mercadet un de ses maîtres! Viens dîner, Verdelin, viens sans crainte. (A part.) Allons! (Haut) Oui, toutes mes dettes seront payées!... Et la maison Mercadet remuera des millions!... Je serai le Napoléon des affaires.

VERDELIN.

Quel homme!

MERCADET.

Et sans Waterloo.

VERDELIN.

Et des troupes?...

MERCADET.

Je!... je payerai! Que peut-on répondre à un négociant qui dit : Passez à la caisse!...

VERDELIN.

Je dîne alors, et je suis enchanté. *Vivat Mercadetus, speculatorum imperator!*

MERCADET.

Il l'a voulu!... Demain je trône sur des millions, ou je me couche dans les draps humides de la Seine!

FIN DU TROISIEME ACTE.

ACTE QUATRIÈME

SCÈNE PREMIÈRE

MERCADET, JUSTIN.

MERCADET, il sonne.
Sachons avant tout l'effet qu'ont produit mes mesures...

JUSTIN.

Monsieur?...

MERCADET.

Justin, je désirerais que l'arrivée de monsieur Godeau fût tenue secrète...

JUSTIN.

Oh! monsieur, vous êtes perdu alors... Monsieur Brédif est déjà sorti... le tapage que cette berline a fait cette nuit, en entrant dans la cour à deux heures du matin, a réveillé tout le monde, et monsieur Brédif le premier! Dans le premier moment, il a cru que monsieur partait pour Bruxelles...

MERCADET.

Allons donc! je paye...

JUSTIN.

Monsieur se dérange!

MERCADET.

Tu te crois déjà mon secrétaire!... Je te pardonne, Justin, car tu me comprends!...

JUSTIN.

Cette berline est énormément crottée, monsieur; mais le père Grumeau a remarqué qu'elle n'avait pas apporté de bagages...

MERCADET.

Godeau avait tellement hâte de venir ici réparer ses torts envers moi, qu'il a laissé ses colis au Havre. Il arrive de Calcutta avec une riche cargaison; mais sa femme est restée... Oui, il a fini par épouser la personne de laquelle il avait un fils, et qui a eu le dévouement de l'accompagner...

JUSTIN.

Il est fort heureux que monsieur ait passé la nuit à travailler, car il a pu...

MERCADET.

Recevoir Godeau! vous remplacer!... Vous avez fait bombance! vous vous êtes grisé, monsieur Justin!...

JUSTIN.

Nous n'avons bu que ce qui restait!...

MERCADET.

Si tu pouvais faire croire qu'il n'y a pas de Godeau, ça modérerait l'ardeur de mes créanciers, et je pourrais traiter avec eux à des conditions tolérables...

JUSTIN, à part.

Est-il fin! Si cet homme-là n'est pas riche, ce sera une injustice du diable!

MERCADET.

Envoie le père Grumeau chez mon courtier marron...

JUSTIN.

Monsieur Berchut! rue des Filles-Saint-Thomas... A celui-là, le père Grumeau peut annoncer l'arrivée de monsieur Godeau?...

MERCADET.

Justin, tu feras fortune. Allons! veille à ce que personne ne me dérange, jusqu'à ce que je t'aie sonné.

SCÈNE II

MERCADET, seul.

Quand Mahomet a eu trois compères de bonne foi (les plus difficiles à trouver), il a eu le monde à lui! J'ai déjà Justin. Le second?... on ne peut pas l'abuser! Si l'on croit à l'arrivée de Godeau, je gagne huit jours, et qui dit huit jours dit quinze en matière de payement! Je vais acheter, sous le nom de Godeau, pour trois cent mille francs d'actions de la Basse-Indre, ce matin, tout à l'heure, avant Verdelin. Et alors, quand Verdelin, qui me croyait hors d'état de lui faire concurrence, et qui n'a pas eu l'idée de m'intéresser dans cette affaire, en demandera, mon gaillard déterminera la hausse!... D'ailleurs, cette nuit, j'ai écrit une lettre, au nom de plusieurs actionnaires, pour exiger la publicité du rapport que l'argent de Verdelin retarde... Berchut fera paraître cette lettre dans tous les journaux; en peu de temps, les actions vont s'élever à vingt-cinq pour cent au-dessus du pair : j'aurai six cent mille francs de bénéfice. Avec trois cent mille, je paye l'achat. Avec les trois cent mille autres, je désintéresse mes créanciers. Oui, mon Godeau leur arrachera bien une petite remise de quatre-vingt mille francs. Libéré de ma dette, je deviens le roi de la place! (Il se promène majestueusement.) J'ai eu de l'audace!... Aller demander moi-même une berline chez un carrossier des Champs-Élysées, comme si je voulais partir nuitamment! Ce diable de postillon, que je guettais, a failli tout compromettre par ses remercîments. Le pourboire était trop fort! Une faute! Allons, à nous deux! (Il ouvre la porte de sa chambre.) Michonnin! le garde du commerce!...

SCÈNE III

MERCADET, DE LA BRIVE, il entre effrayé.

MERCADET.

Rassurez-vous!... c'était pour vous bien réveiller!...

DE LA BRIVE.

Monsieur, l'orgie est pour mon intelligence ce qu'est un orage pour la campagne, ça la rafraîchit, elle verdoie! et les idées poussent, fleurissent!... *In vino varietas !*...

MERCADET.

Hier, mon cher ami, nous avons été malheureusement interrompus dans notre conversation d'affaires...

DE LA BRIVE.

Beau-père, je me la rappelle parfaitement. Nous avons reconnu que nos maisons ne pouvaient plus tenir leurs engagements... Nous allons... (en style de coulisse) être exécutés. Vous avez le malheur d'être mon créancier, et moi j'ai le bonheur d'être votre débiteur pour quarante-sept mille deux cent trente-trois francs et des centimes...

MERCADET.

Vous n'avez pas la tête lourde!

DE LA BRIVE.

Rien de lourd, ni dans les poches, ni dans la conscience! Que peut-on me reprocher? En mangeant ma fortune, j'ai fait gagner tous les commerces parisiens, même ceux qu'on ne connaît pas! Nous, inutiles!... Nous, oisifs! Allons donc!... Nous animons la circulation de l'argent...

MERCADET.

Par l'argent de la circulation!...

DE LA BRIVE.

Oui, lorsque je n'en ai plus eu, je l'ai payé cher : n'est-ce pas l'honorer? On en a fait un dieu, je n'ai pas lésiné sur les frais du culte!...

MERCADET.

Oh! vous avez bien toute votre intelligence!...

DE LA BRIVE.

Je n'ai plus que cela!

MERCADET.

C'est notre hôtel des Monnaies. Eh bien! dans la disposition où je vous vois, je serai bref.

DE LA BRIVE.

Alors, je m'assieds, papa! car vous m'avez furieusement l'air, comme nous disons. nous autres *gentlemen-riders*, de marcher sur votre longe!...

MERCADET.

En affaires, on a le droit d'être habile... (De la Brive fait un signe.) L'excessive habileté n'est pas l'indélicatesse, l'indélicatesse n'est pas la légèreté, la légèreté n'est pas l'improbité, mais tout cela s'emboîte comme des tubes de lorgnette...

DE LA BRIVE, à part.

Il ne m'a pas grisé pour moi!

MERCADET.

Enfin, les nuances sont imperceptibles, et, pourvu qu'on s'arrête juste au Code, si le succès arrive...

DE LA BRIVE.

Ah! pardieu, le succès... Je l'ai déjà dit, et le mot a réussi... Le succès est souvent un grand gueux!...

MERCADET.

Nos esprit sont jumeaux!

DE LA BRIVE.

Monsieur, sur le terrain où nous sommes, beaucoup de gens d'esprit se rencontrent.

MERCADET.

Je vous vois sur la pente dangereuse qui mène à cette audacieuse habileté que les sots reprochent aux faiseurs!... Vous avez goûté aux fruits acides, enivrants du plaisir parisien. La vanité vous enfonce à plein cœur l'acier de ses griffes! Vous avez fait du luxe le compagnon inséparable de votre existence! Pour vous, Paris commence à l'Étoile et finit au Jockey-Club! Paris, pour vous, c'est le monde des femmes dont on parle trop ou dont on ne parle pas...

DE LA BRIVE.

Oh! oui.

MERCADET.

C'est la capiteuse atmosphère des gens d'esprit, du journal, du théâtre et des coulisses du pouvoir, vaste mer où l'on pêche! Ou continuer cette existence, ou vous faire sauter la cervelle...

DE LA BRIVE.

Non! la continuer sans me...

MERCADET.

Vous sentez-vous le génie de vous soutenir, en bottes vernies, à la hauteur de vos vices? de dominer les gens d'esprit par la puissance du capital, par la force de votre intelligence? Aurez-vous toujours le talent de louvoyer entre ces deux caps où sombre l'élégance : le restaurant à quarante sous et Clichy?...

DE LA BRIVE.

Mais vous entrez dans ma conscience comme un voleur, vous êtes ma pensée! Que voulez-vous de moi?

MERCADET.

Je veux vous sauver en vous lançant dans le monde des affaires.

DE LA BRIVE.

Par où?

MERCADET.

Soyez l'homme qui se compromettra pour moi...

DE LA BRIVE.

Les hommes de paille peuvent brûler...

MERCADET.

Soyez incombustible.

DE LA BRIVE.

Comment entendez-vous les parts?

MERCADET.

Essayez! servez-moi dans la circonstance désespérée où je me trouve, et je vous rends... vos quarante-sept mille deux cent trente-trois francs soixante-dix-neuf centimes... Entre nous, là, vraiment, il ne faut que de l'adresse...

DE LA BRIVE.

Au pistolet, à l'épée...

MERCADET.

Il n'y a personne à tuer. Au contraire...

DE LA BRIVE.

Ça me va.

MERCADET.

Il faut faire revivre un homme.

DE LA BRIVE.

Ça ne me va plus! Mon cher ami, le Légataire, la Cassette d'Harpagon, le petit mulet de Sganarelle, enfin toutes les farces qui nous font rire dans l'ancien théâtre, sont aujourd'hui très-mal prises dans la vie réelle. On y mêle des commissaires de police, que, depuis l'abolition des priviléges, l'on ne rosse plus.

MERCADET.

Et cinq ans de Clichy, hein? quelle condamnation!...

DE LA BRIVE.

Au fait! c'est selon ce que vous ferez faire au personnage!... car mon honneur est intact et vaut la peine de...

MERCADET.

Vous voulez le bien placer, mais nous en aurons trop besoin pour n'en pas tirer tout ce qu'il vaut! Voyez-vous! tant que je ne serai pas tombé, je conserve le droit de fonder des entreprises, de lancer des affaires. On nous a tué la prime. Les commandites expirent de la maladie du dividende, mais notre esprit sera toujours plus fort que la loi! On ne tuera jamais la spéculation. J'ai compris mon époque! Aujourd'hui, toute affaire qui promet un gain immédiat sur une valeur... quelconque, même chimérique, est faisable! On vend l'avenir, comme la loterie vendait le rêve de ses chances impossibles. Aidez-moi donc à rester assis autour de cette table toujours servie de la Bourse, et nous nous y donnerons une indigestion! car, voyez-vous, ceux qui cherchent des millions les trouvent très-difficilement, mais ceux qui ne les cherchent pas n'en ont jamais trouvé!

DE LA BRIVE, à part.

On peut se mettre dans la partie de monsieur!

MERCADET.

Eh bien?

DE LA BRIVE.

Vous me rendrez mes quarante-sept mille livres?...

MERCADET.

Yes, sir!

DE LA BRIVE.

Je ne serai que très-habile!

MERCADET.

Ouh! ouh... Léger! Mais cette légèreté sera, comme disent les Anglais, du bon côté de la loi!

DE LA BRIVE.

De quoi s'agit-il?

MERCADET.

D'être quelque chose comme un oncle d'Amérique, un associé dans les Indes.

DE LA BRIVE.

Si ce n'est que cela!

MERCADET.

Vous achèterez des actions en baisse pour les vendre en hausse.

DE LA BRIVE.

Verbalement!

MERCADET.

J'ai la signature sociale! Mon associé, car nous sommes toujours associés, s'en est servi pour endosser les effets qu'il m'a pris en 1830; j'ai bien le droit d'en user aujourd'hui contre lui...

DE LA BRIVE.

Quien, parbleu!...

MERCADET.

Du moment où personne ne vous trouvera, ne vous reconnaîtra...

DE LA BRIVE.

Je cesserai d'ailleurs le personnage dès que je vous en aurai donné pour quarante-sept mille deux cent trente-trois francs soixante-dix neuf centimes.

MERCADET.

Du bruit? Justin écoute! (Très-haut.) Rentre, Godeau, tu me perds. Allons! repose-toi!... (Il le pousse dans la chambre.)

SCÈNE IV

MERCADET, JUSTIN, BERCHUT.

JUSTIN, à travers la porte.

Monsieur, c'est monsieur Berchut.

MERCADET, ouvre la porte.

Bonjour, Berchut. Il y a eu de la baisse hier sur les actions de la Basse-Indre.

BERCHUT.

Énorme! monsieur Verdelin en a fait vendre quelques-unes à vingt-cinq pour cent au-dessous du versement! La panique ira, ce matin, on ne sait où!

MERCADET.

Si, à la petite Bourse, ces actions baissaient de quinze pour cent sur le cours d'hier, je prends deux mille actions.

BERCHUT, tire son carnet et calcule.

Ce serait alors trois cent mille francs.

MERCADET.

C'est ce que j'ai calculé! Au pair, elles vaudront six cent mille francs.

BERCHUT.

A quel terme, et comment me couvrirez-vous?

MERCADET.

Une couverture!... fi donc! Je traite ferme. Apportez-moi les actions, je paye!

BERCHUT.

Dans la situation où vous êtes, vous achetez évidemment pour Godeau.

MERCADET.

Godeau!

BERCHUT.

Je le sais arrivé...

VIOLETTE.

Soyons fermes! ne nous laissons plus abuser par de faux à-compte.

(LE FAISEUR.)

MERCADET.

Chut! je suis perdu, si l'on vient à savoir... Qui vous a dit cela?

BERCHUT.

Votre portier, que mon commis a fait causer.

MERCADET.

Ah! j'ai oublié de lui sceller la bouche d'une pièce d'or.

BERCHUT.

Eh bien! envoyez donc sa voiture chez un carrossier. Si vos créanciers (car je vous comprends, vous aller liquider), s'ils la voient, ils seront intraitables...

MERCADET.

Oh! pour avoir de l'argent sur-le-champ, ils feront bien quelques petits sacrifices. L'argent vivant!...

BERCHUT.

Oui, ça se paye!... (À part.) Il y a toujours à gagner avec ce diable d'homme-là... Montrons-nous bien! (Haut.) Dites donc, Mercadet, si c'est pour Godeau?...

MERCADET, à part.

Allons donc! Hue!...

BERCHUT.

Qu'il me donne un ordre et cela suffira!

MERCADET, à part.

Sauvé! (Haut.) Il dort, mais, dès qu'il sera réveillé, vous aurez l'ordre...

BERCHUT.

L'affaire est faite alors; Goulard et deux autres spéculateurs m'ont donné commission de vendre à tout prix.

MERCADET.

A terme...

BERCHUT.

A dix jours.

MERCADET.

Eh bien! envoyez les actions à Duval, car Godeau, mon cher, m'a fait l'affront de le prendre pour banquier...

BERCHUT, à part.

Et il a eu raison!

MERCADET.

C'est mal, mais que voulez-vous que je dise? Il a de si bonnes intentions pour moi!... Pas un mot!... Nous allons reprendre les affaires!... Je vous vois d'ici la fin de l'année cent mille francs de courtages chez nous...

BERCHUT.

Puis-je prendre de la Basse-Indre pour mon compte?...

MERCADET, à part.

Encore un compère de bonne foi! (Haut.) Oui, mais poussez roide à la baisse à la petite Bourse!... Tenez (il lui donne une lettre.) faites insérer cette lettre dans tous les journaux, et annoncez-la lorsque vous aurez acheté... Entre nous, à l'ouverture de la grande Bourse, il y aura déjà quinze pour cent de hausse! Gardez-moi le secret sur le retour de Godeau, niez-le!... (A part.) Il va le tambouriner!

SCÈNE V

MERCADET, MADAME MERCADET.

MERCADET, à part.

Bon! voilà ma femme! Dans ces circonstances-là les femmes gâtent tout, elles ont des nerfs! (Haut.) Que veux-tu, madame Mercadet? Tu as une figure d'enterrement...

MADAME MERCADET.

Monsieur, vous comptiez sur le mariage de Julie pour raffermir votre crédit et calmer vos créanciers, mais l'événement d'hier vous met à leur merci...

MERCADET.

Eh bien! vous n'y êtes pas, vous!...

MADAME MERCADET.

Puis-je vous être utile?

MERCADET, à part.

Je vais me défaire d'elle en la brusquant. (Haut.) Utile! vous! vous vous promenez depuis dix-huit mois avec Méricourt, et vous ignorez son caractère : il a de l'argent, il est le créancier de Michonnin!... Vous ne serez jamais qu'une bonne femme de ménage!... M'être utile?... Ah! oui, tenez, il fait un temps superbe! Demandez une magnifique calèche, habillez-vous, vous et votre fille, et... allez déjeuner à Saint-Cloud, par le bois de Boulogne, vous me rendrez ainsi le plus grand service...

MADAME MERCADET, à part.

Il trame quelque chose contre ses créanciers, je veux tout savoir.

SCÈNE VI

Les Mêmes, JULIE, d'abord, puis MINARD.

MERCADET, à sa fille qui traverse le théâtre.

Allez-vous vous envoler ainsi par les appartements? Je veux y être seul avec mes créanciers...

JULIE, qui revient suivie de Minard.

Mon père, c'est que c'est... Adolphe.

MERCADET.

Eh bien! monsieur, venez-vous encore me demander ma fille?

JULIE.

Oui, papa.

MINARD.

Oui, monsieur. J'ai déclaré mon attachement à monsieur Duval, qui, depuis neuf ans, me sert de père, et, comme il a vu naître mademoiselle Julie, il a fort approuvé mon choix. « C'est comme sa mère, a-t-il dit, un trésor d'honneur, de qualités solides, et une personne sans ambition... » Mademoiselle Julie m'a pardonné d'avoir eu peur pour elle de la misère...

MERCADET.

Vous aviez raison. Je ne veux pas que ma fille épouse un homme sans fortune...

MINARD.

Mais, monsieur, j'avais, sans le savoir, une petite fortune...

MERCADET.

Ah bah!...

MINARD.

En me confiant à monsieur Duval, ma mère lui avait remis une somme que ce bon Duval a fait valoir au lieu de la consacrer à mon entretien. Ce petit capital se monte maintenant à trente mille francs... En apprenant le malheur qui vous arrive, j'ai prié monsieur Duval de me confier cette somme, et je vous l'apporte, monsieur, car, quelquefois, avec des à-compte, on arrange...

MADAME MERCADET, s'essuyant les yeux.

Bon jeune homme!...

JULIE, elle serre la main de Minard.

Bien, bien, Adolphe!...

MERCADET.

Trente mille francs!... (A part.) On pourrait les tripler en achetant des actions du gaz Verdelin, et il y aurait moyen d'arriver!... Non! non. (A Minard.) Enfant, vous êtes dans l'âge du dévouement... Si je pouvais payer cent mille écus avec trente mille francs, la fortune de la France, la mienne, celle de bien du monde serait faite... Non! gardez votre argent.

MINARD.

Comment!: vous me refusez? (Madame Mercadet l'embrasse.)

MERCADET, à part.

Je les ferais bien patienter un mois. Je pourrais, par quelques coups d'audace, raviver des valeurs éteintes; mais l'argent de ces pauvres enfants, ça me serrerait le cœur... On ne chiffre pas juste en larmoyant... On ne joue bien que l'argent des actionnaires... Non, non! (Haut.) Adolphe, vous épouserez ma fille.

MINARD.

Ah! monsieur... Julie, ma Julie!

MERCADET.

Quand elle aura trois cent mille francs de dot.

MINARD.

Ah! monsieur, où nous rejetez-vous?

MERCADET, à part.

Je ne vendrai les deux mille actions qu'à vingt-cinq pour cent au-dessus du pair... (Haut.) Dans un mois, et si vous voulez me rendre service... (Minard tend le portefeuille.) Mais serrez donc ce portefeuille! Eh bien! emmenez ma femme et ma fille. (A part.) Quelle tentation! j'y ai résisté. J'ai eu tort. Enfin, si je succombe, je leur ferai valoir ce petit capital, je leur manœuvrerai leur fonds... Ma pauvre fille est aimée... Quels cœurs d'or! Cher enfants je les enrichirai... Allons instruire mon Godeau. (Il sort.)

SCÈNE VII

Les Mêmes, moins MERCADET.

MINARD.

Je voudrais tant racheter ma faute!

MADAME MERCADET.

Ah! monsieur Adolphe, le malheur nous sert au moins à reconnaître ceux qui nous sont vraiment attachés...

JULIE.

Je ne vous remercie pas, car j'ai toute la vie pour cela! Mais, Adolphe, ce moment où j'ai été fière, oh! bien fière de vous, sera pour le cœur comme un diamant qui reluira dans les fêtes domestiques.

MADAME MERCADET.

Ah! mes chers enfants!... si votre père voulait payer ses créanciers, s'il voulait renoncer aux affaires et aller vivre à la campagne, que nous manquerait-il pour être heureux?... Oh! comme je soupire après une honnête et calme obscurité! combien je suis lasse de cette fausse opulence, de ces alternatives de luxe et de misère, les cahots de la spéculation!

JULIE.

Sois tranquille, maman, nous triompherons de la Bourse!

MADAME MERCADET.

Il faudrait, pour convertir ton père, de tels événements, que je ne les souhaite pas!... Ah! voici le plus âpre de ses créanciers, un homme qui crie et menace...

SCÈNE VIII

Les Mêmes, GOULARD.

GOULARD.

Madame, pardonnez-moi de vous déranger, je ne veux pas être importun, je viens me mettre aux ordres de mon cher ami Mercadet...

MINARD, à madame Mercadet.

Mais il est très-poli.

JULIE, à sa mère.

Mon père aura trouvé quelque ressource...

MADAME MERCADET.

(A part.) Je le crains. (A Goulard.) Il va venir, monsieur.

GOULARD.

J'ai su l'événement heureux qui change la face de vos affaires.

JULIE.

Ah! monsieur, dites-nous la vérité, car nous n'en savons rien!

GOULARD, à part.

Est-elle fûtée!...

MADAME MERCADET.

Monsieur, je vous en supplie, quel événement?...

GOULARD.

L'arrivée de son associé, de Godeau.

MADAME MERCADET.

Ah! monsieur! ma fille!... Adolphe! ah! quel bonheur!... Monsieur, vous avez vu Godeau! revient-il riche?...

GOULARD.

Vous le savez bien, il a débarqué chez vous... vous donniez le dîner pour lui; mais il est arrivé trop tard...

MADAME MERCADET.

Godeau ici!... cette nuit?

GOULARD.

Oh! j'ai vu sa berline.

JULIE.

Oui, maman, il est venu cette nuit une voiture...

MADAME MERCADET.

Monsieur, personne n'est venu cette nuit chez moi, je vous le jure...

GOULARD.

Très-bien, madame, vous entendez à merveille les intérêts de monsieur Mercadet!... Il vous a fait votre leçon...

MADAME MERCADET.

Monsieur...

GOULARD.

Mais il ne pourra pas longtemps nous cacher Godeau!... Nous attendrons... un mois, s'il le faut. D'ailleurs, cela se sait à la petite Bourse, où tous ses créanciers s'étaient donné rendez-vous ce matin. Godeau a déjà pris deux mille actions de la Basse-Indre... Mauvais début. On voit bien qu'il arrive des Indes, il ne connaît pas encore la place!

MADAME MERCADET.

Monsieur, vous me parlez hébreu...

GOULARD.

Eh bien! je vais parler français. Tenez, madame, je ferai un petit sacrifice sur ma créance, si vous voulez me donner les moyens de m'entendre avec Godeau...

JULIE.

Monsieur, ma mère et moi nous ne comprenons rien aux affaires!...

GOULARD, à part.

Comme ce gaillard-là sait se servir de sa femme! et quel air d'ingénuité la fille et la mère savent prendre! Je me marierai!...

MADAME MERCADET, à Goulard.

Monsieur, e vais vous envoyer mon mari. (A sa fille.) Je crains la hardiesse de ton père... S'il veut nous renvoyer, c'est qu'il a peur de nous. Oh! cette fois, je vais surveiller ses opérations.

(Julie et sa mère sortent.)

SCÈNE IX

GOULARD, MINARD.

GOULARD.

Écoutez, monsieur, je sais que vous épousez mademoiselle Mercadet, Duval me l'a dit. Si le vieux père Duval vous a conseillé ce mariage, c'est qu'il savait l'arrivée de Godeau, car Godeau n'a confiance qu'en Duval. Berchut sait tout!

MINARD.

C'est vous qui m'apprenez l'arrivée de monsieur Godeau.

GOULARD.

Bien! vous vous regardez comme étant de la famille, et vous êtes dans le complot du silence!... Eh bien, tenez, c'est dan. l'intérêt de Mercadet : dites à Godeau que s'il veut me payer sur-le-champ, je fais une remise de vingt-cinq pour cent...

MINARD.

Monsieur, je n'ai point encore le moindre droit à m'occuper des affaires de monsieur Mercadet, et il trouverait, je crois, très-mauvais que je... D'ailleurs, le voici...

SCÈNE X

LES MÊMES, MERCADET, puis JUSTIN.

MERCADET.

Mon cher Adolphe, ces dames vous attendent. (Bas.) Emmenez-les déjeuner à la campagne, ou vous n'aurez jamais Julie.

MINARD.

Je vous le promets... (Il sort.)

MERCADET.

Eh bien, Goulard, vous êtes tous décidés, m'a-t-on dit hier, à me faire déposer mon bilan ! Vous prétendez que je suis un faiseur...

GOULARD.

Vous ! un des hommes les plus capables de Paris ! un homme qui gagnera des millions dès qu'il en aura un !

MERCADET.

Ne vous êtes-vous pas assemblés pour...

GOULARD.

Pour savoir comment vous aider ! nous attendrons, mon cher ami, tant qu'il vous plaira...

MERCADET.

Un mot du lendemain ! Je vous remercie comme si vous m'aviez dit cela, mon cher, hier matin... (Justin entre.) Que voulez-vous, Justin ?

JUSTIN, bas.

Monsieur... monsieur Violette m'offre soixante francs si je lui fais parler à monsieur Godeau,..

MERCADET.

Soixante francs !... (A part.) Il me les a volés !...

JUSTIN.

Monsieur ne veut pas que je perde ces profits-là ?...

MERCADET.

Laisse-toi corrompre !... tu deviens très-secrétaire... et je te livre aussi celui-là... tonds-le...

JUSTIN.

Oh ! de près !...

MERCADET.

Goulard ! vous permettez ?... J'ai deux mots à écrire relativement à ce que Justin vient de me dire... (Mercadet sort.)

SCÈNE XI

GOULARD, JUSTIN.

GOULARD.

J'ai compris...

JUSTIN.

Monsieur est si fin!...

GOULARD.

Combien Violette, il est là, t'offre-t-il pour lui faire parler à monsieur Godeau?

JUSTIN.

Monsieur sait que monsieur Godeau?... Non, il ne m'a rien offert...

GOULARD.

Que t'a-t-il donné?

JUSTIN.

Pour trahir monsieur, qui m'a tant recommandé de cacher l'arrivée... dame! dix louis.

GOULARD.

En voilà quinze, mon garçon!

JUSTIN, à part.

Ah! si monsieur Godeau pouvait venir souvent!...

GOULARD.

Mais je le verrai le premier!... Une créance de soixante-quinze mille francs.

JUSTIN.

Si monsieur veut attendre avec monsieur Violette dans un cabinet noir, j'irai vous avertir au moment où monsieur Godeau déjeunera, car monsieur veut qu'il soit servi dans ce salon.

GOULARD.

Bien! (Il sort.)

JUSTIN.

Ils seront là comme du poisson dans un vivier, et je les mettrai dedans tous les uns après les autres...

SCÈNE XII

JUSTIN, MERCADET.

MERCADET.

Eh bien!

JUSTIN.

J'attendrai les ordres de monsieur pour lui laisser voir sieur Godeau.

MERCADET.

Va, mon garçon, fais ta recette, et surtout n'écoute pas ce que nous dirons, Godeau et moi... (A part.) Il va venir coller son oreille à la porte!

SCÈNE XIII

MERCADET, puis DE LA BRIVE.

MERCADET, un moment seul.

C'est effrayant comme il ressemble à Godeau, tel que je me le figure après bientôt dix ans de séjour aux Indes... Venez...

DE LA BRIVE, déguisé.

Ah! mon cher ami! quel affreux climat que le climat de Paris!... Si je n'avais pas mon fils ici, je n'y serais jamais revenu; mais il était bien temps d'apprendre à ce pauvre garçon que son père et sa mère se sont mariés...

MERCADET fait du bruit à la porte et sonne.

Ah ça! vous avez donc joué la comédie, vous êtes supérieurement grimé...

DE LA BRIVE.

Mon début, en 1827, fut une marquise d'un certain âge qui aimait à jouer les jeunes premières; elle avait à sa terre, en Touraine, un théâtre. (Justin entre.)

MERCADET.

Du feu! pour le houka de monsieur. Tu verras à servir ici, sur ce guéridon, le thé de monsieur.

JUSTIN.

Monsieur, Pierquin essaye de corrompre le père Grumeau...

MERCADET.

Laisse entrer, dès que ma femme et ma fille seront sorties.
(Mercadet allume le fourneau du houka.)

JUSTIN.

Il le soigne comme un actionnaire fondateur... (Justin sert le déjeuner.)

MERCADET.

Écrivons un mot à Duval pour le prier de me seconder. Il est bien puritain. Bah! puisqu'il s'intéresse à Julie, il me sauvera.

(Mercadet écrit sur le devant de la scène.) (A Justin.) Faites porter ce mot à Duval par le père Grumeau. (Justin sort.) Quelle audace ! Mais si les actions de la Basse-Indre allaient rester au-dessous du pair ?...

DE LA BRIVE.

Oui, que nous arriverait-il?

MERCADET.

Bah! le hasard, c'est cinquante pour cent pour, et cinquante pour cent contre.

SCÈNE XIV

Les Mêmes, GOULARD, VIOLETTE.

GOULARD, à Violette.

Quand je vous le disais!... Il le garde comme un capital de réserve...

VIOLETTE.

Mon cher monsieur Mercadet...

MERCADET.

Pardon! je suis en affaires...

GOULARD.

Nous savons avec qui...

MERCADET.

Bah! je vous en défie...

VIOLETTE.

Le bon monsieur Godeau...

MERCADET.

Quel conte vous a-t-on fait! Je vous déclare, père Violette, que monsieur n'est pas Godeau. Je prends Goulard à témoin de cette déclaration...

GOULARD, à Violette.

Il ment comme un prospectus; mais, en affaires, cela se fait.

VIOLETTE.

Sans cela le commerce serait bien malade...

GOULARD.

Enfin, monsieur le représente au naturel, je le reconnais... Tenez, Mercadet, n'essayez pas de le nier...

MERCADET.

Je ne nie pas que Godeau... (Il élève la voix.) Godeau, sur le compte de qui je m'étais entièrement trompé, je voudrais pouvoir le dire à tout Paris, que le probe, que le délicat, le bon Godeau, homme capable, plein d'énergie, ne puisse être en route, et sur le point d'arriver.

VIOLETTE.

Nous le savons, il est revenu de Calcutta.

GOULARD.

Avec une fortune...

MERCADET.

Incalcuttable !

GOULARD.

C'est heureux !... On le dit nabab !

VIOLETTE.

Comment parle-t-on à un nabab ?

MERCADET, à Violette, qui s'avance.

Oh ! ne lui parlez pas... Comment voulez-vous que je le laisse en... ennuyer par mes créanciers ?

GOULARD, qui s'est glissé jusqu'à de la Brive.

Excellence !

MERCADET.

Goulard, permettez !... je ne souffrirai pas...

VIOLETTE.

C'est tout à fait un Indien.

MERCADET.

Il a beaucoup changé ! Les Indes ont un effet sur les gens... Vous comprenez !... le choléra, le carrick *(carey)*, le piment...

GOULARD, qui s'est glissé jusqu'à la Brive.

Payez-moi ce que me doit votre ami Mercadet, et j'abandonne vingt pour cent.

DE LA BRIVE.

Avez-vous les *papers ?*...

MERCADET.

Oh ! Goulard.

GOULARD.

Mon ami, il ne demande qu'à payer...

SCÈNE XV

Les Mêmes, MADAME MERCADET. Quand elle ouvre la porte, on aperçoit un groupe de créanciers. Elle fait signe à Julie et à Minard qui l'accompagnent, de passer dans sa chambre, et ils y passent.

MERCADET, à part.

Bon! elle va faire un coup de probité bête qui me tuera...

MADAME MERCADET, aux deux créanciers.

Messieurs, arrêtez!... Monsieur Mercadet est la victime d'une mauvaise plaisanterie (en regardant la Brive), j'aime à le croire, qui ne doit pas vous atteindre dans vos intérêts...

GOULARD.

Madame...

MADAME MERCADET.

Monsieur n'est pas monsieur Godeau.

MERCADET.

Madame!...

MADAME MERCADET, à Mercadet avec feu et autorité.

Vous êtes trompé, monsieur, par un intrigant...

VIOLETTE.

Mais alors, madame?...

MADAME MERCADET.

Messieurs, si vous gardez le silence sur une entreprise que je ne veux pas qualifier, vous serez payés...

GOULARD.

Et par qui, s'il vous plaît, ma petite dame?

MADAME MERCADET.

Par monsieur Duval!... (Mouvement des deux créanciers qui se consultent.)

MERCADET, à part.

Elle va... elle va!...

MADAME MERCADET.

Allez chez lui ce soir, vous m'y trouverez, et tous les créanciers monsieur Mercadet seront satisfaits.

VIOLETTE.

Oh! alors!... (Ils sortent.)

SCÈNE XVI

Les Mêmes, moins GOULARD et VIOLETTE.

DE LA BRIVE.

Savez-vous bien, madame, que si vous n'étiez pas une femme?... Je suis monsieur de la Brive.

MADAME MERCADET.

Vous, monsieur de la Brive? non, monsieur...

MERCADET.

A-t-elle de l'audace! je ne la reconnais plus.

DE LA BRIVE.

Comment? je ne suis pas moi?

MADAME MERCADET.

Monsieur de la Brive, monsieur, est un jeune homme que j'ai pu juger hier, à dîner. Il sait que les dette ne déshonorent personne quand on les avoue, quand on travaille à les payer; il a de l'honneur, il les payera, car il a devant lui toute sa vie et il a trop d'esprit pour la vouloir flétrir à jamais par une entreprise que la justice pourrait...

DE LA BRIVE.

Madame, je suis bien réellement...

MADAME MERCADET.

Je ne veux pas savoir, monsieur, qui vous êtes! mais, qui que vous soyez, vous apprécierez, je le crois, le service que je viens de vous rendre en vous arrêtant sur le bord d'un abîme....

DE LA BRIVE.

Madame, votre mari m'y a précipité en me promettant de me rendre des titres qui me barrent mon avenir...

MADAME MERCADET.

Mon mari, monsieur, est un honnête homme, et il vous les dra!... Nous nous contenterons de votre parole, et vous vous quitterez quand vous aurez loyalement fait votre fortune.

DE LA BRIVE.

Ah! madame, vous m'avez ouvert les yeux! Je suis monsieur de la Brive : c'est vous dire que, dès ce moment, j'entrerai courageusement dans la voie du travail.

MADAME MERCADET.

Le droit chemin, monsieur, celui de l'honneur, est pénible, mais le ciel y bénit tous vos efforts !...

MERCADET, à part.

On a du crédit, comme ça ! comptez-y, jeune homme !

DE LA BRIVE.

Comment reconnaître ?... je vous serai filialement attaché pour le reste de mes jours. (Il lui baise la main avec respect, salue Mercadet et rentre dans la chambre de ce dernier.)

SCÈNE XVII

MERCADET, MADAME MERCADET.

MERCADET.

Ah çà ! nous voilà seuls ! Vous venez de me ruiner, madame ! Ma liquidation allait se faire comme par enchantement ! Vous avez donc rencontré, je ne dirai pas le Potose, mais la planche à billets de la Banque de France ?

MADAME MERCADET.

Non, monsieur, j'ai rencontré l'honneur.

MERCADET.

Ah ! ah ! Était-il accompagné de la fortune ?

MADAME MERCADET.

Oh ! ne plaisantez pas, monsieur. Je suis une pauvre femme, sans aucune science que celle du cœur, et à qui le pressentiment qui nous éclaire sur les intérêts de l'homme dont nous portons le nom a dit que vous alliez jouer la fortune contre le déshonneur. Pardonnez-moi, je crois plus au déshonneur qu'à la fortune. J'ai voulu vous voir rester probe, loyal, courageux, enfin tout ce que vous avez été jusqu'à présent.

MERCADET.

J'étais debout, jusqu'à cette heure, et vous venez de me mettre aussi bas que l'emprunt d'Haïti.

MADAME MERCADET.

Monsieur, ce n'est, direz-vous, que des idées de femme, mais faites-moi la grâce de les écouter ! J'ai peut-être encore deux cent mille francs de fortune, prenez-les pour satisfaire tous vos créanciers.

MERCADET.

Et après? nous serons aussi pauvres que l'Espagne!

MADAME MERCADET.

Nous serons riches de considération.

MERCADET.

Et puis?

MADAME MERCADET.

Votre fille et votre gendre, votre femme et vous, monsieur, eh bien! nous travaillerons!... Oui, nous recommencerons la vie avec le petit capital d'Adolphe, et nous gagnerons la fortune nécessaire à vivre dans une honnête médiocrité, sans chances, mais heureux... En spéculant, monsieur, il y a mille manières de faire fortune, mais je n'en connais qu'une seule de bonne, que la brave bourgeoisie n'aurait jamais dû quitter : c'est d'amasser l'argent par le travail et par la loyauté, non par des ruses... La patience, la sagesse, l'économie, sont trois vertus domestiques qui conservent tout ce qu'elles donnent. N'hésitez pas, monsieur. Vous êtes entre une femme qui vous aime, qui vous estime, et des enfants qui vous chérissent : laissez-nous vénérer toujours ce que nous aimons... Quittons cette atmosphère de mensonges, de finesses, cette fausse opulence qui n'en impose plus à personne. N'eussions-nous que du pain, nous le mangerons gaiement, et il ne nous restera pas dans le gosier comme les délicatesses de ces festins où l'on se rit des actionnaires ruinés.

MERCADET, à part.

Donnez raison une fois à votre femme, et vous êtes à jamais annulé dans votre ménage. Les femmes se disent généreuses, mais leur générosité a des intermittences, comme les fièvres quartes.

MADAME MERCADET.

Vous hésiteriez!...

MERCADET.

Vous venez de renverser, avec d'excellentes intentions, la fortune que j'avais enfin trouvée... et vous voulez que je vous remercie! Vous vous mêlez de me juger?...

MADAME MERCADET.

Non, monsieur, je ne vous juge pas... (A part.) Ah! quelle idée! (Haut.) Laissez-moi consulter là-dessus deux cœurs droits, purs, d'une délicatesse que le contact du monde n'a pas encore effleurés. Faites-moi la grâce d'entrer dans votre cabinet pour deux minutes.

MERCADET.

Voyons!... (A part.) J'y pourrai réfléchir au parti que je dois prendre.

SCÈNE XVIII

MADAME MERCADET, puis JULIE, MINARD.

MADAME MERCADET.

Mes enfants, venez...

MINARD.

Nous voici! Que voulez-vous?

MADAME MERCADET.

Votre père se trouve dans une situation encore plus affreuse que je ne le croyais, et il s'agit cette fois, comme il le dit, de vaincre ou de mourir. Or, avec beaucoup de ruse et d'audace, il payerait ses dettes et aurait en peu de temps une fortune. Notre aide et notre intelligence sont nécessaires pour faire réussir un plan très-hardi. Si tout le monde croit au retour de Godeau, si vous, Adolphe, vous vous déguisiez de manière à faire son personnage... (Mouvement de Minard.) monsieur Mercadet pourrait acheter, sous son nom, des actions, et obtenir de ses créanciers de fortes remises. Les actions doivent monter et tout payer en peu de temps: achat et créanciers... Il nous faudrait le concours de monsieur Duval...

JULIE.

Oh! maman! votre attachement pour mon père vous égare! Pardon! il ne peut pas avoir fait un pareil plan, et je n'épouserais pas Adolphe, s'il...

ADOLPHE.

Oh! bien, Julie!... (Il lui baise la main.) Madame, demandez-moi ma vie et tout ce que je possède!... mais tremper dans une... Oh! j'irai supplier monsieur Duval de donner l'appui de son crédit à monsieur Mercadet; mais songez donc, madame, à ce que vous me demandez?... C'est une...

MADAME MERCADET, vivement.

Une rouerie!

MINARD.

C'est bien pis! En supposant un plein succès, un homme serait encore déshonoré!... C'est...

JULIE.

Adolphe! n'achevez pas!

MINARD.

Au nom de tout ce que vous avez de plus cher, madame, renoncez à une idée pareille : mais la faillite vaut mieux, on s'en relève; et ici...

SCÈNE XIX

Les Mêmes, MERCADET.

MERCADET.

Adolphe! vous épouseriez la fille d'un failli?

MINARD.

Oui, monsieur, car je travaillerais à sa réhabilitation... (Mercadet, sa femme et sa fille entourent Adolphe.)

MERCADET, à part.

Je suis vaincu!... (A sa femme.) Vous êtes une noble et bonne créature. (A part.) Combien de gens cherchent un pareil trésor! Quand on l'a, c'est une folie que de ne pas y tout sacrifier... (Haut.) Vous méritiez un meilleur sort!...

MADAME MERCADET.

Ah! monsieur, vous voilà tel que vous étiez avant le départ de Godeau.

MERCADET.

Oui, car je suis ruiné, mais honnête! Oh! je suis perdu!... (A part, pour être entendu.) Je sais ce qui me reste à faire!

MADAME MERCADET.

Je tremble! Mes enfants, ne quittons pas votre père. (Ils courent tous trois après Mercadet.)

FIN DU QUATRIÈME ACTE.

ACTE CINQUIÈME

SCÈNE PREMIÈRE

JUSTIN, THÉRÈSE, VIRGINIE, BRÉDIF. Justin entre le premier et fait signe à Thérèse d'avancer; Virginie, munie de ses livres, avance hardiment sur le canapé. Brédif entre vers le milieu de la scène; Justin va regarder par le trou de la serrure et colle son oreille à la porte.

THÉRÈSE.

Est-ce qu'ils auraient par hasard la prétention de nous cacher leurs affaires?

VIRGINIE.

Le père Grumeau dit que monsieur va-t-être arrêté. Je veux que l'on compte ma dépense. C'est qu'il m'en est dû, de cet argent, outre mes gages!

THÉRÈSE.

Oh! soyez tranquille, nous allons tout perdre. Vous ne savez donc pas ce qu'est une faillite?...

JUSTIN.

Je n'entends rien : ils parlent trop bas! Monsieur se méfie toujours de nous.

VIRGINIE.

Monsieur Justin, qu'est-ce donc qu'une *falite?*...

JUSTIN.

C'est une espèce de vol involontaire admis par la loi, mais aggravé par des formalités. Oh! soyez calme, on dit que monsieur liquide...

VIRGINIE.

Qu'est-ce que c'est que ça?...

JUSTIN.

La liquidation, c'est toujours la faillite, mais compliquée par la bonne foi du débiteur... qui supprime les formalités...

THÉRÈSE.

Il sait tout, Justin!...

JUSTIN.

C'est des phrases à monsieur : je suis son élève...

BRÉDIF. Il entre sans être vu.

Oh! pour le coup j'ai mon appartement, non pas dans trois mois, mais dans quinze jours!... Il y a fait bien des frais! il a doré les salons. Oh! c'est pour moi mille écus de rente de plus...

JUSTIN.

Voilà, monsieur. (Tous se mettent en place au fond de la scène pour n'être pas vus.)

SCÈNE II

Les Mêmes, MERCADET. Il est abattu.

MERCADET.

Que voulez-vous, monsieur Brédif? votre appartement? vous l'aurez!...

BRÉDIF, à part.

Je voudrais le voir parti, car ce diable d'homme a des ressources. (Haut.) Monsieur, vous trouverez tout naturel que je m'intéresse beaucoup plus à un locataire qu'à des gens comme vos créanciers, qui m'ont usé les marches de mon escalier.

MERCADET.

Oh! inspirer la pitié!...

BRÉDIF.

Vous savez que je possède la maison contiguë à la mienne, rue de Ménars. Donc, au bout de mon jardin, j'ai une porte de sortie donnant dans la cour de cette seconde maison.

MERCADET.

Eh bien?...

BRÉDIF.

Si vous voulez fuir...

MERCADET.

Et pourquoi?...

BRÉDIF.

Mais votre affaire se sait. On parle de plainte...

MERCADET.

Oh! voici donc toutes les horreurs de la faillite! cette agonie de l'honneur des négociants... (Il voit ses gens.) Que faites-vous là? Allez-vous-en!

JUSTIN.

Nous ne demandons pas mieux, monsieur, mais nous attendons...

MERCADET.

Quoi?

THÉRÈSE.

Nos gages...

MERCADET.

Allez chez madame Mercadet, elle vous payera. (A Brédif.) Je reste ici, mon cher monsieur Brédif.

BRÉDIF.

Vous ne connaissez donc pas le danger de votre position?

MERCADET.

Ma position... elle est excellente...

BRÉDIF.

Il perd la tête!...

MERCADET.

Que me donnez-vous pour rompre mon bail? Vous y gagnerez trois mille francs par an, sept ans font vingt et un mille francs. Composons.

BRÉDIF, à part.

Non, il ne perd pas la tête. (Haut.) Mais, mon cher monsieur...

MERCADET.

Ma fortune est au pillage, je dois faire comme les faillis : en prendre ma part.

BRÉDIF.

Vous ne savez donc pas qu'en cas de plainte, je serai témoin?

MERCADET.

Témoin de quoi?

BRRÉDIF.

Et la berline arrivée vide!

MERCADET.

Je deviens fou! ah! ma femme avait raison! (A Brédif.) Brédif, allez aux Champs-Élysées, allée des Veuves!

BRÉDIF.

Eh bien?...

MERCADET.

Vous y verrez bien plus d'une berline vide! vous en verrez des centaines... et toujours vides...

BRÉDIF, à part.

Oh! ses créanciers auront affaire à forte partie. (Haut.) Votre serviteur!

MERCADET.

De tout mon cœur...

SCÈNE III

MERCADET, seul, puis BERCHUT.

MERCADET.

Quelle avidité!... C'est dans l'ordre! la rivière a plus soif que le ruisseau... Berchut! ah! voilà ma punition! Allons! pataugeons dans les boues de l'humiliation. Brédif était la sommation, lui, c'est le premier coup de feu. (Haut.) Bonjour, mon cher Berchut.

BERCHUT.

Bonjour, mon cher monsieur Mercadet.

MERCADET.

Eh bien! vous avez dix degrés de froid sur la figure. Est-ce que les actions de la Basse-Indre ne sont pas en hausse?

BERCHUT.

Si fait, monsieur. Nous atteindrons au pair ce matin, à Tortoni; puis, à la Bourse. On ne sait pas où cela peut aller! le feu y est. Votre lettre fait des merveilles. La Compagnie a senti le coup, elle va déclarer à la Bourse le résultat des opérations de sondage, et la mine de la Basse-Indre vaudra celle de Mons.

MERCADET.

Vous en avez acheté pour vous d'après mon conseil?...

BERCHUT.

Cinq cents...

ACTE V

MERCADET, le prend par la taille.

Vous me devez cela. Mais je suis enchanté de vous avoir mis... ah! ah! cinq cent mille francs peut-être dans votre poche. Madame Berchut voulait un équipage, elle l'aura!... Mon cher, les jolies femmes à pied, moi, ça me navre; mais à vingt pour cent au-dessous du pair, réalisez!

BERCHUT, à part.

C'est le roi des hommes, il n'a jamais fait de mal qu'à ses actionnaires!

MERCADET.

Et puis, voulez-vous un autre conseil? quittez la coulisse!... Souvenez-vous de ce grand mot de l'Évangile applicable aux affaires : Celui qui se sert du glaive périt par le glaive...

BERCHUT.

Vous êtes un brave homme! Tenez, entre nous, vous avez affaire à des ennemis implacables. (Il tire un papier.) On m'a dit que c'était un faux!

MERCADET.

Un faux! c'est écrit par moi...

BERCHUT.

Ainsi Godeau n'est pas à Paris!...

MERCADET.

Tenez! vous êtes un brave homme; allez chez Duval, vous y trouverez l'argent qui vous est dû pour les deux mille actions... Qu'avez-vous à dire, mon vieux?...

BERCHUT.

Si je suis payé, je laisserai cet ordre à monsieur Duval... Mais, cher monsieur Mercadet, je voudrais pour vous que Godeau s'y trouvât...

MERCADET.

Vous êtes un digne homme, Berchut. (A part.) Me voilà tiré d plus mauvais pas!...

BERCHUT, à part.

Ma foi! d'autres que moi le pendront. (Haut.) Je vais chez Duval...

MERCADET, seul.

Allons! je me ruine, il faut envoyer Adolphe chez Duval. (Il crie dans l'appartement.) Adolphe! Adolphe!

SCÈNE IV

MERCADET, MINARD.

MERCADET.

Mon ami, courez chez Duval. Vous savez tout, obtenez de lui qu'il satisfasse Berchut, et je suis sauvé !

MINARD.

J'y cours.

MERCADET voit venir Verdelin, Pierquin et Goulard, qui causent avec Violette et d'autres créanciers.

Ah ! voilà l'ennemi... J'aurais dû quitter, aller me promener dans les bocages de Ville-d'Avray...

SCÈNE V

MERCADET, JUSTIN, puis VIOLETTE, GOULARD, PIERQUIN et VERDELIN.

MERCADET.

Adieu, Justin, tu perds un bon maître.

JUSTIN, à part.

Je ne suis pas encore assez fort pour quitter monsieur... (Haut.) Je suis encore à monsieur pour dix jours...

MERCADET.

Ma femme a-t-elle fini ?...

JUSTIN.

Oh ! Virginie a la tête si dure ! avec elle un et un font toujours trois, et avant qu'on lui ait démontré que un et un font...

MERCADET.

Font un...

JUSTIN, à part.

Comme monsieur m'amuse !... il a le malheur spirituel. (Il s'éloigne.)

VIOLETTE.

Ah ! monsieur...

MERCADET.

Eh bien ! père Violette ! que voulez-vous ? tout casse, même les ancres ! Bah ! je ne serai pas le seul, la compagnie est nombreuse.

VIOLETTE.

Non! non! Des hommes comme vous sont rares! Vous auriez dû avoir des fils... Payer les intérêts, les frais! là, rubis sur l'ongle. J'avais beaucoup crié, je vous en demande pardon, je ne croyais plus au retour de Godeau...

MERCADET.

Hein? Vous dites?... La plaisanterie est hors de saison.

GOULARD.

Mon cher ami, je vous ai méconnu, je suis tout à vous... C'est sublime...

MERCADET.

Ah! ils sont venus se venger!...

PIERQUIN.

Je ne fais pas de phrases, moi! je ne dis qu'un mot : c'est très-bien...

VERDELIN.

Il y a plaisir à être ton ami! l'on est fier de toi!

PIERQUIN.

Quel plaisir de faire des affaires avec vous!

VIOLETTE.

Je voudrais vous laisser mon argent.

GOULARD.

Vous êtes un homme honorable, honorabilissime, car enfin nous aurions tous cédé quelque chose...

PIERQUIN.

Honorable! C'est un homme de Plutarque!

VERDELIN.

Et serviable!...

MERCADET.

Ah çà! messieurs, avez-vous tous assez insulté à mon malheur?... Vous riez! mais j'ai pris une résolution terrible, et je suis enchanté de vous avoir tous là. Je vous le déclare, si vous ne voulez pas m'accorder le temps de vous payer, je me coupe la gorge, là, devant vous!... (Il tire un rasoir.)

VERDELIN.

Serre donc cet argument-là, mon cher; tout le monde est payé par Godeau.

MERCADET.

Godeau!... Mais Godeau est un mythe! est une fable! Godeau, c'est un fantôme... Vous le savez bien...

TOUS.

Il est arrivé...

MERCADET.

De Calcutta?

TOUS.

Oui.

GOULARD.

Avec une fortune *incalcuttable*, comme vous le disiez...

MERCADET.

Ah çà! l'on ne plaisante pas ainsi devant une faillite...

SCÈNE VI

Les Mêmes, BERCHUT, puis BRÉDIF, puis MINARD.

BERCHUT.

Pardon, mille pardons! mon cher Mercadet. Voici vos actions: elles ont été payées.

MERCADET.

Par qui?

BERCHUT.

Par Godeau, comme vous me l'aviez dit.

MERCADET, il le prend à part.

Berchut, vous ne voudriez pas, vous à qui j'ai fait gagner...

BERCHUT.

Cent cinquante mille francs! Nous sommes au pair.

MERCADET.

Vous avez vu Godeau?...

BERCHUT.

Il m'a dit que ces actions étaient à vous.

MERCADET.

Godeau?

BERCHUT.

Lui-même!... arrivé du Havre.

BRÉDIF.

Monsieur, voilà vos quittances... (A part.) Je n'aurai pas mon appartement.

MERCADET.

Je rêve (Minard paraît.) Adolphe, tu ne me tromperas pas, toi ! Godeau...

MINARD.

Mon père, monsieur, est à Paris, et, comme vous l'avez dit, il a, depuis un an, épousé ma mère. Reconnu fils légitime, je me nomme Adolphe Godeau.

MERCADET.

Il a payé ces messieurs !

MINARD.

Tous, scrupuleusement. Il a payé Berchut, et vous prie de garder ces actions comme un à-compte sur votre part dans les bénéfices de ses affaires aux Indes...

MERCADET.

Salut, reine des rois, archiduchesse des emprunts, princesse des actions et mère du crédit ! Salut, fortune tant recherchée ici, et qui, pour la millième fois, arrives des Indes !... Oh ! je l'avais toujours dit, Godeau est un cœur d'une énergie... et quelle probité !... Mais va donc les appeler ! (Il pousse Minard dans l'appartement.) Messieurs, je suis charmé de...

BERCHUT.

Je vous prie de me continuer votre confiance.

MERCADET.

Oh ! mon cher, je dis adieu à la spéculation...

VERDELIN.

Nous nous retirons pour te laisser en famille. Quant aux mille écus, je les donne à Julie pour deux boutons de diamants.

MERCADET.

Il devient reconnaissant, il n'est pas reconnaissable.

SCÈNE VII

MERCADET, MADAME MERCADET, JULIE, MINARD.

JULIE.

Ah ! papa, quelle belle âme ! Il est millionnaire et il m'épouse... Je ne sais pas si je...

MERCADET.

Ne fais pas de façons... va !

MADAME MERCADET.

Ah! mon ami!... (Elle pleure.)

MERCADET.

Eh bien, toi si courageuse dans les adversités...

MADAME MERCADET.

Je suis sans force contre le plaisir de te voir sauvé... riche...

MERCADET.

Riche, mais honnête... Tiens, ma femme, mes enfants, je vous l'avoue... eh bien! je n'y pouvais plus tenir, je succombais à tant de fatigues... L'esprit toujours tendu, toujours sous les armes!... Un géant aurait péri... Par moments, je voulais fuir... Oh! le repos...

MINARD.

Monsieur, mon père vient d'acheter une terre en Touraine; soyez son voisin. Faites comme lui, employez une partie de votre fortune en terres...

MADAME MERCADET.

Oh! mon ami, la campagne...

MERCADET.

Tout ce que tu voudras!...

MADAME MERCADET.

Tu t'ennuieras.

MERCADET.

Non! Après les fonds publics, les fonds de terre! l'agriculture m'occupera!... Je ne suis pas fâché d'étudier cette industrie-là... Allons!... (Il sonne.)

JUSTIN.

Que veut monsieur?

MERCADET.

Une voiture... (A part.) J'ai montré tant de fois Godeau que j'ai bien le droit de le voir. (Haut.) Allons voir Godeau!

FIN DU FAISEUR.

TABLE DES MATIÈRES

Vautrin	1
Les Ressources de Quinola	113
Paméla Giraud	231
La Marâtre	307
Le Faiseur	425

FIN DE LA TABLE.

www.ingramcontent.com/pod-product-compliance
Lightning Source LLC
Chambersburg PA
CBHW060750230426
43667CB00010B/1506